알수록 돈이 되는
부의 설계

VIP 자산전문가 국세언니의 증여·상속세 포인트

김혜리 지음

국세청
조사국 출신
은행 VIP 상담
세금 전문가

상담 현장에서
많이 나오는
43가지 이야기

세무사 국세언니의
자산관리 머니북

조세통람

이 책은 2024년 7월 말 현재 시행 중인 법률이 반영되었다.
그러나 2025.1.1. 이후 상속이 개시되거나 증여받는 분부터 적용될 "2024년 세법개정안"(2024.7.25. 기획재정부 보도자료)이 발표됨에 따라 본문내용 중 내년 시행예정인 개정안 내용은 색음영과 각주처리하여 반영하였다.
따라서 개정안은 향후 「상속세 및 증여세법」 확정 시 변동될 수 있으므로 실제 적용 시 반드시 법 개정사항을 확인하기 바란다.

| Prologue |

세법의 미묘한 틈새를 파헤치는
부의 설계

마치 건축가가 집의 설계도를 작성하는 것처럼 우리 가정의 부의 설계도를 세세하게 계획하고 디자인해야 한다. 부의 설계도를 완성하는 것은 마치 건축가가 섬세한 디테일을 고려해 고급스러운 집을 설계하는 것과도 유사하다. 자산과 재무 상황을 철저히 분석하고 최적의 절세 전략으로 디자인함으로써 부의 안정성과 부의 이전을 통한 번영이 이루어진다.

"5억원까지는 상속세 나오지 않는다는 말 믿지 마라."

홀로 계신 부친이 전 재산 5억원의 집 한채를 손자에게 유언으로 남겼다. 부의 설계가 제대로 이루어지지 않은 경우! 선순위 상속인이 아닌 자가 유증으로 받은 경우 상속공제를 받을 수 없어 안 낼 수 있었던 상속세를 납부하게 된다. 또한 세대를 건너뛴 상속에 해당되어 오히려 할증과세까지 적용되었다.

"증여세 · 상속세 신고 끝나고 방심해서는 안 된다."

증여세 조사, 상속세 조사를 받을 수 있기 때문이다. 저자는 이미 이러한 세무조사통지서를 10년간 보내온 국세청 조사국에서 근무한 세무공무원이었다. 증여세와 상속세 폭탄을 피하기 위하여 현행 법의 테두리 안에서 세부담을 가장 최소화 할 수 있는 방안을 모색하는 것이 중요하다. 이 책은 국세청 경험뿐만 아니라고 현재 은행에서 VIP를 상담하고 있는 일대일 상담 사례를 담아 증여와 상속에 대한 견고한 기반을 마련하는 데 도움이 될 것이다.

이 책은 국세청 집행기준을 중심으로 납세자와 실무자가 이해하기 쉽도록 그림과 사례를 담아 저술한 유일한 책임을 밝힌다. 사회의 반복된 현상과 사례를 모든 법에서 규율할 수 없으므로 국가와 납세자의 판례, 질의회신 등 다양한 사례를 반영한 실무지침서인 집행기준을 국세청이 배포하였다. 현재 은행에서 자산가의 세금상담을 통해 다양한 사례를 접하면서, 집행기준을 알아두고 이해하는 것은 부의 설계도의 가이드라인과 같아 의사결정에 도움이 된다는 점에서 이 책의 필요성을 느낀다.

증여와 상속은 단시일 내에 대책으로는 효과적이지 못하다. 현재의 상황에서 각 가정의 부동산, 예금, 주식 등의 형태에 따라 평가방법이 상이하고, 납세 자금의 상황이 다르기 때문이다. 10년 이상의 장기간에 걸쳐 부의 설계도를 세워야 하므로 하루라도 빨리 이 책을 읽어보길 바란다.

　저자의 바람은 법은 시대에 맞게 개정되어 살아 움직여야 한다는 점이다. 따라서 본 책의 해석은 납세자의 이해를 돕기 위한 목적이므로, 실무자가 적용할 때에는 법령 개정 등을 추후 확인하여 본 책자와 달라지는 사항에 대하여 충분히 검토하길 바란다.

　'이 책을 읽는 국세인과 국가에 성실히 국민의 의무를 다하고 있는 납세자에게 이 책을 바칩니다.'

2024년 8월
저자 김혜리

일러두기

자주 나오는 상속세 용어와 편의상 법령 명칭을 약어로 표시한다.

자주 나오는 용어

- **피상속인** : 돌아가신 분
- **상속인** : 유산을 물려받는 유가족
- **상속재산** : 피상속인이 남긴 재산
- **상속** : 상속인 또는 수유자가 사망자(피상속인)의 재산상의 권리·의무를 포괄적으로 승계하는 것
- **유증** : 유언에 의하여 유산을 유상으로 증여하는 행위
- **사인증여** : 생전에 당사자 합의에 의하여 증여계약을 체결하고, 증여자가 사망한 경우에 그 효력을 발생시키는 행위
- **수유자** : 유증 또는 사인 증여로 사망자의 유산을 취득하는 자
- **「민법」상 증여** : 당사자 일방이 무상으로 일정한 재산을 상대에게 준다는 의사를 표시하고 상대방이 이를 승낙함으로써 성립하는 계약
- **상증법상 증여** : 그 행위 또는 거래의 명칭·형식·목적 등과 관계없이 직접 또는 간접적인 방법으로 타인에게 무상 또는 현저히 낮은 대가로 유형·무형의 재산 또는 이익을 이전하거나 타인의 재산가치를 증가시키는 것. 다만, 유증, 사인증여, 유언대용신탁, 수익자 연속신탁은 제외
- **상증법상 특수관계인** : 특수관계인의 범위는 상증령 제2조의2【특수관계인의 범위】제1항 각 호의 해당하는 "본인과 친족관계, 경제적 연관관계 또는 경영지배관계 등 대통령령으로 정하는 관계에 있는 자"를 말하며, 다만 법인세법 또는 소득세법상 특수관계인과 그 범위가 구별된다.
  ☞ 본 책의 부록 3 참조

약 어

법 령	법령약어
상속세 및 증여세법	상증법
상속세 및 증여세법 시행령	상증령
상속세 및 증여세법 시행규칙	상증규칙
상속세 및 증여세법 기본통칙	기본통칙
상속세 및 증여세법 집행기준	집행기준*
법인세법	법인법
법인세법 시행령	법인령
소득세법	소득법
소득세법 시행령	소득령
조세특례제한법	조특법

* 본 책은 상속세및증여세법의 집행기준을 약어 "집행기준"으로 표기하였다. 법인세법, 소득세법 집행기준의 경우 약어를 쓰지 않는다.

본 책의 집행기준에 사용된 관리번호의 체계는 다음과 같다.

【집행기준】	1	−	2	−	3
	법 조문		시행령 조문		일련번호

'상속세및증여세 집행기준'은 국세청 '국세법령정보시스템'(https://taxlaw.nts.go.kr/)에 수록되어 있다.

⇒ 법령 > 세법집행기준 > 상속세및증여세 집행기준

CONTENT

- 프롤로그 · 5
- 일러두기 · 8
- 2025년부터 달라지는 상증법 개정안 · 24
- (피상속인이 거주자인 경우) 상속세 계산 흐름도 · 28
- 상속공제액 · 29
- 증여세 계산 흐름도(기본세율) · 30
- 증여세 계산 흐름도(특례세율) · 31

PART 1
제일 먼저 알아보는 상속·증여

1장 상속의 과세대상 상속세는 돌아가신 분 현재 재산에 대해서 내는 건가요? · 34

① 상속의 범위는 어디까지일까요? · 36
② 상속의 시기는 언제일까요? · 38
③ 상속재산은 어디까지 포함하나요? · 39

2장 상속세 납세의무자 상속세 납부를 누가 하는지 정하는 것도 전략이 필요할까요? · 42

① 상속세는 누가 내야 하나요? · 43
② 영리법인의 경우에도 상속세 납세의무가 있나요? · 46

3장 증여세 과세대상 위자료로 받은 것도 증여세 내야 하나요? · 49

① 증여세 과세대상이 되는 것은 어떤 것이 있나요? · 50
② 경제적 이익이 있지만 증여세 과세 안 되는 것도 있나요? · 53
③ 상속의 경우 상속을 포기하고 다른 상속인으로부터 현금을 받은 것은 증여일까요? · 55
④ 상속재산의 지분이 확정된 후 재협의분할에 따라 상속지분이 변경되면 상속인가요? 증여인가요? · 56
⑤ 무상으로 취득하고도 증여세 과세되지 않는 경우가 있다고요? · 58
⑥ 증여를 취소하고 싶은데, 또다시 돌려주는 것에도 증여세가 과세될까봐 걱정돼요. · 59

4장 증여세 납부의무자 증여세 납부는 누가 해야 하나요? · 62

① 해외에 살고 있는 자녀에게 국내 아파트를 증여하고 증여세를 대신 납부해 줘도 된다고 하던데요? · 64
② 대표이사의 주식을 직원인 저의 이름으로 명의신탁하면 문제있나요? · 65
③ 증여세 납부가 면제되는 사유가 있다고요? · 66
④ 제가 운영하는 법인 소유 땅을 제가 저렴하게 샀는데 증여세 나올까요? · 68

5장 상속세·증여세 과세관할 상속세 신고는 어디에 하나요? · 70

Q 증여세 신고는 어디에 하나요? · 72

PART 2
알수록 돈이 되는 증여세 핵심비법

1장 `증여재산가액 일반원칙` 남편 대신 시어머니한테 위자료 받은 경우에도 증여세 내야 하나요? • 78

2장 `증여재산의 취득시기` 미성년자 자녀 통장을 만들고 2천만원을 입금한 경우 증여일은 언제로 보나요? • 84

Q 기존 건물과 신축 건물 증여일이 다르나요? • 85

3장 `신탁이익의 증여` 신탁한 경우 증여일과 증여재산가액은 어떻게 되나요? • 87

Q 신탁한 재산의 평가 방법은 어떻게 되나요? • 90

4장 `보험금의 증여` 보험료를 직접 납부하지 않은 자녀에게 증여세가 나왔어요. • 92

① 보험료 총불입액 중 전부를 부모가 납부한 경우 증여세는 어떻게 되나요? • 94

② 보험료 총불입액 중 일부를 부모가 납부한 경우 증여세는 어떻게 되나요? • 96

③ 보험료 총불입액을 당시 현금증여받고 제가 납부한 경우 증여세는 어떻게 되나요? • 96

④ 어머니 보험료를 아들인 제가 전부 불입 후 수령도 제가 받은 경우에도 증여세 과세되나요? • 98

5장 양도거래와 증여 가족 간 양도 거래할 때 증여세 문제없는 적정 가격은 얼마일까요? • 100

① 양도거래인데 증여세 과세된다고요? • 101
② 증여세 계산방법은 어떻게 되나요? • 104
③ 저가·고가매매 하더라도 증여세 과세되지 않는 경우가 있을까요? • 108
④ 개인과 법인의 거래 시 양수양도 대가가 「법인세법」의 시가에 해당하는 경우 증여세 과세될까요? • 109
⑤ 개인과 개인의 거래 시 양도·양수 대가가 「소득세법」의 시가에 해당하는 경우 증여세 과세될까요? • 109
⑥ 개인과 법인의 양도 거래 시 주의할 점은 무엇인가요? • 110
⑦ 개인이 법인과 저가·고가 매매 시 증여세 과세는 어떻게 되나요? • 112

6장 채무와 증여의 상관관계 채무를 대신 갚아주게 되면 증여세 과세되나요? • 115

① 어머니 건물을 담보로 제가 은행 대출받고 어머니가 대출금을 상환해준다면 증여세 과세되나요? • 117
② 나의 건물을 담보로 은행 대출받고 어머니가 대출금을 상환해 준다면 증여세 과세되나요? • 118
③ 증여자가 증여세를 수증자 대신 납부하였을 경우 증여세 폭탄을 맞을 수도 있나요? • 119
④ 양수자의 양수대금 지급의무를 배우자가 인수한 경우에도 증여세가 나온다고요? • 120

7장 부동산 무상사용에 따른 증여 부동산을 무상으로 사용하게 되면 증여세 과세되나요? • 121

① 아버지의 부동산을 담보로 은행에서 대출받고 내가 대출금을 상환한다면 증여세 과세되나요? • 122

② 부동산 무상사용 기간을 5년마다 계산하는 이유는 무엇인가요? • 124
③ 부동산 무상담보 기간을 1년마다 계산하는 이유는 무엇인가요? • 126
④ 수인이 부동산을 무상사용하는 경우의 납세의무자는 누구인가요? • 127
⑤ 13억원이 넘는 주택을 무상사용하는 경우에도 증여세 고지서가 나온 이유는 무엇인가요? • 127
⑥ 부동산 무상사용자가 임대사업을 영위하는 경우에도 증여세를 내야 하나요? • 128

8장 금전무상대출 등에 따른 이익의 증여 아버지에게 금전을 차입한 경우 증여세 과세되나요? • 130

Q 금전을 차입한 경우 이자를 지급하는 경우에도 증여세 과세되나요? • 133

9장 재산사용 및 용역제공 등에 따른 이익의 증여 아버지의 주식을 담보로 제공하고 금전을 차입한 경우 증여세 과세되나요? • 135

Q 재산의 사용기간 또는 용역의 제공기간은 어떻게 되나요? • 136

10장 법인의 조직 변경 등에 따른 이익의 증여 주식의 포괄적 교환에도 증여세 과세되나요? • 138

① 주식회사에서 유한회사로 조직을 변경할 때도 증여세가 과세될 수 있나요? • 140
② 법인의 조직 변경 등에 따른 이익의 증여이익 계산 방법은 무엇인가요? • 141

11장 재산 취득 후 재산가치 증가에 따른 증여 자녀에게 부동산을 증여 후 농지를 대지로 변경하는 경우 증여세 과세되나요? • 142

Q 재산을 취득한 후 5년 이내에 값이 오르면 증여세 과세될 수 있나요? • 143

12장 〔양도재산의 증여 추정〕 **양도한 경우에도 증여세 과세되나요?** • 147

① 사실혼 배우자는 왜 배우자공제가 안 될까요? • 150
② 양도한 사실이 명백하다고 보는 특별한 경우는 무엇일까요? • 152
③ 배우자에게 양도한 사실이 명백하다고 보는 특별한 경우는 무엇일까요?
• 153

13장 〔재산취득자금 등의 증여 추정〕 **자금출처조사에서 선정되지 않을 금액 기준이 있나요?** • 154

① 재산취득자금 등의 자금출처 입증금액의 범위는 어디까지인가요? • 156
② 명의상 채무자와 사실상 채무자가 다른 경우 자금출처의 인정은 어떻게 되나요? • 158
③ 자금을 입증 못하면 증여세 전부 과세되나요? • 159
④ 자금출처 증여추정 배제되는 기준이 있나요? • 162

14장 〔증여세 과세가액〕 **부동산을 증여받았는데 인수한 채무액이 더 많다면 증여세가 나올까요?** • 164

① 증여세를 줄일 수 있는 부담부증여가 무엇인가요? • 167
② 배우자 또는 직계존비속 간의 부담부증여 시 채무공제 가능한가요? • 170
③ 제3자의 채무로 담보된 재산이 증여될 경우 채무공제 가능할까요? • 171
④ 토지·건물의 소유자가 다른 경우 임대보증금의 공제방법은 무엇인가요? • 172
⑤ 증여일 전 10년을 반드시 확인해야 한다고요? • 173
⑥ 아버지와 새어머니에게 증여받은 경우 10년 이내에 모두 합산되나요?
• 173
⑦ 동일인이 증여 시 일반 증여재산과 합산하지 않는 경우도 있나요? • 175

15장 `증여세 비과세` 결혼하는 자녀의 혼수용품은 모두 증여세 비과세인가요? • 176

- Q 증여하더라도 증여세 부과되지 않는 경우는 무엇일까요? • 178

16장 `증여재산공제` 새어머니에게 증여받았는데 증여세 공제되나요? • 183

- ① 아버지와 할아버지에게 동시에 증여받았는데 증여세 공제되나요? • 184
- ② 외조부모와 외손자는 직계존비속에 해당할까요? • 185
- ③ 혼인 외의 출생자의 생모도 친족에 해당할까요? • 186
- ④ 시부모와 며느리, 장인·장모와 사위 관계는 증여재산공제를 얼마나 받을 수 있나요? • 187
- ⑤ 혼인 또는 출산하는 경우에 받을 수 있는 증여재산공제가 있나요? • 188
- ⑥ 혼인공제 후 혼인이 취소되면 가산세 부과되나요? • 190
- ⑦ 증여재산공제 적용방법은 무엇인가요? • 191
- ⑧ 증여받은 건물에 불이 났는데도 증여세 내야 하나요? • 193
- ⑨ 증여세 신고하려고 감정평가 받을 때 수수료 공제받는 방법 있나요? • 194

17장 `증여세율` 손자녀에게 증여하면 증여세를 더 많이 낼까요? • 196

- ① 할아버지가 성인인 손자에게 10억원을 증여한 경우 증여세는 얼마나 나올까요? • 198
- ② 증여세 세율은 어떻게 되나요? • 200

18장 `증여세 납부세액공제` 2 이상의 증여가 있는 경우 10년 내 증여재산 합산 시 이중과세 되는 것은 아닌가요? • 202

- ① 외국의 부동산을 증여하고 외국에서 고지서 받았는데 공제 가능할까요? • 204
- ② 신고기한 내에 증여세 신고만 하더라도 증여세를 아낄 수 있다고요? • 205

PART 3
알수록 돈이 되는 상속세 핵심비법

1장 `상속세 과세표준` 부동산 매매계약 이행 중인 상속재산의 상속세 계산은 어떻게 하나요? • 208

- Q 알수록 돈이 되는 상속재산의 대상은 무엇인가요? • 209

2장 `보험금` 사망 보험금은 모두 상속재산인가요? • 214

- Q 자녀가 대신 아버지 보험금을 납부한 후 아버지가 사망하였다면 수령 보험금은 상속재산에 해당할까요? • 217

3장 `신탁과 퇴직금` 신탁재산은 상속재산에 포함되나요? • 218

- Q 남편이 받지 않은 퇴직금이 상속재산인가요? • 220

4장 `상속세의 비과세` 상속재산 중 과세 안되는 사항이 우리집에도 해당될까요? • 224

- ① 아버지가 돌아가시기 전 고향의 선산(금양임야)을 장남에게 증여한 경우 상속세 비과세될까요? • 226
- ② 상속개시 후 금양임야와 묘토로 사용하기로 한 경우 비과세될까요? • 227
- ③ 공동으로 금양임야 등을 상속받은 경우 비과세되나요? • 228

17

5장 `사전증여재산` 사망 전 증여받은 재산을 상속재산에 다시 가산하는 이유는 무엇인가요? • 229

① 상속에 합산하지 않는 사전증여도 있다고 하는데 어떤 경우인가요? • 232
② 법인에 증여하더라도 상속재산에 합산해야 하나요? • 235
③ 증여 후 다시 반환받은 주식은 상속재산에 합산되나요? • 236
④ 10억원에 증여받은 토지가 어머니 돌아가실 때 30억원이 되면 상속세 다시 내야 하나요? • 238

6장 `공과금과 채무, 장례비용` 아버지 사망일 이전 상조회사에 불입한 불입금은 장례비용에 포함되나요? • 240

① 상속세과세가액 계산 시 차감항목은 어떤 것이 있을까요? • 242
② 자녀가 대신 내준 아버지 실버타운 보증금도 상속세 내야 하나요? • 244
③ 사망 전에 증여하기로 약속한 증여채무는 상속재산에서 차감될까요? • 246
④ 상속세를 줄여주는 채무의 요건은 무엇인가요? • 247
⑤ 해외에 이민 간 아버지가 사망한 경우 장례비가 공제되지 않는다고요? • 251

7장 `추정상속재산` 아버지가 생전에 빌린 돈에 상속세가 나오는 경우가 있다고요? • 252

Q 아버지가 생전에 처분하신 부동산 대금의 사용처를 몰라서 상속세를 내는 경우가 있다고요? • 255

8장 `배우자상속공제와 인적공제` 상속재산이 10억원까지 공제된다고 하던데, 10억원 집 한 채 상속받은 경우에도 상속세가 나온 이유는 무엇인가요? • 260

18

① 어머니가 상속받는 것이 좋을까요, 자녀가 상속받는 것이 좋을까요?
· 262
② 아버지와 어머니가 교통사고로 동시에 돌아가셨을 때 상속세 계산 차이가 있나요? · 265
③ 배우자상속공제 적용이 취소되고 세금 고지가 나왔는데, 왜 그런가요?
· 266
④ 뱃속의 태아도 인적공제를 받을 수 있나요? · 272
⑤ 상속인 중 미성년자와 장애인이 있는 경우 추가로 받을 수 있는 공제가 있나요? · 272
⑥ 배우자만 존재하는 경우와 배우자가 단독 상속받는 경우의 상속공제는 어떻게 다른가요? · 278

9장 금융재산 상속공제와 재해손실공제 금융재산과 부동산 어느 것으로 상속하는 게 좋을까요? · 281

① 현금은 왜 금융재산 상속공제를 받을 수 없나요? · 284
② 은행대출이 있으면 금융재산 상속공제가 줄어든다고요? · 285
③ 부동산 양도 후 양도대금을 은행에 넣어야 하는 이유가 있나요? · 286
④ 미리 증여한 금융재산도 공제될까요? · 287
⑤ 상속받은 집에 화재가 났는데 상속세 내야 하나요? · 288

10장 동거주택 상속공제 분양권이 있는 경우에도 저와 아버지가 함께 살던 주택에 대하여 상속공제 받을 수 있나요? · 289

① 알아두면 돈이 되는 동거주택 상속공제는 무엇인가요? · 290
② 아버지와 함께 거주한 지 10년이 되었는데도 동거주택 상속공제 못받은 이유는 무엇인가요? · 292

11장 `상속공제 한도액` 저에게 형의 재산이 상속되었으나 상속공제를 받을 수 없다는데 어떤 사유인가요? · 295

12장 `감정평가수수료 공제` 상속세 신고하려고 받은 감정평가수수료는 상속공제 될까요? · 299

13장 `상속세율과 세액공제` 손자에게 상속하는 경우 더 불리할까요? · 301

① 세대생략 할증과세로 손자에게 상속하는 것이 항상 불리할까요? · 303
② 상속세 신고만 해도 세액을 줄일 수 있나요? · 305
③ 상속세 신고 시 미리 납부한 증여세는 돌려주나요? · 307
④ 외국에서 납부한 상속세도 공제받을 수 있을까요? · 310
⑤ 10년 안에 재상속이 되었다면 또 상속세 내야 하나요? · 311

PART 4
알수록 돈이 되는 재산의 평가 핵심비법

1장 `재산의 시가` 상속세 및 증여세 재산의 평가가 중요한 이유는 무엇인가요? · 316

① 재산평가의 원칙은 무엇인가요? · 320
② 시가를 알기 어려운 경우 어떻게 하나요? · 321
③ 부동산 양도합의서와 매매계약서 중 어떤 것을 봐야 할까요? · 323
④ 감정평가 받아야 할까요? · 325
⑤ 국세청이 감정평가하는 대상이 별도로 있다고요? · 328

⑥ 감정가액으로 상속세 및 증여세 과세되면 재산세, 종합부동산세 및 양도소득세 산정에도 영향이 있나요? • 330
⑦ 매매가액이 시가로 인정되지 않는 경우는 무엇인가요? • 333
⑧ 토지와 건물의 시가 구분이 불분명한 경우 안분방법은 어떻게 되나요? • 334

2장 부동산의 평가 도로로 이용되는 토지 평가금액 0원이 될 수 있나요? • 338

① 철거대상 건물의 평가는 어떻게 하나요? • 340
② 오피스텔 및 상업용 건물의 평가는 어떻게 하나요? • 341
③ 신축 중에 사망한 경우 신축 주택의 평가는 어떻게 하나요? • 342
④ 임대차 계약이 체결된 재산은 어떻게 평가하나요? • 345
⑤ 임대건물의 토지·건물 평가액은 어떻게 구분하나요? • 347
⑥ 매매가액이 있는 임대차 계약이 체결된 재산의 평가액은 얼마인가요? • 348
⑦ 매매가액이 없는 임대차 계약이 체결된 재산의 평가액은 얼마인가요? • 350

3장 권리의 평가 근저당권이 설정된 주택의 평가는 어떻게 되나요? • 352

① 저당권이 설정된 재산의 평가는 어떻게 하나요? • 354
② 재산이 담보하는 채권액의 평가는 어떻게 하나요? • 355
③ 지상권은 무엇인가요? • 357
④ 아파트 당첨권과 조합원 입주권 가액은 어떻게 산정하나요? • 358
⑤ 기타 시설물 및 구축물의 평가방법은 무엇인가요? • 361
⑥ 공동주택에 부속된 구축물의 평가방법은 무엇인가요? • 363
⑦ 선박 등 그 밖의 유형자산 평가방법은 무엇인가요? • 363

PART 5
알수록 돈이 되는 상속세와 증여세 신고납부

1장 `신고납부` 상속세와 증여세 신고하면, 세무서에서 꼭 연락오나요? · 368

① 상속세 신고·납부기한은 어떻게 되나요? · 370
② 상속인이 확정되지 않은 경우에 신고·납부기한은 어떻게 되나요? · 371
③ 증여세 신고·납부기한은 어떻게 되나요? · 372
④ 상속세 및 증여세 신고세액공제는 무엇인가요? · 373
⑤ 납부할 현금이 부족할 경우 일시에 세금을 완납하지 않고, 나누어 낼 수 있나요? · 375

2장 `연부연납` 상속세 신고 후 당장 세금 낼 현금이 없어서 제 아내 소유의 건물로 분할 납부를 위한 담보를 신청해도 되나요? · 377

① 연부연납을 받으려면 요건은 무엇인가요? · 379
② 연부연납의 허가가 취소되는 경우도 있나요? · 381
③ 연부연납 시 자동으로 허가되는 납세담보는 어떤 것이 있나요? · 383
④ 납세고지서상 납부기간 경과 후 연부연납 허가 통지된 경우 가산금 내야 하나요? · 384
⑤ 연부연납기간 중에 연부연납세액의 전부 또는 일부를 일시에 납부할 수 있는 건가요? · 384
⑥ 연부연납기간 중에 세액이 변경된 경우에는 어떻게 하나요? · 385
⑦ 연부연납할 때도 이자를 내야 하나요? · 388
⑧ 경정 시 연부연납가산금의 환급은 어떻게 되나요? · 390

3장 물납 상속세만 물납이 된다고 하는데, 물납은 어떻게 하나요? • 391

① 물납의 요건은 무엇인가요? • 392
② 물납에 충당가능한 부동산과 유가증권은 무엇인가요? • 395
③ 물납재산의 수납 어떻게 되나요? • 397
④ 관리·처분이 부적당한 재산의 물납에는 무엇이 있나요? • 397
⑤ 물납재산을 변경하는 경우에는 어떻게 하나요? • 399
⑥ 물납에 충당할 재산의 수납가액은 어떻게 결정되나요? • 401
⑦ 특수한 경우의 물납에 충당하는 수납가액은 어떻게 되나요? • 402
⑧ 국가등록문화유산을 보유한 법인의 비상장주식을 상속받은 경우 문화유산자료는 징수유예 될까요? • 404

4장 결정과 경정 상속세 또는 증여세의 세액은 신고하면 그대로 정해지나요? • 408

① 신고 내용에 대해서는 정부가 얼마 만에 결정하나요? • 410
② 상속세 및 증여세를 신고하거나 고지받은 경우 경정 등의 청구 특례가 있나요? • 411
③ 상속세 및 증여세 조사 시 금융재산 일괄조회란 무엇인가요? • 414

부록

부 록 ❶ – 상속세 및 증여세 신고도움 정보 • 418
부 록 ❷ – 상속세 및 증여세 일반서식 • 427
부 록 ❸ – 상증법상 특수관계인 • 448

이 책은 2024년 7월 말 현재 시행 중인 법률이 반영되었다.
그러나 2025.1.1. 이후 상속이 개시되거나 증여받는 분부터 적용될 "2024년 세법개정안"(2024.7.25. 기획재정부 보도자료)이 발표됨에 따라 본문내용 중 내년 시행예정인 개정안 내용은 색음영과 각주처리하여 반영하였다.
따라서 개정안은 향후 「상속세 및 증여세법」 확정 시 변동될 수 있으므로 실제 적용 시 반드시 법 개정사항을 확인하기 바란다.

1. 상속세 및 증여세 최고세율 및 과세표준 조정(상증법 §26)

현 행		개 정 안	
■ 상속세 및 증여세 세율 및 과세표준		■ 최고세율 인하 및 하위 과세표준 조정	
과세표준	세율	과세표준	세율
1억원 이하	10%	2억원 이하	10%
1억원 초과 5억원 이하	20%	2억원 초과 5억원 이하	20%
5억원 초과 10억원 이하	30%	5억원 초과 10억원 이하	30%
10억원 초과 30억원 이하	40%	10억원 초과	40%
30억원 초과	50%		

〈개정이유〉 상속·증여세 부담 완화
〈적용시기〉 2025.1.1. 이후 상속이 개시되거나 증여받는 분부터 적용

2. 최대주주등 보유주식 할증평가 폐지(상증법 §63 ③)

현 행	개 정 안
■ 최대주주등 보유주식 할증평가 • (원칙) 최대주주등 주식*은 평가한 가액에 20% 가산 　*최대주주 또는 최대출자자 및 특수관계인의 주식 등 　[중소·중견기업(매출액 5천억원 미만) 제외] • (예외) ①~⑥은 할증평가 제외 　① 중소기업 및 중견기업(매출액 5천억원 미만)이 발행한 주식 　② 직전 3년 이내의 사업연도부터 계속하여 법인세법상 결손금이 있는 경우 　③ 평가기준일 전후 6개월 이내의 기간 중 최대주주등이 보유하는 주식 등이 전부 매각된 경우 　④ 사업개시 3년 미만 법인으로서 각 사업연도의 영업이익이 모두 결손인 경우 　⑤ 상속·증여세 신고기한 내에 법인의 청산이 확정된 경우 　⑥ 최대주주 보유 주식을 최대주주 외의 자가 상속·증여받는 경우로서, 상속·증여로 인해 최대주주에 해당하지 않는 경우 등	■ 폐 지

〈개정이유〉 기업 승계 지원
〈적용시기〉 2025.1.1. 이후 상속이 개시되거나 증여받는 분부터 적용

3. 상속세 자녀공제금액 확대(상증법 §20 ①)

현 행	개 정 안

■ 상속세 공제 제도
• 기초공제 : 2억원
• 그 밖의 인적공제
  −자녀공제 : 1인당 5천만원
  −미성년자 공제 : 1인당 1천만원 × 19세가 될 때까지 연수
  −연로자공제 : 1인당 5천만원
  −장애인 공제 : 1천만원 × 기대여명 연수
• 일괄공제 : 5억원
  * 기초공제(2억원)와 그 밖의 인적공제의 합계액과 일괄공제(5억원) 중 큰 금액 공제 가능
	■ 공제 규모 확대
	• (좌 동)
	• 자녀공제 확대
	  −1인당 5천만원 → 1인당 5억원
	
	• (좌 동)

〈개정이유〉 중산층·다자녀 가구 세부담 경감
〈적용시기〉 2025.1.1. 이후 상속이 개시되는 분부터 적용

4. 증여재산 공제가 적용되는 친족 범위 합리화(상증법 §53)

현 행	개 정 안
■ 증여재산 공제 적용범위 • (배우자) 6억원 • (직계존속) 5천만원* * 미성년자 2천만원 • (직계비속) 5천만원 • (6촌 이내 혈족, 4촌 이내 인척) 1천만원	■ 친족 범위 합리화 • (좌 동) • (4촌 이내 혈족, 3촌 이내 인척) 1천만원

〈개정이유〉 국세기본법상 친족 범위와 일치
〈적용시기〉 2025.1.1. 이후 증여받는 분부터 적용

5. 가업상속공제 및 가업승계 증여세 특례의 사업무관자산 범위 조정(상증령 §15 ⑤)

현 행	개 정 안
■ **사업무관자산***의 범위 * 사업무관 자산은 가업의 직접적인 경영·영업활동과 관련이 없어 가업상속·승계 재산에서 제외 • 비사업용 토지 등 • 영업활동과 관련없는 주식 등 • 업무무관 자산 및 임대 부동산 　　〈단서 신설〉 • 대여금 　　〈단서 신설〉 • 과다보유 현금 　(직전 5년 평균의 150% 초과분)	■ 범위 조정 • (좌 동) • (좌 동) • (좌 동) 　-임직원 임대주택 제외 • (좌 동) 　-임직원 학자금·주택자금 제외 • 150% → 200%

〈개정이유〉 기업 승계 지원
〈적용시기〉 영 시행일 이후 상속이 개시되거나 증여받는 분부터 적용

(피상속인이 거주자인 경우) 상속세 계산 흐름도

총상속재산가액
- 상속재산가액(본래의 상속재산 + 간주상속재산) + 추정상속재산
  * 상속재산가액은 국내외 모든 재산임

−

비과세 및 과세가액 불산입액
- 비과세 : 금양임야 등
- 과세가액 불산입재산 : 공익법인 등에 출연한 재산 등

−

공과금 · 장례비 · 채무

+

사전증여재산
- 합산대상 사전증여재산(상속인 10년, 상속인외의 자 5년),
- 단, 특례세율 적용 증여재산인 창업자금, 가업승계주식등은 기한 없이 합산

↓

상속세 과세가액

−

상속공제
- (기초공제+그 밖의 인적공제)와 일괄공제(5억원) 중 큰 금액
- 가업 · 영농상속공제   · 배우자공제
- 금융재산 상속공제   · 재해손실공제
- 동거주택 상속공제
  * 단, 위 합계 중 공제적용 종합한도 내 금액만 공제가능

−

감정평가 수수료

↓

상속세 과세표준

×

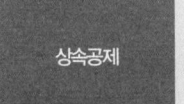

과세표준	1억원 이하	5억원 이하	10억원 이하	30억원 이하	30억원 초과
세 율[1]	10%	20%	30%	40%	50%
누진공제액	없음	1천만원	6천만원	1억6천만원	4억6천만원

↓

산출세액
- (상속세 과세표준 × 세율) − 누진공제액

+

세대생략할증세액
- 상속인이나 수유자가 피상속인의 자녀가 아닌 직계비속이면 30% 할증 (미성년자가 20억 초과하여 상속받는 경우 40% 할증)
- 단, 직계비속의 사망으로 최근친 직계비속에 상속하는 경우에는 제외(대습상속)

−

세액공제
- 문화유산자료 징수유예, 증여세액공제, 외국납부세액공제, 단기재상속세액공제, 신고세액공제

+

무(과소)신고 · 납부지연가산세

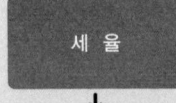

↓

납부세액

---

1) 2025.1.1. 이후 세율 개정 예정(본 책의 '2025년부터 달라지는 상증법 개정안' 참조)

상속공제액

※ 피상속인이 거주자인 경우 상속공제액은 아래 (①~⑦ 합계)와 (⑧ 공제적용 종합한도액) 중 적은 금액을 공제한다. 다만 피상속인이 비거주자인 경우에는 (기초공제 2억원)과 (⑧ 공제적용 종합한도액) 중 적은 금액을 공제한다.

공제의 종류	상속공제액
① 기초공제	• 기초공제액 : 2억원 • 가업상속공제액 : 가업상속재산가액 × 100%(300억원~600억원* 한도) 　* 피상속인 가업영위기간 10년 이상 300억, 20년 이상 400억, 30년 이상 600억 • 영농상속공제 : 영농상속재산가액(공제한도 : 30억원)
② 그 밖의 인적공제	• 자녀공제[2] : 자녀수 × 1인당 5천만원 • 미성년자공제 : 미성년자수 × 1천만원 × 19세까지의 잔여연수 　* 상속인(배우자 제외) 및 동거가족 중 미성년자, 자녀공제와 중복가능 • 연로자공제 : 연로자수 × 1인당 5천만원 　* 상속인(배우자 제외) 및 동거가족 중 65세 이상자 • 장애인공제 : 장애자수 × 1인당 1천만원 × 성별·연령별 기대여명 연수 　* 상속인(배우자 포함) 및 동거가족 중 장애인 　* 자녀·미성년자·연로자·배우자공제와 중복공제 가능
③ 일괄공제	• 일괄공제 : Max(㉮, ㉯) 　㉮ 5억원 　㉯ (기초공제 2억원 + 그 밖의 인적공제 합계) 　* 배우자가 단독으로 상속받는 경우 : 일괄공제 적용 안 됨 　* 무신고한 경우 : 일괄공제(5억원) 적용
④ 배우자 상속공제	• 배우자상속공제액 : Max(㉮, ㉯) 　㉮ Min(ⓐ, ⓑ) 　　ⓐ 배우자가 실제 상속받은 금액(총재산가액 − 비과세·채무 등) 　　ⓑ 공제한도액 Min (ⅰ, ⅱ) 　　　ⅰ) (상속재산가액 × 배우자 법정상속지분) − (합산대상 증여재산 중 배우자가 증여받은 재산의 과세표준) 　　　ⅱ) 30억원 　㉯ 5억원 　* ㉮는 신고기한의 다음날부터 9개월까지 배우자상속재산 분할 등기 등을 해야 공제 가능(부득이한 경우 배우자상속재산분할기한 경과 후 6개월 되는 날까지 신고)
⑤ 금융재산 상속공제	• 순금융재산가액(금융재산 − 금융채무) 　㉮ 2천만원 초과시 : Min(ⓐ, ⓑ) 　　ⓐ 순금융재산가액의 20%와 2천만원 중 큰 금액, ⓑ 2억원 　㉯ 2천만원 미만시 : 금융재산가액 전액 　* (공제제외) 최대주주등이 보유한 주식등과 신고기한 내 미신고한 차명 금융재산
⑥ 재해손실공제	• 신고기한 이내에 화재·자연재해 등으로 멸실·훼손된 손실가액
⑦ 동거주택 상속공제	• 공제액 : [주택가액(부수토지 포함) − 담보된 채무액] (6억원 한도)
⑧ 공제적용 종합한도액(상증법 제24조) = 상속세 과세가액 − [상속인이 아닌 자에게 유증·사인증여한 재산 + 상속인이 상속포기로 후순위 상속인이 받은 상속재산 + 상속재산에 가산된 합산대상 증여재산에 대한 증여세 과세표준(상속세 과세가액이 5억원 초과 시 적용, 증여재산공제·재해손실공제 차감)]	

[2] 2025.1.1. 이후 자녀공제 개정 예정(본 책의 '2025년부터 달라지는 상증법 개정안' 참조)

증여세 계산 흐름도 (기본세율)

증여재산가액
- 국내외 모든 증여재산으로 증여일 현재의 시가로 평가 (비거주자는 국내 소재한 증여재산이 과세대상임)

−

비과세 및 과세가액 불산입액
- 비과세 : 사회통념상 인정되는 피부양자의 생활비, 교육비 등
- 과세가액 불산입재산 : 공익법인 등에 출연한 재산 등

−

채무부담액
- 증여재산에 담보된 채무인수액(증여재산 관련 임대보증금 포함)

+

증여재산가산액
- 해당 증여일 전 동일인으로부터 10년 이내에 증여받은 재산의 과세가액 합계액이 1천만원 이상인 경우 그 과세가액을 가산
  *동일인 : 증여자가 직계존속인 경우 그 배우자 포함

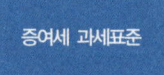

증여세 과세가액

−

증여재산공제 등

구 분		일반증여재산공제	혼인·출산증여재산공제 (2024.1.1. 이후 증여)	
수증자	배우자	6억원	해당 없음	
	직계존속	5,000만원		
	직계비속	5,000만원 (만 19세 미만 미성년자 2천만원)	혼 인	1억원
			출 산	
	기타 친족	1,000만원	해당 없음	
	그 외	없음		

−

감정평가 수수료
- 일반 : 증여재산 − 증여재산공제·재해손실공제 − 감정평가수수료
- 상증법 제45조의2부터 제45조의4 : 증여의제금액 − 감정평가수수료
- 합산배제(상증법 제45조의2부터 제45조의4 제외) : 증여재산 − 3천만원 − 감정평가수수료

증여세 과세표준

×

세 율

과세표준	1억원 이하	5억원 이하	10억원 이하	30억원 이하	30억원 초과
세율[3]	10%	20%	30%	40%	50%
누진공제액	없음	1천만원	6천만원	1억6천만원	4억6천만원

산출세액
- (증여세 과세표준 × 세율) − 누진공제액

+

세대생략할증세액
- 수증자가 증여자의 자녀가 아닌 직계비속이면 30% 할증 (미성년자가 20억 초과하여 증여받는 경우 40% 할증)
- 단, 직계비속의 사망으로 최근친 직계비속에 증여하는 경우에는 제외

−

세액공제 등
- 문화유산 징수유예, 납부세액공제, 외국납부세액공제, 신고세액공제, 그 밖의 공제 등

+

무(과소)신고·납부불성실가산세 등

−

연부연납·분납
- 물납 불가

납부할 세액

---

[3] 2025.1.1. 이후 증여 시 세율 개정 예정(본 책의 '2025년부터 달라지는 상증법 개정안' 참조)

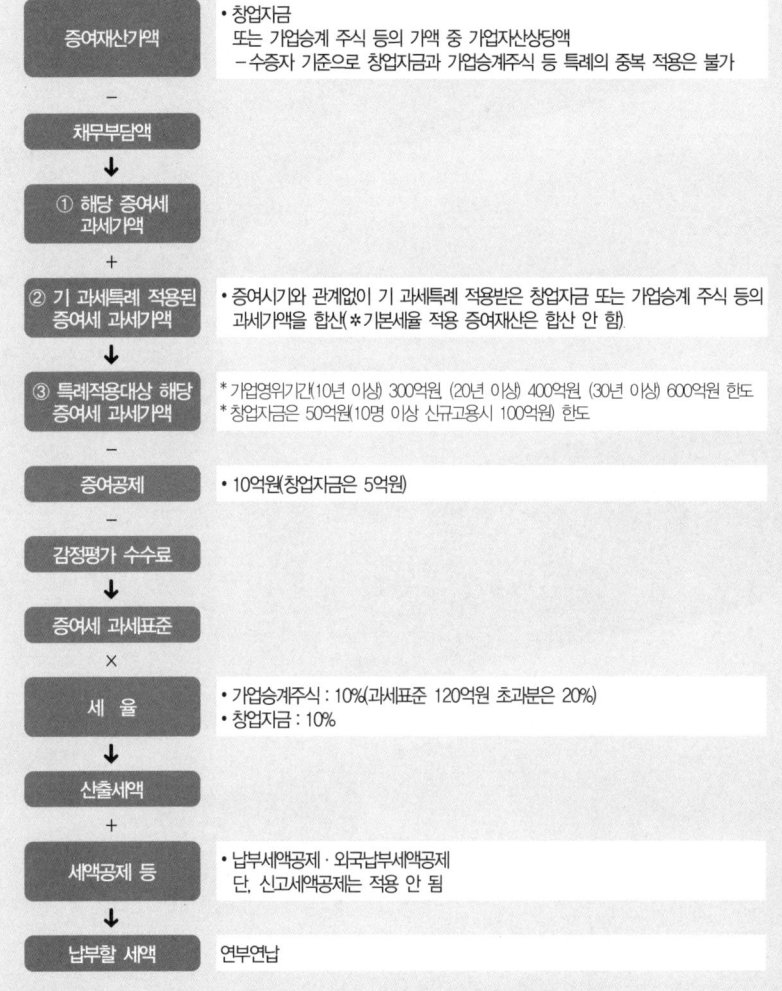

Part 1

제일 먼저 알아보는
상속·증여

알수록 돈이 되는
부의 설계

1장 상속의 과세대상

상속세는 돌아가신 분 현재 재산에 대해서 내는 건가요?

"세무사님! 급한 상담 요청이에요."

VIP 상담은 보통 고객과 함께 일정을 조율해서 잡기 때문에 며칠, 몇 주일 등 시간이 걸린다. 그러나 때로는 고객님이 최대한 빠른 시일에 상담을 요청할 때가 있다. 상속세 신고를 위한 급한 상담 요청은 가족이 사망한 직후에 있게 된다. 부모님, 또는 아내나 남편, 심지어 자식의 죽음 앞에서 세금에 대한 이야기를 시작하기 전 고인의 명복을 비는 것이 나의 첫 마디였다.

가족 중에 한 분이 돌아가시면, 슬픔에 가족들은 정신이 없다. 고인의 소식을 다른 가족 친척, 지인에게도 알리고 장례를 치르면서 정신이 없을 정도다. 하지만 30일 안에 사망신고를 하면서 세무사를 찾게 된다.

나의 경우 그렇게 상속 상담을 시작하게 되는 경우가 많다.

☑ 상속세 과세대상

상속세 과세대상은 상속으로 인하여 상속개시 되는 경우 상속개시일 현재 피상속인(사망자)의 상속재산으로 하며, 유증·사인증여·특별연고자 상속재산 분여, 유언대용신탁, 수익자연속신탁으로 인하여 상속받은 재산을 포함한다.

❶ **피상속인이 거주자** : 국내·외에 소재한 모든 상속재산
❷ **피상속인이 비거주자** : 국내에 소재한 모든 상속재산

☞ 집행기준 3-0-1

집행기준 3-0-2
거주자·비거주자의 상속세 적용 차이

구 분		거주자	비거주자
신고기한		상속개시일이 속하는 달의 말일부터 6개월 이내	(피상속인이나 상속인이 외국에 주소를 둔 경우) 상속개시일이 속하는 달의 말일부터 9개월 이내
과세대상재산		국내·외의 모든 상속재산	국내에 소재한 상속재산
공제금액	공과금	상속개시일 현재 피상속인이 납부하여야 할 공과금으로서 납부되지 않은 금액	국내 소재 상속재산에 대한 공과금, 국내 사업장의 사업상 공과금
	장례비용	피상속인의 장례비용	공제 안됨
	채무	모든 채무 공제	국내 소재 상속재산을 목적으로 유치권·질권·저당권으로 담보된 채무, 국내 사업장의 사업상 채무

구 분		거주자	비거주자
과세표준계산	기초공제	공제	공제
	가업상속공제	공제	공제 안됨
	영농상속공제	공제	공제 안됨
	기타인적공제	공제	공제 안됨
	일괄공제	공제	공제 안됨
	배우자공제	공제	공제 안됨
	금융재산상속공제	공제	공제 안됨
	재해손실상속공제	공제	공제 안됨
	동거주택상속공제	공제	공제 안됨
	감정평가수수료공제	공제	공제

Q1 상속의 범위는 어디까지일까요?

　상속세를 내야 하는 상속의 범위는 「민법」상 상속재산의 범위보다 넓다. 따라서 "상속의 범위"를 물어보는 고객분들은 그래도 어느 정도 내용을 알고 질문하는 경우이다. 상속의 범위는 피상속인의 권리와 의무를 상속인에게 포괄적으로 승계시키는 상속을 말한다. 또한 유증, 사인증여, 특별연고자 상속재산 분여받는 것, 유언대용신탁, 수익자연속신탁을 포함한다. 상속인이 없는 경우 간병인이나, 사실혼 관계에 있는 배우자가 법원을 통해 상속재산을 받게 되는 기사를 본 적이 있을 것이다. 또한 신탁을 통한 상속에 대한 문의도 요즘 많이 접하게 된다.

☑ 상속의 범위

❶ **상속** : 피상속인의 권리 · 의무를 상속인에게 포괄적으로 승계시키는 것

❷ **유증** : 피상속인의 유언에 의하여 유산의 전부 또는 일부를 무상으로 수유자(상속인 아닌 자를 포함)에게 사망을 원인으로 증여하는 것

❸ **사인증여** : 피상속인의 생전에 당사자 합의에 의하여 증여계약이 체결되어 피상속인의 사망으로 효력이 발생하는 증여를 말하며, 채무로 공제되는 증여채무 이행 중 증여자가 사망한 경우를 포함한다.

❹ **특별연고자 상속재산 분여** : 상속인이 없는 경우 피상속인과 생계를 같이하고 있던 자 등의 청구에 의하여 가정법원으로부터 상속재산을 분여받는 것

❺ **유언대용신탁** : 신탁계약에 의해 위탁자의 사망 시 수익자가 수익권을 취득 또는 신탁재산에 기한 급부를 받는 신탁

❻ **수익자연속신탁** : 수익자가 사망한 경우 그 수익자가 갖는 수익권이 소멸하고 타인이 새로 수익권을 취득하는 신탁

☞ 집행기준 2-0-1

② 상속의 시기는 언제일까요?

☑ 상속개시일

일반적으로 상속 시기는 사망 시를 생각하면 된다. 상담하다보면 간혹 상속세 신고서 제출일로 상속 시기를 오인하는 경우도 있다. 어머니가 사망한 후 상속세 신고 전에 예금을 출금해서 상속세 신고 재산이 되는 예금 잔액을 줄여두면 어떻겠냐는 질문을 하시는 분들을 어렵지 않게 만난다. 그러나 이미 사망한 그 순간 상속은 개시되었고 이를 상속인이 알았는지와 무관하게 자연적 사망일이 상속세 기준일이 된다. 즉 상속세 신고 시 상속 재산 및 부채의 평가기준일이 되는 것이다. 다만 피상속인이 실종된 경우 실종선고일이며, 인정사망의 경우 가족관계등록부에 기재된 사망의 연, 월, 일, 시가 상속 개시일 즉, 상속세 계산 기준일이 된다.

☞ 집행기준 2-0-2

집행기준 2-0-2
상속개시일

상속개시의 시기는 사망 등 상속개시의 원인이 발생한 때이며, 사망과 동시에 당연히 상속이 개시되므로 상속인이 이를 알았는지에 관계없이 상속이 개시된다.
① 자연적 사망일
② 실종선고일
③ 인정사망 : 가족관계등록부에 기재된 사망의 연, 월, 일, 시

③ 상속재산은 어디까지 포함하나요?

"고인이 사망 전에 2억원의 그림을 현금으로 구입했습니다."

VIP 상담실에서 상속인은 피상속인의 재산이 어디까지 상속세 대상이 되는지 궁금하다. 고인이 사망 전에 2억원의 현금을 출금해서 미술품을 구입한 경우, 2억원 현금 출금액이 그림을 구입한 것이 명확하다면 그림의 시가로 상속재산에 가산된다. 즉, 상속재산은 금전적 가치가 있는 물건과 권리 모두를 포함한다. 다만 사망으로 소멸되는 자격증 등은 포함이 안 된다.

☑ 상속재산에 포함되는 경우

❶ 경제적 가치로 환산이 가능한 것은 물권, 채권, 영업권 및 무체재산권뿐만 아니라 ❷ 사망 시에 받을 권리가 있는 배당금, 무상주를 받을 권리도 포함된다. ❸ 피상속인이 부동산을 매도하였으나 잔금을 받기 전에 사망하였다면, 해당 잔금이 상속재산이 된다.[1] 이와 반대로 ❹ 상속개시 전 피상속인이 부동산 양수계약을 체결하고 잔금을 지급하기 전에 사망한 경우에는 이미 지급한 계약금과 중도금이 상속재산에 포함된다.

❺ 상속세 조사를 하는 경우 피상속인의 재산임에도 타인 명의로 명의신탁을 한 재산이 발견되는 경우가 있다. 예로 피상속인의 주

---

1) 상속개시 전 피상속인이 부동산 양도계약을 체결하고 잔금을 영수하기 전에 사망한 경우에는 양도대금 전액에서 상속개시 전에 영수한 계약금과 중도금을 차감한 잔액을 의미한다.

식을 타인 이름으로 주주 명부에 등록 후 배당을 피상속인이 받는 경우 상속 조사 시 명의신탁주식이 확인되어 상속재산에 포함된다.

❻ 피상속인이 생전에 토지거래허가구역에 있는 토지를 허가받지 않고 매매하여 이미 잔금까지 수령하였다고 하더라도 해당 토지는 상속재산이 포함된다.

❼ 피상속인이 타인과 합유 등기한 부동산 그 부동산 가액 중 피상속인 몫에 해당하는 부분은 상속재산에 포함된다.

❽ 부친이 사망 후에 부친 소유의 부동산을 자녀 명의로 증여 등기해 놓았다고 하더라도, 사망일에 이미 상속이 발생된 것이므로 사망일 기준으로 부친의 상속재산에 해당 부동산은 포함된다. 상담실에서 고객님이 "상속세 신고 전 자녀 명의로 등기를 바꾸어 놓으면 어떨까요?"라는 고민을 하시는 분들이 있으나 사망일 이후에 자녀 명의로 등기를 바꾸어 놓는다고 상속재산에 포함되지 않는 것이 아니다.

☞ 집행기준 2-0-4

☑ 상속에 포함되지 않는 것

피상속인의 일신에 포함되는 자격증은 상속재산에 포함되지 않는다는 것인 쉽게 이해가 된다. 이와 같은 맥락으로 ❶ 질권, 저당권 또는 지역권과 같은 종된 권리도 상속재산에 포함되지 않는다.

❷ 타인이 실질적으로 소유한 재산을 피상속인이 명의만 빌려준 것이 명백히 확인되는 경우도 상속재산에 포함되지 않는다. 상속세 조사 시 피상속인의 이름으로 된 주식이 타인의 명의신탁주식인

것이 조사에서 확인된 경우 명의 수탁자의 상속세 신고 내용을 경정하여 상속세 재산에서 제외 후 기납부된 상속세를 환급하는 경우도 있었다.

❸ 배당기준일 현재 생존하고 있던 주주가 주주총회의 잉여금 처분 결의 전에 사망한 경우로서 사망 후 잉여금의 처분이 확정된 경우 당해 배당금은 상속재산에 포함되지 않는다.

❹ 상속개시일 현재 피상속인에게 귀속되는 채권 중 전부 또는 일부가 상속개시일 현재 회수 불가능한 것을 인정되는 경우 그 가액도 상속재산에 포함되지 않는다.

❺ 상속개시일 현재 피상속인 명의로 소유하고 있는 부동산이 상속개시 전에 이미 제3자에게 처분된 사실이 객관적으로 확인되는 부동산은 상속재산에 포함되지 않는다.

❻ 피상속인에게 귀속되는 소득 중 상속개시일 현재 인정상여 등과 같이 실질적 재산이 아닌 것은 상속재산에 해당하지 않는다.

☞ 집행기준 2-0-5

2장 • 상속세 납세의무자

상속세 납부를 누가 하는지
정하는 것도 전략이 필요할까요?

["상속세는 제가 부담하고, 우리 아이가 할머니 재산을 상속받게 하고 싶습니다."]

상담실에서 생각보다 빈번하게 듣는 질문이다. 일흔이 다 된 상담자(상속인)의 아흔을 훌쩍 넘으신 어머니(피상속인)가 돌아가시면 어머니 소유의 상속재산을 상속인 본인인 아들이 받지 않고 본인의 아들인 어머니의 손자에게 재산을 주고 싶다는 것이다. 상속세는 본인이 다 내겠다고 하셨다. 이미 사례자는 어머니 재산을 더 받을 필요가 없을 정도로 재산이 많으니 충분히 이해되는 이야기이다. 그러나 상속의 순서는 「민법」상 법정 상속 순위를 따라야 한다.

법정 상속인에 해당하지만 상속을 받지 않으려면 상속포기를 하면 된다. 그러나 상속포기를 하더라도 상속인 본인의 아들에게 본인의 상속지분만큼 상속되는 것이 아니라 상속의 순위에 따라 다른 상속인들이 상속받게 된다.

Q1 상속세는 누가 내야 하나요?

☑ 상속인 납부의무

상속은 상속받은 자가 납부해야 한다. 상속세 납세의무자는 「민법」의 법정상속인보다 넓은 개념이다. 즉 상속세 납세의무자는 ❶ 법정상속인과 ❷ 배우자, ❸ 상속결격자 또는 ❹ 상속포기자, ❺ 대습상속인, ❻ 특별연고자 그리고 ❼ 수유자까지 해당될 수 있다. 법정상속인[2]은 「민법」 상속의 순위에 따라 1순위는 피상속인의 자녀(직계비속)이다. 2순위는 피상속인의 부모(직계존속), 3순위는 피상속인의 형제자매, 4순위는 피상속인의 4촌 이내 방계혈족이다. 동순위의 상속인이 수인일 때에는 최근친을 선순위로 하고, 동친 등의 상속인이 수인일 때에는 공동상속인이 된다. 피상속인의 배우자가 있다면, 배우자는 피상속인의 자녀(직계비속) 또는 부모(직계존속)의 상속인이 있는 경우에는 그 상속인과 동순위로 공동상속인이 된다.

「민법」상 법정상속인이 상속결격자가 되거나 상속포기자가 되더라도 상속세 납세의무를 반드시 피해갈 수 있는 것은 아니다. 상속

---

2) 「민법」 제1000조【상속의 순위】
   ① 상속에 있어서는 다음 순위로 상속인이 된다. (1990.1.13. 개정)
      1. 피상속인의 직계비속
      2. 피상속인의 직계존속
      3. 피상속인의 형제자매
      4. 피상속인의 4촌 이내의 방계혈족
   ② 전항의 경우에 동순위의 상속인이 수인인 때에는 최근친을 선순위로 하고 동친 등의 상속인이 수인인 때에는 공동상속인이 된다.
   ③ 태아는 상속순위에 관하여는 이미 출생한 것으로 본다. (1990.1.13. 개정)

개시일 전 10년 이내에 피상속인으로부터 증여받은 재산이 상속재산에 가산되었거나, 추정상속재산이 있는 경우에는 상속세 납세의무자인 상속인에 포함되어 상증법상 상속인에 해당되므로 상속세 납부 의무가 있다.

상속인이 될 직계비속 또는 형제자매가 상속개시 전에 사망하거나, 결격자가 된 경우에는 그 직계비속 또는 배우자가 '사망하거나 결격된 자'의 순위에 갈음하여 상속인이 된다.

특별연고자란 상속권을 주장하는 상속인이 없을 경우 피상속인과 생계를 같이하고 있던 자, 요양간호를 한 자, 기타 특별한 연고가 있던 자로서 청구에 의해 상속재산의 전부 또는 일부를 받는 자를 말한다.

유의할 점은 유증 또는 사인증여로 재산을 취득한 자로서 수유자는 상증법상 상속인은 아니지만 상속세 납부의무자에 해당한다는 점이다. ☞ 집행기준 3의2-0-2

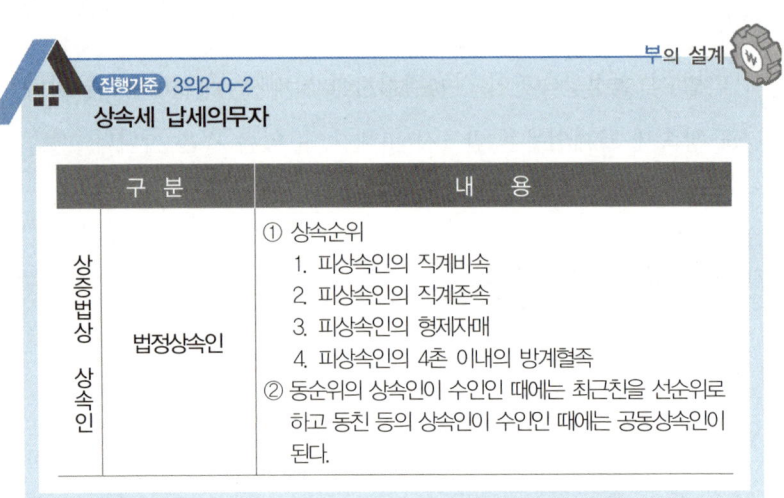

집행기준 3의2-0-2
상속세 납세의무자

구 분		내 용
상증법상 상속인	법정상속인	① 상속순위 1. 피상속인의 직계비속 2. 피상속인의 직계존속 3. 피상속인의 형제자매 4. 피상속인의 4촌 이내의 방계혈족 ② 동순위의 상속인이 수인인 때에는 최근친을 선순위로 하고 동친 등의 상속인이 수인인 때에는 공동상속인이 된다.

구 분		내 용
상증법상 상속인	배우자	배우자는 피상속인의 직계비속과 직계존속의 상속인이 있는 경우에는 그 상속인과 동순위로 공동상속인이 된다.
	상속결격자 또는 상속포기자	상속개시일 전 10년 이내에 피상속인으로부터 증여받은 재산이 상속재산에 가산되었거나 추정상속재산이 있는 경우에는 상속세 납세의무자인 상속인에 포함된다.
	대습상속인	상속인이 될 직계비속 또는 형제자매가 상속개시 전에 사망하거나 결격자가 된 경우에 그 직계비속 또는 배우자가 있는 때에는 그 직계비속 또는 배우자가 사망하거나 결격된 자의 순위에 갈음하여 상속인이 된다.
	특별연고자	특별연고자란 상속권을 주장하는 상속인이 없을 경우 피상속인과 생계를 같이 하고 있던 자, 요양간호를 한 자, 기타 특별한 연고가 있던 자로서 청구에 의해 상속재산의 전부 또는 일부를 받는 자를 말한다.
	수유자	유증 또는 사인증여로 재산을 취득하는 자로서 상속인이 아닌 자

☑ 상속세 납부의무

상속인 사이에서는 연대 납세의무가 있으므로 상속인 중 어느 하나가 상속세를 상속받은 재산을 한도로 전액 납부하더라도 서로 간에 증여 문제는 없다. 즉, 상속인 또는 수유자는 부과된 상속세에 대하여 상속세를 납부할 의무가 있다. 더불어 상속재산 중 각자가 받았거나 받을 재산을 한도로 연대하여 납부할 의무도 있다.

여기서 '받을 재산'이라는 것은 연대납세의무의 한도가 된다. 상속으로 인하여 얻은 자산(가산한 사전증여재산 포함) 중에서 금융 채무 등의 부채와 상속으로 인한 상속세를 제외한 순 재산(자산총액 – 부채총액 – 상속세액)을 말한다.

연대납부의무란 상속인 중에서 어느 한 사람이 다른 상속인의 몫까지 모두 세금을 납부할 수 있으며, 다른 상속인의 세금납부의무는 사라지게 된다. 통상 아버지가 돌아가시면, 어머니가 상속받은 예금 등으로 전부 상속세를 납부하는 경우이다. 이때 자녀들의 상속세 분담 비율까지 전부 납부해도 연대납부의무이므로 서로 증여 문제가 발생하지 않는다. ☞ 집행기준 3의2-0-1

> 각자가 받았거나 받을 재산(연대납세의무 한도) : 상속으로 인하여 얻은 자산총액(사전증여재산 포함) − 부채총액 − 상속으로 인한 상속세(사전증여 증여세 포함)

② 영리법인의 경우에도 상속세 납세의무가 있나요?

영리법인은 상속세 납부의무가 없다. 영리법인은 무상으로 받은 자산에 대하여 자산수증이익으로 법인세를 과세하기 때문이다. 따라서 영리법인이 유증에 의하여 상속재산을 취득하는 경우 당해 영리법인이 납부할 상속세를 면제한다. 그러나 주의할 점은 영리법인의 주주가 상속인 등에 해당하면, '면제분 납부세액'을 상속세액에 가산한다. 면제분 납부세액이란 상속세 납부의무를 면제받은 영리법인의 상속인 및 직계비속이 납부할 상속세액을 말한다.

✅ 특별연고자, 수유자가 영리법인인 경우 납세의무

특별연고자[3] 또는 수유자가 영리법인인 경우에는 그 영리법인이 납부할 상속세를 면제하되, 그 영리법인의 주주 또는 출자자 중 상속인과 그 직계비속(이하 "상속인 등"이라 한다)이 있는 경우에는 해당 상속인 등의 상속인 지분상당액을 그 상속인 등이 납부할 의무가 있다. ☞ 집행기준 3의2-0-3

① 상속인과 그 직계비속이 납부할 지분상당액 계산

$$\left[\begin{array}{c}\text{영리법인에게}\\\text{면제된 상속세}\end{array} - \begin{array}{c}\text{유증 재산에}\\\text{대한 법인세}\end{array}\right] \times \begin{array}{c}\text{상속인 등의}\\\text{주식등의 비율}\end{array}$$

② 유증재산에 대한 법인세

$$\text{영리법인이 유증받은 상속재산} \times 10\%$$

부의 설계

집행기준 3의2-0-4
「민법」상 상속분의 비율

구 분	상속인	상속분	비율
자녀 및 배우자가 있는 피상속인의 경우	장남, 배우자만 있는 경우	장남 1	2/5
		배우자 1.5	3/5
	장남, 장녀(미혼), 배우자만 있는 경우	장남 1	2/7
		장녀 1	2/7
		배우자 1.5	3/7

---

3) 「민법」 제1057조의2【특별연고자에 대한 분여】
① 제1057조의 기간 내에 상속권을 주장하는 자가 없는 때에는 가정법원은 피상속인과 생계를 같이하고 있던 자, 피상속인의 요양간호를 한 자 기타 피상속인과 특별한 연고가 있던 자의 청구에 의하여 상속재산의 전부 또는 일부를 분여할 수 있다.

구 분	상속인	상속분	비율
자녀 및 배우자가 있는 피상속인의 경우	장남, 장녀(출가), 2남, 2녀 배우자가 있는 경우	장남 1	2/11
		장녀 1	2/11
		2남 1	2/11
		2녀 1	2/11
		배우자 1.5	3/11
자녀는 없고 배우자 및 직계존속(부·모)이 있는 피상속인의 경우		부 1	2/7
		모 1	2/7
		배우자 1.5	3/7

집행기준 3의2-3-1
상속인별 상속세 납부비율 계산방법

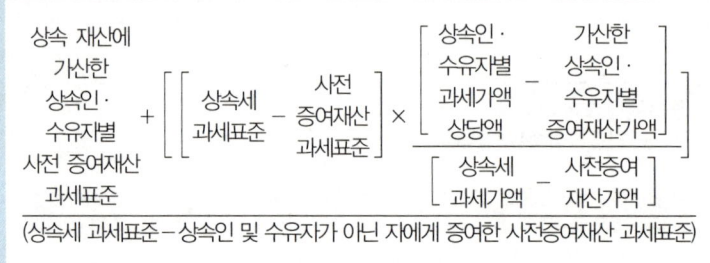

3장 • 증여세 과세대상

위자료로 받은 것도 증여세 내야 하나요?

    이혼으로 위자료를 받는 것은 정신적 손해배상의 대가에 해당한다. 따라서 이는 증여로 보지 않는다. 위자료는 이혼에 따른 정신적 고통을 배상받는 일종의 손해배상금으로서, 위자료 지급은 증여에 해당하지 않는 것이다. 그러나 위장이혼 등으로 이혼 후에도 아파트에서 함께 생활하며 실제 혼인 생활을 유지하는 것이 확인 되어 사실상 증여에 해당한다고 인정되어 증여세가 부과된 사례가 있다.[4]
  재산분할과 구별하여, 위자료를 지급하는 경우 지급자에게 양도소득세가 과세된다. 위자료로 부동산의 소유권을 이전할 때 그 부동산을 양도한 대가로 위자료와 양육비지급의무의 소멸이라는 경제적 이익을 얻은 것이므로 유상으로 양도하는 것이다. 따라서 위자료로 지급한 재산이 양도소득세 납부 대상에 해당한다면 양도세가 발생하므로 유의해야 한다.

---

[4] 이혼에 따른 재산분할의 형식을 빌려 재산을 이전하였으나 그 실질을 증여로 보아 증여세부과처분이 적법하다고 본 사례 (2008구합8918 증여세부과처분취소, 2008.6.27.)

☑ 위자료로 받은 재산의 증여재산 포함 여부

이혼 등에 의하여 정신적 또는 재산상 손해배상의 대가로 받는 위자료는 조세포탈의 목적이 있다고 인정되는 경우를 제외하고는 이를 증여로 보지 아니한다. ☞ 집행기준 4-0-7

☑ 증여의 의의

증여는 그 행위 또는 거래의 명칭 등과 관계없이 경제적 가치를 계산할 수 있는 재산이면 증여세 대상이 된다. 이는 무형 또는 유형의 재산 모두 포함한다. 따라서 해당 재산을 타인에게 무상으로 이전하거나 현저히 저렴한 값으로 이전하는 경우 증여에 해당한다. 주의할 점은 기여에 의하여 타인의 재산이 증가하는 경우도 증여에 포함된다는 점이다. ☞ 집행기준 2-0-6

① 증여세 과세대상이 되는 것은 어떤 것이 있나요?

☑ 일반원칙에 따라 증여세 대상

❶ [무상이전] 무상으로 이전받은 재산 또는 이익이다.

❷ [유상이전] 현저히 낮은 대가를 주고 양수하는 경우, 현저히 높은 대가를 주고 양도하는 경우이다.[5] 따라서 무상이전뿐만 아니라 매매에서도 증여 문제가 발생할 수 있으니 유의해야 한다.

---

5) 본 책의 P.100 5장 [양도거래와 증여]를 참조

❸ [가치증가] 재산 취득 후 해당 재산가치가 증가한 경우에도 증여에 해당할 수 있다.

☑ 증여유형에 따라 증여세 대상

❶ [증여예시] 신탁이익의 증여 등 17가지 규정에 따른 증여예시에 해당하는 경우의 그 재산 또는 이익, ❷ [증여추정] 배우자 등에게 양도한 재산의 증여 추정 등 2가지 규정에 따른 증여추정에 해당하는 경우의 그 재산 또는 이익, ❸ [포괄주의] 증여예시 17가지 규정에서 나열하고 있는 경우와 경제적 실질이 유사한 경우 등 증여예시의 개별 규정을 준용하여 증여재산의 가액을 계산할 수 있는 경우 그 재산 또는 이익, ❹ [증여의제] 명의신탁재산의 증여 의제 등 4가지 증여의제에 해당하는 경우 그 재산 또는 이익을 증여세 과세대상에 해당한다.

이렇듯 상증법에서는 증여로 볼 수 있는 예시적 규정들을 일부 열거하고 있는 '예시적 포괄주의'를 채택하고 있으며, 해당 조건을 충족하는 경우에 증여로 과세된다. ☞ 집행기준 4-0-1

집행기준 4-0-1
증여세 과세대상

① 무상으로 이전받은 재산 또는 이익
② 현저히 낮은 대가를 주고 재산 또는 이익을 이전받음으로써 발생하는 이익 또는 현저히 높은 대가를 받고 재산 또는 이익을 이전함으로써 발생하는 이익(비특수관계자간 거래인 경우에는 거래의 관행상 정당한 사유가 없는 경우로 한정함)
③ 재산 취득후 해당 재산가치가 증가한 경우의 그 이익(비특수관계자간 거래인 경우에는 거래의 관행상 정당한 사유가 없는 경우로 한정함)

④ [증여예시] 상증법 제33조부터 제39조까지, 제39조의2, 제39조의3, 제40조, 제41조의2부터 제41조의5까지, 제42조, 제42조의2, 제42조의3에 해당하는 경우의 그 재산 또는 이익
⑤ [증여추정] 상증법 제44조, 제45조에 해당하는 경우의 그 재산 또는 이익
⑥ ④에서 나열하고 있는 경우와 경제적 실질이 유사한 경우 등 ④의 개별 규정을 준용하여 증여 재산의 가액을 계산할 수 있는 경우의 그 재산 또는 이익
⑦ [증여의제] 상증법 제45조의2부터 제45조의5에 해당하는 경우 그 재산 또는 이익

[참고] 알수록 돈이 되는 핵심 증여규정

- 증여예시(17개)
  ① 신탁이익의 증여(상증법 제33조)
  ② 보험금의 증여(상증법 제34조)
  ③ 저가양수 또는 고가양도에 따른 증여(상증법 제35조)
  ④ 채무면제 등에 따른 증여(상증법 제36조)
  ⑤ 부동산 무상사용에 따른 이익의 증여(상증법 제37조)
  ⑥ 합병에 따른 이익의 증여(상증법 제38조)
  ⑦ 증자에 따른 이익의 증여(상증법 제39조)
  ⑧ 감자에 따른 이익의 증여(상증법 제39조의2)
  ⑨ 현물출자에 따른 이익의 증여(상증법 제39조의3)
  ⑩ 전환사채 등의 주식전환 등에 따른 이익의 증여(상증법 제40조)
  ⑪ 초과배당에 따른 이익의 증여(상증법 제41조의2)
  ⑫ 주식등의 상장 등에 따른 이익의 증여(상증법 제41조의3)
  ⑬ 금전 무상대출 등에 따른 이익의 증여(상증법 제41조의4)
  ⑭ 합병에 따른 상장 등 이익의 증여(상증법 제41조의5)
  ⑮ 재산사용 및 용역제공 등에 따른 이익의 증여(상증법 제42조)
  ⑯ 법인의 조직 변경 등에 따른 이익의 증여(상증법 제42조의2)
  ⑰ 재산 취득 후 재산가치 증가에 따른 이익의 증여(상증법 제42조의3)

- 증여추정(2개)
  ① 배우자 등에게 양도한 재산의 증여 추정(상증법 제44조)
  ② 재산 취득자금 등의 증여 추정(상증법 제45조)

- 증여의제(4개)
  ① 명의신탁재산의 증여 의제(상증법 제45조의2)
  ② 특수관계법인과의 거래를 통한 이익의 증여 의제(상증법 제45조의3)
  ③ 특수관계법인으로부터 제공받은 사업기회로 발생한 이익의 증여 의제(상증법 제45조의4)
  ④ 특정법인과의 거래를 통한 이익의 증여 의제(상증법 제45조의5)

② 경제적 이익이 있지만 증여세 과세 안 되는 것도 있나요?

> "저와 제 동생, 그리고 어머니 세 명의 가족이 공동으로 부동산을 소유하고 부동산 임대업을 하면서, 월세 통장은 어머니 명의 통장으로 받았습니다. 이 중에서 제 계좌로 부동산 소유지분만큼 월세 수익을 이체한 경우에도 증여세가 과세되나요?"

부동산 임대사업의 월세수익을 사례자의 지분 비율만큼 이체한 것은 증여세가 과세되지 않는다. 이 경우 월세수익에 대하여 각자의 지분만큼 소득세를 내야 한다. 사례의 경우 공동사업에 관한 소득세는 그 지분 또는 손익분배의 비율에 따라 납세의무를 부담하도록 한다. 이는 공동사업에 관한 소득세에 있어서는 각 지분별로 소득세를 개별적으로 납부할 의무를 부담할 뿐이다. 주의할 점은 해당 지분 또는 손익분배의 비율을 초과하여 어머니가 아들 계좌로 금전을 이체한 것이 있다면, 그 초과분에 대해서는 증여세가 과세된다.

☑ 공동사업자에게 증여세를 부과하지 않는 경우

공동사업자 간의 지분 비율에 해당 사업에 대한 출자 등의 기여도 등을 종합적으로 고려하여 분배된 경우 이미 소득세가 부과되므로 증여세가 과세되지는 않는다. ☞ 집행기준 4-0-2 ①

["제가 법인의 주식을 60% 보유하고 있습니다. 해당 법인 소유인 건물과 토지를 제가 개인적으로 저렴하게 매입했습니다. 이 경우에도 증여세가 과세되나요?"]

사례의 경우 상담자는 본인이 최대주주로 있는 법인이 소유하고 있는 부동산을 저렴하게 매입하였다. 법인으로부터 이익을 받은 것은 맞다. 하지만 증여세 과세는 되지 않는다. 다만, 소득세로 과세된다. 즉, 법인으로부터 분여받은 이익을 귀속자가 주주인 경우 배당(금융소득), 임직원인 경우 상여(근로소득)로 과세된다. 이와 반대로, 개인 소유 부동산을 법인에게 고가로 양도하는 때에도 동일하게 증여세가 과세되지 않는다. 이미 고가양도에 따른 양도소득세가 과세되기 때문이다. 증여세 과세되지 않는다고 세금이 없다고 생각하는 실수를 범하지 않도록 주의한다.

☑ 법인과의 거래에서 증여세를 부과하지 않는 경우

특수관계에 있는 법인으로부터 저가로 재산을 취득하거나 고가로 양도한 것에 대하여 부당행위 계산 부인에 따른 법인세를 과세하고, 저가 취득자 또는 고가 양도자에게 배당 등으로 소득처분 되어 소득세가 과세되는 경우에는 저가 취득자 또는 고가 양도자에게 증여세를 과세하지 않는다. ☞ 집행기준 4-0-2 ②

③ 상속의 경우 상속을 포기하고 다른 상속인으로부터 현금을 받은 것은 증여일까요?

> "삼형제 중 장남이 사망하고, 부모님이 상속을 포기했어요. 남은 형제 2명이 아파트 한 채를 상속받았는데 막냇동생이 아파트 절반인 50% 상속을 포기하고 차남이 아파트를 100% 상속받았습니다. 막냇동생 지분 50%에 해당하는 몫인 10억 원을 차남이 현금으로 막냇동생에게 주었을 경우 막냇동생은 상속받은 것인가요? 증여받은 것인가요?"

사례의 경우 막냇동생이 형식적으로 상속지분을 포기하였으나 그 대가로 현금을 수령하였으므로, 경제적 실질은 막냇동생의 아파트 상속지분 50%를 현금 10억원에 차남에게 양도한 것과 동일하다.[6)]

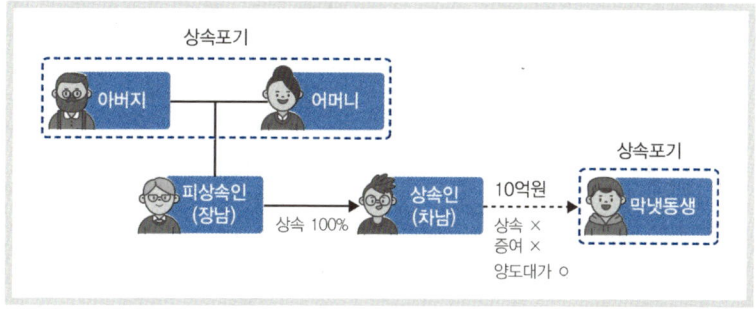

[6)] 상속개시 후 최초로 협의분할에 의한 상속등기 등을 함에 있어 특정상속인이 법정상속분을 초과하여 재산을 취득하더라도 증여세가 과세되지 아니하는 것이나, 공동상속인 중 특정상속인이 상속재산인 부동산 중 다른 상속인의 지분을 상속받는 대가로 그 다른 상속인에게 특정상속인이 소유한 현금 또는 부동산 등을 지급하기로 협의분할할 경우에는 그 다른 상속인의 지분에 해당하는 재산이 그 특정상속인에게 유상으로 이전된 것으로 보는 것이다.
상증법 제35조의 규정에 의하여 특수관계에 있는 자에게 시가보다 높은 가액으로 재산을 양도하는 경우로서 그 대가에서 그 시가를 차감한 가액이 시가의 30% 이상이거나 그 차액이 3억원 이상인 경우에는 그 대가와 시가와의 차액에서 시가의 30%와 3억원 중 적은 금액을 차감한 가액은 당해 재산의 양도자의 증여재산가액이 되는 것이다. (서면인터넷방문상담4팀-1387, 2005.8.8.)

☑ 상속인이 상속지분을 포기하고 다른 상속인으로부터 현금을 수령한 경우

상속재산의 협의분할 시 특정 상속인이 자신의 상속지분을 포기하고, 그 대가로 다른 상속인으로부터 현금 등을 수령한 경우에 그 상속인의 지분에 해당하는 재산은 다른 상속인에게 양도(유상으로 이전)된 것으로 본다. ☞ 집행기준 4-0-3

④ 상속재산의 지분이 확정된 후 재협의분할에 따라 상속지분이 변경되면 상속인가요? 증여인가요?

❶ 원칙은 증여에 해당한다. 지분이 확정된 후 재협의분할 결과 특정상속인의 지분이 증가함에 따라 취득하는 재산은 지분이 감소한 상속인으로부터 증여받은 재산으로 본다.

다만, ❷ '상속세 신고기한 내에 재협의분할된 것'이라면, 지분이 초과되는 경우에 취득하는 재산은 증여가 아닌 상속재산이다. 또한 재분할 사유가 정당한 경우에도 증여가 아닌 상속재산에 해당한다.

☑ 정당한 사유

❶ [법원판결] 상속회복청구의 소에 의한 법원 판결이나 채권자 대위권 행사나 물납의 경우에도 상속재산에 해당한다. ❷ [채권자 대위권 행사] 채권자 대위권 행사란 피상속인의 채권자가 대위권을 행사하여 공동상속인들의 법정상속분대로 등기된 상속재산을 상속

인 사이에 협의분할에 의하여 재분할하는 경우 당초 지분보다 초과하는 자가 취득하는 재산을 말한다. ❸ [물납] 물납은 상속세 신고기한 이내에 상속세 물납하기 위하여 법정상속분으로 등기 등을 하여 물납을 신청하였다가, 물납허가를 받지 못하여 당초 물납재산을 상속인 간의 협의분할에 의하여 재분할하는 경우 당초 지분보다 초과하는 자가 취득하는 재산은 상속재산에 해당한다.

집행기준 4-3의2-1

집행기준 4-3의2-1
상속재산의 상속지분 확정 후 재협의분할에 따라 상속지분이 변경된 경우 증여재산의 범위

상속개시 후 상속재산에 대하여 상속인의 상속분이 확정되어 등기 등이 된 후에 공동상속인 간에 재협의 분할하여 특정상속인의 지분이 변경된 경우에는 다음과 같이 증여세 과세여부가 달라진다.

구 분		증여세 과세대상 여부
원칙		재협의분할 결과 특정상속인의 지분이 증가함에 따라 취득하는 재산은 지분이 감소한 상속인으로부터 증여받은 재산으로 본다.
재분할사유가 정당한 경우	① 상속세신고기한 내에 재협의 분할	상속세 신고기한 내에 재협의분할에 의하여 지분이 초과되는 경우에 취득하는 재산은 증여재산으로 보지 아니한다.
	② 법원판결	상속회복청구의 소에 의한 법원의 확정판결에 의하여 상속인 및 상속재산에 변동이 있는 경우 증여재산으로 보지 아니한다.
	③ 채권자 대위권 행사	피상속인의 채권자가 대위권을 행사하여 공동상속들의 법정상속분대로 등기 등이 된 상속재산을 상속인 사이에 협의분할에 의하여 재분할 하는 경우 당초 지분보다 초과하는 자가 취득하는 재산은 증여재산으로 보지 아니한다.
	④ 물납관련	상속세 신고기한 이내에 상속세를 물납하기 위하여 법정상속분으로 등기 등을 하여 물납을 신청하였다가 물납허가를 받지 못하거나 물납재산의 변경명령을 받아 당초의 물납재산을 상속인간의 협의분할에 의하여 재분할 하는 경우 당초 지분보다 초과하는 자가 취득하는 재산은 증여재산으로 보지 아니한다.

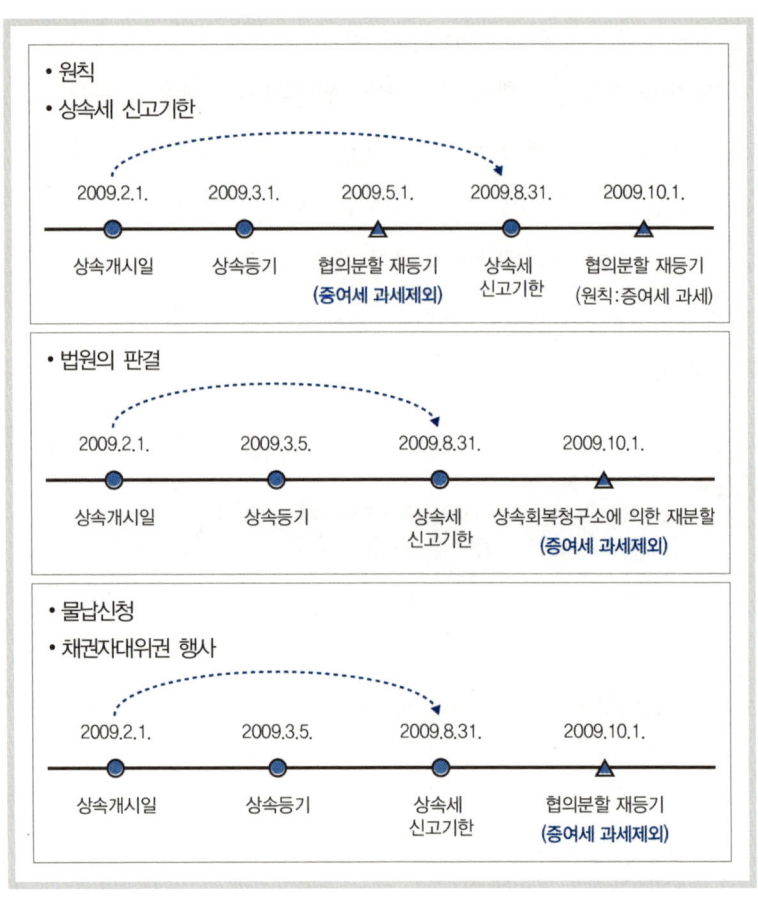

⑤ 무상으로 취득하고도 증여세 과세되지 않는 경우가 있다고요?

☑ **취득원인무효에 따른 재산 등의 소유권 환원**

증여세 과세대상이 되는 재산이 취득원인무효의 판결에 따라 그 재산상의 권리가 말소되는 때에는 증여세 과세하지 않으며, 과세된 증여세가 있다면 취소한다. 다만, 형식적인 재판절차만 경유한 것은 제외되고 판결이 있어야 한다. ☞ 집행기준 4-0-5

☑ 유류분 권리자에게 반환하는 경우

피상속인의 증여에 의하여 재산을 수증받은 자가 「민법」에 따라 증여받은 재산을 유류분 권리자에게 반환한 경우 반환한 가액은 당초부터 증여가 없는 것으로 본다. ☞ 집행기준 4-0-6

☑ 위자료로 받은 재산

이혼 등에 의하여 정신적 또는 재산상 손해배상의 대가로 받는 위자료는 조세포탈의 목적이 있다고 인정되는 경우를 제외하고는 증여에 해당되지 않는다. ☞ 집행기준 4-0-7

⑥ 증여를 취소하고 싶은데, 또다시 돌려주는 것에도 증여세가 과세될까봐 걱정돼요.

☑ 증여재산을 반환 또는 재증여한 경우

다시 증여가 취소되어 반환되더라도 증여세가 과세될 수 있으니 주의해야 한다. 특히 금전의 경우 반환 시기에 관계없이 당초 증여뿐만 아니라 반환된 금전도 각각 증여세가 과세된다. 금전 이외에 재산을 증여할 경우 증여받은 날이 속하는 달의 말일부터 3개월 이내 증여재산을 반환하는 경우 당초 증여에 대한 증여세와 반환 재산에 대한 증여세 모두 과세되지 않는다.

그러나 증여받은 날이 속하는 달의 말일부터 6개월 이내 증여를 취소하면 당초 증여는 그대로 과세되고, 반환 재산에 대한 증여세는 과세하지 않는다. 그러나 6개월 기간마저 지나버리면 당초 증여에 대해 증여세가 과세되고, 반환 증여재산에 대해서도 역시 증여세가 과세된다.

이 경우에도 주의할 점은 당초 증여받은 후 3개월, 6개월 이내 기간에 해당하더라도 이미 증여세가 과세당국으로부터 결정된 경우 당초 증여뿐만 아니라 반환 증여에 대해서도 증여세가 각각 과세된다. 집행기준 4-0-4

 부의 설계

집행기준 4-0-4
증여재산을 반환 또는 재증여한 경우

반환 또는 재증여시기		당초 증여에 대한 증여세 과세 여부	반환 증여재산에 대한 증여세 과세 여부
금전	금전(시기에 관계없음)	과세	과세
금전 외	증여세 신고기한 이내(증여받은 날이 속하는 달의 말일부터 3개월 이내)	과세제외	과세제외
	신고기한 경과후 3개월 이내(증여받은 날이 속하는 달의 말일부터 6개월 이내)	과세	과세제외
	신고기한 경과 후 3개월 후(증여받은 날이 속하는 달의 말일부터 6개월 후)	과세	과세
	증여재산 반환 전 증여세가 결정된 경우	과세	과세

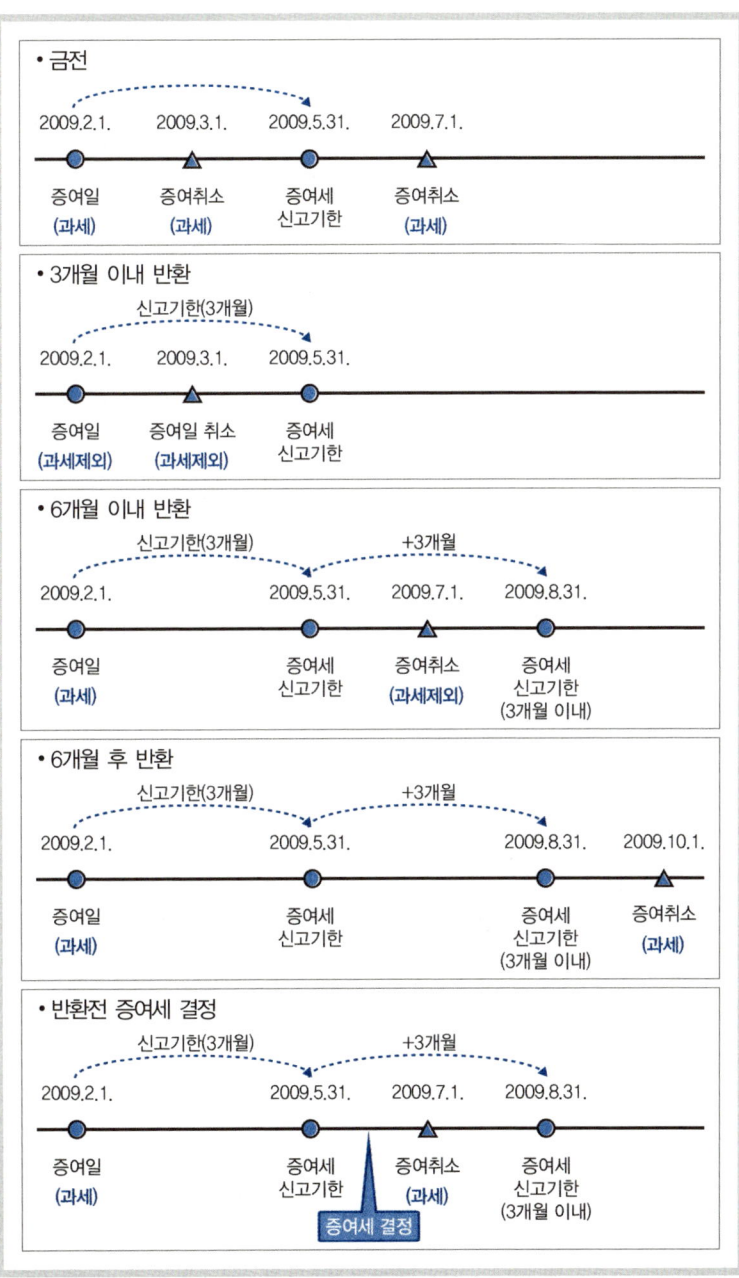

증여세 납부는 누가 해야 하나요?

["자녀에게 아파트를 증여하니 증여세가 6억원 나왔어요.
제가 대신 증여세 납부해도 되나요?"]

증여세 납부는 수증자, 즉 증여를 받은 사람이 해야 한다. 따라서 사례의 경우 증여자가 대신 증여세 6억원을 납부하게 되면 대신 납부한 세금까지 추가로 증여세를 내야 하니 세부담이 더 커지므로 주의해야 한다.

수증자가 거주자인 경우 국내뿐만 아니라 국외 재산을 증여받았다면 모두 증여세 납부해야 한다. 거주자에는 본점이나 주된 사무소가 국내에 있는 비영리법인도 포함된다.

거주자와 비거주자의 판정은 국내에 주소를 두거나 183일 이상 거소를 둔 자를 거주자라고 하며, 거주자가 아닌 자를 비거주자라고 한다. 거주자와 비거주자 판정은 단순히 183일 기간 외에도 주된 자산 및 가족 등 고려해야 할 사항들이 있다.

수증자가 거주자 또는 비거주자인지에 따라서 증여세과세대상 및 증여재산공제가 달라진다. 수증자가 비거주자인 경우 국내 소재하는 모든 재산에 대하여 증여세를 납부할 의무가 있다. 이 경우 비거주자에는 본점이나 주된 사무소의 소재지가 국내에 없는 비영리법인도 포함된다. 다만, 비거주자가 거주자로부터 증여받은 재산 중 국외 예금 등 금융거래를 위하여 해외금융회사에 개설한 계좌에 보유한 재산은 증여자에게 증여세 납부의무가 있다. 즉, 거주자가 비거주자에게 국외에 있는 재산을 증여하는 경우 그 증여자는 증여세 납부의무가 있다. 다만, 수증자가 증여자와 특수관계인이 아니고 외국의 법령에 따라 증여세가 부과되는 경우 이중과세 방지를 위하여 증여세 납부의무가 면제된다. ☞ 집행기준 4의2-0-1

집행기준 4의2-0-1
증여세 납부의무자

① 수증자는 아래에 따른 증여재산에 대하여 증여세를 납부할 의무가 있음.

수증자	과세대상
거주자 국내 비영리법인	증여받은 국내·외 모든 재산
비거주자 국외 비영리법인	증여받은 재산 중 국내 소재 모든 재산 ※ 거주자로부터 증여받은 국외 재산은 「국제조세조정에 관한 법률」 제21조 참조

② 명의신탁재산 증여의제(상증법 제45조의2)가 적용되는 경우(명의자가 영리법인인 경우를 포함)에는, ①에도 불구하고 실제 소유자가 해당 재산에 대하여 증여세를 납부할 의무가 있음.

Q① 해외에 살고 있는 자녀에게 국내 아파트를 증여하고 증여세를 대신 납부해 줘도 된다고 하던데요?

세법에서는 증여세의 세금 납부 의무는 원칙적으로 수증자인 자녀에게 있다. 그러나 사례와 같이 수증자가 비거주자인 자녀에게 재산을 증여하고 부모가 대신 납부하더라도 납부한 세금에 대하여 재차 증여로 과세하지 않는다. 증여자인 부모에게 연대납세의무가 있기 때문인데, 자녀의 비거주자의 판정은 국적과는 상관없이 자녀의 실질적인 생활의 근거가 되는 장소가 국외에 있는 등 객관적인 사실로 판단한다.

☑ 증여자의 연대납세의무

❶ 수증자가 비거주자인 경우는 증여자는 수증자의 증여세에 대하여 연대하여 납부할 의무가 있다. ❷ 수증자가 주소 또는 거소가 분명하지 않은 경우로서 조세채권을 확보하기 어려운 경우에도 증여자는 수증자와 연대하여 납부할 의무가 있다. 이외에도 ❸ 증여세를 납부할 능력이 없다고 인정되는 경우로서 체납으로 인하여 체납처분을 하여도 조세채권을 확보하기 곤란한 경우에도 증여자가 수증자 대신 증여세를 납부할 수 있다. ☞ 집행기준 4의2-0-4

② 대표이사의 주식을 직원인 저의 이름으로 명의신탁하면 문제있나요?

["회사 대표이사의 주식을 제가 직원으로 있을 때 제 이름으로 명의신탁해서 3억원 증여세가 과세되었어요. 제 명의를 썼기 때문에 증여세도 제가 내야 하나요?"]

☑ 명의신탁증여의제

과거(2019년 이전)에는 명의신탁 주식에 대해 명의를 빌려준 수탁자(예 : 직원)에게 증여세 납세의무가 있었다. 따라서 회사 대표이사(명의신탁자)의 주식을 직원 명의(명의수탁자)로 명의신탁하여 증여세가 과세되면, 직원이 납세의무가 있어 납부하지 못하면, 직원의 재산에 압류 등의 체납처분을 받아야 했다. 그러나 2019.1.1. 이후부터 타인명의로 명의개서하는 경우 실제소유자(명의신탁자)인 대표이사나 사주가 해당 재산에 대하여 증여세를 납부할 의무가 있다.

명의신탁재산에 대한 물적 납세의무에 따라 실제소유자인 대표이사가 명의신탁 증여의제에 따른 증여세 및 가산금 등을 체납한 경우에 실제소유자(예 : 대표이사)의 다른 재산(예 : 부동산)에 대하여 체납처분을 집행하여도 세금을 징수하지 못하는 경우 명의신탁재산으로써(예 : 명의신탁주식) 실제소유자의 증여세 등 체납세금을 징수할 수 있다. ☞ 집행기준 4의2-0-5

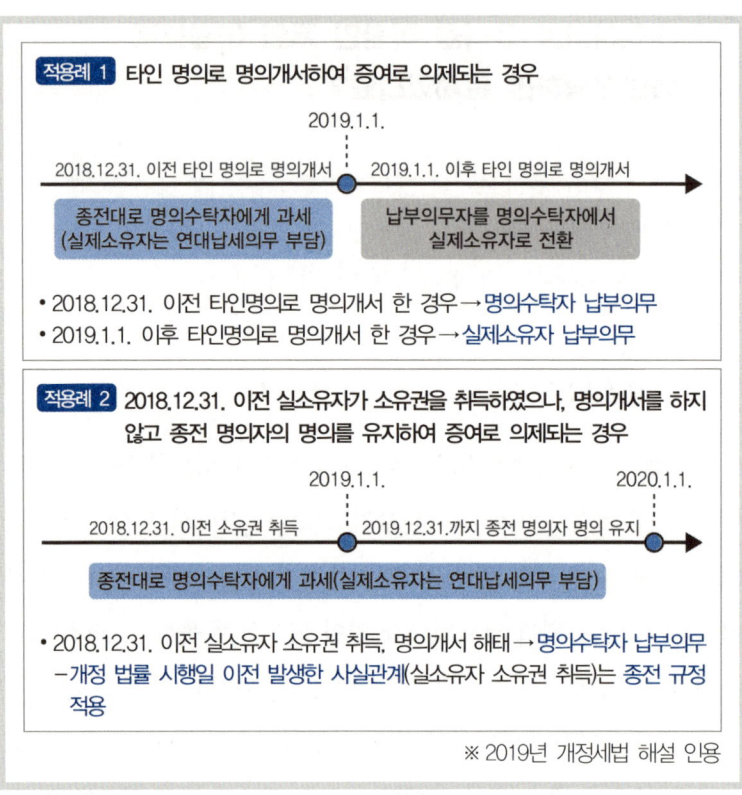

③ 증여세 납부가 면제되는 사유가 있다고요?

["아버지 주택에 제가 무상으로 거주했는데, 증여세 고지가 나왔어요. 저는 재산과 수입이 없어서 아버지 집에 거주했는데 이런 경우에도 증여세 납부해야 하나요?"]

사례에서와 같이 아버지 소유 집을 전세나 월세 계약 없이 무상으로 사용하는 경우 증여세가 나올 수도 있다. 증여세 과세는 현재

기준 부동산 시가 약 13억2천만원 이상에 해당하고, 주택의 소유자인 아버지와 함께 거주하지 않는 경우이다.[7] 이때에도 증여세가 과세되지만 재산을 압류하는 등 체납처분을 하여도 세금을 충당할 수 없다고 인정된다면, 증여세를 전부 또는 일부 면제한다. 모든 증여에 해당하는 것은 아니고 현금이나 실제 부동산을 직접 증여한 것이 아니라 경제적 이익을 향유했다고 인정되어 증여세가 과세되는 경우이다.

☑ 증여세 납부의무가 면제되는 경우

다음의 경우 증여세는 과세하지만 증여세를 납부할 능력이 없다고 인정되는 경우까지 증여세를 과세하는 것은 너무 가혹한 점이 있어 수증자가 증여세를 납부할 능력이 없다고 인정되는 경우로서, 체납처분을 하여도 증여세에 대한 조세채권을 확보하기 곤란한 경우에는 그에 상당하는 증여세의 전부 또는 일부를 면제한다.

❶ 저가양수·고가양도에 따른 이익의 증여(상증법 제35조)
❷ 채무면제 등에 따른 증여(상증법 제36조)
❸ 부동산 무상사용에 따른 이익의 증여(상증법 제37조)
❹ 금전무상대출 등에 따른 이익의 증여(상증법 제41조의4)

☞ 집행기준 4의2-0-3

---

7) 부동산 무상사용이익(연 2%)이 5년간 계산해서 연 1억원 이상만 과세한다. 따라서 부동산 가액이 1,318,987,400원일 경우 부동산 무상사용이익 계산은 1,318,987,400원 × 2% × 3.7907867 = 99,999,997원 < 1억원 미만으로 13억원 시가 부동산은 증여세가 나오지 않는다.

Q4 제가 운영하는 법인 소유 땅을 제가 저렴하게 샀는데 증여세 나올까요?

"제가 대표이사로 있는 법인 소유의 땅을 제가 저가로 양수하여 소득세가 과세되었어요. 증여세도 또 부과될까요?"

☑ 증여세 이중과세 방지 규정

❶ 동일한 증여이익에 대하여 「소득세법」에 따라 소득세를 이미 납부하였으므로 증여세가 다시 부과되지 않는다. 「소득세법」 또는 「법인세법」 또는 다른 법에 의하여 비과세나 감면을 받은 경우에도 증여세는 부과되지 않는다.

❷ 영리법인이 증여받은 재산 또는 이익에 대하여 「법인세법」에 따른 법인세가 부과되면 해당 법인의 주주 등에 대해서 증여세를 부과하지 않는다.

다만, ⓐ 특수관계법인과의 거래를 통한 이익의 증여 의제(상증법 제45조의3), ⓑ 특수관계법인으로부터 제공받은 사업기회로 발생한 이익의 증여 의제(상증법 제45조의4), ⓒ 특정법인과의 거래를 통한 이익의 증여 의제(상증법 제45조의5) 규정은 제외된다.

☞ 집행기준 4의2-0-2

집행기준 33-0-2
증여유형의 적용

증여유형	적용사항		
	무능력 수증자 증여세 면제	증여자 연대 납세의무 면제	최대주주 할증평가 배제[8]
① 신탁이익의 증여			
② 보험금의 증여			
③ 저가·고가 양도에 따른 이익의 증여	○	○	
④ 채무면제 등에 따른 이익의 증여	○	○	
⑤ 부동산 무상사용에 따른 이익의 증여	○	○	
⑥ 합병에 따른 이익의 증여		○	○
⑦ 증자에 따른 이익의 증여		○	○
⑧ 감자에 따른 이익의 증여		○	○
⑨ 현물출자에 따른 이익의 증여		○	○
⑩ 전환사채 등 주식전환 등에 따른 이익의 증여		○	○
⑪ 초과배당에 따른 이익의 증여		○	
⑫ 주식 등 상장 등에 따른 이익의 증여		○	
⑬ 금전무상대출 등에 따른 이익의 증여	○	○	
⑭ 합병에 따른 상장 등 이익의 증여		○	
⑮ 재산사용 및 용역제공 등에 따른 이익의 증여		○	
⑯ 법인의 조직 변경 등에 따른 이익의 증여		○	
⑰ 재산 취득후 재산가치 증가에 따른 이익의 증여		○	

---

8) 2025.1.1. 이후 상속·증여 시 최대주주 할증평가 폐지 예정(본 책의 '2025년부터 달라지는 상증법 개정안' 참조)

5장 ● 상속세·증여세 과세관할

상속세 신고는 어디에 하나요?

["아버지는 일본에 거주하는 큰형 집에 머물면서 5개월간 일본 병원 치료를 받다가 돌아가셨어요. 아버지는 서울에 거주하셨고, 저는 부산에 살고 있습니다. 아버지 주소는 서울, 큰형은 일본, 저는 부산에 있어요. 제가 국내에서 상속세 신고를 저의 집근처 부산에 있는 세무서에 해도 되나요?"]

사례에서 상담자의 아버지는 일본 병원에서 치료를 받기 전 주소는 서울이고, 상속 재산의 대부분인 부동산도 서울 소재에 보유하고 있었다. 일본에서 치료를 받다가 병이 악화되어 사망하였으나, 국내 거주자로 사망하신 피상속인의 상속개시지는 국내이다. 따라서 돌아가신 아버지 주소지 관할 세무서에 상속세 신고를 해야 한다.

☑ 상속개시지

상속개시지란 상속이 개시되는 장소로 상속개시일의 피상속인의 주소지가 최우선으로 해당한다. 다만, 주소지가 없거나 불분명

한 경우에는 거소지가 상속개시지가 된다. ☞ 집행기준 6-0-2

사례와 다르게 상속개시지가 국외인 경우도 있다. 어머니 등 함께 거주하는 가족이 모두 일본으로 이주한 후 아버지가 일본에서 1년 중 183일 이상 머무르시면서 계속 거주하신다면 비거주자에 해당될 수도 있다.

따라서 비거주자에 해당하고, 상속재산이 국내에 있다면, 상속재산의 소재지 세무서에 상속 신고를 해야 한다. 상속재산 중 건물이 서울에도 있고, 시골에도 각각 있다면, 가격이 가장 높은 건물이 있는 주된 재산의 소재지인 서울이 상속세 관할이 된다.

예외적으로 실종선고에 의한 사망일 경우 피상속인의 주소지 관할 세무서에 상속 신고를 하고, 주소지 또는 거소지가 불분명한 경우 주된 상속인의 주소지가 상속세 관할 세무서가 된다.

☞ 집행기준 6-0-1

부의 설계

집행기준 6-0-1
상속세 과세관할

구 분	과세관할
상속개시지가 국내인 경우	• 상속개시지를 관할하는 세무서장 • 국세청장이 특히 중요하다고 인정하는 것에 대해서는 관할지방국세청장
상속개시지가 국외인 경우	• 상속재산 소재지를 관할하는 세무서장 • 상속재산이 둘 이상의 세무서장 등의 관할구역에 있는 경우에는 주된 재산의 소재지를 관할하는 세무서장
실종선고에 의한 상속개시의 경우	• 피상속인의 상속개시지를 관할하는 세무서장 • 피상속인의 상속개시지가 불분명한 경우에는 주된 상속인의 주소지를 관할하는 세무서장

Q 증여세 신고는 어디에 하나요?

> "저와 아내는 미국에서 유학 중에 만났고, 지금도 미국에서 취업 후 결혼해서 살고 있어요. 제가 국내 대전에 소유한 아파트가 있는데, 아파트를 저의 자녀에게 증여하고 싶어요. 우리 가족은 모두 해외에 살고 있는데, 증여세 신고는 서울에 계시는 부모님 집주소지 세무서에 해도 되나요?"

사례자는 오랜 시간 미국에서 살고 있는 비거주자이다. 그의 아이 또한 비거주자에 해당하며, 증여자와 수증자 모두 비거주자인 경우 증여재산 소재지를 관할하는 세무서에 증여세 신고를 해야 한다. 즉, 대전에 소재하는 아파트 관할 세무서에 증여세 신고를 한다. 서울에 계시는 부모님의 집주소지 세무서에 방문해서 증여세 신고를 하거나 온라인 신고를 하더라도 문제는 없지만, 과세관할은 대전 세무서로 옮겨진다.

☑ 증여세 과세관할

1) 수증자 주소지

증여세 관할 세무서는 수증자의 주소지가 분명할 때 수증자의 주소지를 관할하는 세무서에 신고한다.

2) 수증자 거소지

수증자의 주소지가 없거나 불분명한 경우 수증자의 거소지를 관할하는 세무서에 신고한다.

3) 증여자 주소지

❶ 수증자가 비거주자이거나, ❷ 주소 또는 거소지가 불분명할 경우에는 증여자의 주소지를 관할하는 세무서가 담당이 된다.

❸ 명의신탁재산의 증여의제(상증법 제45조의2)도 증여자(명의신탁자) 주소지이다.

4) 증여재산 소재지

❶ 수증자와 증여자 모두 비거주자인 경우 또는 ❷ 주소가 불분명한 경우 증여재산 소재지를 관할하는 지역의 세무서가 담당한다. ❸ 수증자가 비거주자이거나, 국내 주소 또는 거소가 불분명하고, ⓐ 합병에 따른 이익의 증여에서 합병으로 인한 이익을 증여한 자가 '대주주 등이 아닌 주주' 등으로부터 2명 이상인 경우에는 주주 등 1명으로부터 이익을 받은 것으로 보는 경우(상증법 제38조 ②), ⓑ 증자에 따른 이익의 증여에서 이익을 증여한 자가 소액주주로서 2명 이상인 경우에는 이익을 증여한 소액주주가 1명인 것으로 보고 이익을 계산하는 경우(상증법 제39조 ②), ⓒ 현물출자에 따른 이익의 증여에서 '현물출자자가 아닌 주주' 등 중 소액주주가 2명 이상인 경우에는 소액주주가 1명으로 보고 이익을 계산하는 경우(상증법 제39조의3 ②), ⓓ 특수관계법인과의 거래를 통한 이익의 증여 의제(상증법 제45조의3), ⓔ 특수관계법인으로부터 제공받은 사업기회로 발생한 이익의 증여 의제(상증법 제45조의4)에 따라 증여세 과세되는 경우 증여재산 소재지를 관할하는 세무서장이 과세관할이 된다.

☞ 집행기준 6-0-3

 6-0-3
증여세 과세관할

구 분	과세관할
주소지가 분명한 경우	수증자의 주소지를 관할하는 세무서장
주소지가 없거나 불분명한 경우	수증자의 거소지를 관할하는 세무서장
① 수증자가 비거주자인 경우 ② 수증자의 주소 및 거소지가 불분명한 경우 ③ 상증법 제45조의2에 따라 재산을 증여한 것으로 보는 경우	증여자의 주소지를 관할하는 세무서장
① 수증자와 증여자 모두 비거주자인 경우 ② 수증자와 증여자 모두 주소가 불분명한 경우 ③ 수증자가 비거주자이거나 주소 또는 거소가 분명하지 아니하고, 증여자가 제38조 제2항, 제39조 제2항, 제39조의3 제2항 및 제45조의3 및 제45조의4에 따라 의제된 경우	증여재산 소재지를 관할하는 세무서장

알수록 돈이 되는
부의 설계

Part 2

알수록 돈이 되는
증여세 핵심비법

알수록 돈이 되는
부의 설계

1장 • 증여재산가액 일반원칙

남편 대신 시어머니한테 위자료 받은 경우에도 증여세 내야 하나요?

["남편을 대신하여 시어머니한테서 이혼위자료로 부동산을 증여받았습니다. 위자료는 증여로 보지 않는다고 하는데, 시어머니한테 받은 경우에도 증여세 내지 않아도 되나요?"]

사례의 경우 결론은 남편에게 증여세가 과세된다. 이혼 등에 의하여 정신적 또는 재산상 손해배상의 대가로 받은 위자료에 대하여는 통상적으로 증여로 과세하지 않는 것이 맞다. 하지만 남편을 대신하여 시어머니가 이혼위자료로 부동산을 증여한 것은 남편이 그의 어머니로부터 부동산 가액에 상당하는 위자료채무를 변제받은 것이므로 시어머니가 증여자, 남편이 수증자로 증여세가 과세된다.[1]

---

1) 남편을 대신하여 시어머니가 며느리에게 이혼위자료로 부동산을 증여한 경우에는 상증법 제36조에 따라 남편이 그의 어머니로부터 그 부동산의 가액에 상당하는 위자료채무를 인수 또는 변제받은 것으로서 남편에게 증여세가 과세된다. (재산세과-453, 2012.12.20.)

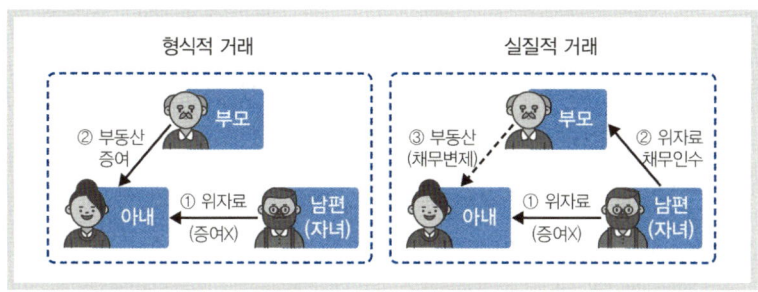

☑ 증여세 과세대상

증여세 과세대상은 증여로 인하여 수증자에게 귀속되는 증여재산을 말한다. 금전으로 환가할 수 있는 경제적 가치가 있는 모든 '물건'과 재산적 가치가 있는 '법률상 또는 사실상의 권리'이다. 또한 금전으로 환가할 수 있는 모든 '경제적 이익'을 포함하여 증여세 과세대상이다. 따라서 상증법에서 열거하는 각 예시규정의 경우와 경제적 실질이 유사한 경우 그 재산 또는 이익에 해당하면 과세할 수 있도록 명확히 하였다.

☑ 증여재산가액 계산의 일반원칙

첫째, 증여재산가액 계산은 '증여재산가액 계산의 일반원칙'에서 규정하고 있다.

❶ 재산의 무상이전은 증여받은 재산의 시가 상당액으로 한다.

❷ 재산의 유상이전은 시가와 대가와의 차이 상당액으로 한다.

❸ 재산 취득 후 해당 재산의 가치 증가한 경우의 이익은 '재산가치증가 사유 발생시점 재산가액'에서 '취득가액과 통상적 가치상승분과 가치상승기여분'을 합한 금액을 차감한다.

단, ❷과 ❸은 특수관계가 있는 경우 시가와 대가의 차액이 시가의 30% 이상 차이가 있거나, 그 차액이 3억원 이상인 경우에 증여세 과세대상이 된다. 또한 특수관계인이 아닌 자 간의 거래인 경우에는 시가와 대가의 차액이 시가의 30% 이상 차이에 해당하면서 '거래의 관행상 정당한 사유가 없는 경우'로 한정한다.

둘째, [증여예시] 17가지의 증여 이익에 대하여 증여세 과세한다. 상증법에서는 증여예시 규정을 17가지 경우로 열거하고 있으며 증여재산가액 산정 방법은 '해당 규정에 따라 계산한 이익'이다.

셋째, [증여와 경제적 실질이 유사한 경우의 증여재산]에 대한 이익을 계산할 수 있는 경우 '그 재산 또는 이익'에 대하여 증여세 과세한다.

넷째, [증여추정]을 2가지 열거하고 있으며 '해당 규정에 따라 계산한 이익'을 증여재산가액으로 과세한다. ❶ 배우자 등에게 양도한 재산의 증여추정, ❷ 재산취득자금 등의 증여추정이다.

다섯째, [증여의제]를 4가지 열거하고 있으며 '해당 규정에 따라 계산한 이익'을 증여재산가액으로 과세한다. ❶ 명의신탁재산의 증여의제, ❷ 특수관계법인과의 거래를 통한 이익의 증여의제, ❸ 특수관계법인으로부터 제공받은 사업기회로 발생한 이익의 증여의제, ❹ 특정법인과의 거래를 통한 이익의 증여의제이다.[2]

☞ 집행기준 31-23-1

---

2) 본 책의 P.52 '알수록 돈이 되는 핵심 증여규정' 표 참조

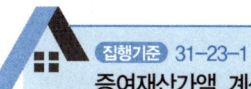 

집행기준 31-23-1
증여재산가액 계산의 일반원칙

구 분	증여재산가액 산정 방법
재산(이익)의 무상이전	증여받은 재산의 시가상당액
증여유형에 따른 증여 [증여예시] [증여추정] [이와 유사한 경우] [증여의제]	해당 규정에 따라 계산한 이익
재산의 유상 이전	시가와 대가와의 차이 상당액. 단, 시가와 대가의 차액이 시가의 30% 이상 차이가 있거나 그 차액이 3억원 이상인 경우에 한함
기여에 의한 재산가치 증가	재산가치증가사유 발생시점 재산가액-(취득가액+통상적 가치상승분+가치상승기여분) 단, 시가와 대가의 차액이 시가의 30% 이상 차이가 있거나 그 차액이 3억원 이상인 경우에 한함

[참고] 알수록 돈이 되는 증여 유형별 특례규정

증여유형	적용사항			
	2 이상 증여적용 시 큰 금액 하나만 적용	1년간 합산	합산 배제	혼인 출산 공제 배제
① 신탁이익의 증여(상증법 제33조)	○			○
② 보험금의 증여(상증법 제34조)	○			○
③ 저가·고가 양도에 따른 이익의 증여 (상증법 제35조)	○	○		○
④ 채무면제 등에 따른 이익의 증여 (상증법 제36조)	○			○
⑤ 부동산 무상사용에 따른 이익의 증여 (상증법 제37조)	○			○
⑥ 합병에 따른 이익의 증여(상증법 제38조)	○	○		○
⑦ 증자에 따른 이익의 증여(상증법 제39조)	○	●		○
⑧ 감자에 따른 이익의 증여 (상증법 제39조의2)	○	●		○
⑨ 현물출자에 따른 이익의 증여 (상증법 제39조의3)	○	●		○
⑩ 전환사채 등 주식전환 등에 따른 이익의 증여(상증법 제40조)	○	●	○	○
⑪ 초과배당에 따른 이익의 증여 (상증법 제41조의2)	○	○		○
⑫ 주식 등 상장 등에 따른 이익의 증여 (상증법 제41조의3)			○	○
⑬ 금전무상대출 등에 따른 이익의 증여 (상증법 제41조의4)	○	○		○
⑭ 합병에 따른 상장 등 이익의 증여 (상증법 제41조의5)			○	○
⑮ 재산사용 및 용역제공 등에 따른 이익의 증여(상증법 제42조)	○	●		○
⑯ 법인의 조직 변경 등에 따른 이익의 증여 (상증법 제42조의2)	○			○
⑰ 재산 취득 후 재산가치 증가에 따른 이익의 증여(상증법 제42조의3)	○		○	○

증여유형		적용사항			
		2 이상 증여적용 시 큰 금액 하나만 적용	1년간 합산	합산 배제	혼인 출산 공제 배제
증여 추정	① 배우자 등에게 양도한 재산의 증여 추정 (상증법 제44조)	○			○
	② 재산 취득자금 등의 증여 추정 (상증법 제45조)	○		○	○
증여 의제	① 명의신탁재산의 증여 의제 (상증법 제45조의2)			○	○
	② 특수관계법인과의 거래를 통한 이익의 증여 의제(상증법 제45조의3)	○		○	○
	③ 특수관계법인으로부터 제공받은 사업기회로 발생한 이익의 증여의제(상증법 제45조의4)	○		○	○
	④ 특정법인과의 거래를 통한 이익의 증여 의제(상증법 제45조의5)	○	●		○

* 1년간 동일한 이익의 합산규정에서 "●"의미 :
증여이익을 계산한 경우 그 증여일부터 소급하여 1년 이내에 동일한 거래가 있는 경우 각각의 거래 이익을 해당 이익별로 합산한다. 다만, ● 체크된 증여 규정은 각 법 조항에서도 '같은 항 각 호의 이익별'로 구분된 이익별로 합산하여 증여금액기준을 계산한다. [상증령 제32조의4(이익의 계산방법)]

2장 • 증여재산의 취득시기

미성년자 자녀 통장을 만들고 2천만원을 입금한 경우 증여일은 언제로 보나요?

> "미성년자 아이 앞으로 아이 통장을 만들고 2천만원을 입금했습니다. 아이가 성인이 되어 사용하도록 만든 통장인데요. 증여일은 언제로 하나요?"

  사례의 경우 증여목적으로 자녀 명의의 예금계좌에 현금을 입금한 경우에는 '그 입금일'이 증여일에 해당한다. 다만, 국세청 사전답변에서는 "단순히 자녀 명의의 예금계좌에 현금을 입금한 후 본인이 관리해 오다가 당해 예금을 인출하여 본인이 사용한 것으로 확인되는 때에는 증여로 보지 아니한다"고 하였다.[3]

---

[3] 증여목적으로 자녀 명의의 예금계좌에 현금을 입금한 경우에는 그 입금한 시기에 자녀에게 증여한 것으로 보는 것이나, 단순히 자녀 명의의 예금계좌에 현금을 입금한 후 본인이 관리해오다가 당해 예금을 인출하여 본인이 사용한 것으로 확인되는 때에는 증여로 보지 아니하는 것이다. (법규재산2012-207, 2012.6.16.)

☑ 예금계좌에 입금된 현금의 증여시기

증여목적으로 타인명의의 예금계좌를 개설하여 현금을 입금한 경우 그 입금시기에 증여한 것으로 보는 것이나, 입금시점에 타인이 증여받은 사실이 확인되지 않는 경우 혹은 단순히 예금계좌로 예치되는 경우에는 타인이 당해 금전을 인출하여 사용한 날에 증여한 것으로 본다. ☞ 집행기준 31-23-2

Q 기존 건물과 신축 건물 증여일이 다르나요?

기존 건물을 증여하는 경우 증여일은 '소유권 이전 등기·등록 신청서 접수일'이 증여일이 된다. 그러나 증여 목적으로 수증인 명의로 신축하여 건물을 증여하는 경우 '❶, ❷, ❸ 중 가장 빠른 날이다.' 즉, ❶ 건물의 사용승인서 교부일, ❷ 사용승인 전 사실상 사용 또는 임시사용 시 그 사용일, ❸ 무허가 건축물인 경우 그 사실상 사용일 중 가장 빠른 날이 증여일이 된다.

☑ 증여재산의 취득시기

증여일은 증여재산의 평가기준일, 신고기한, 부과제척기한의 계산 등에서 중요한 의미가 있다. 증여에 의하여 재산을 취득하는 때 증여세 납세의무가 성립한다. 또한 증여세 납부세액도 증여일 현재의 시가에 따라 달라진다.

증여재산의 취득시기

재산구분	증여재산의 취득시기
권리 이전이나 행사에 등기·등록을 요하는 재산	소유권의 이전 등기·등록 신청서 접수일
증여 목적하에 수증인 명의로 완성한 건물	①, ②, ③ 중 빠른 날 ① 건물의 사용승인서 교부일 ② 사용승인 전 사실상 사용 또는 임시사용 시 그 사용일 ③ 무허가 건축물인 경우 그 사실상 사용일
타인의 기여에 의한 재산가치 증가	① 개발사업의 시행 : 개발구역으로 지정되어 고시된 날 ② 형질변경 : 해당 형질변경허가일 ③ 공유물의 분할 : 공유물 분할 등기일 ④ 사업의 인가·허가 또는 지하수개발·이용의 허가 등 : 해당 인·허가일 ⑤ 주식등의 상장 및 비상장주식의 등록, 법인의 합병 : 주식등의 상장일 또는 비상장주식의 등록일, 법인의 합병등기일 ⑥ 생명보험 또는 손해보험의 보험금 지급 : 보험사고가 발생한 날 ⑦ 그 외의 경우 : 재산가치증가사유가 발생한 날
주식 또는 출자지분	배당금 수령이나 주주권 행사사실 등에 의하여 인도받은 사실이 객관적으로 확인되는 날. 다만, 인도받은 날이 불분명하거나 인도전 명의개서한 경우 주주명부에 명의개서 한 날
무기명채권	이자지급 사실 등으로 취득사실이 객관적으로 확인되는 날. 다만, 그 취득일이 불분명한 경우에는 이자지급 또는 채권상환을 청구한 날
위 외의 자산	인도한 날 또는 사실상의 사용일

3장 • 신탁이익의 증여

신탁한 경우 증여일과 증여재산가액은 어떻게 되나요?

신탁계약에 의하여 위탁자인 부모는 신탁한 재산의 원본(예 : 금융자산)이나 수익(예 : 이자)을 수익자인 자녀에게 귀속시키는 경우에는 위탁자(예 : 부모)가 그 수익자(예 : 자녀)에게 재산을 무상으로 이전하는 효과가 있다. 따라서 신탁계약에 따라 그 신탁이익인 수익이나 신탁재산 원본을 수익자로 지정하는 경우 그 신탁이익이 수익자에게 '실제 지급되는 시점'에 그 신탁이익을 받을 권리의 가액을 수익자의 증여재산가액으로 하는 것이다. 원본이란 부동산 신탁의 경우 부동산을 받으면 부동산이 원본의 이익에 해당하고, 임대 수입을 얻는 경우 수익의 이익이 된다.

> "저는 이번에 제 아들을 수익자로 하는 타익신탁[4]에 가입하게 되었습니다. 그런데 은행에서 다음과 같은 이야기를 듣게 되

[4) 신탁은 위탁자가 특정 재산권을 수탁자에게 이전하거나, 기타의 처분을 하여 수탁자로 하여금 수익자의 이익을 위하여 그 재산권을 관리 처분하게 하는 법률관계를 말한다. 이 경우 수익자가 위탁자 자신인 경우는 자익신탁이라 하며, 수익자가 제3자일 경우는 타익신탁이라고 한다. (두

없습니다. 타익신탁에서 생기는 이자에 대해서는 증여세를 부담해야 한다는 것입니다. 또한 소득세 및 주민세 15.4%도 부담해야 한다고 합니다. 그렇다면 제 아들이 증여세, 소득세, 주민세를 모두 부담하게 되는데 이때 증여가액을 평가한다면 이자에서 소득세 및 주민세를 공제한 금액을 기준으로 하나요?"

사례의 경우 신탁계약에 의하여 위탁자인 아버지가 본인이 아닌 자녀를 신탁의 이익을 받을 수익자로 지정하였다. 따라서 신탁이익의 증여시기는 원칙은 수익이 수익자인 자녀에게 '실제 지급되는 때'이다. 신탁의 경우에 있어서 위탁자(아버지)가 타인(아들)에게 신탁의 이익(이자)을 받을 권리를 소유하게 한 경우 그 신탁의 이익에 대한 원천징수세액상당액은 증여재산의 가액에서 차감한다.[5]

신탁이익의 증여시기 예외로 신탁이익을 받기 전에 아버지가 사망한 경우 '그 사망일'이 증여일이 된다. 또한 그 원본 또는 수익을 수익자에게 지급하기로 약정하였으나 지급되지 않은 경우 '지급약정일'이 증여일이다. 수익을 여러 차례 나누어 지급하는 경우에는 원본 또는 수익이 '최초로 지급된 날'이다.

다만, 신탁계약을 체결하는 날에 원본 또는 수익의 이익이 확정되지 아니한 경우에는 '실제로 지급된 날'이 증여일이다. 또한 위탁자인 아버지가 신탁을 해지할 수 있는 권리, 수익자를 지정하거나 변경할 수 있는 권리, 신탁 종료 후 잔여재산을 귀속 받을 권리를

산백과 두피디아, 두산백과)
5) 재삼46014-3076, 1997.12.31.

보유하는 등 신탁재산을 실질적으로 지배·통제하는 경우에도 수익이 '실제로 지급된 날'을 증여일로 한다. ☞ 집행기준 33-25-1

집행기준 33-25-1
신탁이익의 증여

부의 설계

구 분	내 용
• 과세요건	신탁계약에 의하여 위탁자가 타인을 신탁의 이익 전부 또는 일부를 받을 수익자로 지정한 경우
• 납세의무자	신탁이익 수익자
• 과세대상	① 원본의 이익을 받을 권리 　신탁원본의 이익을 받을 권리는 신탁거래의 목적물이 되는 특정의 재산권 자체를 향수할 권리를 말하며 예를 들어 위탁자가 신탁계약 시 위탁한 금전·동산·부동산 자체를 받을 권리 ② 수익의 이익을 받을 권리 　신탁수익의 이익을 받을 권리는 신탁이익 중 신탁원본 이외의 이익을 받을 권리
• 증여시기	원칙 : 원본 또는 수익이 수익자에게 실제 지급되는 때 예외 : 　① 수익자로 지정된 자가 그 이익을 받기 전에 당해 신탁재산의 위탁자가 사망한 경우에는 그 사망일 　② 원본 또는 수익을 지급하기로 약정한 날까지 수익자에게 지급되지 아니한 경우에는 그 지급약정일 　③ 원본 또는 수익을 여러 차례 나누어 지급하는 경우에는 해당 원본 또는 수익이 최초로 지급된 날. 다만, 다음의 경우에는 해당 원본 또는 수익이 실제로 지급된 날 　　가. 신탁계약을 체결하는 날에 원본 또는 수익의 이익이 확정되지 아니한 경우 　　나. 위탁자가 신탁을 해지할 수 있는 권리, 수익자를 지정하거나 변경할 수 있는 권리, 신탁 종료 후 잔여재산을 귀속받을 권리를 보유하는 등 신탁재산을 실질적으로 지배·통제하는 경우
• 증여재산 　가액	증여일 기준으로 상증령 제61조 제2호를 준용하여 평가한 가액 (집행기준 65-61-1 참조)

Q 신탁한 재산의 평가 방법은 어떻게 되나요?

☑ 증여재산가액(신탁의 이익을 받을 권리의 평가)

신탁의 이익을 받을 권리의 가액은 다음에 따라서 평가한 가액으로 평가한다. 다만, 평가기준일 현재 신탁계약의 철회, 해지, 취소 등을 통해 받을 수 있는 일시금이 다음에 따라 평가한 가액보다 큰 경우에는 그 일시금의 가액에 의한다. ☞ 집행기준 65-61-1

1) 원본과 수익의 이익의 수익자가 동일한 경우

평가기준일 시가로 평가한 신탁재산의 가액(시가 산정이 어려운 경우 보충적 평가방법)을 적용한다.

2) 원본과 수익의 이익의 수익자가 다른 경우

❶ 원본의 이익을 수익하는 경우

평가기준일 시가로 평가한 신탁재산의 가액(시가 산정이 어려운 경우 보충적 평가방법)에서 ❷의 계산식에 따라 계산한 금액의 합계액을 뺀 금액

❷ 수익의 이익을 수익하는 경우

평가기준일 현재 기획재정부령이 정하는 방법에 따라 추산한 장래에 받을 각 연도의 수익

1) "기획재정부령이 정하는 방법에 따라 추산한 장래에 받을 각 연도의 수익금"이란 평가기준일 현재 신탁재산의 수익에 대한 수익률이 확정되지 아니한 경우 원본의 가액에 3%(2017.3.9. 이전 10%)를 곱하여 계산한 금액을 말함

$$환산가액 = \sum_{n=1}^{n} \frac{각\ 연도에\ 받을\ 수익의\ 이익 - 원천징수세액상당액}{(1+r)^n}$$

2) 신탁의 수익시기가 정해지지 않은 경우에는 평가기준일부터 수익시기까지의 연수는 정기금을 받을 권리의 평가규정(상증령 제62조)을 준용하여 20년 또는 기대여명의 연수로 계산

☑ 수익자가 특정되지 않은 신탁이익의 귀속

수익자가 특정되지 않거나 아직 존재하지 않은 경우에는 위탁자 또는 그 상속인을 수익자로 보며, 수익자가 특정되거나 존재하게 된 경우에는 새로운 신탁이 있는 것으로 본다. ☞ 집행기준 33-25-2

☑ 신탁이익에 소득세가 원천징수된 경우

위탁자가 타인에게 신탁의 이익을 받을 권리를 소유하게 한 경우 그 신탁이익에 대한 소득세 원천징수 여부에 관계없이 그 신탁의 이익을 받을 권리를 증여한 것으로 본다. ☞ 집행기준 33-25-3

4장 · 보험금의 증여

보험료⁶⁾를 직접 납부하지 않은 자녀에게 증여세가 나왔어요.

☑ 보험금의 증여 과세요건 및 납세의무자

❶ 보험금 수령인과 보험료 납부자가 다른 경우에는 '보험금 수령인'(납세의무자)이 수증자가 되어 납세의무가 있다. 또한, ❷ 보험계약 기간에 보험금 수령인이 타인으로부터 재산을 증여받아 보험료를 납부한 경우에도 '보험금 수령인'은 증여세 납세의무자이다.

☞ 집행기준 34-0-1

☑ 보험금의 증여시기

상담 시 타인(예 : 부모님)이 보험료를 불입한 시점에 보험금을 증여받았다고 생각하는 경우가 많으나 생명보험이나 손해보험에서 보험사고(만기보험금 지급의 경우를 포함한다)가 발생한 경우 '해당 보

---

6) • **보험료** : 보험에 가입한 사람이 보험자(보험사)에게 내는 일정한 돈, 비용을 의미한다.
   • **보험금** : 보험 사고가 발생했을 때 보험 계약에 따라 보험사가 피보험자(손해보험의 경우) 또는 보험금 수령인(생명보험의 경우)에게 지급하는 금전, 보험으로 받은 금전적 이익을 말한다.

사고가 발생한 날'을 증여일로 하여 보험금 수령인의 증여재산가액으로 한다. ☞ 집행기준 34-0-1

보험금의 증여 (집행기준 34-0-1)

구 분	내 용
• 과세요건	① 생명보험이나 손해보험에서 보험금 수령인과 보험료 납부자가 다른 경우 ② 보험계약 기간에 보험금 수령인이 타인으로부터 재산을 증여받아 보험료를 납부한 경우
• 납세의무자	보험금 수령인
• 증여시기	보험사고 발생일(만기 보험금 지급도 보험사고에 포함)
• 증여재산 가액	1) 보험료불입자와 보험금수령인이 다른 경우 　① 보험료를 전액 타인이 불입한 경우 : 증여이익＝당해 보험금 　② 보험료를 일부 타인이 부담한 경우 　　$$증여이익 = 보험금 \times \frac{보험금 수취인 이외의 자가 불입한 보험료}{불입한 보험료 총 합계액}$$ 2) 보험료불입자와 보험금수령인이 동일한 경우 　① 보험료를 전액 타인재산 수증분으로 불입한 경우 　　$$증여이익 = 보험금 - 보험료 불입액$$ 　② 보험료를 일부 타인재산 수증분으로 불입한 경우 　　$$증여이익 = 보험금 \times \frac{타인재산 수증분으로 불입한 보험료}{불입보험료 총액} - 타인재산 수증분으로 불입한 보험료$$ 　☞ 타인재산 수증분으로 불입한 보험료는 현금 등 증여로 증여세 과세

❓ 보험료 총불입액 중 전부를 부모가 납부한 경우 증여세는 어떻게 되나요?

"2005.1.1. 어머니의 사망으로 2005.3.1. 사망보험금 10억 원을 수령하였습니다. 2000.1.1. 아버지가 총 보험료 2천만 원을 납부했고, 보험금 수령인은 아들인 저로 되어 있습니다. 저는 증여세를 내야 하나요? 상속세를 내야 하나요?"

사례에서 수령한 보험금에 대하여 증여세를 신고해야 하며, 증여자는 아버지, 수증자는 아들이다.

이와 구별하여, 상속재산으로 보는 보험금은 보험료 납부자와 보험금 수령인이 다른 경우로 [보험료의 납부자의 사망으로 상속이 개시되는 경우] 당해 보험금은 상속재산으로 보아 상속세가 과세되며 증여세는 과세되지 않는다. 즉, 아버지가 '보험료 납부자'이면서 '아버지의 사망'으로 상속이 개시되는 경우 상속세 대상에 해당한다.

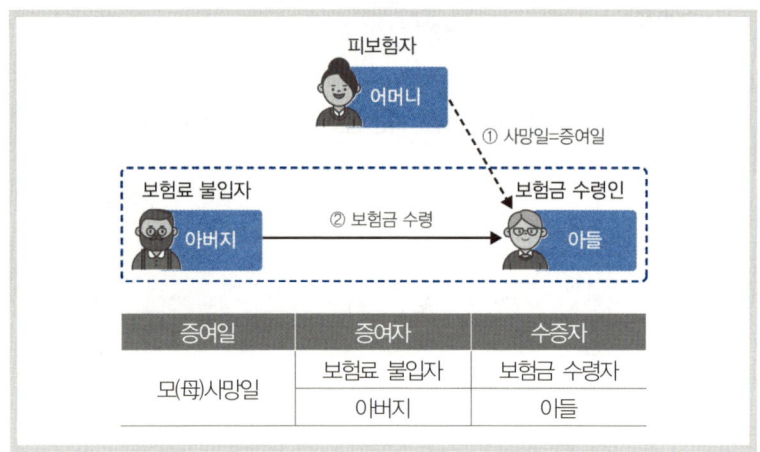

사례 ①-1 위 사례로 돌아가서, 보험금 지급 사유는 어머니의 사망이다. 따라서 보험사고 발생일인 2005.1.1. 어머니 사망일이 증여일이다. 보험료 불입은 아버지가 납입한 것으로 증여자는 아버지이다. 10억원의 보험금을 수령하였으므로 10억원을 증여재산으로 증여세 신고하여야 한다.

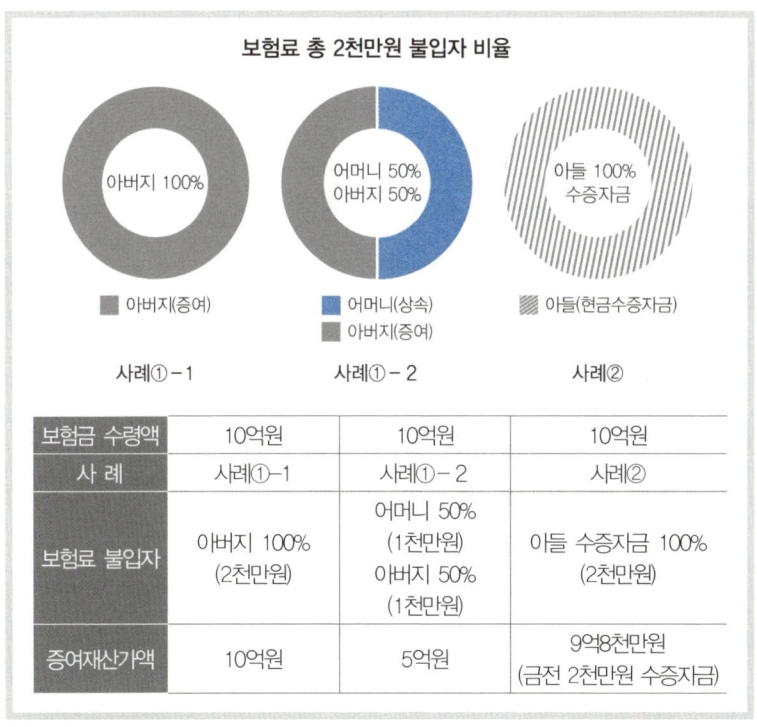

보험금 수령액	10억원	10억원	10억원
사 례	사례①-1	사례①-2	사례②
보험료 불입자	아버지 100% (2천만원)	어머니 50% (1천만원) 아버지 50% (1천만원)	아들 수증자금 100% (2천만원)
증여재산가액	10억원	5억원	9억8천만원 (금전 2천만원 수증자금)

② 보험료 총불입액 중 일부를 부모가 납부한 경우 증여세는 어떻게 되나요?

사례 ①-2 보험료 총불입액 2천만원 중 일부인 1천만원을 아버지가 납부한 경우에 증여재산가액은 얼마일까?

보험금 수령액 10억원 중 아버지가 납부한 50%에 해당하는 비율만 증여재산이 된다(증여자 아버지→수증자 아들). 즉, 5억원만 증여재산가액이 된다. 나머지 보험료 1천만원을 어머니가 불입하였다면, 어머니 사망을 지급사유로 수령한 보험금 수령액 10억원 중 어머니가 납부한 50%에 해당하는 5억원이 어머니 상속재산에 해당한다(피상속인 어머니→상속인 아들).

③ 보험료 총불입액을 당시 현금증여받고 제가 납부한 경우 증여세는 어떻게 되나요?

사례 ② 2000.1.1. 아들이 아버지로부터 2천만원을 현금증여 받아서 보험료를 전액 불입하면서 증여세 신고를 하고, 2005.3.1. 보험금을 수령하는 경우 증여재산가액은 얼마일까?

2005.1.1. 10억원 보험금 수령액 중 현금 증여로 2000.1.1. 신고한 2천만원을 제외한 9억8천만원을 증여재산가액으로 한다. 생명보험이나 손해보험에서 보험계약 기간에 보험금 수령인(아들)이 타인(아버지)으로부터 재산을 증여받아 보험료를 납부한 경우에는 그 보험료 납부액에 대한 보험금 상당액(10억원)에서 그 보험료 납

부액(2천만원)을 뺀 가액 9억8천만원을 보험금 수령인의 증여재산가액으로 한다. 아버지 재산 수증분 2천만원을 증여받아 불입한 금액으로 제외한 9억8천만원이 '보험금' 증여이익이 된다. 그리고 당초 보험불입시기인 타인재산 수증분 2천만원은 '금전'으로 증여받은 것으로 증여세 신고한다.[7] ☞ 집행기준 34-0-6

집행기준 34-0-6
보험금의 증여에 대한 사례

(1) 사례내용

구 분	사 례①	사 례②
보험계약일	2000.1.1.	2000.1.1.
보험계약자	부	자
보험료불입기간	2000.1.1.~2004.12.31.	2000.1.1.~2004.12.31.
총 불입액	20백만원	20백만원(2000.1.1. 부로부터 증여받은 현금으로 보험료 불입)
불 입 자	부	자
피보험자	모	모
보험수익자	자	자
보험지급사유	2005.1.1. 모 사망	2005.1.1. 모 사망
보험금수령	2005.3.1. 10억원 수령	2005.3.1. 10억원 수령

(2) 증여재산가액

구 분	사 례①	사 례②	
증여시기	2005.1.1.	2000.1.1.	2005.1.1.
증여재산가액	10억원	20백만원	980백만원 (1,000백만원 - 20백만원)
증여재산 종류	보험금	금전	보험금

[7] 재산을 먼저 증여받은 후 보험계약을 체결하는 등 그 경제적인 실질이 보험계약기간 중 재산을 증여받아 보험료를 불입하는 경우와 유사한 경우에는 수취한 보험금상당액을 보험금수취인의 증여재산가액으로 하는 것이다. (재산세과-17, 2009.8.25.)

④ 어머니 보험료를 아들인 제가 전부 불입 후 수령도 제가 받은 경우에도 증여세 과세되나요?

☑ 실질적으로 보험금 수취자와 보험료 불입자가 동일한 경우

보험계약상 보험계약자(예 : 어머니)와 보험금 수익자(예 : 자녀)가 다른 경우에도 실질적으로 보험금 수령인(예 : 자녀)이 보험료를 납부하여 보험료 불입자(예 : 자녀)와 보험금 수령인(예 : 자녀)이 동일한 경우에는 증여세가 과세되지 않는다.  34-0-5

☑ 상속재산으로 보는 보험금의 증여세 과세 여부

보험료 납부자(예 : 어머니)와 보험금 수령인(예 : 자녀)이 다른 경우 보험료 납부자(예 : 어머니)의 사망으로 상속이 개시되는 경우 당해 보험금은 상속재산으로 보아 상속세가 과세되며 증여세는 과세되지 않는다.  34-0-2

집행기준 34-0-3
보험금의 과세유형

피보험자	계약자	불입자	보험금 수취인 (수익자)	세법상 처리
피상속인	A	A	A	- 상속재산 아님 - 증여에 해당되지 않음
피상속인	A	A	B	- 상속재산 아님 - A가 B에게 보험금 증여
피상속인	불문	피상속인	불문	- 수익자가 상속인이라면 상속세 과세 - 수익자가 상속인 이외의 자인 경우 유증에 해당하여 상속세 과세

☑ 보험료 불입자와 수취인이 동시에 사망한 경우

보험료 불입자(예 : 아버지)와 보험금 수취인(예 : 자녀)이 동시에 사망하여 보험료 불입자(예 : 아버지)에 대한 상속재산으로 상속세가 과세되는 경우 보험금 수취인에 대한 증여세는 과세하지 않는다.

☞ 집행기준 34-0-4

☑ 보험의 중도인출금 및 해약환급금 수령한 경우

만기 또는 보험사고에 의하여 보험금을 수령한다면, 그 시점에서 보험료 불입자(예 : 아버지)가 불입한 보험료에 대한 보험금을 보험금 수취인(예 : 자녀)의 증여재산으로 보아 증여세를 과세하면 된다.

그러나 계약자, 피보험자, 수익자를 자녀로 변경하고 자녀가 보험료를 불입하던 중 중도인출하거나 중도해지하여 해약환급금을 자녀가 수령한 경우 중도인출과 해약환급금 수령 시에도 만기환급금이나 보험사고로 인한 보험금 수령 시와 마찬가지로 중도인출금 또는 해약환급금에서 불입한 보험료 합계액 중 보험금수취인이 아닌 자(예 : 아버지)가 불입한 보험료의 점유비율에 상당하는 금액만을 증여재산가액으로 한다.[8]

---

8) 생명보험 등의 중도인출금 및 해약환급금의 증여시기 및 증여재산가액 산정방법 (재산세과 -824, 2009.4.29.)

5장 ● 양도거래와 증여

가족 간 양도 거래할 때 증여세 문제없는 적정 가격은 얼마일까요?

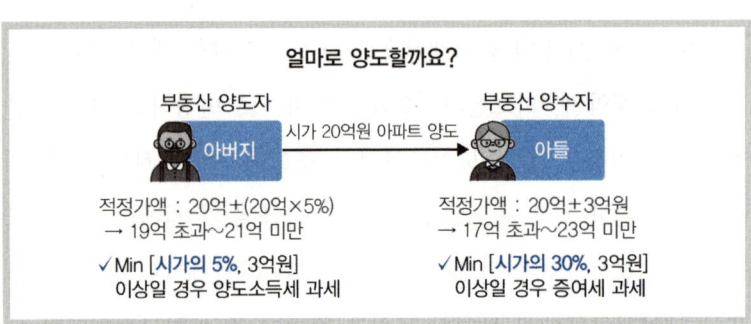

아버지 소유 아파트는 시가 20억원이다. 아들에게 저가로 양도하면 시가와의 차이금액에 대하여 증여세가 부과될 수 있다. 즉, 시가의 30% 또는 3억원 중 적은 금액[3억원 = Min(20억원 × 30%, 3억원)] 이상 차이가 나도록 매매하면, 저가 양도에 따른 증여세 문제가 있다. 따라서 저가 양도 시 적정 가격은 17억원 초과금액으로 거래해야 한다. 그 이상 금액 차이가 나면 아들은 증여세를 내야 한다.

그러나 한 가지 더 고려해야 할 사항이 있다. 아버지는 아파트 양도에 따른 양도소득세를 내야 하는 경우 시가의 5% 또는 3억원 이상 가격 차이가 있다면, 시가 20억원으로 양도소득세를 계산해야 한다.[9] 따라서 1억원(20억원×5%) 범위인 19억원 초과 21억원 미만 금액으로 아들에게 양도해야 한다. 만약 아들에게 18억원에 아파트를 팔면 아버지는 양도가액을 시가인 20억원으로 계산해서 양도소득세를 내야 한다. 다만, 아들은 시가의 30% 또는 3억원 이상 차이가 나지 않으므로 증여세 문제는 없다. 또는, 시가 20억원의 부동산을 20% 저가로 거래(양도가액 16억원)하는 경우 시가와 차액이 4억원(20억원 – 16억원)이므로 양수자인 아들에게는 증여세가 과세되며, 아버지는 시가인 20억원으로 재계산된 양도소득세가 과세가 되므로 저가양도 시 주의해야 한다.

❓ 양도거래인데 증여세 과세된다고요?

☑ 저가양수·고가양도에 따른 이익의 증여

양도 시 증여세 과세요건으로는 시가보다 대가가 현저히 차이가

---

9) • 「소득세법」 제101조 【양도소득의 부당행위계산】
   ① 납세지 관할 세무서장 또는 지방국세청장은 양도소득이 있는 거주자의 행위 또는 계산이 그 거주자의 특수관계인과의 거래로 인하여 그 소득에 대한 조세 부담을 부당하게 감소시킨 것으로 인정되는 경우에는 그 거주자의 행위 또는 계산과 관계없이 해당 과세기간의 소득금액을 계산할 수 있다.
• 「소득세법 시행령」 제167조 【양도소득의 부당행위 계산】
   ① (…중략…) 다만, 시가와 거래가액의 차액이 3억원 이상이거나 시가의 100분의 5에 상당하는 금액 이상인 경우로 한정한다.

나는 경우이다. 시가와 대가의 차액이 시가의 30% 이상인 경우 시가보다 '현저히' 낮은 가액 또는 높은 가액에 해당한다고 본다. 또한 특수관계인 간의 거래일 경우 금액 요건이 추가되어, 시가와 대가의 차액이 3억원 이상이면 증여세 과세요건에 해당한다.

　특수관계인이 아닌 자 간의 거래에서는 '거래의 관행상 정당한 사유' 여부가 중요하다. 거래의 정당한 사유 없이 해당 재산을 시가보다 현저히 낮은 가액 또는 현저히 높은 가액으로 양수 또는 양도한 경우에 한하여 그 차액에 상당하는 금액을 증여받은 것으로 추정한다. 거래의 정당한 사유가 있는지 여부는 구체적인 사실을 확인하여 판단해야 한다. 해당 거래의 경위, 거래당사자 간의 관계, 거래가액의 결정과정 등을 고려한다. 현실적으로 과세관청과 납세자 사이에서도 '거래의 관행상 정당한 사유'에 대한 다툼이 많아 증여세 과세하더라도 불복으로 진행되는 경우가 빈번하다.

☞ 집행기준 35-0-1

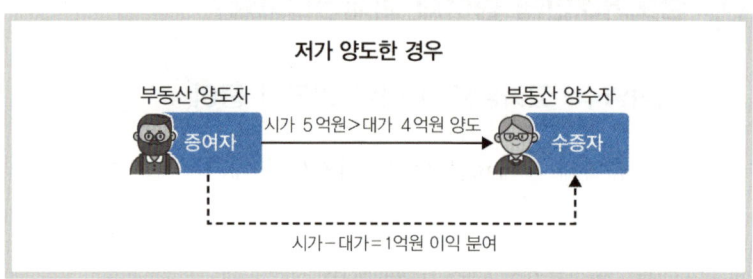

["2023.10.1. 시가 5억원인 건물을 4억원에 아버지가 아들에게 양도한 경우 증여세 과세되나요?"]

위 사례의 경우만 본다면 저가로 양수한 아들에게 증여세 과세문제는 없다. 그러나 양도일 시점에서는 증여세 과세요건을 충족하지 않으나, 2023.10.1. 기준으로 1년 이내에 이익을 합산하여 현저한 이익을 보았는지 증여세 과세요건(시가의 30% 또는 3억원)을 검토해야 한다. 사례자는 상담 거래 이전에 2차례 아버지로부터 부동산을 매수하였다. ❶ 2022.11.17. 시가 7억원의 토지를 5억원에 양수하였고, ❷ 2022.12.20. 시가 5.5억원의 건물을 5억원에 양수하였다. 따라서 1년 이내 저가 양수한 이익이 ❶ 2억원(7억원 – 5억원)과 ❷ 0.5억원(5.5억원 – 5억원) 그리고 ❸ 사례의 이익 1억원(5억원 – 4억원)을 합산하면 총 3.5억원에 달한다. 즉, 저가양수에 따른 현저한 이익이 3억원 이상으로 증여세 과세요건을 충족한다. 따라서 해당 거래뿐만 아니라 해당 거래 등을 한 날부터 소급하여 1년 이내에 동일한 거래 등이 있는 경우에는 각각의 거래 등에 따른 이익을 해당 이익별로 합산하여 증여이익을 계산해야 한다.

② 증여세 계산방법은 어떻게 되나요?

☑ 과세요건과 증여재산가액

증여재산가액 계산방식은 특수관계가 있는 경우에는 시가와 대가의 차이에서 시가의 30%와 3억원 중 적은 금액을 제외한 가액이 된다. 특수관계인이 아닌 자 간의 거래에서는 시가와 대가의 차이에서 3억원을 차감한 가액으로 한다.

10억원이 시가인 부동산을 거래하는 경우 특수관계인이 아닌 자 간의 거래에서는 증여재산가액 계산 시 3억원을 차감한다. 따라서 최소한 시가와 대가의 차액이 3억원 이상 차이가 있어야 증여세가 과세된다. 반면 특수관계인 간의 거래에서는 증여재산가액 계산 방식이 3억원뿐만 아니라 시가의 30% 중 적은 금액을 증여재산가액 계산 시 차감한다. 따라서 1억원이 시가인 부동산을 거래할 경우 3천만원 이상의 차이가 있으면 증여세 과세된다.

 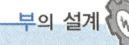

집행기준 35-26-1
저가양수·고가양도에 따른 이익의 증여 과세요건과 증여재산가액

구 분		저가양수	고가양도
특수관계가 있는 경우	과세요건	$\dfrac{시가-대가}{시가} \geq 30\%$ or (시가-대가) $\geq$ 3억원	$\dfrac{대가-시가}{시가} \geq 30\%$ or (대가-시가) $\geq$ 3억원
	증여재산가액	(시가-대가)-Min(시가 × 30%, 3억원)	(대가-시가)-Min(시가 × 30%, 3억원)

구 분		저가양수	고가양도
특수관계가 없는 경우	과세요건	$\dfrac{\text{시가}-\text{대가}}{\text{시가}} \geq 30\%$ ⇨ 현저히 낮은 가액	$\dfrac{\text{대가}-\text{시가}}{\text{시가}} \geq 30\%$ ⇨ 현저히 높은 가액
	증여재산 가액	(시가 − 대가) − 3억원	(대가 − 시가) − 3억원

증여세 과세요건

✓ 특수관계 있는 경우 : ① or ② 요건
✓ 특수관계 없는 경우 : ① & 거래의 관행상 정당한 사유 요건

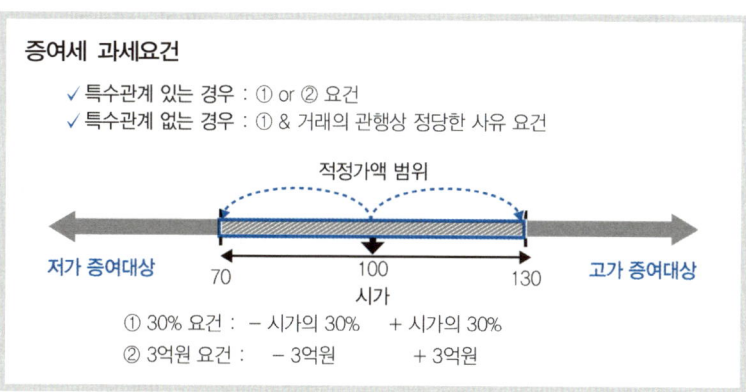

① 30% 요건 : − 시가의 30%   + 시가의 30%
② 3억원 요건 : − 3억원   + 3억원

양도세 과세요건

▶ 저가양수시
  ✓ 특수관계 있는 경우:(양도자) ① or ② 요건 ⇒ 시가(부당행위계산부인), (양수자) 취득가액+증여세과세가액
  ✓ 특수관계 없는 경우:(양도자) 해당 없음.   (양수자) 취득가액+증여세과세가액

▶ 고가양수시
  ✓ 특수관계 있는 경우:(양도자) 양도가액−증여세과세가액, (양수자) ① or ② 요건 ⇒ 시가(부당행위계산부인)
  ✓ 특수관계 없는 경우:(양도자) 양도가액−증여세과세가액, (양수자) 해당 없음

① 5% 요건 : − 시가의 5%   + 시가의 5%
② 3억원 요건 : − 3억원   + 3억원

개인이 저가양수한 경우
[사례] 시가 10억원의 부동산을 2억원에 양수

구분		양도자(개인)		양수자(개인)	
		요건	가액	요건	가액
특수관계 있음	양도세	양도세 : 부당행위계산 부인(소득법 제101조) ① 요건 : 특수관계인 (소득령 제98조) * 시가 5% or 3억원↑	② 가액 : 8억원 (시가-대가) * (시가미달액) 양도가액에 가산	양도세 × * 취득가액 5억원 가산(소득법 제97조 ① 및 소득령 제163조 ⑩)	
	증여세		증여세 ×	증여세 O : 고저가(상증법 제35조 ①) ① 요건 : 특수관계인 (상증령 제2조의2) * 시가 30% or 3억원↑	② 가액 : 5억원 * (10억원-2억원) - Min(10억원×30%, 3억원)
특수관계 없음	양도세		양도세 ×	양도세 × * 취득가액 5억원 가산(소득법 제97조 ① 및 소득령 제163조 ⑩)	
	증여세		증여세 ×	증여세 O : 고저가(상증법 제35조 ②) ① 요건 : 시가 30%↑, 정당한 사유 없음	② 가액 : 5억원 * (10억원-2억원) - 3억원

개인이 고가양수한 경우

[사례] 시가 2억원의 부동산을 10억원에 양수

구 분		양도자(개인)		양수자(개인)	
		요 건	가 액	요 건	가 액
특수관계 있음	양도세	양도세 : 환급 (소득법 96조 ③) ① 요건 : 시가 초과액 증여세 과세	② 가액 : △5억원 • 증여세 과세가액을 양도가액에서 차감	양도세 × * 처분 시 취득가액 8억원 차감 (소득법 제101조 및 소득령 제167조 ④)	
	증여세	증여세 ○ : 고저가(상증법 제35조 ①) ① 요건 : 특수관계인, 시가 30% or 3억원↑	② 가액 : 5억원 *(10억원−2억원) −Min(10억원 × 30%, 3억원)	증여세 ×	
특수관계 없음	양도세	양도세 : 환급 (소득법 제96조 ③) ① 요건 : 시가 초과액 증여세 과세	② 가액 : △5억원	양도세 ×	
	증여세	증여세 ○ : 고저가(상증법 제35조 ②) ① 요건 : 시가 30%↑, 정당한 사유 없음	② 가액 : 5억원 *(10억원−2억원) −3억원	증여세 ×	

③ 저가·고가매매 하더라도 증여세 과세되지 않는 경우가 있을까요?

☑ 저가양수·고가양도에 따른 이익 배제재산

저가양수·고가양도에 따른 이익 규정을 적용하지 않는 경우가 있다.

❶ 전환사채, 신주인수권부사채, 분리형 신주인수권 증권, 그 밖의 주식으로 전환·주식을 인수할 수 있는 권리가 부여된 사채를 양수·양도하는 경우이다.

❷ 「자본시장과 금융투자업에 관한 법률」에 따라 한국거래소에 상장되어 있는 법인의 주식 및 출자지분으로서 유가증권시장 또는 코스닥시장에서 거래가 된 경우에도 저가·고가 거래에 대한 증여세 과세 규정을 적용하지 않는다. 다만 시간외 대량매매방법으로 거래된 것 중 '당일 종가'가 아닌 가격으로 거래가 이루어진 경우에는 공정한 거래로 보기 어려우므로 저가양수·고가양도에 따른 이익의 증여 규정이 적용된다. 더욱이 특수관계인 간에 상장주식을 거래소의 9시부터 15시 30분 정규시장 개시 전에 '전일 종가'를 체결단가로 하여 대량매매 방식으로 거래한 경우에는 증여세 과세 대상에 해당한다는 기획재정부 해석이 있다.[10]

☞ 집행기준 35-26-2

---

10) 기획재정부 재산세제과-874, 2021.10.5.

④ 개인과 법인의 거래 시 양수양도 대가가 「법인세법」의 시가에 해당하는 경우 증여세 과세될까요?

「법인세법」의 시가에 해당하는 경우 증여세 과세되지 않는다.

개인과 법인 간에 재산을 양수 또는 양도하는 경우로서 그 대가가 「법인세법」상 시가에 해당되어 부당행위계산 규정을 적용하지 않는 경우에는 저가·고가 양도에 따른 증여 규정이 적용되지 않는다. 즉, 「법인세법」상 시가에 해당하는 경우 증여세 과세되지 않는다. 하지만, 거짓이나 그 밖의 부정한 방법으로 상속세 또는 증여세를 감소시킨 것으로 인정되는 경우에는 증여세 규정이 적용된다.

☞ 집행기준 35-26-3

⑤ 개인과 개인의 거래 시 양도·양수 대가가 「소득세법」의 시가에 해당하는 경우 증여세 과세될까요?

「소득세법」의 시가에 해당하는 경우 증여세 과세되지 않는다.

개인과 개인 간에 재산을 양수 또는 양도하는 경우로서 그 대가가 「소득세법」의 시가에 해당되어 부당행위계산 부인 규정이 적용되지 않는 경우에는 저가·고가 양도에 따른 이익의 증여규정을 적용하지 않는다. 다만, 거짓이나 그 밖의 부정한 방법으로 상속세 또는 증여세를 감소시킨 것으로 인정되는 경우는 제외한다.

☞ 집행기준 35-26-4

6 개인과 법인의 양도 거래 시 주의할 점은 무엇인가요?

☑ 법인과 저가양수·고가양도 증여세 과세 여부

개인과 법인의 저가·고가로 거래에서 주의할 점은 증여세뿐만 아니라 법인세와 소득세도 함께 고려해야 한다는 점이다.

저가양수 또는 고가양도 거래는 증여세 외에 「법인세법」 또는 「소득세법」상 부당행위계산 부인을 검토해야 한다. 또한 「법인세법」상의 제기부금, 「소득세법」상 양도소득세의 양도가액과 취득가액의 결정 등과 연관이 있으므로 주의해야 한다.

「법인세법」에서는 '내국법인이 특수관계인과의 거래로 인하여 그 법인의 소득에 대한 조세의 부담을 부당하게 감소시킨 것으로 인정되는 경우에는 그 법인의 행위 또는 소득금액의 계산(이를 "부당행위계산"이라고 한다)과 관계없이 그 법인의 각 사업연도의 소득금액을 계산한다'고 규정하고 있으며, 이를 '부당행위계산의 부인' 규정이라고 한다. 「법인세법」에서는 '부당행위계산의 부인' 규정은 이익을 분여한 법인(법인소득을 과소신고한 법인)의 정상 이익을 계상해서 법인세를 과세한다.

법인은 특수관계인과의 거래로 인하여 저가양도 또는 고가양수로 부당하게 법인세를 감소시키는 경우 소득처분을 통하여 익금산입한다. 개인은 법인으로부터 이익을 받은 경우 개인이 법인의 임직원이나 주주 등에 해당하는 경우 소득처분에 따라 상여 등으로 소득세가 과세될 수 있다.

1) 특수관계인 간 이익을 분여한 자가 법인일 때
   (법인법 제53조 【부당행위계산의 부인】)

구분	과세요건	이익분여액	양도법인	양수법인
저가 거래	(시가−대가)의 차액이 시가의 5% 이상이거나 3억원 이상인 경우	(시가−대가)의 차액	익금산입 (상여·배당 등)	법인세 별도 조정 없음
고가 거래	(대가−시가)의 차액이 시가의 5% 이상이거나 3억원 이상인 경우	(대가−시가)의 차액	법인세 별도 조정 없음	익금산입 (상여·배당 등) 손금산입(△유보) *처분 시 손금불산입 (유보)

2) 특수관계인 아닌 자 간 이익을 분여한 자가 법인일 때
   (법인법 제24조 【기부금의 손금불산입】)

구분	과세요건	이익분여액	양도법인	양수법인
저가 거래	(시가−대가)의 차액이 시가의 30% 이상 & 정당한 사유 없음	(시가 × 70%) − 대가	익금산입 (기타사외유출)	법인세 별도 조정 없음
고가 거래	(대가−시가)의 차액이 시가의 30% 이상 & 정당한 사유 없음	대가−(시가 × 130%)	법인세 별도 조정 없음	익금산입 (기타사외유출) 손금산입(△유보) *처분 시 손금불산입 유보(비지정기부금)

* 법인 간 거래로 특수관계인은 「법인세법」상 제2조 제12호 특수관계인을 말한다. 「법인세법」상 부당행위계산 및 기부금의제를 적용하는 경우 「법인세법」 시가를 적용하는 경우 상증법상 저가양수·고가양도에 따른 증여 배제대상이다.

⑦ 개인이 법인과 저가·고가 매매 시 증여세 과세는 어떻게 되나요?

[
"제가 대표로 있는 회사가 소유한 토지를 개별공시지가로 양수하였습니다. 그러나 과세관청은 감정가액을 시가로 보아 저가 양수로 「법인세법」상 부당행위계산부인에 해당되어, 상여로 소득처분 하였습니다. 제가 회사로부터 저가 매입한 토지에 대한 증여세 과세되는 문제는 없나요?"
]

　사례의 경우 상여로 소득세 과세되었으므로 증여세 과세되지 않는다. 법인이 소유자산을 특수관계인에게 시가에 미달하게 양도하거나, 특수관계인으로부터 시가를 초과하는 가액으로 양수함에 따라 부당행위계산 부인 규정이 적용되는 경우 그 이익을 분여받은 개인에게 상여 또는 배당 등으로 소득세를 과세한다.

　「법인세법」상 '조세의 부담을 부당하게 감소시킨 것으로 인정되는 경우'란 ❶ 자산을 시가보다 높은 가액으로 매입 또는 현물출자받았거나 그 자산을 과대상각한 경우 ❷ 무수익 자산을 매입 또는 현물출자받았거나 그 자산에 대한 비용을 부담한 경우 ❸ 자산을 무상 또는 시가보다 낮은 가액으로 양도 또는 현물출자한 경우를 부당행위계산 유형으로 규정하고 있다.

　개인에게 상여, 배당 등 소득처분하여 소득세를 부과하면 증여세를 부과하지 않다.

　☞ 집행기준 35-26-5

집행기준 35-26-5
법인과 저가양수·고가양도 증여세 과세여부

법인이 소유자산을 특수관계자에게 시가에 미달하게 양도하거나 특수관계자로부터 시가를 초과하는 가액으로 양수함에 따라 부당행위계산 부인 규정이 적용되는 경우 그 이익을 분여 받은 개인에 대하여 다음과 같이 과세된다.

적용대상 부당행위 계산유형	① 자산을 시가보다 높은 가액으로 매입 또는 현물출자받았거나 그 자산을 과대상각한 경우(법인령 제88조 ① 1호) ② 무수익 자산을 매입 또는 현물출자받았거나 그 자산에 대한 비용을 부담한 경우(법인령 제88조 ① 2호) ③ 자산을 무상 또는 시가보다 낮은 가액으로 양도 또는 현물출자한 경우(법인령 제88조 ① 3호)
소득처분	상여·배당 등
과세방법	소득세 과세

법인이 저가양도한 경우
[사례1] 시가 10억원의 부동산을 2억원에 양도

구 분	양 도 자(법인)	양 수 자(개인)
특수관계 있음	법인세 ○ : 부당행위계산부인(법인법 제52조) ① 요건 : 특수관계인(법인령 제87조) * 5% 이상 or 3억원 이상 ② 가액 : 8억원(익금산입, 상여·배당 등)	증여세 × (상여처분 등에 따른 소득세 과세)
		양도세 × * 취득가액 8억원 가산(소득법 제97조 ① 및 소득령 제163조 ⑩)
특수관계 없음	법인세 ○ : 기부금(법인법 제24조) ① 요건 : 대가 2억원＜정상가액(시가×70%)] & 정당한 사유 없음(법인령 제35조) ② 가액 : 비지정기부금 5억원* (익금산입, 기타사외유출) * (10억원×70%)-2억원	증여세 ○ : 고저가(상증법 제35조 ②) ① 요건 : 시가 30%↑, 정당한 사유 없음 ② 가액 : 5억원 * (10억원-2억원)-3억원
		양도세 × * 취득가액 5억원 가산(소득법 제97조 ① 및 소득령 제163조 ⑩)

법인이 고가양도한 경우
[사례2] 시가 2억원의 부동산을 10억원에 양도

구 분	양도자(법인)	양수자(개인)
특수관계 있음	법인세 ×	증여세 ×
		양도세 ×
		* 처분 시 취득가액 8억원 차감(소득법 제101조 및 소득령 제167조 ④)
특수관계 없음	법인세 ×	증여세 ×
		양도세 ×

[참고] 알수록 돈이 되는 양도소득세 부당행위계산 부인과 배우자 등 이월과세

구 분	부당행위계산 부인 (소득법 제101조)	배우자 등 이월과세 (소득법 제97조의2)
1. 납세의무자	당초 증여자	증여받은 배우자 직계존비속
2. 취득가액	취득가액 및 필요경비는 증여자가 취득한 때를 기준으로 계산	취득가액은 증여자의 취득가액
3. 필요경비	필요경비는 증여자의 필요경비	필요경비는 수증자의 필요경비
4. 증여세 납부액	증여세 부과하지 않음	필요경비 산입
5. 적용대상	양도소득세 과세대상	토지, 건물, 특정시설물이용권 부동산을 취득할 수 있는 권리, 양도일 전 1년 이내 증여받은 주식 등[11]
6. 적용기간	증여 후 10년 이내 양도 (2022.12.31. 이전 증여는 5년 이내 양도)	증여 후 10년
7. 조세회피	증여자(양도소득세) > 수증자(증여세 + 양도소득세)	조세회피와 무관 (단, 결정세액이 더 적어지는 경우 적용 ×)
8. 취득시기	증여자 취득일	수증자 등기접수일
9. 세율 및 장기보유특별공제	당초 증여자의 취득일부터 기산	당초 증여자의 취득일부터 기산 (부담부증여 증여일)
10. 연대납세의무	증여자와 수증자 연대납세의무	연대납세의무 없음
11. 적용제외	양도소득이 수증자에게 실질 귀속된 경우	1세대1주택 비과세(고가주택 포함)가 적용되는 경우

---

[11] 2025.1.1. 이후 증여받는 분부터 적용(본 책의 '2025년부터 달라지는 상증법 개정안' 참조)

6장 • 채무와 증여의 상관관계

채무를 대신 갚아주게 되면 증여세 과세되나요?

채무를 갚아주어야 할 특별한 사정이 없이 채권자로부터 채무를 면제받거나 채무를 제3자가 인수 또는 대신 변제하면 채무자는 타인으로부터 채무액 상당액만큼 증여받은 것과 동일하다. 따라서 증여세 과세된다. 다만, 이 경우 채무자가 사업자라면, 채무면제이익으로 소득금액에 반영되어 소득세가 과세되고, 채무자가 비사업자라면 상증법 규정에 따라 증여세로 과세되는 것이다. 상증법에서는 채무자가 채권자로부터 채무면제를 받거나 제3자로부터 채무의 인수 또는 변제를 받은 경우 그 면제·인수 또는 변제로 인한 이익을 그 이익을 얻은 자(채무자 = 수증자)의 증여재산가액이 된다.

☑ 채무면제 등에 따른 증여

타인이 부담하고 있는 채무를 면제·인수 혹은 변제하는 경우 금전을 증여한 것과 동일한 효과가 있으므로 증여세를 과세한다. 과세요건은 3가지 중 어느 하나의 해당하는 경우이다. ❶ 채권자로부터 채무의 면제를 받은 경우, ❷ 제3자가 채무의 인수를 한 경우, ❸ 제3자가 채무를 변제한 경우이다.

납세의무자는 채무면제 등의 이익을 얻은 자이며, 증여세 과세를 위한 대상은 당해 채무면제 등 이익이다. 증여시기는 채권자가 채무면제 등에 대한 의사표시를 한 때이거나, 제3자와 채권자 간에 채무인수계약이 체결된 때이다. 채무면제에 따른 증여재산가액은 당해 채무면제액에서 채무면제 또는 인수에 따른 보상가액, 즉 구상권 행사금액을 차감한다.  36-0-1

집행기준 36-0-1
채무면제 등에 따른 증여

타인이 부담하고 있는 채무를 면제·인수 혹은 변제하는 경우 금전을 증여한 것과 동일한 효과가 있으므로 증여세를 과세한다.

구 분	내 용
• 과세요건	• 채권자로부터 채무의 면제를 받은 경우 • 제3자가 채무의 인수를 한 경우 • 제3자가 채무를 변제한 경우
• 과세대상	당해 채무면제 등 이익
• 납세의무자	채무면제 등의 이익을 얻은 자
• 증여시기	• 채권자가 채무면제 등에 대한 의사표시를 한 때 • 제3자와 채권자간에 채무인수계약이 체결된 때
• 증여세 과세가액	채무면제에 따른 증여재산가액=당해 채무면제액-채무면제(인수)에 따른 보상가액

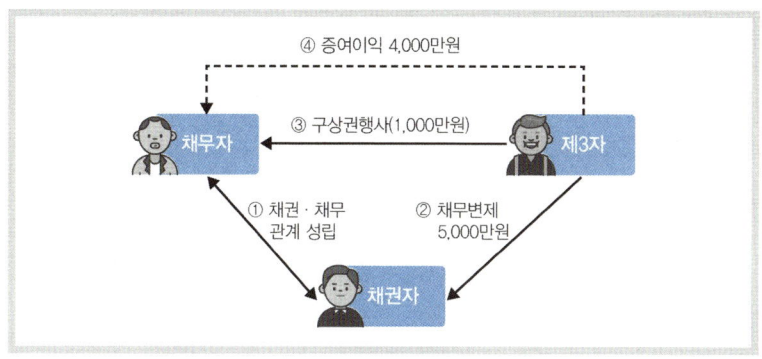

Q1. 어머니 건물을 담보로 제가 은행 대출받고 어머니가 대출금을 상환해준다면 증여세 과세되나요?

[
"저의 어머니 건물을 담보로 제가 은행 대출을 2억원 받았습니다. 저의 소득으로 대출금을 상환하기 어려워 어머니가 대출금을 대신 갚아주었습니다. 어머니가 갚아준 저의 대출금은 증여세가 과세될 수 있나요?"
]

사례에서 은행 대출금을 갚을 능력이 없는 자녀 대신 부모가 대출금을 갚아주게 되면, 자녀에게 증여세가 과세된다. 형식은 자녀가 은행에서 대출을 받은 것이지만, 실질적으로 어머니가 대출을 받은 것과 같다. 즉, 처음부터 자녀가 아닌 어머니가 은행에서 대출을 받은 것이고, 대출금을 자녀에게 현금 증여한 것이 된다.

사례와 같이 실질적으로 어머니가 대출을 받아 자녀에게 '현금 증여한 것'이 되면, 자녀의 증여세 납세의무에 대해 증여자인 어머니도 연대납세의무를 부담하게 된다.

이와 달리 채무면제 등에 따른 이익의 증여는 증여자 연대납세의무를 면제하지만, '현금 증여'의 경우 연대납세의무를 부담한다.[12]

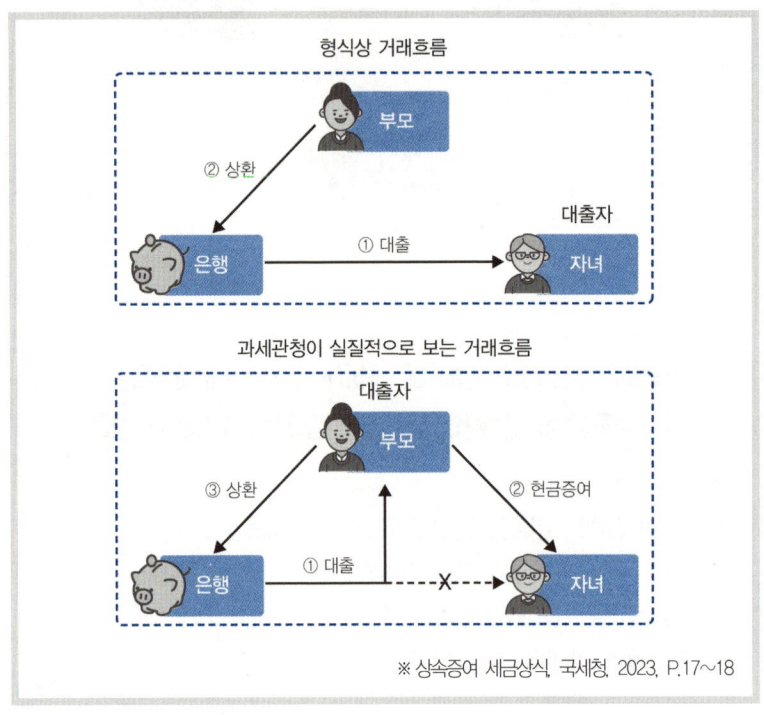

※ 상속증여 세금상식, 국세청, 2023, P.17~18

Q2. 나의 건물을 담보로 은행 대출받고 어머니가 대출금을 상환해 준다면 증여세 과세되나요?

> "제가 보유하는 건물을 담보로 은행 대출을 2억원 받았습니다. 저의 소득으로 대출금을 상환하기 어려워 어머니가 대출

---
12) 본 책의 P.69 집행기준 33-0-2 '증여유형의 적용' 참조

> 금을 대신 갚아주었습니다. 어머니가 갚아준 저의 대출금은 증여세 과세될 수 있나요?"

사례의 경우 '채무면제 등에 따른 증여 규정'에 따라 증여세가 과세된다. 앞의 사례와 다른 점은 채무의 실제 주체가 누구냐는 것이다. 또한 부과된 증여세를 납부하지 못하였을 경우, '채무면제 등에 따른 증여'의 경우 증여자와 수증자는 연대납세의무가 없으므로 수증자인 자녀에게 체납처분 하여도 납부가 불가능할 경우 증여자인 부모의 증여자 연대납세의무가 면제된다.

❸ 증여자가 증여세를 수증자 대신 납부하였을 경우 증여세 폭탄을 맞을 수도 있나요?

부동산을 증여받은 자녀의 당해 증여세를 증여자인 부모가 대신 납부한 경우는 재차 증여에 해당한다. 10억원의 부동산을 미성년자 자녀에게 부모가 증여 후 자녀 본인이 증여세를 납부하면 증여세 234,000,000원[13]이지만 부모가 대신 세금을 납부하게 되면 대신 납부한 세금이 증여재산에 가산되어 증여세 379,084,967원[14]이 된다. 따라서 수증자 대신 납부하였을 경우 1억4천5백만원이 증가되어 증여세 폭탄이 나올 수 있다.[15]

---

13) 10억원−2천만원(증여재산공제)=980,000,000원 × 세율(10~50%, 2024년 기준)
  =234,000,000원
14) 10억원+367,712,418원(증여세대납액)=1,367,712,418원−2천만원(증여재산공제)
  =1,347,712,418원 × 세율(10~50%, 2024년 기준)=379,084,967원

☑ 증여자가 증여세를 납부하였을 경우 증여 여부

❶ 증여자가 연대납세의무자로서 납부하는 증여세액은 수증자에게 증여한 것으로 보지 않는다. ❷ 증여자가 수증자에 대한 증여세 연대납세의무가 없는 상태에서 수증자를 대신하여 납부한 증여세액은 채무면제 등에 따른 이익의 증여에 해당하므로 수증자에게 증여세가 과세된다. ☞ 집행기준 36-0-2

Q4. 양수자의 양수대금 지급의무를 배우자가 인수한 경우에도 증여세가 나온다고요?

☑ 양수자의 양수대금 지급의무를 제3자가 인수한 경우

양수자의 양수대금 지급의무를 제3자(배우자 포함)가 인수하여 부동산 등으로 대물변제한 경우 제3자는 양도소득세 납세의무가 있다. 또한 양수자는 양수대금 변제로 인한 이익 상당액에 대하여 증여세가 과세된다. ☞ 집행기준 36-0-3

---

15) '증여세대납액'을 가산하는 이유
  예시 : [10억원 + '대납증여세액' - 2천만원(증여재산공제)] × 세율(10~50%, 2024년 기준)
  = '대납증여세액'의 방식으로 "대납증여세액"으로 계산된 최종 '증여세대납액'을 재차 증여로 가산함. 예시에서는 이해를 위하여 신고세액공제 등을 고려하지 않는다.
  ○ 서면4팀-731, 2007.2.27.
  【회신】 2. 수증자가 납부해야 할 증여세를 증여자가 대신 납부하는 경우에는 그 대신 납부한 세액에 대하여 상증법 제36조 및 제47조 제2항의 규정에 의하여 합산과세되는 것이며, 이 경우 계속하여 대신 납부하는 경우에는 납부할 때마다 재차증여에 해당하여 합산과세되는 것이다.

7장 · 부동산 무상사용에 따른 증여

부동산을 무상으로 사용하게 되면 증여세 과세되나요?

["시가 15억원의 토지는 아버지 소유입니다. 제가 아버지 토지에 건물을 신축하였으나 아버지에게 토지 사용료를 내지 않았습니다. 증여세가 과세될 수 있나요?"]

사례는 '부동산 무상사용에 따른 증여세'가 과세될 수 있다. 아버지 소유의 토지에 건물을 신축 시 토지 사용료를 내지 않고 무상으로 사용하였으므로 그 무상사용이익이 5년간 1억원 이상일 때에는 무상사용을 개시한 날에 사용자인 사례자에게 증여세가 과세된다.[16)]

부동산 무상사용에 따른 증여이익은 상증법상 5년 단위로 계산하기 때문이며, 증여시기로부터 5년마다 계산하도록 하고 있다. 5년 이내 당해 부동산을 상속하거나 증여하는 경우의 사유발생으로 무상사용하지 않는 경우 증여세를 차감한다. 이 경우에는 그 사유

---

16) 부동산 소유자(예 : 아버지)의 세금 문제
　① 사업용 부동산 무상임대에 대한 부가가치세(예 : 토지임대료, 상가월세 등)
　② 부동산 무상임대에 대한 종합소득세(주택의 경우 함께 거주하는 것은 제외)

가 발생한 날부터 3개월 이내에 경정청구 할 수 있다.

따라서 무상사용에 따른 이익을 계산할 때 증여일부터 5년 단위로 계산하며, 각 연도의 무상사용이익의 합계액이 1억원 이상인 경우에 증여세 납세의무가 있다.[17]

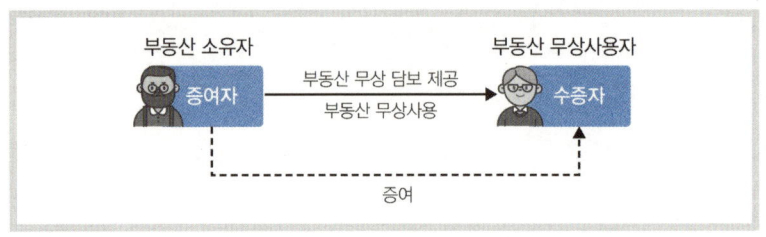

Q1. 아버지의 부동산을 담보로 은행에서 대출받고 내가 대출금을 상환한다면 증여세 과세되나요?

["아버지의 부동산을 담보로 은행에서 대출을 받은 경우에도 증여세 나올 수 있나요?"]

사례는 부동산 담보 이익에 대하여 증여세 과세될 수 있다. 사례자는 본인이 은행의 대출을 받을 경우 대출을 받을 수 있는 한도가

---

17) 부동산 시가가 15억원일 경우 상증법상 무상사용이익은 부동산시가 15억원에 연 2%를 곱한 금액의 5년간 10% 연금의 현가(3.7907867)로 산정한다. 총 5년간 합계 1억1천3백만원이 되어 1억원 이상이 된다. 따라서 증여재산가액 113,723,601원을 토지를 무상사용 개시한 시점에 증여세 과세된다.
(즉, 부동산 무상 사용기간 5년간 연금현가로 계산하면 1,500,000,000원×2%×3.79079 =113,723,601원이며, 증여재산가액은 1차연도는 27,272,727원, 2차연도는 24,793,388원, 3차연도 22,539,444원, 4차연도 20,490,403원 5차연도 18,627,639원이다)

적고, 대출이자율이 높기 때문에 아버지의 부동산을 담보로 은행에서 저율의 이자율을 부담하고 대출을 받은 경우이다. 이 경우에도 아버지의 부동산을 담보로 제공받은 것에 대하여 아버지에게 아무런 비용을 지급하지 않았다면, 증여세 과세 문제가 있을 수 있다.

사례자와 같이 타인의 부동산을 무상으로 담보로 이용하여 이익을 얻는 자는 수증자로 납세의무가 있다. 증여시기는 부동산 담보 이용을 개시한 날이다. 증여재산가액은 차입금에 세법상 적정이자율인 4.6%[18]를 곱하고 실제로 지급하였거나 지급할 이자를 차감하여 이익이 1천만원 이상인 경우에 적용한다. 차입금이 정하여지지 아니한 경우에는 그 차입기간을 1년으로 하고, 차입기간이 1년을 초과하는 경우에는 1년마다 증여이익을 계산한다. ☞ 집행기준 37-0-1

집행기준 37-0-1
부동산 무상사용에 따른 이익의 증여

타인이 소유한 부동산을 무상으로 사용하는 경우로서 그 부동산 무상사용이익이 1억원 이상(무상 담보 사용인 경우 담보제공에 따른 이익은 1천만원 이상)인 때에는 무상사용을 개시한 날(담보 이용을 개시한 날)에 당해 이익에 상당하는 가액을 부동산 무상사용자(부동산을 담보로 이용한 자)에게 증여한 것으로 본다.

구 분	내 용
• 과세요건	타인 소유의 부동산을 무상으로 사용하는 경우 또는 타인의 부동산을 무상으로 담보로 이용하여 금전 등을 차입한 경우

---

18) 상증법상 적정이자율은 현재 4.6%이다.
 동법 시행규칙 제10조의5 【금전 무상대출 등에 따른 이익의 계산 시 적정이자율】에서 기획재정부령이 정하는 이자율을 말한다. 이는, 「법인세법 시행규칙」 제43조 【가중평균차입이자율의 계산방법 등】 제2항에서 규정하고 있으며 "기획재정부령으로 정하는 당좌대출이자율"이란 "연간 1,000분의 46"을 말한다. (2016.3.7. 개정)

구 분	내 용
• 납세의무자	부동산 무상사용자, 부동산 담보 이용자
• 증여시기	사실상 부동산 무상사용을 개시한 날, 부동산 담보이용을 개시한 날
• 증여세 과세가액	① 부동산 무상사용이익이 1억원 이상이어야 함 $\dfrac{\text{부동산}}{\text{무상 사용이익}} = \sum_{n=1}^{5} \dfrac{\text{각 연도의 부동산 무상 사용이익}^*}{(1+10\%)^n}$ n : 평가기준일로부터 경과연수 * 각 연도의 부동산 무상사용이익 : 부동산가액 × 1년간 부동산사용료를 감안한 재정부령이 정하는 율(2%) ② 부동산 담보제공 이익이 1천만원 이상이어야 함 (차입금×적정이자율*) − 실제로 지급하였거나 지급할 이자 * 적정이자율 : 「법인세법」상 당좌대출이자율(4.6%)

❷ 부동산 무상사용 기간을 5년마다 계산하는 이유는 무엇인가요?

세법에서는 타인의 부동산을 무상으로 사용한 경우에는 그 무상사용을 개시한 날을 증여일로 하여 부동산 무상사용 이익이 5년간 1억원 이상인 경우 증여세가 과세된다. 따라서 무상사용하는 첫날 증여일이 되므로, 5년간 이익을 증여일에 판단하기 때문이다. 미리 5년간의 이익을 산정하여 증여세 과세하므로 부동산을 무상으로 사용하지 않게 되는 경우 그 사유가 발생한 날부터 3개월 이내에 이미 납부한 증여세를 경정청구 할 수 있는 것이다.

☑ 부동산 무상사용이익의 계산기간

부동산 무상사용에 따른 이익의 증여시기는 사실상 부동산의 무상사용을 개시한 날로 한다. 상증법에서 무상사용에 대한 이익을 계산하는 방식은 무상사용 개시일 현재 부동산 무상사용기간을 5년으로 가정하여 부동산 무상사용이익을 현재가치로 계산하는 것이다. 따라서 부동산에 대한 무상사용기간이 5년을 초과하는 경우에는 그 무상사용을 개시한 날부터 5년이 되는 날의 다음날에 해당 부동산의 무상사용을 새로이 개시한 것으로 본다. ☞ 집행기준 37-27-1

☑ 경정 등의 청구 특례

부동산 무상사용이익은 무상사용을 개시한 날부터 5년 단위로 과세하나, 5년 이내에 당해 부동산을 상속하거나, 증여하는 경우 등의 사유로 무상사용하지 않는 경우 증여세를 차감한다. 이 경우 그 사유가 발생한 날부터 3개월 이내에 경정청구할 수 있다.[19]

---

19) 본 책의 P.412 '증여세 경정청구 특례' 참조

③ 부동산 무상담보 기간을 1년마다 계산하는 이유는 무엇인가요?

☑ 부동산 무상담보 기간의 계산

부동산 무상담보로 이용하여 금전 등을 차입함에 따른 이익의 증여시기는 그 부동산 담보 이용을 개시한 날로 한다. 차입기간이 정해지지 않은 경우에는 그 차입기간을 1년으로 하고, 차입기간이 1년을 초과하는 경우에는 그 부동산 담보 이용 개시일부터 1년이 되는 날의 다음날에 새로이 부동산 담보 이용을 개시한 것으로 본다. ☞ 집행기준 37-27-1

☑ 경정 등의 청구 특례

타인의 재산을 무상으로 담보로 제공하고 금전 등을 차입하여 증여세를 결정 또는 경정받은 자가 1년 이내에 당해 부동산을 상속하거나, 증여하는 경우 등의 사유로 무상사용하지 않는 경우 증여세를 차감한다. 이 경우 그 사유가 발생한 날부터 3개월 이내에 경정청구할 수 있다.[20]

---

20) 본 책의 P.412 '증여세 경정청구 특례' 참조

④ 수인이 부동산을 무상사용하는 경우의 납세의무자는 누구인가요?

수인이 부동산을 무상사용하는 경우로서 각 부동산 사용자의 실제 사용면적이 분명하지 않은 경우에는 해당 부동산 사용자들이 각각 동일한 면적을 사용한 것으로 본다. 이 경우 부동산 소유자와 친족관계에 있는 부동산 사용자가 2명 이상인 경우 그 부동산 사용자들에 대해서는 근친관계 등을 고려하여 부동산 사용자와 최근친인 사람으로 한다. 최근친인 사람이 2명 이상인 경우에는 그 중 최연장자를 대표 무상사용자로 본다. 친족관계가 없는 경우에는 해당 부동산 사용자들을 각각 무상사용자로 본다. ☞ 집행기준 37-27-2

⑤ 13억원이 넘는 주택을 무상사용하는 경우에도 증여세 고지서가 나온 이유는 무엇인가요?

부동산 무상사용 시 부동산 재산가액의 13억원은 의미있는 금액이다. 정확하게 주택 가액이 1,318,987,429원 이상 해당하여 증여세 고지서가 나온 것이다. 그러나 1,300,000,000원일 경우 증여세 과세 금액에 미달한다. 이유인 즉 부동산 무상사용에 따른 증여재산가액이 1억원 이상일 때 증여세 과세된다. 부동산 시가 13억원의 연 2%의 연금의 현가(5년 연금의 현가, 10%)로 계산하면, 총 5년간 합계 9천8백만원이 되어 1억원 과세기준에 미달하므로 부동

산 무상사용이익에 따른 증여세가 과세되지 않는다.[21]

☑ 주택을 무상사용하는 경우

타인 소유의 당해 주택을 무상으로 사용하는 경우에는 원칙적으로 무상사용이익에 대하여 증여세를 과세한다. 다만, 타인인 주택소유자와 함께 거주하는 경우에는 과세하지 않는다.

☞ 집행기준 37-27-3

6 부동산 무상사용자가 임대사업을 영위하는 경우에도 증여세를 내야 하나요?

부동산 무상사용자(예: 아들)가 타인(예: 아버지)의 토지 위에 건물을 지어서 임대업을 하는 경우 두 가지로 나누어 생각해 볼 수 있다. 첫째는 부동산 무상사용자(예: 아들)가 단독으로 건물에 대한 임대 사업을 하면서 임대업에 대한 소득세를 성실히 납부하더라도 아버지 소유 토지에 대한 부동산 무상사용에 따른 증여세는 부과된다. 그러나 아버지 토지 위에 아버지와 아들이 공동으로 건물을 신축하여 임대업을 운영하는 경우 아들은 아버지의 토지를 무상사용에 따른 증여세는 과세되지 않는다.

---

[21] 부동산 무상 사용기간 5년간 연금현가로 계산하면 주택 시가 1,318,987,429원 × 2% × 3.7907867 = 100,000,000원으로 증여재산가액이 1억원 이상이 된다.
주택 시가 1,300,000,000원인 경우 1,300,000,000원 × 2% × 3.7907867 = 98,560,456원이면 1억원 이하이므로 증여세 과세대상에 해당되지 않는다.

☑ 부동산 무상사용자가 임대사업을 영위하는 경우

❶ 부동산 무상사용자가 특수관계인의 부동산을 이용하여 발생한 소득에 대하여 소득세를 부담하더라도 부동산 무상사용이익에 대한 증여세는 면제되지 않는다.

❷ 토지와 건물의 소유자가 특수관계인인 경우에도 당해 소유자들이 부동산임대업 등의 사업을 공동으로 운영하면서 부동산 무상사용이익에 대하여 증여세를 과세하지 않는다. 즉, 배우자 또는 자녀의 토지 위에 토지의 지분이 없는 남편이 당해 토지 위에 건물을 신축하고 공동사업을 할 경우 부동산 무상사용이익에 대한 증여세는 부과하지 않는다.

☞ 집행기준 37-27-4

8장 • 금전무상대출 등에 따른 이익의 증여

아버지에게 금전을 차입한 경우 증여세 과세되나요?

["아버지에게 주택 취득자금으로 2024. 3. 8. 1억원(무이자)을 빌렸습니다. 그리고 2024. 6. 10. 1억원(무이자), 2024. 7. 10. 1억원(이자율 1%)으로 차용증을 쓴 경우에도 증여세가 과세될 수 있나요?"]

사례에서 아버지로부터 차입한 금액은 각각 1억원이지만 1년간 합계액이 3억원에 해당한다. 아버지로부터 금전을 무이자 또는 적정이자율[22] (4.6%)보다 낮은 이자율(1%)로 빌린 경우 저율 대출금액의 이자가 연 1천만원 이상 차이가 나면 해당 이자금액만큼 증여세가 과세된다.

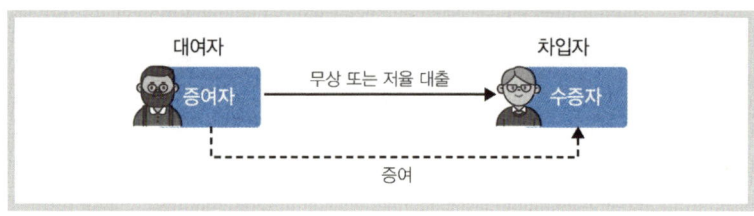

---

22) 상증법상 적정이자율은 현재 4.6%이다. 본 책 P.123 각주 참조

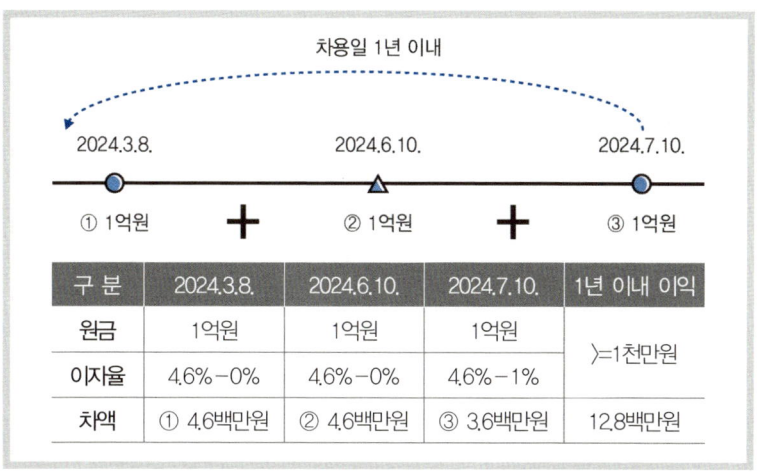

☑ 과세요건

❶ 타인으로부터 1년 이내 증여이익이 1천만원 이상이 되는 금전을 대출받을 것, ❷ 대출조건이 무상 혹은 적정이자율(기획재정부 고시이자율 현재 4.6%이다. 2016.3.20. 이전 8.5%)보다 낮은 이자율일 것

☑ 납세의무자

금전을 대출받은 자가 수증자이다.

☑ 증여시기

금전 대출일이 증여시기이다. 대출기간이 정하지 않은 경우 대출기간을 1년으로 본다. 대출기간이 1년 이상인 경우 1년이 되는 날의 다음날에 새로운 대출로 본다. ☞ 집행기준 41의4-31의4-1

구 분	대출기간
• 대출기간이 정하여 지지 않은 경우	대출기간을 1년으로 본다.
• 대출기간이 1년 이상인 경우	1년이 되는 날의 다음날에 새로운 대출로 본다.

☑ 증여세 과세가액

❶ 무상 금전대출은 대출금액에 적정이자율(4.6%)을 곱하여 증여재산가액을 계산한다.

❷ 적정이자율 미만의 금전대부의 경우 대출금액에서 적정이자율(4.6%)과 저율 이자율의 차이만큼을 차감하여 증여재산가액을 산정한다.

다만, 특수관계가 없는 경우 정당한 사유가 인정되는 때에는 증여세 과세를 제외한다. ☞ 집행기준 41의4-0-1

납세의무자는 금전을 대출받은 자이며, 증여시기는 금전 대출일이다. 대출기간이 1년 이상인 경우에는 1년이 되는 날의 다음 날에 매년 새로 대출받은 것으로 본다.

구 분	내 용
• 증여세 과세가액	1) 무상 금전대출 : 증여재산가액 = 대출금액 × 적정이자율 2) 적정이자율 미만의 금전대부 : 증여재산가액 = 대출금액 × 적정이자율 - 실제 지급한 이자상당액

Q 금전을 차입한 경우 이자를 지급하는 경우에도 증여세 과세되나요?

이자를 지급하더라도 저율로 이자를 지급한다면, 대출금액에서 적정이자율(4.6%)과 저율 이자율의 차이만큼을 차감하여 증여재산가액을 산정한다. 저율 대출금액의 이자가 1천만원 이상 차이가 나면 해당 이자금액만큼 증여세가 과세된다.

금전무상대출 증여이익 계산사례

아들이 아버지로부터 10억원을 2022.5.1.부터 2023.12.31.까지 1.6% 연이자율로 차용한 경우 증여재산가액은 다음과 같다.
- 2022.5.1. 증여재산가액 = 10억원 × (4.6% − 1.6%) = 30,000,000원
- 2023.5.1. 증여재산가액 = 10억원 × (4.6% − 1.6%) × 244 / 365 = 20,054,795원

※ 집행기준 41의4-31의4-3 참조하여 이자율 등 수정함

☑ 금전무상대출 증여이익 계산 시 유의점

증여이익은 대출금액의 대출기간 경과 여부 및 이자발생 여부를 확인하여 계산하는 것이 아니라 대출받은 날을 기준으로 계산하므로 대출시점에 즉시 금전대출에 따른 이익을 계산한다. 그리고 금전을 수차례로 나누어 대출받은 경우 증여이익은 각 금액을 받은 날을 기준으로 계산한다. ☞ 집행기준 41의4-31의4-2

☑ 경정 등의 청구 특례

금전무상대출 등에 따른 이익의 증여규정에 따라 증여세를 결정 또는 경정받은 자가 대출기간 중에 금전 대출자의 사망 등으로 무

상대출 등이 종료된 경우에는 그 사유가 발생한 날부터 3개월 이내에 경정청구할 수 있다.[23]

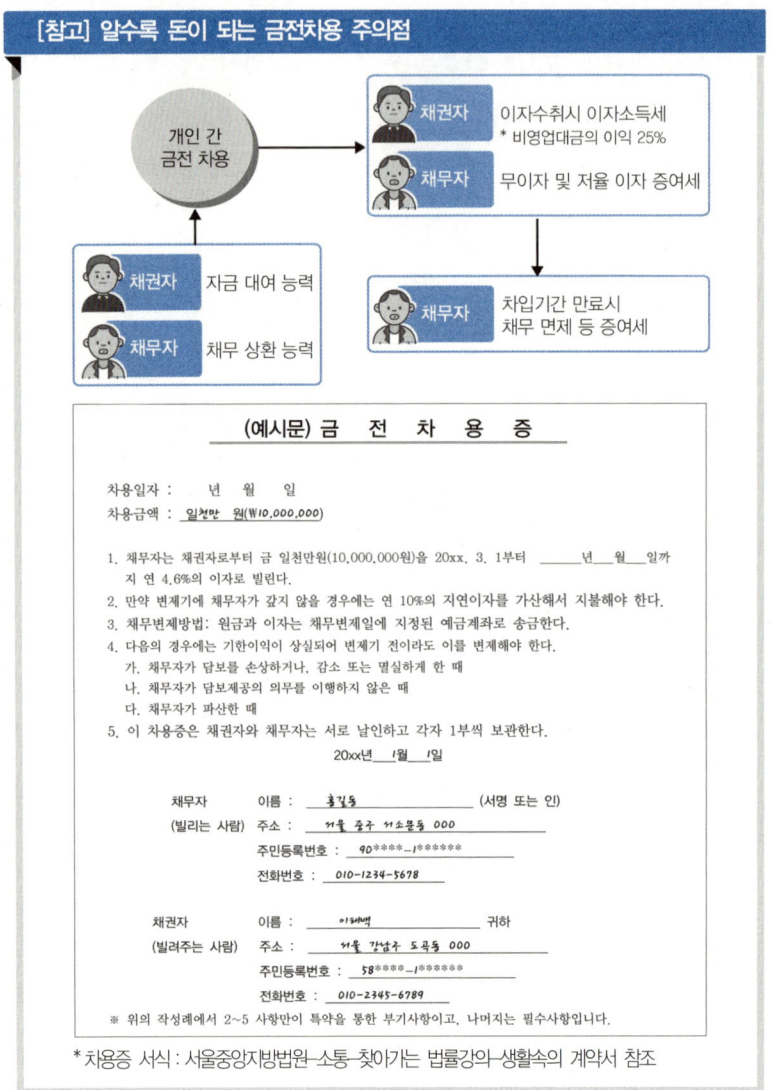

---

23) 본 책의 P.413 집행기준 79-81-1 '2) 금전무상대출이익에 대한 증여' 참조

9장 • 재산사용 및 용역제공 등에 따른 이익의 증여

아버지의 주식을 담보로 제공하고 금전을 차입한 경우 증여세 과세되나요?

["은행에 아버지의 시가 3억원의 주식을 담보로 제공하고 제가 차입한 경우에도 증여세가 과세될 수 있나요?"]

사례에서 아버지 소유의 유가증권을 무상으로 담보 제공하고 금전을 차입한 경우 증여세 과세될 수 있다.

'재산사용 또는 용역제공 등에 따른 이익의 증여'(상증법 제42조) 규정에서는 부동산과 금전을 제외하고 있다. 즉, 부동산과 금전은 별도로 '부동산 무상사용에 따른 이익의 증여'(상증법 제37조)와 '금전 무상대출 등에 따른 이익의 증여'(상증법 제41조의4) 규정에서 과세하고 있다. 따라서 '재산사용 또는 용역제공 등에 따른 이익의 증여'는 재화와 용역에서 저가, 고가, 무상에 해당하는 다음의 경우에 해당한다.

❶ 저가 또는 무상으로 재화를 제공받는 경우이다.
❷ 고가로 재화를 제공하는 경우이다.

❸ 저가 또는 무상으로 용역을 공급받는 경우이다.

❹ 고가로 용역을 제공하는 경우이다.

즉, 재산의 사용 또는 용역의 제공에 따라 일정 이익을 얻은 경우 그 이익에 상당하는 금액을 그 이익을 얻은 자의 증여재산가액으로 한다. ☞ 집행기준 42-0-1

Q 재산의 사용기간 또는 용역의 제공기간은 어떻게 되나요?

재산의 사용기간 또는 용역의 제공기간이 정해지지 아니한 경우에는 그 기간을 1년으로 하고, 그 기간이 1년 이상인 경우에는 1년이 되는 날의 다음날에 매년 새로 재산을 사용 (또는 사용하게) 하거나, 용역을 제공한 (또는 제공받은) 것으로 본다. 특수관계인이 아닌 자 간의 거래로서 거래의 관행상 정당한 사유가 있는 경우 과세가 제외된다. ☞ 집행기준 42-0-2

☑ 증여이익 계산 방법

증여재산가액이 기준금액 미만의 경우는 적용하지 않는다. 기준금액은 무상일 경우 1천만원 미만의 이익은 과세하지 않는다. 유상일 경우 시가의 30% 미만에 해당하는 이익은 과세하지 않는다.

따라서 과세 대상인 증여이익의 계산은 ❶ 타인의 재산을 무상으로 담보로 제공하고 금전 등을 차입한 경우 적정이자율인 세법상 4.6%

와 이자 지급액의 차이가 1천만원 이상인 경우 증여세 과세된다.

❷ 무상으로 타인의 재산을 사용하거나 용역을 제공받아 얻은 이익은 지급할 시가 상당액이 1천만원 이상인 경우 증여세 과세된다.

❸ 저가로 타인의 재산을 사용하거나 용역을 제공받아 얻은 이익은 시가와 대가의 차이가 시가의 30% 이상 차이가 발생하는 경우 증여세 과세한다.

❹ 고가로 타인으로부터 재산을 사용하게 하거나, 용역을 제공하고 얻은 이익의 경우 대가와 시가의 차이가 시가의 30% 이상 발생하는 경우 증여세 과세한다.

☞ 집행기준 42-32-1

집행기준 42-32-1
재산사용 및 용역제공 등에 따른 이익의 증여 유형 및 증여이익

증여 유형	증여이익
무상으로 타인의 재산을 사용하거나 용역을 제공받아 얻은 이익	무상담보제공 금전 차입 : (차입금 × 적정이자율) − 지급하였거나 지급할 이자 ≥ 1천만원
	그 외 : 지급할 시가 상당액 ≥ 1천만원
저가로 타인의 재산을 사용하거나 용역을 제공받아 얻은 이익	시가−대가 ≥ 시가 × 30%
고가로 타인으로부터 재산을 사용하게 하거나 용역을 제공하고 얻은 이익	대가−시가 ≥ 시가 × 30%

* 재산에는 금전과 부동산은 제외한다.

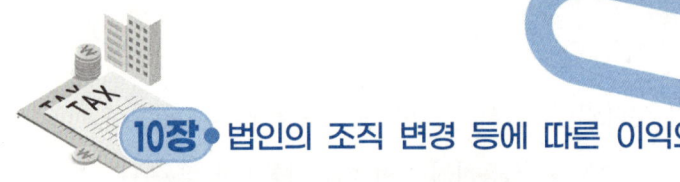

10장 • 법인의 조직 변경 등에 따른 이익의 증여

주식의 포괄적 교환에도 증여세 과세되나요?

주식의 포괄적 교환[24]에 의하여 변동 전 주식지분비율이 변동되거나, 평가액이 변동되어 이익을 얻은 경우에 증여세 과세될 수 있다.

주식교환에 의하여 완전모회사가 되는 회사에 기존주식을 이전하고, 그 완전자회사가 되는 회사의 주주는 그 완전모회사가 되는 회사가 주식교환을 위하여 발행하는 신주의 배정을 받거나 그 회사 자기주식의 이전을 받음으로써 그 회사의 주주가 된다. 이 경우 소유지분이나 그 가액의 변동 전과 후의 재산의 평가차액을 증여재산가액으로 한다. 다만, 특수관계인이 아닌 자 간의 거래인 경우에는

---

24) 주식의 포괄적 이전과 교환의 차이점은 포괄적 교환은 기존 법인의 주식을 교환하는 반면, 포괄적 이전은 법인을 설립하는 것이다.

- 「상법」 제360조의2 【주식의 포괄적 교환에 의한 완전모회사의 설립】
  ① 회사는 이 관의 규정에 의한 주식의 포괄적 교환에 의하여 다른 회사의 발행주식의 총수를 소유하는 회사(이하 "완전모회사"라 한다)가 될 수 있다. 이 경우 그 다른 회사를 "완전자회사"라 한다. (2001.7.24. 신설)
  ② 주식의 포괄적 교환(이하 이 관에서 "주식교환"이라 한다)에 의하여 완전자회사가 되는 회사의 주주가 가지는 그 회사의 주식은 주식을 교환하는 날에 주식교환에 의하여 완전모회사가 되는 회사에 이전하고, 그 완전자회사가 되는 회사의 주주는 그 완전모회사가 되는 회사가 주식교환을 위하여 발행하는 신주의 배정을 받거나 그 회사 자기주식의 이전을 받음으로써 그 회사의 주주가 된다.

거래의 관행상 정당한 사유가 없는 경우에 한정하여 적용한다.

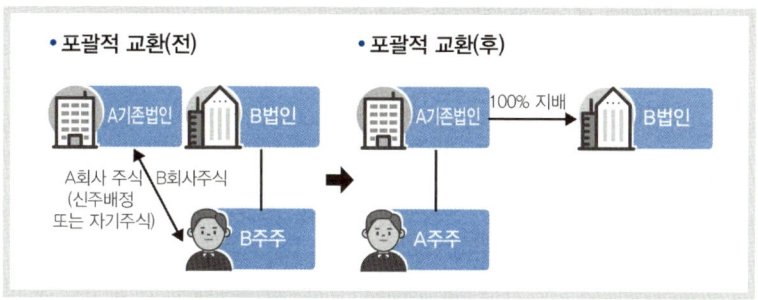

포괄적 이전[25]의 경우에는 주식이전에 의하여 완전자회사가 되는 회사의 주주가 소유하는 그 회사의 주식은 주식이전에 의하여 설립하는 완전모회사에 이전하고, 그 완전자회사가 되는 회사의 주주는 그 완전모회사가 주식이전을 위하여 발행하는 주식의 배정을 받음으로써 그 완전모회사의 주주가 된다. 완전모회사가 되는 회사는 신설법인이므로 자기주식을 이전받을 수는 없다.

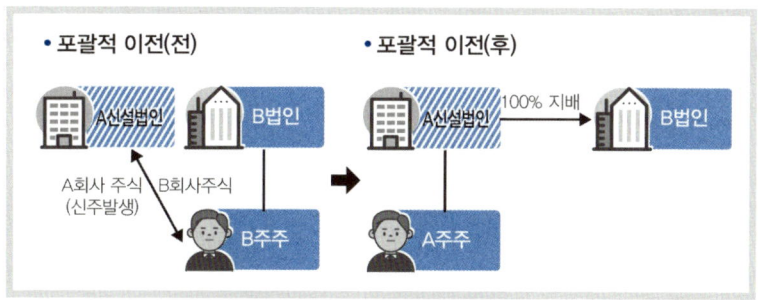

---

25) 「상법」 제360조의15 【주식의 포괄적 이전에 의한 완전모회사의 설립】
　① 회사는 이 관의 규정에 의한 주식의 포괄적 이전(이하 이 관에서 "주식이전"이라 한다)에 의하여 완전모회사를 설립하고 완전자회사가 될 수 있다. (2001.7.24. 신설)
　② 주식이전에 의하여 완전자회사가 되는 회사의 주주가 소유하는 그 회사의 주식은 주식이전에 의하여 설립하는 완전모회사에 이전하고, 그 완전자회사가 되는 회사의 주주는 그 완전모회사가 주식이전을 위하여 발행하는 주식의 배정을 받음으로써 그 완전모회사의 주주가 된다.

① 주식회사에서 유한회사로 조직을 변경할 때도 증여세가 과세될 수 있나요?

["아버지와 어머니, 그리고 제가 주주로 있는 주식회사에서 유한회사로 조직을 변경함에 따라 소유지분 또는 그 가액이 변동되어도 증여세 과세되나요?"]

사례에서 소유지분이나 그 가액의 변동 전·후 재산의 평가차액에 따라 증여세 과세될 수 있다. 이 경우 조직변경으로 내국법인이 주식회사에서 유한회사로 조직을 변경함에 따라 소유지분 또는 그 가액이 변동됨으로써 이익을 얻은 경우에도 증여세 과세될 수 있다.[26]

즉, 주식의 포괄적 교환 및 이전, 사업의 양수·양도, 사업교환 및 법인의 조직변경 등에 의하여 소유지분이나 그 가액이 변동됨에 따라 이익을 얻은 경우 그 이익에 상당하는 금액을 그 이익을 얻은 자의 증여재산가액으로 한다. 그 이익에 상당하는 금액이란 소유지분이나 그 가액의 변동 전·후 재산의 평가차액을 말한다.

☞ 집행기준 42의2-0-1

---

26) 서면인터넷방문상담4팀-1778, 2007.5.30.

② 법인의 조직 변경 등에 따른 이익의 증여이익 계산 방법은 무엇인가요?

☑ 법인의 조직 변경 등에 따른 이익의 증여

증여재산가액은 ❶ 소유지분이 변동된 경우 변동 후 지분에서 변동 전 지분의 차이에 지분변동 후 1주당 가액에 해당하는 금액이 증여이익이다. ❷ 평가액이 변동된 경우 변동 후 가액에서 변동 전 가액을 차감한 금액이 증여이익이다. 해당 증여이익이 변동 전 해당 재산가액의 30%에 상당하는 가액과, 3억원 중 적은 금액 이상인 경우 증여세 과세 대상이 된다.

집행기준 42의2-32의2-1
법인의 조직 변경 등에 따른 이익의 증여이익 계산

증여 유형	증여이익
소유지분 변동	(변동후 지분 – 변동전 지분) × 지분변동 후 1주당 가액
평가액 변동	변동후 가액 – 변동전 가액

* 증여이익은 ≥ Min(변동전 해당재산가액 × 30%, 3억원)이어야 함

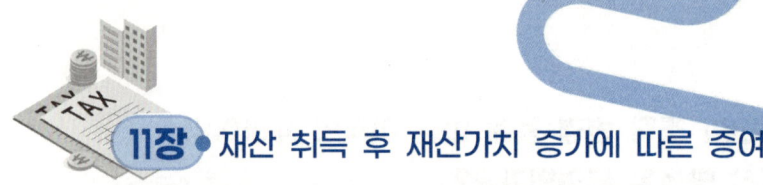

11장 • 재산 취득 후 재산가치 증가에 따른 증여

자녀에게 부동산을 증여 후 농지를 대지로 변경하는 경우 증여세 과세되나요?

☑ 재산의 취득 후 재산가치 증가에 따른 이익의 증여

자녀가 토지를 형질변경하여 가치를 상승시킬 능력이 없다고 인정된다면 증여세 과세될 수 있다. 재산가치 증가이익의 납세의무자는 특수관계인 등의 기여에 의한 재산가치 증가이익을 얻은 자로서 그 직업·연령·소득·재산상태로 보아 자신의 계산으로 해당 행위를 할 수 없다고 인정되는 자이다. ☞ 집행기준 42의3-32의3-1

> "시가 1억원의 농지 1천평을 20세 자녀에게 증여하고 그 증여일로부터 3년이 되는 해에 대지로 형질 변경하여 토지가액이 30억원으로 상승하였습니다. 증여세가 과세될 수 있나요?"

사례에서 아버지 소유의 농지를 자녀에게 증여 후 대지로 형질 변경하여 토지가액이 상승하였으므로 가치상승분에 대하여 증여세가 과세될 수 있다. 농지로 토지를 자녀에게 증여 시 시가 1억원이었다. 증여 당시 증여세를 납부하였으며, 대지로 형질 변경 후 토지 값이 30배 상승하였으므로 증가한 ❶ 시가 30억원에서 ❷ 당초 증여가액 1억원을 차감한 29억원 중 ❸ 3년간 평균지가 상승률 10% 즉, 1천만원(1억원×10%)을 차감하고 ❹ 형질변경에 소요된 비용 9천만원을 제외하며 증여재산가액 28억원(❶ 30억원 - ❷ 1억원 - ❸ 1천만원 - ❹ 9천만원)에 대한 증여세를 납부해야 한다.

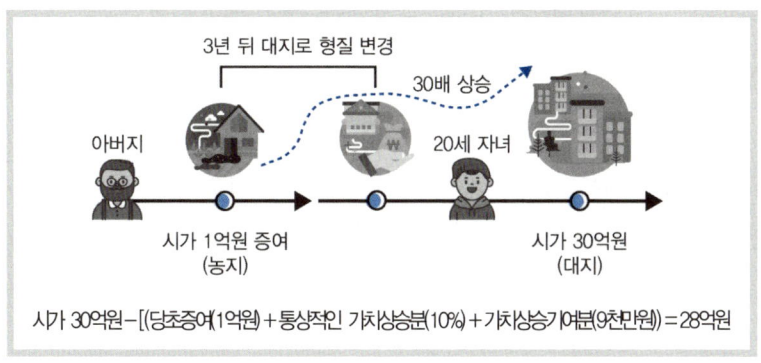

Q 재산을 취득한 후 5년 이내에 값이 오르면 증여세 과세될 수 있나요?

연소자 등 자력이 없는 자가 가족 등에 의해 재산을 취득한 후 재산 가치가 5년 이내에 상승하면 증여세가 과세될 수 있다.

☑ 과세요건

자력으로 해당 행위를 할 수 없다고 인정되는 자가 타인의 증여, 특수관계인의 담보 등으로 ❶ 재산을 취득한 후 5년 이내에 개발사업의 시행, 형질변경 등 재산가치 증가사유가 발생하여야 한다. 다만, 거짓 그 밖의 부정한 방법으로 상속세나 증여세를 감소시킨 것으로 인정되는 경우에는 5년의 기간은 제한하지 않고, 특수관계인이 아닌 자로부터 증여받는 등의 경우에도 적용한다.

❷ 특수관계인으로부터 재산을 증여받는 등 특정한 사유에 의해 재산을 취득하여야 한다. ❸ 재산가치 증가사유 발생일 현재 재산가치상승금액이 일정기준 이상이어야 한다. 이로 인하여 재산가치가 증가하여 이익을 얻은 경우 이익을 얻은 자에게 증여세를 과세한다. ☞ 집행기준 42의3-32의3-2

☑ 재산가치 증가이익의 납세의무자

재산가치 증가이익의 납세의무자는 직업·연령·소득 및 재산상태로 보아 자력으로 해당 행위를 할 수 없다고 인정되는 자이다.
☞ 집행기준 42의3-32의3-3

☑ 재산가치증가이익의 재산취득 사유

❶ 특수관계인으로부터 재산을 증여받은 경우이다. ❷ 특수관계인으로부터 기업의 경영 등에 관하여 공표되지 아니한 내부정보를 제공받아 그 정보와 관련된 재산을 유상으로 취득하는 경우이다.

❸ 특수관계인으로부터 증여받거나 차입한 자금 또는 특수관계인의 재산을 담보로 차입한 자금으로 재산을 취득한 경우이다.[27]

다만, 거짓이나 그 밖의 부정한 방법으로 상속세나 증여세를 감소시킨 것으로 인정되는 경우에는 특수관계 아닌 자와의 증여에 대하여도 적용한다. ☞ 집행기준 42의3-32의3-4

☑ 재산가치의 증가사유

❶ 개발사업의 시행, ❷ 형질변경, ❸ 공유물의 분할, ❹ 지하수 개발·이용권 등의 허가·인가 및 그 밖의 사업의 인가·허가, ❺ 비상장주식인 경우에는 한국금융투자협회에의 등록, ❻ 위와 유사한 것으로서 재산가치를 증가시키는 사유이다. 취득한 재산이 주식 또는 출자지분인 경우에도 재산가치 증가사유는 ❶~❻의 어느 하나에 해당하는 사유를 말한다. ☞ 집행기준 42의3-32의3-5

☑ 증여재산가액 계산

재산가치 증가 사유에 의하여 사유발생일 현재 재산가액에서 취득재산의 가치가 일정기준 이상 상승할 경우 증여세를 과세한다. 기준금액 미만의 경우는 증여세 과세를 적용하지 않으며, 기준금액은 '해당 재산의 취득가액에서 통상적인 가치상승분과 가치상승기여분을 가산한 가액'의 30%와, 3억원 중 적은 금액을 말한다.

---

[27] 이 법은 2024.1.1.부터 시행한다.
이전에는 '특수관계인으로부터 차입한 자금 또는 특수관계인의 재산을 담보로 차입한 자금으로 재산을 취득한 경우이다.'

❶ 사유발생일 현재 재산가액은 재산가치증가사유일 현재 시가 혹은 보충적 평가액에 해당한다. ❷ 재산취득가액은 실제 취득가액이나 증여받은 경우 증여세 과세가액이 된다. ❸ 통상적가치상승분은 기업가치 실질적 증가로 인한 이익·연평균지가상승률·연평균주택가격상승률·전국소비자 물가상승률을 감안한 재산의 보유기간 중 정상적인 가치상승분에 상당하다고 인정되는 금액이다. ❹ 가치상승기여분은 개발사업의 시행, 형질변경, 사업의 인·허가 등에 따른 자본적 지출액이다. 재산가치 증가사유의 발생일 전 당해 재산을 양도하는 경우에는 그 양도한 날을 재산가치 증가사유의 발생일로 본다. ☞ 집행기준 42의3-32의3-6

집행기준 42의3-32의3-6
일정기준 이상의 재산가치 증가금액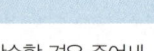

재산가치 증가 사유에 의하여 취득재산의 가치가 일정기준 이상 상승할 경우 증여세를 과세한다.

구 분	내 용
재산가치상승금액	=①사유발생일 현재 재산가액 - (②재산취득가액 + ③통상적 가치상승분 + ④가치 상승기여분) ① : 재산가치증가사유일 현재 시가 혹은 보충적 평가액 ② : 실제 취득가액 혹은 증여세 과세가액 ③ : 기업가치 실질적 증가로 인한 이익·연평균지가상승률·연평균주택가격상승율·전국소비자 물가 상승률을 감안한 재산의 보유기간 중 정상적인 가치상승분에 상당하다고 인정되는 금액 ④ : 개발사업의 시행, 형질변경, 사업의 인·허가 등에 따른 자본적지출액 등
이익요건	재산가치상승금액 ≥ 3억원 또는 재산가치상승금액/(②+③+④) ≥ 30%
증여재산가액	재산가치상승금액

12장 · 양도재산의 증여 추정

양도한 경우에도 증여세 과세되나요?

> "저희 아버지가 2022. 1. 20. 소유하는 건물을 30억원에 제가 취득하고 아버지는 양도소득세 3억원을 납부하였습니다. 그러나 2023. 1. 20. 제가 취득 1년 만에 어머니에게 30억원에 다시 양도하였습니다. 양도시기에 저에게 세금 문제가 없는 것이 맞나요?"

사례자는 양도가액과 취득가액이 동일하므로 양도소득세(양도가액 30억원 - 취득가액 30억원 = 0원)는 없는 것이 맞다. 그러나 거래에서 찜찜한 기분이 들었기 때문에 상담을 요청한 것이다. 사례자의 걱정에는 그럴만한 이유가 있다. 왜냐하면 실질은 아버지가 어머니에게 바로 증여하면 증여세가 많이 나오니 자녀인 사례자를 중간에 끼워 넣고 후에 어머니에게 양도하는 형식으로 증여한 것이기 때문이다. 다행히 자녀인 사례자의 2023. 1. 20. 양도 당시에 세금은 나오지 않는다. 하지만, 어머니에게는 증여세가 과세될 수 있다. 즉, 당초 2022. 1. 20. 아버지가 납부한 양도소득세 3억원과 사례자가 어머니에게 양도했을 당시 부담한 세금(0원)을 합한 금액은 3억원이 된다. 아버지가 어머니에게 직접 증여했을 때의 증여세 8억원[28]을 비교했을 때, 증여세가 더 크기 때문에 증여세 8억원이 어머니(수증자)에게 과세된다. 그리고 아버지가 당초 양도소득세 납부한 3억원은 양도세 환급된다. 이는 세법상 배우자 등에게 우회양도한 재산의 증여추정에 해당한다. 다만, 사례의 경우 배우자 등에게 대가를 받고 양도한 사실이 명백히 인정되는 경우 또는 ❶ 당초 양도자의 양도소득세와 ❷ 사례자의 양도소득세가 ❸ 증여세보다 큰 경우에는 증여로 추정되지 않는다(❶ + ❷ > ❸).

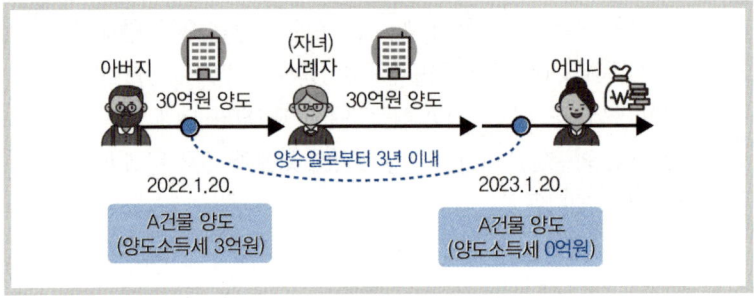

☑ 양도재산의 증여추정(간접양도)

사례의 경우와 같이 양도자(예: 아버지)는 특수관계에 있는 자(예: 자녀 사례자)에게 양도한 재산을 그 특수관계에 있는 자인 양수자가 양수일로부터 3년 이내에 당초 양도자의 배우자(예: 어머니) 등에게 다시 양도한 경우에는 배우자 등에게 양도한 당시의 재산가액

---

28) 30억원 - 배우자공제 6억원 = 24억원 × 증여세율(10~50%, 2024년 기준) = 8억원

(예 : 30억원)을 그 배우자 등이 증여받은 것으로 추정하여 이를 배우자 등의 증여재산가액으로 한다.

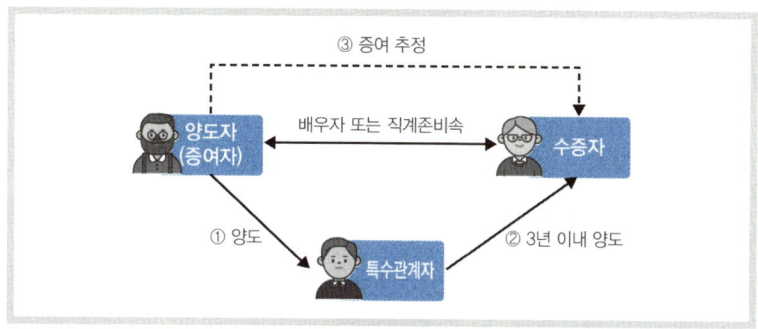

사례의 경우는 특수관계인인 자녀를 중간에 끼워 넣어 양도하는 형식을 취했다. 그러나 양도 형식을 갖추었으나 실질적으로 양도자(예 : 아버지)가 수증자(예 : 어머니)에게 증여한 것과 동일하다.

☑ 양도재산의 증여추정(직접양도)

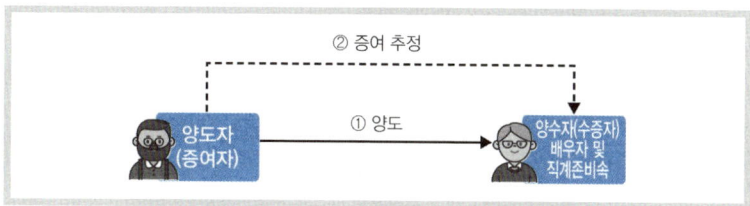

양도자가 수증자에게 직접 양도하는 형식을 취하는 경우도 있다. 즉, 양도자가 배우자 또는 직계존비속에게 직접 양도한 재산은 양도자가 그 재산을 양도한 때에 그 재산의 가액을 배우자 등에게 증여하는 것으로 추정하여 이를 배우자 등의 증여재산가액으로 한다.

다만, 이는 상기 규정들이 세법상 '추정'이라는 것을 잊으면 안 된다. 세법은 거래의 실질에 따라 경제적 이익에 과세하는 합리성이 있다. 따라서 직접 양도한 사실이 명백할 때는 당연히 해당 증여 추정 규정이 적용되지 않는다. 또한, 당초 양도자 및 양수자가 부담한「소득세법」에 따른 결정세액을 합친 금액이 양수자가 그 재산을 양도한 당시의 재산가액을 당초 그 배우자등이 증여받은 것으로 추정할 경우의 증여세액보다 큰 경우에도 동일하게 증여 추정 규정을 적용하지 않는다.

① 사실혼 배우자는 왜 배우자공제가 안 될까요?

상증법에서는 배우자의 정의는「민법」상 혼인관계에 있는 배우자를 말한다. 따라서 사실혼 배우자는 배우자의 범위에 포함되지 않는다. 실제로 결혼식도 올리고 청첩장을 제시하면서 혼인한 배우자임을 주장하는 경우도 있었으나 '혼인관계증명서'상 혼인신고일자부터 배우자에 해당한다.

☑ 상증법에서 배우자와 직계존비속의 범위

특수관계인 간의 거래에서 특수관계인은 본인과 친족관계, 경제적 연관관계 또는 경영지배관계 등 상증법상의 열거된 관계를 말한다.[29]

---

29) 본 책의 P.448 [부록 ❸] 상증법상 특수관계인

❶ 배우자는 「민법」상 혼인관계에 있는 배우자를 말한다. 따라서 사실혼에 의한 배우자는 포함이 안 된다. 실제로 같이 거주하며, 법적으로 혼인 신고를 하지 않는 부부가 있다. 하지만 사실혼에 의한 배우자는 상증법상 특수관계인의 요건에 해당하지 않는다.

❷ 직계비속의 경우에는 법정 혈족인 양자도 포함한다. 즉, 친양자와 출양자(남의 집에 보낸 양자)도 포함된다.

❸ 새어머니와 자녀 사이인 계모자 관계는 혈족이 아니므로 인척에 해당되며, 특수관계인에 해당되지 않는다. 혼인 외의 출생한 자와 부(父)의 배우자 관계인 적모서자는 직계존비속 관계에 해당하지 않는다.[30]

❹ 며느리와 시아버지·시어머니 관계 그리고 사위와 장인·장모의 관계는 특수관계인에는 포함되지만, 직계존비속 관계가 아니라 친족관계에 해당한다.

☞ 집행기준 44-0-2

---

[30] 계모자 관계는 「민법」상 직계존비속관계에 해당하지 않아서, 직계비속 증여재산 공제 적용이 되지 않았으나, 사회적으로 재혼가정이 증가되므로 2010.1.1. 이후부터 계모·계부의 경우에도 직계비속(수증자와 혼인 중인 배우자의 직계비속을 포함) 5천만원 증여재산공제를 적용하는 것으로 세법이 개정되었다. 본 책 집행기준 53-0-3 P.185 참조

② 양도한 사실이 명백하다고 보는 특별한 경우는 무엇일까요?

☑ 증여추정을 배제하는 경우

양도한 사실이 명백한 경우 증여추정에 해당하지 않으며, 증여세 과세하지 않는 것은 자명하다. 상증법에서 증여추정을 배제하는 경우를 예시적으로 열거하였다.

❶ 법원의 결정으로 경매절차에 따라 처분한 경우
❷ 파산선고에 의하여 처분된 경우
❸ 「국세징수법」에 따라 공매된 경우
❹ 「자본시장과 금융투자업에 관한 법률」에 따른 증권시장을 통하여 유가증권이 처분된 경우이다. 다만, 시간외매매시장에서 당일 종가 이외의 가격으로 대량매매가 이루어진 경우에는 증여추정에 해당할 수 있다.
❺ 배우자 등에게 대가를 받고 양도한 사실이 명백히 인정되는 경우이다. 다만, 대가를 지급하지 않고 약정만 한 경우에는 증여추정 될 수 있다. 즉, 양도일 현재 대가를 추후 지급하기로 약정한 경우에는 명백히 양도한 것으로 보지 않는다.
❻ 특수관계인을 통한 간접양도에 따른 증여추정의 경우 「소득세법」에 따라 당초 양도자 및 양수자가 부담한 결정세액의 합계액이 그 배우자 등이 증여받은 것으로 추정할 경우의 증여세액보다 크다면 증여추정을 배제한다.

☞ 집행기준 44-33-1

③ 배우자에게 양도한 사실이 명백하다고 보는 특별한 경우는 무엇일까요?

☑ 배우자에게 증여추정이 배제되는 경우

배우자 등에게 양도한 사실이 명백한 경우는 증여로 보지 않는다. 열거된 예시의 경우는 다음과 같다.

❶ 권리의 이전이나 행사에 등기 또는 등록을 요하는 재산을 서로 교환한 경우
❷ 이미 과세 또는 비과세, 감면되었거나 신고한 소득금액 또는 상속 및 수증재산의 가액으로 그 대가를 지급한 사실이 인정되는 경우
❸ 소유재산 처분금액으로 그 대가를 지급한 사실이 입증되는 경우
❹ 배우자 등의 채무 부담사실이 명백하고, 동 채무로 대가를 지급한 경우

☞ 집행기준 44-33-2

☑ 정상적인 상거래와 증여추정의 관계

정상적인 상거래에 따라 배우자에게 판매하는 상품에 대하여「소득세법」에 따라 소득세가 부과되는 때에는 당해 상품을 배우자 등에게 증여한 것으로 추정하지 않는다. ☞ 집행기준 44-33-3

13장 ● 재산취득자금 등의 증여 추정

자금출처조사에서 선정되지 않을 금액 기준이 있나요?

> "저는 42세 중소기업의 과장입니다. 제가 2억원의 주택을 취득하는 경우 부동산 취득 자금에 대한 세무서 조사를 안 받는 금액에 해당될까요?"

사례자는 40세 이상으로 취득 주택이 3억원에 미달하고, 재산취득일(또는 채무상환일) 전 10년 이내에 주택과 기타재산의 취득가액 및 채무상환금액이 총 4억원에 미달하는 경우 증여추정 대상에 해당하지 않으므로 자금출처조사에서도 선정되지 않을 수 있다. 그러나 재산취득의 자금출처는 증여재산 취득시기별로 그에 상응되는 자금원천을 확인하여 증여세 과세여부를 판단한다. 주의할 점은 기준금액에 관계없이 취득가액 또는 채무상환금액이 타인으로부터 증여받은 사실이 확인될 경우에는 증여세 과세대상이 된다는 점이다.

☑ 재산취득자금 · 채무상환자금 증여추정

직업, 연령, 소득 및 재산 상태 등으로 볼 때 재산을 자력으로 취득하였다고 인정하기 어려운 경우에는 그 재산을 취득한 때에 그 재산의 취득자금 중 입증하지 못한 금액을 그 재산의 취득받은 자가 증여받은 것으로 추정한다. 이를 그 재산취득자의 증여재산가액으로 한다. 이와 마찬가지로 채무의 경우에도 적용된다. 즉, 채무를 자력으로 상환하였다고 보기 어려운 경우에는 채무 상환자금을 입증하지 못하면 채무 상환자가 증여받은 것으로 추정하여 채무 상환자의 증여재산가액으로 한다. ☞ 집행기준 45-0-1

☑ 재산취득자금 등의 증여추정규정 적용방법

재산취득자금 등의 증여추정규정은 재산 취득 또는 채무 상환이 있을 때마다 그 해당 여부를 판단한다. 재산취득자금 등의 증여추정 배제규정은 10년간 재산취득 누적금액 또는 상환누적금액으로 적용한다. ☞ 집행기준 45-0-2

☑ 재산취득자금의 범위

재산을 취득하기 위하여 실제로 소요된 총 취득자금을 말하는 것으로 취득세 등 취득부수비용을 포함한다. 재산 취득 당시 증빙 불비로 취득자금을 확인할 수 없는 경우에는 취득 당시 시가 또는 보충적 평가액을 취득자금으로 한다. ☞ 집행기준 45-0-3

☑ 재산취득자금 등의 자금출처 입증방법

❶ 신고하였거나 과세 및 비과세 또는 감면을 포함된 소득금액, ❷ 신고하였거나 과세된 상속 또는 수증재산의 가액, ❸ 재산을 처분한 대가로 받은 금전이나 부채를 부담하고 받은 금전으로 당해 재산의 취득 또는 당해 채무의 상환에 직접 사용한 금액이다.

☞ 집행기준 45-0-4

Q❶ 재산취득자금 등의 자금출처 입증금액의 범위는 어디까지인가요?

어떤 사람이 재산을 취득하였거나 부채를 상환하였을 때, 그 사람의 직업, 나이, 신고된 소득, 재산 등으로 보아 스스로 재산을 취득하거나 부채를 상환하였다고 보기 어려운 경우 자금 출처를 제시하지 못하면 이를 증여받은 것으로 보아 증여세 과세된다. 따라서 해명자료 입증금액의 범위를 알고 최대한 증빙을 구비하여, 대비하여야 한다.

구 분	자금출처로 인정	증빙자료
근로소득	총급여 - 원천징수세액	원천징수영수증
원천징수소득 (이자·배당·기타소득 포함)	총지급액 - 원천징수세액	원천징수영수증
사업소득	소득금액 - 소득세상당액	소득세신고서 사본

구 분	자금출처로 인정	증빙자료
차입금	차입금액	부채증명서
임대보증금	보증금 또는 전세금	임대차계약서 사본
보유재산 처분액	처분가액 – 양도소득세 등	매매계약서 사본
현금·예금 수증	증여재산가액	통장사본

☑ 재산취득자금 등의 자금출처 입증금액의 범위

❶ 본인 소유 재산의 처분사실이 증빙에 의하여 확인되는 경우 그 처분금액에서 양도소득세 등 공과금 상당액을 차감한 금액
❷ 신고하였거나 과세된 소득금액에서 당해 소득에 대한 소득세 등 공과금 상당액을 차감한 금액
❸ 농지경작소득
❹ 재산취득일 이전에 차용한 부채로서 입증된 금액
❺ 재산취득일 이전에 자기 재산의 대여로서 받은 전세금 및 보증금이다.

☞ 집행기준 45-0-5

☑ 소유재산 처분금액이 불분명한 경우

본인 소유재산의 처분사실이 증빙에 의하여 확인되지 않는 경우, 소유재산 처분금액이 불분명한 경우 시가 또는 보충적 평가액을 처분금액으로 보아 취득재산의 자금출처 입증금액으로 한다.

☞ 집행기준 45-0-6

❷ 명의상 채무자와 사실상 채무자가 다른 경우 자금출처의 인정은 어떻게 되나요?

명의상 채무자와 사실상 채무자가 다른 경우에도 사실상 채무자임을 입증하는 경우 자금 출처로 인정된다.

☑ 명의상 채무자와 사실상 채무자가 다른 경우

금융기관으로부터 타인 명의로 대출받았거나 그 대출금에 대한 이자지급, 원금상환 및 담보제공 등의 사실상의 채무자가 그 재산 취득자임이 확인되는 경우에는 당해 대출금은 재산취득(채무를 상환한 것)자금의 출처로 인정된다. ☞ 집행기준 45-0-7

☑ 차명계좌에 대한 증여추정

「금융실명거래 및 비밀보장에 관한 법률」제3조[31]에 따라 실명이 확인된 계좌 또는 외국의 관계법령에 따라 이와 유사한 방법으로 실명이 확인된 계좌에 보유하고 있는 재산은 명의자가 그 재산을 취득한 것으로 추정한다. ☞ 집행기준 45-0-8

---

31) 「금융실명거래 및 비밀보장에 관한 법률」제3조【금융실명거래】
  ① 금융회사등은 거래자의 실지명의(이하 "실명"이라 한다)로 금융거래를 하여야 한다. (2011.7.14. 개정)

③ 자금을 입증 못하면 증여세 전부 과세되나요?

재산취득자금 또는 채무상환자금을 입증하지 못하는 경우 전부 증여세 과세되는 것은 아니다. 미입증금액이 일정기준[Min(취득재산 × 20%, 2억원)]에 미달하는 경우 증여추정으로 과세하지 않는다. 다만, 그 재산의 취득자금을 증여받은 '수증재산'으로 자금출처를 소명하는 경우 '수증재산'은 상기 내용을 적용하지 않는다.[32]

재산취득 (①)	소명자금	수증받은 금액 입증금액 (②)	미입증금액 (③=①-②)	증여추정판정기준 ③≥Min(①×20%, 2억원)	증여재산가액
10억원	8억원(수증)		10억원	10억원 ≥ Min(10억원 × 20%, 2억원) = 2억원	2억원(추정)* * 8억원(수증), 2억원(추정)
	0억원(입증)				
15억원	2억원(수증)		4억원	4억원 ≥ Min(15억원 × 20%, 2억원) = 2억원	4억원(추정)* * 15억원(①) - 11억원(입증)
	11억원(입증)				

☑ 입증금액 요건 및 증여재산가액

재산의 자력 취득을 인정하기 어려운 경우 당해 재산의 취득자금을 취득자가 증여받은 것으로 추정한다. 재산의 자력 취득을 인정하기 어려운 경우란 입증된 금액의 합계액이 취득재산의 가액에 미달하는 경우이다.

---

32) 기본통칙 45-34…1

이 경우, 입증되지 아니한 금액이 '취득재산의 100분의 20에 상당하는 금액'과 '2억원' 중 적은 금액에 미달하는 경우에는 증여 추정을 제외한다. 취득재산의 가액이란 그 자산의 취득에 실제로 소요된 자금을 말하는 것으로 부동산 취득의 경우, 거래가액에 취득세, 등기비용, 중개수수료 등 부대비용을 합한 금액을 말한다.

☞ 집행기준 45-34-1

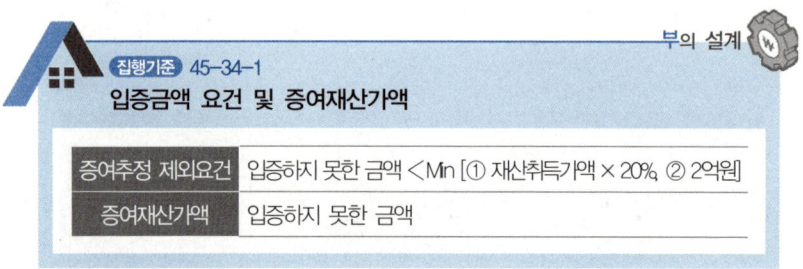

☑ 자금출처 증여추정 사례

재산취득(채무상환)	입증금액	미입증금액	증여추정
8억원	7억원	1억원 < Min[①8억원 × 20%, 2억원] = 1.6억원	제외
9억원	6.5억원	2.5억원 ≥ Min[①9억원 × 20%, 2억원] = 1.8억원	2.5억원
15억원	13.5억원	1.5억원 < Min[①15억원 × 20%, 2억원] = 2억원	제외
19억원	16.5억원	2.5억원 ≥ Min[①19억원 × 20%, 2억원] = 2억원	2.5억원

❶ 재산취득가액 8억원이고 입증금액이 7억원인 경우 미입증금액은 1억원이다. 이 경우, 미입증금액인 1억원이 취득재산인 8억원의 20%인 1억6천만원과 2억원 중 적은 금액인 '1억6천만원'에 미달하므로 증여추정이 제외된다.

❷ 재산취득가액 9억원이고 입증금액이 6.5억원인 경우 미입증금액은 2.5억원이다. 이 경우, 미입증금액인 2.5억원이 취득재산인 9억원의 20%인 1억8천만원과 2억원 중 적은 금액인 '1억8천만원' 이상이므로 2.5억원이 증여추정금액이 된다.

❸ 재산취득가액 15억원이고 입증금액이 13.5억원인 경우 미입증금액은 1.5억원이다. 이 경우, 미입증금액인 1.5억원이 취득재산인 15억원의 20%인 3억원과 2억원 중 적은 금액인 '2억원'에 미달하므로 증여추정이 제외된다.

❹ 재산취득가액 19억원이고 입증금액이 16.5억원인 경우 미입증금액은 2.5억원이다. 이 경우, 미입증금액인 2.5억원이 취득재산인 19억원의 20%인 3억8천만원과 2억원 중 적은 금액인 '2억원' 이상이므로 2.5억원이 증여추정금액이 된다.

☞ 집행기준 45-34-2

연령 · 직업 · 재산상태 · 사회경제적 지위 등을 고려하여 재산취득일(또는 채무상환일) 전 10년 이내에 해당 재산취득자금(또는 해당 채무상환자금)의 합계액이 기준금액 미만인 경우에는 증여추정 규정을 적용하지 아니한다.

④ 자금출처 증여추정 배제되는 기준이 있나요?

☑ 자금출처 증여추정 배제기준

재산취득일(또는 채무상환일 전) 10년 이내에 주택과 기타재산의 취득가액 및 채무상환금액이 30세 미만인 자는 각각 5천만원에 미달하고 총합계액이 1억원에 미달하는 경우 증여추정이 배제된다. 30세 이상인 자는 주택 취득가액은 1억5천만원, 기타재산과 채무상환액은 5천만원 미달하고, 총합계액이 2억원에 미달하는 경우 증여추정 배제된다. 40세 이상인 자의 경우 주택 취득가액은 3억원, 기타재산은 1억원, 채무상환액은 5천만원에 미달하고, 총합계액이 4억원에 미달하는 경우 증여추정이 배제된다.

또한 재산취득의 자금출처는 증여재산 취득시기별로 그에 상응되는 자금원천을 확인하여 증여세 과세여부를 판단한다. 그러나 주의할 점은 기준금액에 관계없이 취득가액 또는 채무상환금액이 타인으로부터 증여받은 사실이 확인될 경우에는 증여세 과세대상이 된다. ☞ 집행기준 45-34-3

집행기준 45-34-3
자금출처 증여추정 배제기준

연령·직업·재산상태·사회경제적 지위 등을 고려하여 재산취득일 전 또는 채무상환일 전 10년 이내에 해당 재산취득자금 또는 해당 채무상환자금의 합계액이 다음의 기준금액 미만인 경우에는 증여추정 규정을 적용하지 아니한다. 다만, 기준금액 이하이더라도 취득가액 또는 채무상환 금액이 타인으로부터 증여받은 사실이 확인될 경우에는 증여세 과세대상이 된다.

구 분	취득재산		채무상환	총액한도
	주택	기타재산		
30세 미만	5천만원	5천만원	5천만원	1억원
30세 이상	1.5억원	5천만원	5천만원	2억원
40세 이상	3억원	1억원	5천만원	4억원

14장 • 증여세 과세가액

부동산을 증여받았는데 인수한 채무액이 더 많다면 증여세가 나올까요?

["2024년에 어머니 소유 아파트를 증여받았어요. 2024년 아파트 가격이 하락하여 증여 당시 시가가 20억원이었는데 전세금이 15억원, 은행 대출이 7억원이 있습니다. 저는 증여세를 내야 하나요?"]

 이런 경우가 있을까 싶지만, 특수관계인 간의 거래에서는 가능한 일이다. 이 사례에서 어머니는 이전한 채무액 22억원 중 아파트 시가 20억원을 초과한 2억원(20억원 – 22억원)에 대하여 증여세를 내야 한다. 사례자는 아파트 시가보다 더 많은 채무를 인수하였다. 즉, 아파트 시가 20억원보다 채무액 22억원(전세보증금 15억 + 은행대출 7억원)이 2억원 더 많다. 수증자가 인수한 채무액이 증여재산가액을 초과하는 경우에는 해당 초과하는 금액에 대하여 수증자가 증여자에게 증여한 것으로 본다. 따라서 어머니(수증자)는 증여재산가액을 초과한 채무 2억원을 사례자가 대신 변제하거나 인수하였으므로 해당 금액만큼 증여받은 것이 된다. 또한 어머니는 아파트 시가에 해당하는 채무액을 이전하였으므로 아파트 시가 20억원에 대하여 부담부증여로 양도소득세 과세 대상에 해당한다.[33]

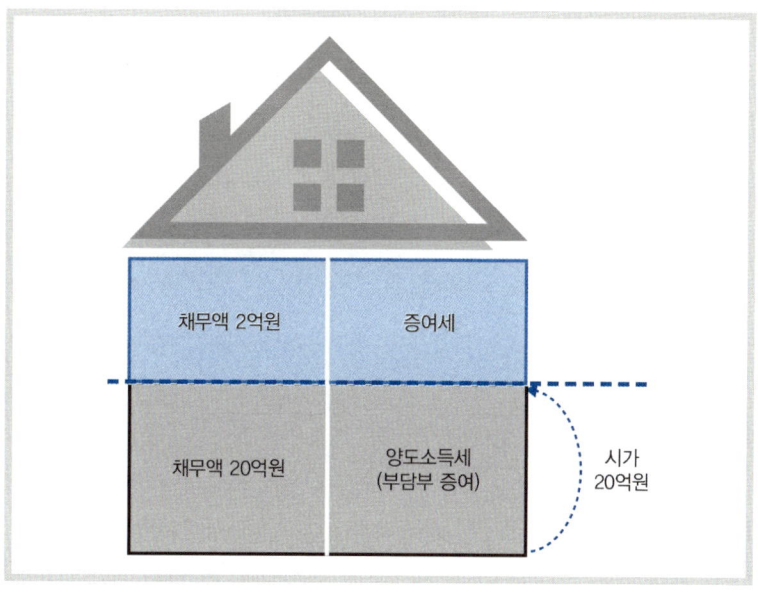

☑ 증여세 과세가액

일반적으로 증여세 과세가액은 증여받은 증여재산가액(예 : 아파트 시가)에서 비과세, 공익법인등 출연재산 및 장애인이 증여받은 재산 등의 과세가액 불산입금액을 차감한다. 또한 수증자(예 : 아들)가 인수한 증여자(예 : 어머니)의 임대보증금 등의 채무를 차감한다.

---

[33] 모(母)가 자(子)에게 부동산을 증여함에 있어서 당해 부동산의 가액을 초과하는 모(母)의 채무를 자(子)가 인수한 경우, 이는 부담부증여로서 당해 부동산은 양도소득세가 과세대상이 되는 것이며, 자(子)가 인수한 채무액에서 당해 부동산의 가액을 차감한 금액에 대하여는 자가 모(母)에게 증여한 것으로 본다. (재삼46014-1049, 1995.4.26.)

해당 증여일 전 10년 이내에 동일인(예 : 어머니)으로부터 증여받은 재산가액을 가산하면 증여세 과세가액이 산정된다. 여기서 동일인이란 증여자가 직계존속(예 : 어머니)인 경우에는 그 직계존속의 배우자(예 : 아버지)를 포함한다.

세율 곱하기 전 금액을 증여세 과세표준이라고 한다. 증여세 과세표준을 계산하기 위해서는 증여재산가액에서 가산되거나 차감되는 몇 가지 단계를 거쳐서 증여세 과세가액을 산정해야 한다. 따라서 증여세 과세가액에서 배우자공제 6억원 등 증여공제 등을 차감하여야 비로소 세율을 곱하게 되는 증여세 과세표준이 산정된다.

☞ 집행기준 47-0-1

집행기준 47-0-1
증여세 과세가액

증여재산가액	국내외 모든 증여재산 (비거주자는 국내 소재한 증여재산)
－ 과세가액 불산입액	• 공익법인이 출연받은 재산 • 장애인이 증여받은 재산 등
－ 부담부증여 시 채무인수액	• 증여재산이 담보한 채무 • 임대자산인 경우 임대보증금
＋ 동일인으로부터 10년 이내에 받은 증여재산(1천만원 이상)	• 동일인의 범위에는 증여자가 직계존속인 경우에는 그 직계존속의 배우자를 포함 • 합산배제 증여재산가액은 제외
＝ 증여세 과세가액	

Q1 증여세를 줄일 수 있는 부담부증여가 무엇인가요?

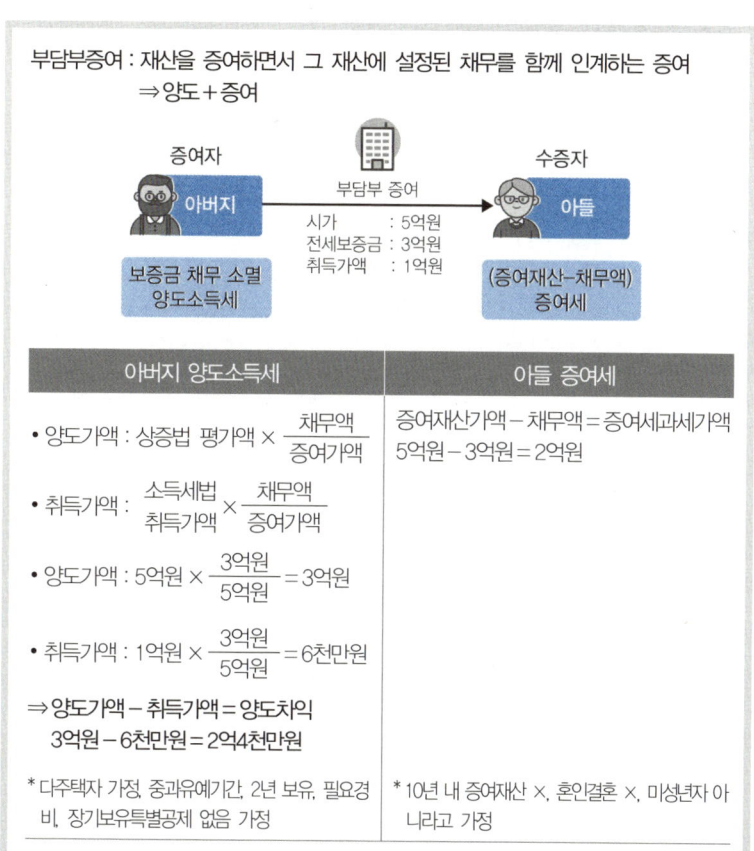

부담부 증여와 일반 증여의 비교

부담부증여				일반증여	
아버지		아들		아들	
구분	양도소득세	구분	증여세	구분	증여세
양도가액	3억원	증여가액	5억원	증여가액	5억원
취득가액	6천만원	인수채무	3억원	인수채무	0원
양도차익	2억4천만원	과세가액	2억원	과세가액	5억원
장기보유 특별공제	0	증여재산공제	5천만원	증여재산공제	5천만원
양도소득금액	2억4천만원	과세표준	1억5천만원	과세표준	4억5천만원
기본공제	250만원	세율	20%[34] (누진공제 1천만원)	세율	20%[35] (누진공제 1천만원)
과세표준	237,500,000원	산출세액	2천만원	산출세액	8천만원
세율	기본세율 (6~45%)	신고세액공제	3%	신고세액공제	3%
양도소득세	70,310,000원	증여세 ①	19,400,000원	증여세 ①	77,600,000원
		유상취득세	3백만원 (채무 1%)	유상취득세	0원
		무상취득세	7백만원 (증여 3.5%)	무상취득세	17,500,000원 (증여 3.5%)
		취득세 ②	10,000,000원	취득세 ②	17,500,000원
		수증자 세액 (①+②)	29,400,000원	수증자 세액 (①+②)	95,100,000원
납부할 총세액			99,710,000원		95,100,000원

총 세금 차이 4,610,000원

수증자 세금절감 65,700,000원

---

[34] 2024년 귀속 현행 세율이므로 2025.1.1. 이후 상속·증여 분부터 개정세율 적용
[35] 2024년 귀속 현행 세율이므로 2025.1.1. 이후 상속·증여 분부터 개정세율 적용

주택을 증여하면서 그 주택에 담보된 채무(예 : 전세보증금 또는 금융대출금)를 수증자가 인수하는 경우 해당 채무액을 사실상 유상으로 이전하는 것으로 보아 증여자에게 양도소득세를 과세한다. 수증자는 채무를 제외한 부분을 증여세로 과세한다. 부담부증여는 증여자가 양도소득세, 수증자가 증여세를 각각 부담하여 납세자와 과세표준이 분산되는 효과로 누진세율 구조에서 증여세 절세에 효과가 있다. 그러나 양도세가 부과되는 다주택자거나, 양도차익이 커서 양도세 부담이 큰 경우라면 부담부증여를 하면 증여자(예 : 아버지)가 내야 하는 양도세가 오히려 수증자(예 : 아들)의 증여세 감소분보다 클 수 있다. 이런 경우에는 부담부증여는 오히려 전체 세금이 더 많아진다. 증여는 그만큼 작게 해주면서 총 세금은 더 많이 낸 셈이기 때문이다. 따라서 부담부증여를 하기 전에는 반드시 세부담을 미리 계산해 본 후에 실행에 옮기는 것이 중요하다.

☑ 부담부증여

부담부증여란 담보권이 설정된 재산을 채무와 함께 증여하는 것을 말한다. 증여자가 부담하고 있는 채무를 수증자가 인수한 것이 확인되는 경우에는 그 채무를 차감하여 증여세를 계산한다. 즉, 증여재산가액에서 공제할 수 있는 채무란 해당 증여재산에 담보된 증여자의 채무로서 수증자가 인수한 채무를 말한다. 증여자는 채무액만큼 재산을 양도한 것으로 보아 증여자에게 양도소득세 납세의무가 있다. ☞ 집행기준 47-36-1

❓② 배우자 또는 직계존비속 간의 부담부증여 시 채무공제 가능한가요?

개인 간의 금전거래의 경우에는 사적인 차용증, 계약서, 영수증 등만 가지고는 거래사실을 인정받기 어렵다. 따라서 이를 뒷받침할 수 있는 예금 통장사본, 무통장입금증 등 금융거래 자료를 준비하는 것이 좋다. 따라서 배우자 또는 직계존비속 간의 채무도 실제로 입증된다면 부담부증여에서 채무공제 가능하다.

주의할 점은 기본적으로 배우자 또는 직계존비속 간의 부담부증여에 따라 채무인수한 것을 인정하지 않는 것으로 추정된다는 점이다. 따라서 부모가 자녀에게, 또는 남편이 아내에게 채무를 인계하지 않는 것으로 추정되므로 실제로 채무가 인계인수되었는지 입증을 금융거래 자료로 납세자가 입증해야 인정된다.

❶ 배우자 또는 직계존비속 간의 부담부증여에 대해서는 수증자가 증여자의 채무를 인수한 경우에도 그 채무액은 수증자에게 인수되지 아니한 것으로 추정한다.

❷ 배우자 및 직계존비속 등에게 양도한 재산을 증여로 추정하는 경우 당해 재산에 담보된 증여자의 채무가 있고, 동 채무를 수증자가 인수한 경우에도 ❶에서처럼 인수되지 않은 것으로 추정한다.

그러나 ❸ 배우자 또는 직계존비속 간의 부담부증여의 경우에도 국가·지방자치단체·금융기관에 대한 채무로써 당해 기관에 대한 채무임을 확인할 수 있는 자료의 경우 채무가 객관적으로 인정되는 경우 채무로써 공제된다. 국가·지방자치단체·금융기관에 대한 채무 이외의 자에 대한 채무인 경우 금융거래 증빙, 채무부담계약서, 채권자확인서, 담보설정 및 이자지급 관련 서류 등으로 채무를 입증해야 한다. ☞ 집행기준 47-36-2

구 분	채무의 입증방법
① 국가·지방자치단체·금융기관에 대한 채무	당해 기관에 대한 채무임을 확인할 수 있는 자료
② ① 외의 자에 대한 채무	금융거래 증빙, 채무부담계약서, 채권자확인서, 담보설정 및 이자지급 관련 서류

③ 제3자의 채무로 담보된 재산이 증여될 경우 채무공제 가능할까요?

제3자 채무의 담보로 제공된 재산을 조건 없이 증여받는 경우 이 채무는 증여가액에서 공제하지 않는다. 당해 부동산에 근저당 등이 설정되었으나, 제3자의 채무의 담보인 경우이다. 수증자가 담보된 채무를 변제한 때에는 그 채무 상당액을 채무자에게 증여한 것으로 본다. ☞ 집행기준 47-36-3

4 토지·건물의 소유자가 다른 경우 임대보증금의 공제방법은 무엇인가요?

증여재산이 임대자산이고 토지와 건물의 소유자가 다른 경우의 임대보증금의 공제는 귀속이 구분되는 경우 귀속을 따르면 된다. 그러나 귀속이 불분명할 경우에는 증여일 현재 토지와 건물의 시가에 의하여 안분한다. 시가가 불분명할 경우 보충적 평가방법에 의한 평가액으로 안분한다. ☞ 집행기준 47-36-4

> "2015년 1월 어머니로부터 토지 80억원을 증여받고, 2023년 2월 아버지로부터 건물 30억원을 증여받는 경우 10년 이내 증여받은 증여재산을 합산하면 증여세 과세가액은 얼마인가요? 토지의 2023년 2월 당시 시가는 160억원이 되었습니다."

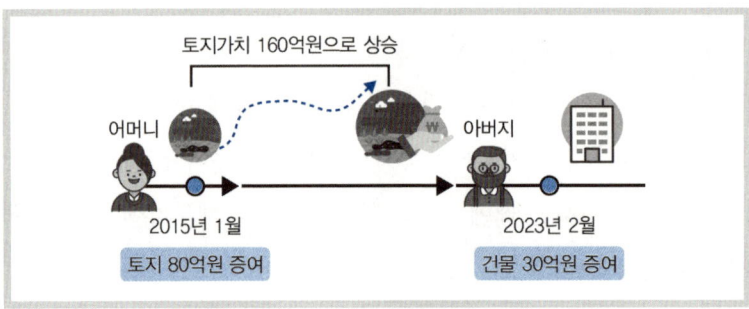

사례에서 2023년 건물에 대한 증여세 신고 시 증여재산가액은 토지 80억원과 건물 30억원을 합하여 110억원이 된다. 증여재산 합산과세 시 증여재산은 각 증여일 현재의 증여재산가액으로 한다. 따라서 합산되는 토지 가액은 2023년 시가인 160억원이 아니라 2015년 1월에 증여받은 당시 토지가액 80억원으로 합산된다.

⑤ 증여일 전 10년을 반드시 확인해야 한다고요?

☑ 증여재산의 합산과세

❶ 증여자가 동일인인 경우

해당 증여일 전 10년 이내에 동일인으로부터 받은 증여재산가액의 합계액이 1천만원 이상인 경우에는 그 가액을 증여세과세가액에 가산한다. 다만, 합산배제증여재산의 경우에는 합산하지 않는다.

❷ 증여자가 동일인이 아닌 경우

수증자는 동일인이나 증여자가 동일인이 아닌 경우에는 증여가 있을 때마다 증여자별·수증자별로 과세가액을 각각 계산하여 과세한다.

❸ 증여재산의 합산과세 시 증여재산의 가액은 각 증여일 현재의 재산가액에 의한다. ☞ 집행기준 47-36-5

⑥ 아버지와 새어머니에게 증여받은 경우 10년 이내에 모두 합산되나요?

> "저는 2021년 11월 부친으로부터 부동산 20억원을 증여받고 신고납부하였습니다. 그 후 2023년 8월경 새어머니로부터 3억원 현금을 증여받을 예정인데, 부모님에게 10년 이내에 증여받은 경우 모두 합산되나요?"

사례에서 동일인으로부터 증여받은 재산가액을 합산하여 과세할 때, 부와 계모는 동일인으로 보지 않는다. 따라서 계모로부터 증여받을 때 이전에 부친으로부터 증여받은 재산이 합산되지 않는다.

해당 증여일 전 10년 이내에 동일인(증여자가 직계존속인 경우에는 그 직계존속의 배우자를 포함한다)으로부터 받은 증여재산가액을 합친 금액이 1천만원 이상인 경우에는 그 가액을 증여세 과세가액에 가산한다. 그러나 친부모와 계모, 계부는 사례에서처럼 동일인으로 보지 않는 점에 주의해야 한다.[36]

따라서 모든 증여재산이 합산되는 것이 아니다. 이 경우 동일인에는 증여자가 직계존속인 경우 배우자를 포함한다. 아버지와 어머니는 동일인이 증여한 것으로 보아 2020년 6월 아버지로부터 1억원을 증여받고 2023년 5월 어머니로부터 2억원을 증여받는 경우 증여세 과세가액은 3억원이 된다. 그러나 아버지가 증여하고 2022년 이혼 후 어머니가 증여한 경우 동일인으로 보지 않으므로 합산하지 않고 각각 계산한다. 또한 아버지가 증여한 후 사망하고, 이후 어머니가 증여한 경우에도 동일인으로 보지 않는다.

☑ 증여재산의 합산 시 유의사항

❶ 동일인에는 증여자가 직계존속인 경우에는 그 직계존속의 배우자를 포함한다. 단 증여자가 부·모일 경우에는 계부·계모는 동일인에 포함하지 않는다. ❷ 부와 조부는 직계존속이라 할지라도 동일인에 해당하지 아니한다. ❸ 증여재산을 취득하는데 소요된 부수비용을 증여자가 부담하는 경우에는 그 부대비용을 증여가액에 포함한다. ☞ 집행기준 47-36-6

---

36) 재산세과-399, 2010.6.16.

❼ 동일인이 증여 시 일반 증여재산과 합산하지 않는 경우도 있나요?

☑ 합산배제 증여재산

동일인이 증여하더라도, 일반 증여재산과 합산하지 않는 증여재산이 있다. 합산배제 증여재산은 증여자 또는 증여재산의 원천을 확정하기 어려운 경우에 해당한다. 따라서 합산배제 증여재산으로 열거된 9가지의 경우가 이에 해당한다. ☞ 집행기준 47-0-2

합산배제 증여재산은 다른 증여재산과 합산하지 않으며, 과세표준 계산 시 증여재산공제를 적용하지 않는 것에 주의해야 한다. 또한 증여자가 사망한 경우에 증여시기에 관계없이 해당 재산은 상속세 과세가액에 가산하지 않는다.[37]

집행기준 47-0-2
합산배제 증여재산

① 재산취득후 해당 재산가치가 증가에 따른 증여이익(상증법 제31조 ① 3호)
② 전환사채 등의 주식전환 등에 따른 이익의 증여(상증법 제40조 ① 2호·3호)
③ 주식 또는 출자지분의 상장 등에 따른 이익의 증여(상증법 제41조의3)
④ 합병에 따른 상장 등에 따른 이익의 증여(상증법 제41조의5)
⑤ 재산 취득 후 재산가치 증가에 따른 이익의 증여(상증법 제42조의3)
⑥ 재산 취득자금 등의 증여 추정(상증법 제45조)
⑦ 명의신탁재산의 증여의제(상증법 제45조의2)
⑧ 특수관계법인과의 거래를 통한 이익의 증여의제(상증법 제45조의3)
⑨ 특수관계법인으로부터 제공받은 사업기회로 발생한 이익의 증여의제(상증법 제45조의4)

37) 본 책의 P.82 '증여 유형별 특례규정' 참조

15장 • 증여세 비과세[38]

결혼하는 자녀의 혼수용품은 모두 증여세 비과세인가요?

증여세 비과세 항목에 사회통념상 인정되는 피부양자의 생활비 교육비, 그리고 혼수용품으로 통상 필요하다고 인정되는 금품 항목이 있다. 혼수용품은 가사용품에 한정하고 호화사치용품이나, 주택, 차량 등은 비과세 대상 혼수용품이 아니므로 증여세 과세된다. 또한 축의금의 경우 원칙적으로 혼주와 결혼 당사자의 하객에 따라 혼주 또는 결혼 당사자에게 각각 귀속되는 것으로 봐야 한다. 결혼 당사자와 친분 관계에 기초하여 결혼 당사자에게 직접 건네진 것으로 볼 부분을 제외한 나머지는 전액 혼주인 부모에게 귀속되므로 부모의 손님이 낸 축의금을 자녀에게 귀속시키는 때에 증여세가 과세된다.

---

[38] 증여재산의 범위는 완전포괄주의에 의해 규정하고 있으며 비과세와 과세가액불산입되는 재산을 열거하고 있다. 본 책에서는 비과세 증여재산을 중심으로 설명하였다. 비과세와 달리 감면이나 과세가액불산입되는 증여재산은 일정기간 사후관리가 요구된다. 상증법에서는 사회정책적인 목적 또는 공익의 목적을 달성하기 위하여 증여세 과세가액불산입제도를 두고 있다. '공익법인' 또는 '공익신탁재산'에 해당하므로 본 책에서는 자세히 다루지 않았음을 밝힌다.

축의금과 비교하여 부의금의 경우에도 사망 당시 피상속인의 재산이 아니므로 상속세 과세대상이 아니며, 통상 필요하다고 인정되는 금품은 비과세에 해당한다. 다만, 통상 필요하다고 인정되는 금품은 부의금 총액이 아니라 부의금을 지급한 사람별로 각각 판단하여야 하므로 과도한 부의금 명목으로 지급된 금액은 증여세 과세대상이 된다.

> "미국에 유학 중인 아들(15세)의 유학에 필요한 등록금, 생활비 등 매년 1억원을 할아버지로부터 송금받고 있습니다. 제가 아들의 유학비를 밀어주지 못할 형편은 아닙니다. 교육비는 증여세 비과세 되는 것이 맞나요?"

사례자의 재산이나 소득 등으로 유학 중인 아들의 교육비를 부담해 주지 못할 상황이 아니다. 그럼에도 부양의무가 없는 조부가 손자의 생활비 또는 교육비를 부담한 것은 증여에 해당한다. 즉, 손자의 등록금, 생활비 등을 지원해주는 경우 조부가 손자를 부양할 의무가 있는지 여부가 부모의 부양능력 등을 고려하여 비과세를 판단하는 주요한 요인이 된다.

• 소득이 있는 자녀에게 생활비·교육비를 주는 경우

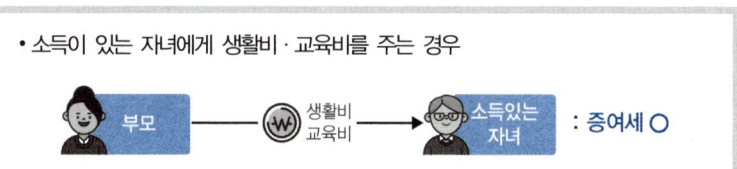

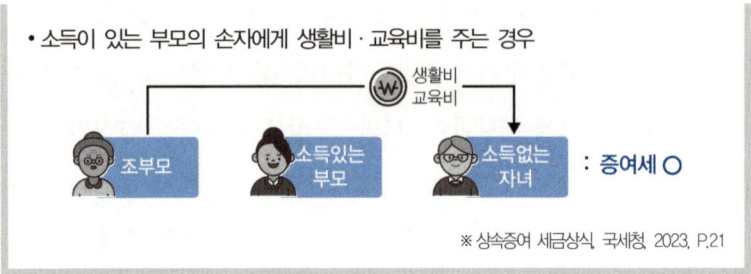

※ 상속증여 세금상식. 국세청, 2023, P.21

Q 증여하더라도 증여세 부과되지 않는 경우는 무엇일까요?

☑ 상증법상 비과세 되는 증여재산

❶ 국가·지방자치단체로부터 증여받은 재산의 가액, ❷ 소액주주인 조합원이 우리사주조합을 통하여 취득한 주식의 시세차익, ❸ 「정당법」에 따른 정당이 증여받은 재산, ❹ 「사내근로복지기금법」에 따른 사내근로복지기금과 「근로자복지기본법」에 따른 우리사주조합, 공동근로복기기금 및 근로복지진흥기금이 증여받은 재산, ❺ 사회통념상 인정되는 이재구호금품, 치료비, 피부양자의 생활비·교육비 기타 유사한 것으로서 해당 용도에 직접 지출한 것으로 학자금 등 이와 유사한 금품, ❻ 「신용보증기금법」에 따라 설립된 신용보증기금이나 그 밖에 이와 유사한 단체가 증여받은 재산의 가액, ❼ 국가·지방자치단체 또는 공공단체가 증여받은 재산, ❽ 장애인을 보험금 수령인으로 하는 보험으로서 연간 4천만원의 보험금, ❾ 「국가유공자 등 예우 및 지원에 관한 법률」에 따른 국가 유공

자 유족이나 「의사상자 등 예우 및 지원에 관한 법률」에 따른 의사자의 유족이 증여받은 성금 및 물품 등 재산의 가액. ❿ 비영리법인의 설립근거가 되는 법령의 변경으로 비영리법인이 해산되거나 법령의 변경에 따라 해당 비영리법인의 재산과 권리·의무를 다른 비영리법인이 승계받은 경우 승계받은 해당 재산의 가액이다.

☞ 집행기준 46-35-1

가장 현실에서 마주치는 비과세 항목인 사회통념상 인정되는 금액에 해당되는 피부양자 생활비, 교육비, 학자금, 장학금, 기념품, 축하금, 부의금, 혼수용품 등이 있다. 특히 학자금, 장학금은 학업수행을 위해 해당 자금을 직접 사용하여야 한다. 주택취득보조금의 경우 무주택자이면서, 건물의 면적이 85㎡ 이하인 주택을 취득하거나 임차하기 위한 목적이어야 한다. 사내근로복지기금으로부터 증여받은 주택임차보조금 중 그 주택 취득가액의 5% 이하의 것과 주택임차보조금 중 전세가액의 10% 이하의 것으로 금액기준이 있다.

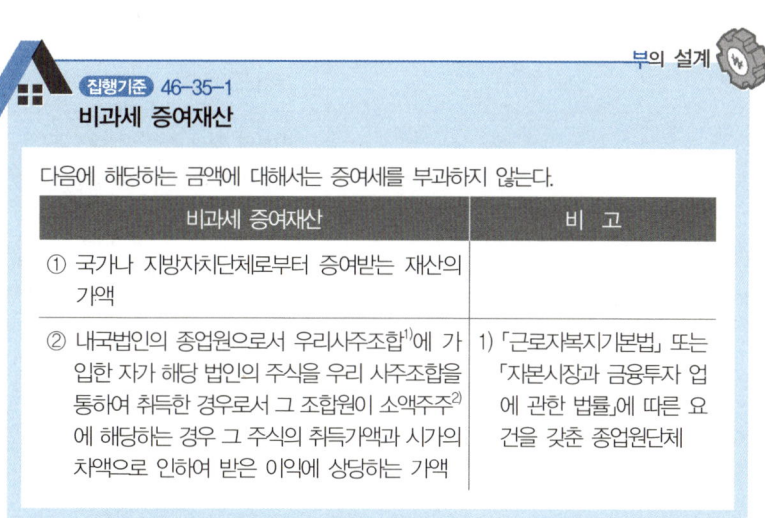

비과세 증여재산	비 고
	2) 당해 법인의 발행주식총수등의 1% 미만을 소유 하는 경우로서 주식 등의 액면가액의 합계가 3억원 미만
③ 「정당법」에 따른 정당이 증여받은 재산가액	
④ 「사내근로복지기금법」에 따른 사내근로복지기금이나 「근로자복지기본법」에 따른 우리사주조합, 공동근로복지기금 및 근로자복지진흥기금이 증여받은 재산	
⑤ 사회통념상 인정되는 이재구호금품, 치료비, 피부양자 생활비, 교육비, 학자금6), 장학금6), 기념품, 축하금, 부의금3), 혼수용품, 외국으로부터 기증물품4), 주택취득보조금5), 불우이웃성금	3) 기념품, 축하금, 부의금은 그 물품 또는 금액을 지급한 자별로 사회통념상 인정되는 물품 또는 금액을 기준으로 함 4) 타인으로부터 기증을 받아 외국에서 국내에 반입된 물품으로서 당해 물품의 관세의 과세가격이 100만원 미만인 물품 5) 무주택근로자가 건물의 연면적이 85㎡ 이하인 주택(건물 연면적의 5배 이내의 토지 포함)을 취득 또는 임차하기 위하여 사내근로복지기금으로부터 증여받은 주택취득보조금 중 그 주택 취득가액의 5% 이하의 것과 주택임차보조금 중 전세가액의 10% 이하의 것 6) 학자금, 장학금은 학업수행을 위해 해당 자금을 사용하는 경우의 수증받은 재산
⑥ 「신용보증기금법」에 따라 설립된 신용보증기금이나 그밖에 이와 유사한 단체7)가 증여받은 재산의 가액	7) 가. 「기술신용보증기금법」에 의한 신용보증기금 나. 「지역신용보증재단법」에 따른 신용 보증재단 및 같은 법 따른 전국 신용보증재단연합회

비과세 증여재산	비 고
	다. 「예금자보호법」에 따른 예금보험기금 및 같은법에 따른 예금보험기금 채권상환기금 라. 「한국주택금융공사법」에 따른 주택금융신용 보증기금(같은 법에 따라 설치된 주택담보 노후연금보증계정 포함) 마. 「서민의 금융생활 지원에 관한 법률」에 따른 서민금융진흥원(같은 법에 따라 설치된 신용 보증계정에 출현하는 경우로 한정)
⑦ 국가, 지방자치단체 또는 공공단체가 증여받은 재산의 가액	
⑧ 장애인을 보험금수령인으로 하는 보험으로서 대통령령으로 정하는 보험8)의 보험금(한도 : 연간 4천만원)	8) 「장애인복지법」에 따라 등록한 장애인, 「장애 아동복지지원법」에 따른 발달재활서비스를 지원 받고 있는 장애아동 및 「국가유공자 등 예우 및 지원에 관한 법률」에 따라 등록한 상이자를 수익자로 한 보험의 보험금
⑨ 「국가유공자 등 예우 및 지원에 관한 법률」에 따른 국가유공자의 유족이나 「의사상자 등 예우 및 지원에 관한 법률」에 따른 의사자의 유족이 증여받은 성금 및 물품 등 재산의 가액	
⑩ 비영리법인의 설립근거가 되는 법령의 변경으로 비영리법인이 해산되거나 업무가 변경됨에 따라 해당 비영리법인의 재산과 권리·의무를 다른 비영리 법인이 승계받은 경우 승계받은 해당 재산의 가액	

☑ 증여세 비과세에서 제외되는 사례

주의할 점은 증여세 비과세에서 제외되는 사례이다. ❶「정치자금법」에 의하지 않은 불법정치자금, ❷ 생활비 또는 교육비의 명목으로 받은 후 당해 재산을 예금 또는 적금하거나 주식, 토지, 주택 등의 매입 자금 등으로 사용하는 경우, ❸ 비과세 되는 혼수용품은 일상생활에 필요한 가사용품에 한하며, 호화·사치용품이나 주택·차량 등은 포함하지 않는다. ☞ 집행기준 46-35-2

16장 증여재산공제

새어머니에게 증여받았는데 증여세 공제되나요?

재혼가정이 증가하는 사회 변화에 따라 직계존속의 범위에 수증자의 직계존속과 법적으로 혼인한 배우자를 포함하고 있다. 다만, 사실혼 관계 배우자는 해당되지 않는다. 따라서 계부와 계모로부터 증여받는 경우에도 10년 이내에 5천만원(미성년자 2천만원) 증여재산 공제가 가능하다. 상기 5천만원 일반증여재산공제와 별개로 2024년 이후 증여분부터 혼인·출산 증여재산 공제 또한 1억원을 한도로 공제한다.

> "저는 30세이고 2023년 집을 구입하면서 아버지로부터 2억원, 어머니로부터 3억원을 동시에 증여받았습니다. 부모님에게 증여받으면 5천만원 공제된다고 하는데, 각각 5천만원씩 공제되는 건가요?"

사례자는 부친과 모친 모두 합하여 5천만원 증여재산공제된다. 즉, 아버지 5천만원, 어머니 5천만원 각각 공제되는 것이 아니다. 증여재산공제액은 부모 모두 합쳐서 5천만원 공제된다. 또한 증여세 과세가액은 부·모는 동일인으로 보아 증여재산가액을 합산하고, 증여재산공제액은 합하여 5천만원이다.

Q1 아버지와 할아버지에게 동시에 증여받았는데 증여세 공제되나요?

이 경우에도 직계존속으로부터 증여받는 경우 10년 이내에 5천만원(미성년자 2천만원) 한도로 공제되므로 증여재산공제액은 아버지와 할아버지를 합쳐서 5천만원(미성년자 2천만원)이 공제된다.

> "저는 30세이고 2023년 집을 구입하면서 아버지로부터 2억원, 할아버지로부터 3억원 동시에 증여받았습니다. 직계존속에게 증여받으면 5천만원 공제된다고 하는데, 각각 5천만원씩 공제되는 건가요?"

증여세 과세가액은 각각 아버지 2억원, 할아버지 3억원이 된다. 여기에 아버지와 할아버지를 합쳐서 5천만원의 증여재산공제액이 차감된다. 만약, 아버지가 사례자 외의 다른 자녀에게 2억원을 증여한 경우에도 수증자별로 증여재산공제액을 계산하므로 수증자 자녀 각각 5천만원씩 공제 가능하다.

증여재산공제액은 개정을 통하여 그 대상 금액이 증가되어 왔다. 현재는 거주자가 배우자로부터 증여받는 경우 10년 이내에 공제받은 금액을 합하여 6억원을 공제한다. 배우자는 「민법」상 혼인으로 인정되는 혼인관계에 있는 자를 말하며, 상속세 배우자공제(집행기준 19-17-3)의 배우자 범위와 같다. ☞ 집행기준 53-0-2

거주자가 직계존속으로부터 재산을 증여받는 경우 10년 이내에 공제받은 금액을 합하여 5천만원(혼인·출산 증여공제 별도)을 공제한다. 수증자가 만 19세 미만의 미성년자인 경우 2천만원을 공제한다. 거주자가 직계비속으로부터 증여를 받는 경우 5천만원을 공제한다.

② 외조부모와 외손자는 직계존비속에 해당할까요?

☑ 직계존비속의 판정기준

❶ 직계존비속은 「민법」에 의한 수증자의 직계존속과 직계비속인 혈족을 말한다. ❷ 직계존속은 수증자의 직계존속과 혼인(사실혼 제외) 중인 배우자를 포함하며, 직계비속에는 수증자와 혼인 중인 배우자의 직계비속을 포함한다. 2010.1.1. 이후 최초로 증여하는 분부터 적용하여 즉, 계부·계모에게 받는 경우에도 증여재산공제를 적용한다. ❸ 출양한 자가 수증자인 경우에는 양가 및 생가의 직계존비속에 모두 해당한다. 출양한 자는 남의 집에 양자로 가 있는 자녀를 말한다. ❹ 출가녀(결혼한 여성)는 친가에서는 직계존속과의 관계, 시가에서는 직계비속과의 관계에만 해당한다. ❺ 외조부모와 외손자는 직계존비속에 해당한다. ☞ 집행기준 53-0-3

③ 혼인 외의 출생자의 생모도 친족에 해당할까요?

증여재산공제를 적용할 때, 혼인외 출생자와 그의 생모와는 직계존비속 관계에 해당하므로 증여재산공제 5천만원 적용가능하다.[39]

✓ 친족의 범위

친족의 범위는 배우자와 직계존비속을 제외하고 수증자를 기준으로 다음에 규정된 관계를 말한다.[40]

❶ 4촌 이내의 혈족
❷ 3촌 이내의 인척
❸ 입양자의 생가(生家)의 직계존속
❹ 출양자 및 그 배우자와 출양자의 양가(養家)의 직계비속
❺ 혼인 외의 출생자의 생모

☞ 집행기준 53-0-3

---

[39] 혼외의 자가 "실모"자의 호적상 호주와의 관계란에는 등재되지 않고 있으나, 관계란 자의 란에서는 "모"로 등재되어 있음(인지). 증여재산공제를 적용할 때, 혼인외 출생자와 그의 생모와는 직계존비속 관계에 해당하는 것이다. (서면인터넷방문상담4팀-199, 2007.1.16.)

[40] 2023.2.28. 상증령 개정 시 특수관계인 중 친족 범위를 혈족의 경우 6촌 이내에서 4촌 이내로, 인척의 경우 4촌 이내에서 3촌 이내로 축소하고, 본인의 혼외 출생자의 생부·생모(본인의 금전이나 그 밖의 재산으로 생계를 유지하거나 또는 생계를 함께하는 자로 한정함)를 친족 범위에 추가하였으며, 동 개정규정은 2023.3.1.부터 시행한다.
그러나 증여재산공제의 기타 친족의 범위는 상증법 제53조【증여재산 공제】제4호에서 "제2호 및 제3호의 경우 외에 6촌 이내의 혈족, 4촌 이내의 인척으로부터 증여를 받은 경우 : 1천만원"으로 규정하고 있으므로 상증령 제2조의2【특수관계인의 범위】의 친족과 차이가 있었으나, 2025.1.1. 이후 증여받는 분부터 증여재산 공제가 적용되는 친족의 범위가 동일하게 개정된다. 즉, 2024.12.31. 이전은 6촌 이내 혈족, 4촌 이내 인척 : 1천만원 공제. 2025.1.1. 이후 4촌 이내 혈족, 3촌 이내 인척 : 1천만원 증여재산 공제된다.

④ 시부모와 며느리, 장인·장모와 사위 관계는 증여재산공제를 얼마나 받을 수 있나요?

☑ 증여재산공제

증여자가 배우자 및 직계존비속이 아닌 친족인 경우 1천만원을 공제한다. 그러나 수증자와 증여자와의 관계가 친족관계가 없는 경우에는 증여재산공제를 적용하지 않는다.

주의할 점은 시부모와 며느리의 관계, 장인·장모와 사위의 관계는 '기타 친족'에 해당한다는 점이다. 예를 들어 2020년에 시아버지으로부터 1천만원 증여받고, 2023년 시어머니로부터 1천만원 증여받는 경우 2023년 시어머니에게 증여받을 때 기타 친족공제 1천만원을 받을 수 없다. 이미 시아버지의 증여분에서 1천만원 기타친족공제를 받았기 때문이다. 또한 2023년 시어머니로부터 1천만원 증여 시 증여재산공제는 없지만, 시아버지의의 증여분 1천만원과 합산해서 2천만원에 대하여 증여세를 계산하지 않는다. 시아버지과 시어머니, 이와 동일하게 장인과 장모는 동일인이 아니므로 증여재산가액을 합산하지 않기 때문이다.[41] ☞ 집행기준 53-0-1

---

[41] 장인과 장모는 동일인에 해당하지 않는다. (서면–2016–상속증여–3372, 상속증여세과 –00446, 2016.4.26.)

집행기준 53-0-1
증여재산공제

구분		일반증여재산공제	혼인·출산증여재산공제 (2024.1.1. 이후 증여)	
수증자	배우자	6억원	해당 없음	
	직계존속	5,000만원		
	직계비속	5,000만원 (만 19세 미만 미성년자 2천만원)	혼인	1억원
			출산	
	기타 친족	1,000만원	해당 없음	
	그 외	없음		

Q5. 혼인 또는 출산하는 경우에 받을 수 있는 증여재산공제가 있나요?

☑ **혼인·출산 증여재산공제**

혼인 또는 출산 시 증여받는 자금에 대한 증여세 부담을 완화하기 위하여 혼인·출산 증여재산 공제를 2024.1.1. 증여분부터 적용한다. 거주자가 직계존속으로부터 혼인일[42] 전후 2년 이내에 증여를 받는 경우에는 1억원을 증여세 과세가액에서 공제한다.[43]

거주자가 직계존속으로부터 자녀의 출생일[44] 또는 입양일부터 2

---

[42] 「가족관계의 등록 등에 관한 법률」 제15조 제1항 제3호에 따른 혼인관계증명서상 신고일을 말한다.
[43] 상증법 제53조의2(혼인·출산증여재산공제)는 신설조항으로 2024.1.1. 이후 증여분부터 적용된다.

년 이내에 증여를 받는 경우에는 1억원을 증여세 과세가액에서 공제한다. 이는 직계존속으로부터 5천만원 증여재산공제 되는 점과 별개로 공제가 되며 혼인 증여재산공제와 출산 증여재산공제는 합산하여 1억원을 한도로 한다.

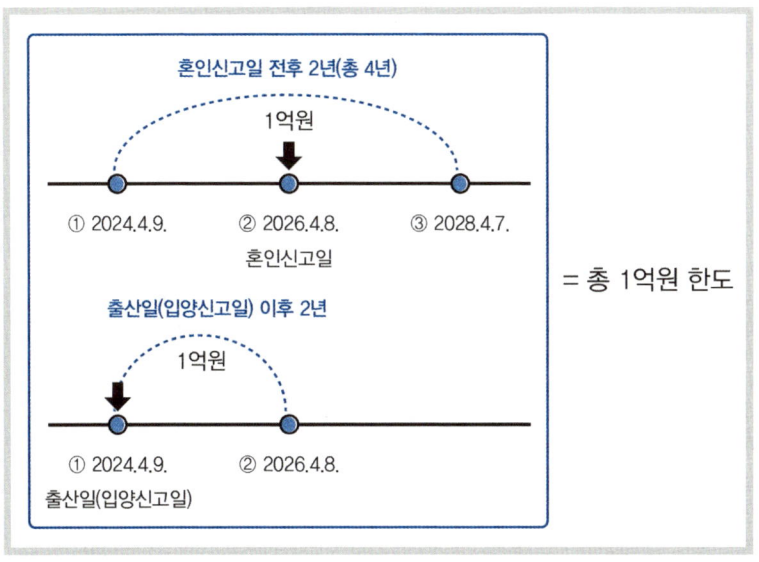

☑ 증여자와 수증자

직계존속이 혼인 또는 혼인예정인 자인 거주자에게 증여한 경우 혼인 증여재산공제를 받을 수 있다. 또한 자녀를 출생하거나 입양한 거주자에게 출산 증여재산공제를 받을 수 있다. 출산 증여재산공제의 경우 혼인 여부와는 무관하게 출산 증여재산공제가 가능하다.

---

44) 출생일은 「가족관계의 등록 등에 관한 법률」 제44조에 따른 출생신고서상 출생일을 말하며, 입양일은 「가족관계의 등록 등에 관한 법률」 제61조에 따른 입양신고일을 말한다.

6 혼인공제 후 혼인이 취소되면 가산세 부과되나요?

☑ 부득이한 사유로 증여재산을 반환하는 경우

혼인 증여재산공제를 받은 후 약혼자의 사망 등 부득이한 사유가 발생하여 해당 증여재산을 그 사유가 발생한 달의 말일부터 3개월 이내에 증여자에게 반환하는 경우에는 처음부터 증여가 없었던 것으로 본다.

☑ 혼인하지 않게 되는 경우

혼인 전에 혼인 증여재산공제를 받은 자가 2년 이내에 파혼으로 혼인하지 않게 되는 경우 증여일부터 2년이 되는 날이 속하는 달의 말일부터 3개월이 되는 날까지 수정신고 또는 기한 후 신고를 하여야 한다. 이 경우 과소신고가산세 또는 무신고가산세 및 납부지연가산세는 면제된다. 그러나 증여세 신고기한의 다음날부터 수정신고 납부일까지 납부하지 않은 기간이익에 대하여 이자상당액을 증여세에 가산하여 부과된다.[45]

☑ 혼인 무효가 된 경우

혼인이 무효가 된 경우로서 혼인무효의 소에 대한 판결이 확정된 날이 속하는 달의 말일부터 3개월이 되는 날까지 수정신고 또는 기한 후 신고를 해야 한다. 이 경우에도 과소신고가산세 또는 무신

---

45) 이자상당액 = 증여세액 × ❶ × ❷
 ❶ 증여세 과세표준 신고기한의 다음 날부터 신고·납부한 날까지의 기간
 ❷ 1일 10만분의 22(「국세기본법 시행령」 제27조의4)

고가산세 및 납부지연가산세는 면제된다. 그러나 증여세 신고기한의 다음날부터 수정신고 납부일까지 납부하지 않은 기간이익에 대하여 이자상당액을 증여세에 가산하여 부과된다.[46]

⑦ 증여재산공제 적용방법은 무엇인가요?

☑ 증여재산공제 방법

증여재산의 공제 방법은 수증자를 기준으로 증여를 받기 전 10년 이내에 공제받은 금액과 해당 증여재산가액에서 공제받을 금액을 합친 금액이 증여자 및 수증자별 공제한도액을 초과하는 경우 초과하는 부분은 공제하지 않는다.

2 이상의 증여가 그 증여시기를 달리하는 경우에는 2 이상의 증여 중 최초의 증여세과세가액에서 순차로 공제한다. 또한 2 이상의 증여가 동시에 있는 경우에는 각각의 증여세 과세가액에 대하여 안분하여 공제한다. ☞ 집행기준 53-46-1

☑ 증여재산공제 사례

1) 배우자공제 금액

갑(甲)이 배우자 을(乙)에게 2006.12.31., 2009.12.31., 2015.12.31.에 각각 다음의 금액을 증여하였을 경우 증여받은 연도의

---

[46] 이자상당액 = 증여세액 × ❶ × ❷
　❶ 증여세 과세표준 신고기한의 다음 날부터 신고·납부한 날까지의 기간
　❷ 1일 10만분의 22(「국세기본법 시행령」 제27조의4)

배우자공제액은 다음과 같다.

구 분	2006.12.31. 증여재산가액 (합산증여재산)	공제액	2009.12.31. 증여재산가액 (합산증여재산)	공제액	2015.12.31. 증여재산가액 (합산증여재산)	공제액
사례 Ⅰ	5억원(5억원)	3억원	2억원(7억원)	2억원	3억원(10억원)	1억원
사례 Ⅱ	2억원(2억원)	2억원	3억원(5억원)	3억원	4억원(9억원)	1억원
사례 Ⅲ	2억원(2억원)	2억원	3억원(5억원)	3억원	2억원(7억원)	1억원

* 배우자공제 2003.1.1.~2007.12.31.까지 3억원, 2008.1.1. 이후 6억원

2) 수증자가 동일한 동시증여 사례

갑(甲)이 2018.1.1. 아버지에게 9천만원, 어머니에게 4천만원, 할아버지에게 7천만원을 동시에 증여받은 경우 증여재산공제액은 다음과 같다. (단, 갑은 미성년자가 아님)

증여재산공제 \ 증여자	부 모(동일인으로 봄)	할아버지
갑의 증여재산 공제액	$5천만원 \times \dfrac{1억3천만원}{1억3천만원 + 7천만원} = 32,500천원$	5천만원 − 32,500천원 = 17,500천원

3) 수증자가 다른 경우 동시증여 사례

2018.1.1. 아버지가 자녀인 갑, 을, 병에게 각각 5,000만원씩 증여한 경우의 증여재산공제액은 다음과 같다.

2인 이상에게 동시에 증여하는 경우 각각의 수증자별로 증여재산공제액을 계산하므로 자녀 갑, 을, 병 각각 5,000만원씩 공제 가능하다. ☞ 집행기준 53-46-2

Q8 증여받은 건물에 불이 났는데도 증여세 내야 하나요?

> "30억원 시가 건물을 증여를 받고 2개월 후에 화재로 건물 가치가 10억원으로 20억원의 가치가 훼손된 경우 당초 시가인 30억원을 증여재산가액으로 증여세 내야 하나요?"

사례에서 "세무사님 억울합니다."라고 시작된 상담이었다. 당초 시가인 30억원이 10억원으로 2개월 만에 가치가 하락하였다. 3개월 안에 증여세 신고를 하여야 하는데 증여재산의 가액이 급락한 경우이다. 이 경우에는 증여재산가액 중 20억원을 재해손실공제로 차감한다. 즉, 증여로 재산을 취득하는 경우 증여일이 속하는 달의 말일부터 3개월 이내에 화재·붕괴·폭발 및 자연재해 등으로 증여재산이 멸실·훼손된 경우에는 그 손실된 증여재산가액을 증여세 과세가액에서 공제한다. 이를 재해손실공제라고 한다.

☑ 증여세 재해손실공제

❶ 증여세 과세표준 신고기한 이내에 화재·붕괴·폭발·환경오염사고 및 자연재해 등의 재난으로 인하여 증여재산이 멸실되거나 훼손된 경우에는 그 손실가액을 증여세 과세가액에서 공제한다.

❷ 그 손실가액에 대한 보험금 등의 수령 또는 구상권 등의 행사에 의하여 그 손실가액에 상당하는 금액을 보전받을 수 있는 경우에는 공제하지 않는다.

재해손실공제를 받고자 하는 수증자는 재해손실공제신고서에 해당 손실가액 및 명세와 재난의 사실을 입증하는 서류를 첨부하여 증여세과세표준신고서와 함께 납세지 관할세무서장에게 제출하여야 한다. 다만, 보험금 등의 수령으로 손실가액에 상당하는 금액을 보전받을 수 있는 경우에는 제외한다. ☞ 집행기준 54-47-1

☑ 증여세 과세표준

증여세 과세표준이 50만원 미만이면 증여세를 부과하지 않는다. 이는 상속세와 동일하다.

Q9 증여세 신고하려고 감정평가 받을 때 수수료 공제받는 방법 있나요?

> "증여세 신고를 위한 감정평가수수료로 1천만원 들었습니다. 감정평가수수료도 공제되나요?"

증여세를 신고 납부하기 위하여 증여재산을 평가하는데 소요되는 감정평가법인의 수수료 등은 증여세 과세가액에서 공제된다.

부동산에 대한 감정평가법인 등의 평가수수료는 당해 수수료가 공제되며 증여세 납부목적으로 감정평가를 실시하고 당해 평가액으로 증여세를 신고하여야 한다. 최대 한도액은 5백만원이다.[47]

---

[47] 감정평가요율표에 따라 100억원의 부동산을 감정평가하면, 하한 총액 7,019,100원에서 상한 총액 10,382,900원(실비 및 VAT(10%) 포함)에 해당한다. 상증법상 2개의 감정평가 법인에게 감정평가를 받아야 하므로, 50억원 부동산 2개 감정평가 법인 수수료 1천만원을 산정해볼 수 있다.

평가심의위원회에서 신용평가전문기관에 의뢰하여 납세자가 부담한 평가수수료는 신용평가전문기관 평가액의 채택여부와 관계없이 공제된다. 신용평가전문기관의 수별로 각각 1천만원을 한도로 한다.

서화·골동품 등 유형재산 평가에 대한 전문가 감정수수료는 5백만원을 초과하는 경우 5백만원으로 공제한다.

17장 • 증여세율

손자녀에게 증여하면 증여세를 더 많이 낼까요?

　많이 낼 수도 있고 많이 안 낼 수도 있다. 무슨 이야기일까? 일반적인 증여의 경우는 자녀가 아닌 직계비속의 경우 증여세 산출세액의 30%에 상당하는 금액을 가산한다. 일반적인 증여세액이 1천만원이라고 할 경우 손자녀에게 증여하면 1천3백만원의 증여세를 내야 한다. 수증자가 증여자의 자녀가 아닌 직계비속이면서 미성년자인 경우로서 증여재산가액이 20억원을 초과하는 경우에는 40%를 할증과세 한다. 그러나 자녀가 사망하여 그 손자녀가 증여를 받는 경우에는 할증과세 하지 않는다. 또한 할아버지와 아버지가 동시에 증여할 경우 증여 순서만 바꾸어도 증여세가 할증되지 않을 수 있다. 증여재산공제 범위까지(예 : 5천만원) 할아버지가 먼저 증여하고 증여재산공제를 초과하는 금액은 아버지가 증여하는 것이 할증과세를 피할 수 있는 방법이다.

["저는 2016년 12월 할아버지에게 비상장법인 A 주식을 증여받고, 세대생략 30% 할증과세 적용하였습니다. 2019년 9월에 비상장법인 A법인이 B법인(상장법인)과 합병하였습니다. 이에 따라 상장이익이 발생하여 증여세 납부해야 하는 경우에도 세대생략 할증과세를 적용해야 하나요?"]

사례에서 합산배제증여재산에 해당하는 '합병에 따른 상장 등 이익의 증여'(상증법 제41조의5) 과세 시 세대생략 할증과세를 적용하지 않는다. 해당 증여일 전 10년 이내에 동일인(증여자가 직계존속인 경우에는 그 직계존속의 배우자를 포함)으로부터 받은 증여재산가액을 합친 금액이 1천만원 이상인 경우에는 그 가액을 증여세 과세가액에 가산한다. 하지만 합산배제증여재산의 경우에는 가산 대상이 아니다. 따라서 합산배제증여재산 계산 시 증여재산가액에서 3천만원을 공제한 금액으로 증여세 과세표준에 해당하며, 직계비속에게 증여하더라도 5천만원(미성년자는 2천만원) 공제하지 않는다. ☞ 집행기준 55-0-1

☑ 증여세 과세표준

집행기준 55-0-1
증여세 과세표준

구 분	증여세 과세표준
① 명의신탁재산의 증여의제	명의신탁재산가액 – 감정평가수수료
② 특수관계법인과의 거래를 통한 이익의 증여의제, 특수관계인으로부터 제공받은 사업기회로 발생한 이익의 증여의제	증여의제이익 – 감정평가수수료

구 분	증여세 과세표준
③ 합산배제증여재산(①, ② 제외)	증여재산가액 – 3천만원 – 감정평가수수료
④ 그 외의 증여재산	증여세과세가액 – 증여재산공제 – 재해손실공제 – 감정평가수수료

☞ 감정평가수수료 : 집행기준 25-20의3-1 참조 [48]

☑ 증여세 할증과세

수증자가 자녀가 아닌 직계비속의 경우 증여세 산출세액의 30%에 상당하는 금액을 가산한다. 다만, 증여자의 최근친인 자녀가 사망하여 그 손자녀가 증여를 받는 경우에는 할증과세 하지 않는다. 수증자가 증여자의 자녀가 아닌 직계비속이면서 미성년자인 경우로서 증여재산가액이 20억원을 초과하는 경우에는 40%를 할증한다. ☞ 집행기준 57-0-1

Q1. 할아버지가 성인인 손자에게 10억원을 증여한 경우 증여세는 얼마나 나올까요?

할아버지가 손자에게 바로 증여하면 아버지로 재산이 이전되었다가 다시 아버지에서 손자로 이전되는 경우보다 한 단계가 생략되었다고 하여 세대생략이라고 한다. 이와 같이 한 세대를 건너뛰어

---

48) 본 책의 P.300 집행기준 25-20의3-1 참조

재산을 이전함으로써 상속세 또는 증여세를 회피하는 것을 방지하기 위하여 세대를 건너뛰어 증여자의 자녀가 아닌 직계비속에게 증여 시 증여세액의 30%에 상당하는 금액을 할증하는 것이다. 수증자가 미성년자이면서 증여재산가액이 20억원을 초과 시 세액의 40%를 할증한다.

☑ 직계비속에 대한 증여의 할증과세액 계산

당해 증여재산가액에 증여일 전 10년 이내에 동일인으로부터 받은 증여재산가액이 1천만원 이상인 경우 합산한다. 그 합산대상 증여재산가액에 수증자의 부모를 제외한 직계존속으로부터 증여받은 가액이 포함되어 있는 경우 할증과세한다. ☞ 집행기준 57-46의3-1

예를 들어 2023년 할아버지가 성년인 손자에게 부동산 10억원을 증여하는 경우 손자의 아버지가 살아있다면, 세대생략 할증과세된다. 세대생략 할증과세 계산 방법은 증여세 산출세액은 10억원에서 5천만원 증여재산공제 후 산출세액의 30% 누진세율을 적용한다. 즉, 세대생략가산액은 산출세액의 30%를 가산하면, 2억9천2백만원은 산출세액이 계산된다. 이중 신고세액공제 3%를 차감하면 총납부세액은 2억8천3백만원이다.[49]

---

49) 2024년 귀속 현행 세율에 따른 계산이므로 2025.1.1. 이후 상속·증여 분부터 개정세율 적용한다.

할아버지가 손자에게 10억원 부동산 증여한 경우(2024년 기준 세율 적용)		
항목	상세내용	금액
과세가액	증여재산가액	10억원
증여공제	직계비속	5천만원
과세표준	과세가액 – 증여공제	9.5천만원
산출세액	9천만원 + 5억원 초과 30%	225백만원
세대생략가산액	산출세액 × 30%	67백만원
산출세액 합계	산출세액 + 세대생략가산액	292백만원
신고세액공제	산출세액 × 3%	8백만원
총납부액	산출세액 – 신고세액공제	283백만원

$$\text{할증 과세액} = \text{증여세 산출세액} \times \frac{\text{수증자의 부모를 제외한 직계존속으로부터 증여받은 재산가액}}{\text{총증여재산가액}} \times 30\%(40\%) - \text{기할증 과세액}$$

② 증여세 세율은 어떻게 되나요?

증여세는 과세표준에 세율을 곱하면 증여세 산출세액이 계산된다. 다만, 납세자는 산출세액 그대로 납부하는 것은 아니고, 직계비속에 대한 증여의 할증과세액을 가산한 금액에서 공제·감면세액 등을 차감하여 결정세액을 계산한다.

증여세는 증여재산에 따라 기본세율과 특례세율로 나눠진다. 2024년 기준 증여세 기본세율은 10%에서 50%의 과세표준 단계별 초과누진세율을 적용한다. 특례세율은 「조세특례제한법」의 적용을 받는 창업자금 및 가업승계 주식 등에 대한 과세특례 적용분은 10%의 세율을 적용한다. 이 경우 가업승계 중소기업 주식 등에 대한 과세특례 적용 시 과세표준이 120억원을 초과하는 경우에는 그 초과금액에 대하여 20%를 적용한다. ☞ 집행기준 56-0-1

증여세 세율[50]

과세표준	세 율	누진공제
1억원 이하	10%	–
1억원 초과~5억원 이하	20%	1,000만원
5억원 초과~10억원 이하	30%	6,000만원
10억원 초과~30억원 이하	40%	16,000만원
30억원 초과	50%	46,000만원

---

50) 2024년 귀속 현행 세율이므로 본 책의 '2025년부터 달라지는 상증법 개정안' 참조

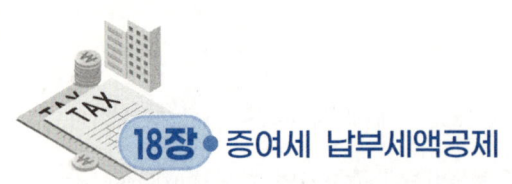

18장 • 증여세 납부세액공제

2 이상의 증여가 있는 경우 10년 내 증여재산 합산 시 이중과세 되는 것은 아닌가요?

증여세는 초과누진세율을 적용하므로 2 이상의 증여가 있는 경우 누진세율 회피를 방지하기 위하여 증여재산을 가산하는 계산방식을 적용한다. 따라서 이전에 증여한 재산가액에 대하여 납부한 증여세액을 공제하는 방식으로 이중과세를 조정하며 이를 납부세액공제라고 한다.

☑ 증여세 납부세액공제

해당 증여일 전 10년 이내에 동일인으로부터 받은 증여재산가액을 합친 금액이 1천만원 이상에 해당되어 그 가액을 증여세 과세가액에 가산한 경우 가산한 증여재산에 대한 증여세 산출세액 상당액을 증여세 산출세액에서 공제한다. ☞ 집행기준 58-0-1

> 납부세액공제액 : Min[①, ②]
> ① 가산한 증여재산에 대한 증여세 산출세액
> ② 한도 : 증여세 산출세액 × (가산한 증여재산에 대한 과세표준) / (당해 증여재산과 가산한 증여재산가액의 합계액에 대한 과세표준)

증여세 과세가액에 가산하는 증여재산에 대하여 「국세기본법」에 따른 국세부과의 제척기간의 만료로 인하여 증여세가 부과되지 아니하는 경우에는 납부세액공제를 적용하지 않는다. 58-0-2

✅ 증여세 납부세액공제 사례

 58-0-3
증여세 납부세액공제 사례(2024년 증여세율 적용)

- 2014.1.1. 아버지가 아들에게 아파트 1채 증여
  ① 아파트 시가 : 100,000,000원
  ② 전세보증금 30,000,000원은 아들이 인수함.
  ③ 증여세 산출세액 : 2,000,000원
- 2018.1.1. 아버지가 아들에게 토지(평가액 : 333,600,000원) 증여

☞ 납부세액공제 계산
  ① 2018.1.1. 증여세 산출세액
    : [333,600,000 + 70,000,000 − 50,000,000] × 20% − 10,000,000
    = 60,720,000원
  ② 납부세액공제 : Min[가, 나] = 2,000,000원
    가. 기납부증여세산출세액 : 2,000,000원
    나. 한도 : 60,720,000원 × (100,000,000 − 30,000,000 − 50,000,000) / (333,600,000 + 100,000,000 − 30,000,000 − 50,000,000)
    = 3,434,389원

❓ 외국의 부동산을 증여하고 외국에서 고지서 받았는데 공제 가능할까요?

> "아버지로부터 증여받은 미국의 부동산을 증여재산에 가산하고 당해 자산에 대한 외국납부세액공제를 적용할 때, 미국에서 증여세를 미신고하여 고지서가 나왔습니다. 이 경우에도 외국납부세액공제가 가능한가요?"

사례에서 외국납부세액을 미신고한 경우에도 외국납부세액공제가 가능하다. 거주자의 국외재산을 증여재산에 가산하고 당해 자산에 대한 외국납부세액공제를 적용할 때, 증여세 과세표준 신고기한 내에 외국에서 증여세가 부과되어 그 내용을 신고한 경우에만 외국납부세액공제가 되는 것은 아니다. 비록 신고기한 경과 후 외국의 법령에 따라 증여세가 부과된 사실이 관련 증빙서류에 의하여 확인되고 외국납부세액공제신청서가 제출되는 경우 공제가 가능하다.

☑ 증여세 외국납부세액 공제

거주자가 타인으로부터 재산을 증여받은 경우로서 외국에 있는 증여재산에 대하여 외국의 법령에 의하여 증여세를 부과받은 경우 그 부과받은 증여세를 한도로 증여세 산출세액 중 외국납부 증여세 상당액을 증여세 산출세액에서 공제한다. ☞ 집행기준 59-0-1

> 외국납부세액공제액 = Min[①, ②]
> ① 증여세 산출세액 × $\dfrac{\text{외국납부 증여세 과세표준}}{\text{총 증여세 과세표준}}$
> ② 한도 : 외국의 법령에 의하여 부과된 증여세액
>   *가산세는 제외

❷ 신고기한 내에 증여세 신고만 하더라도 증여세를 아낄 수 있다고요?

["신고기한 내에 증여세 신고서를 제출하였으나 세금 납부를 하지 못했습니다. 신고세액공제 가능한가요?"]

☑ 증여세 신고세액공제

　증여세 과세표준 신고기한 내에 증여세 신고서를 제출한 경우에는 신고세액공제를 적용한다. 신고기한 내에 증여세 신고서를 제출한 때에는 비록 증여세 신고기한 내 세액을 납부하지 아니하여도 신고세액공제를 할 수 있다. 다만, 창업자금 및 가업승계 주식에 해당하는 재산을 증여받은 경우에는 신고세액공제를 적용하지 않는다.

Part 3

알수록 돈이 되는
상속세 핵심비법

알수록 돈이 되는
부의 설계

1장 • 상속세 과세표준

부동산 매매계약 이행 중인 상속재산의 상속세 계산은 어떻게 하나요?

["아버지가 부동산 매도하시는 중에 사망하셨어요. 부동산은 100억원에 매도되었고, 계약금은 10억원으로 계약금만 받은 상황이에요. 계약금은 예금으로 남아 있고, 중도금과 잔금을 미수령 하였는데, 상속세 계산은 어떻게 되나요?"]

사례의 경우 상속 부동산 매도가액은 100억원이다. 생전 매도인인 아버지가 매도대금 중 계약금만 받고, 그 후 사망하셨으므로 상속인이 중도금 및 잔금을 받고, 소유권을 넘겨주게 된다. 따라서 상속재산으로 부동산평가액은 이미 수령한 10억원은 선수금인 부채의 성격이므로 부동산 가액에서 차감한다. 부동산 매도가액은 100억원이지만, 상속재산가액은 양도가액인 시가 ❶ 100억원에서 상속개시 전 이미 수령한 ❷ 10억원을 차감한 90억원이다. 예금으로 ❸ 10억원이 남아 있으므로 총 상속재산은 100억원(❶100억원 − ❷10억원 + ❸10억원)이 된다.

☑ 부동산 매매계약 이행 중인 재산의 상속재산 포함 여부

❶ 상속개시 전 피상속인이 부동산 양도계약을 체결하고 잔금을 받기 전에 사망한 경우에는 양도대금 전액에서 상속개시 전에 받은 계약금과 중도금을 뺀 잔액을 그 상속재산의 가액으로 한다. 양도대금이 불분명한 경우에는 그 부동산을 상증법에 따라 평가한 가액으로 한다.

❷ 상속개시 전 피상속인이 부동산 양수계약을 체결하고 잔금을 지급하기 전에 사망한 경우에는 이미 지급한 계약금과 중도금을 상속재산에 포함한다.[1]

Q 알수록 돈이 되는 상속재산의 대상은 무엇인가요?

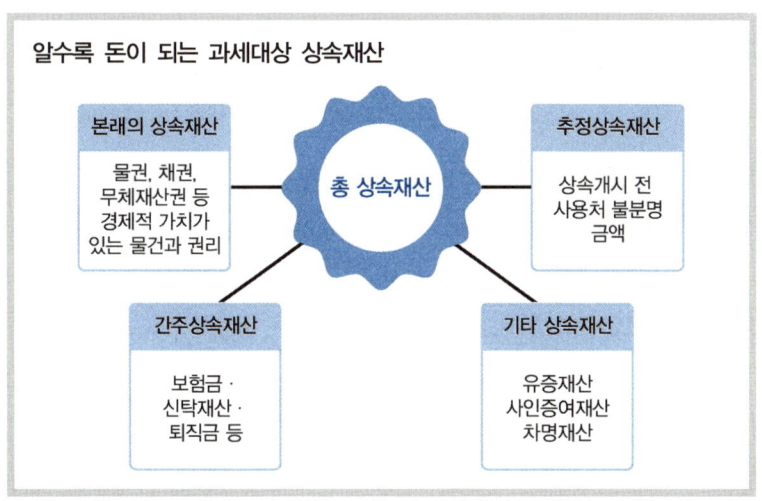

---

1) 기본통칙 2-0…3 【부동산 매매계약 이행중인 재산의 상속재산 포함여부】

> **과세대상 상속재산 = ① + ② + ③ + ④**
>
> ① **본래의 상속재산**
>   - 상속개시일 현재 피상속인이 소유하고 있는 경제적 가치가 있는 물건과 권리
>
> ② **간주상속재산**
>   - 피상속인의 사망으로 지급받게 되는 보험금
>   - 피상속인이 신탁한 재산, 퇴직금·퇴직수당·공로금 등
>
> ③ **추정상속재산**
>   - 상속개시일 전 1년(2년) 이내에 처분·인출한 재산가액 또는 금융기관 채무부담 금액이 2억원(5억원) 이상인 경우로서 그 처분가액 또는 채무부담액의 사용처가 입증되지 않는 사용처불분명 가액은 상속받은 것으로 추정하여 상속재산에 포함된다.
>   * 계산식 : 사용처불분명 금액 − Min(처분가액 또는 채무부담액 × 20%, 2억원)
>
> ④ **사전에 증여한 재산**
>   - 상속개시 전 10년 이내에 상속인에게 증여한 재산
>   - 상속개시 전 5년 이내에 상속인이 아닌 자에게 증여한 재산
>   - 상속개시 전에 증여한 증여세 과세특례 재산인 창업자금 등

☑ 과세대상 상속재산

상속세 과세대상 재산은 피상속인에게 귀속되는 재산으로 금전으로 환산할 수 있는 경제적 가치가 있는 물건, 재산적 가치가 있는 법률상·사실상 권리를 말하는 것이다.

총상속재산가액에는 상속·유증 등을 원인으로 승계되는 피상속인 현존 재산인 본래의 상속재산과 보험금·신탁재산·퇴직금 등 간주상속재산이 포함된다. 또한 실제 상속일 현재 재산은 아니지만 상증법에서 정하고 있는 추정상속재산까지 포함되므로 이 부분에 유의해야 한다. 추정상속재산은 세법상 개념으로 상속인이 알아두지 않으면, 손해를 볼 수 있는 상속재산이다.

추정이라는 용어는 본래는 불확실한 상태이지만, 입증하지 못하는 경우 일단 사실에 대한 판단을 내려서 법률 효과를 발생시킨다. 따라서 상속개시 전 부동산을 처분하거나, 예금을 인출 또는 채무가 발생하는 등 상속재산이 감소하였으나 사용처가 불분명하면, 사용처를 밝히지 못한 금액 중 일정 금액 이상을 현금으로 상속받은 것으로 추정하여 상속재산에 가산한다. 상속이 개시되기 전 피상속인이 재산을 처분하고, 그 처분 대금을 현금 등 포착하기 힘든 재산으로 전환하여, 고의적으로 상속재산에서 누락하는 것을 방지하기 위하여 상속인에게 입증의무를 지우는 것이다. 추정상속재산을 잘 알아두는 것이 상속세를 덜 내는 방법 중 하나이다.

☑ 상속세 과세표준의 계산

상속세 계산은 총상속재산가액 중 비과세 상속재산을 차감하고, 과세가액불산입액과 채무 등 공제금액을 차감 후 합산대상 사전증여재산가액을 가산하여 상속세 과세가액을 계산한다.

상속세 과세가액이 산정되면, 배우자 공제 등 상속공제와 감정평가 수수료를 제외하면 상속세 과세표준이 된다. **상속세 과세표준에 2024년 기준 10~50% 누진 상속세율을 곱하면 상속세액이다.**

☞ 집행기준 7-0-1

집행기준 7-0-1
상속세 과세표준의 계산

구 분	내 용
총상속재산가액	• 상속재산 • 간주상속재산 • 추정상속재산
− 비과세 상속재산가액	• 전사자 등에 대한 비과세 • 금양임야 등 비과세재산
− 과세가액 불산입액	• 공익법인 출연재산, 공익신탁재산 등
− 공제금액	• 공과금, 장례비, 채무
+ 합산대상 증여재산가액	• 사전증여재산 • 특례적용 증여재산(창업자금, 가업승계주식)
= 상속세 과세가액	
− 상속공제	• 기초공제, 그 밖의 인적공제, 일괄공제, 배우자공제 • 가업·영농상속공제, 금융재산상속공제, 재해손실공제, 동거주택 상속공제
− 감정평가수수료	• 감정평가법인등에 대한 감정평가수수료 • 신용평가전문기관에 대한 수수료 • 서화, 골동품 등 예술품 평가에 대한 감정수수료
= 상속세 과세표준	

　현재 상속세는 피상속인 기준으로 채무나 공과금 등을 제외하여 피상속인이 물려주는 유산 총액을 구하여 누진세율을 적용하는 방식이다. 현행 상속세는 유산과세, 증여세는 취득과세 방식으로 운용하고 있어, 과세체계 정합성을 위해 취득과세 방식으로 일치시킬 필요가 있다. 유산취득세 방식은 상속인 각자가 취득하는 상속재산의 크기에 따라 세액이 결정되나, 유산세 방식은 피상속인의 상속재산을 기준으로 세액이 결정되어 상속인별 담세력을 고려하

지 못한다. 따라서 상속세부담을 줄이고 상속재산을 각 상속인의 지분대로 분할 후 지분만큼 무상취득자(상속인) 기준으로 누진세율을 구하는 유산취득세 과세방식으로 전환하려는 움직임이 가시화되고 있다.[2]

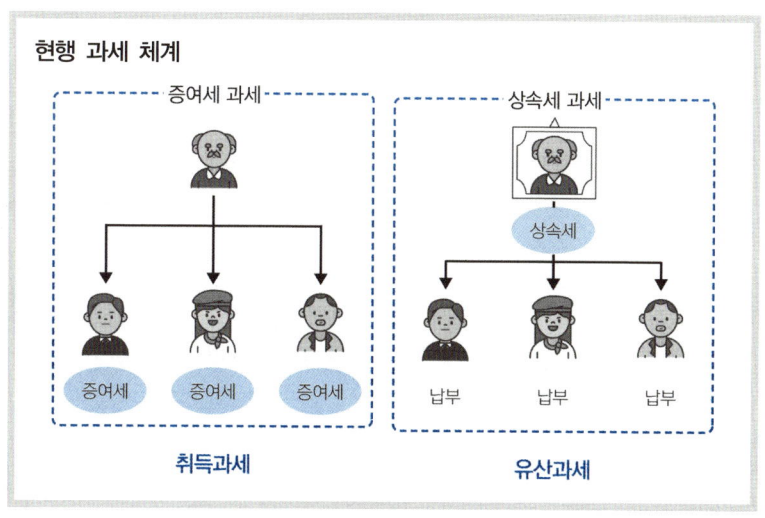

---

[2] 기획재정부는 2022.10.14.(금) 10시 「상속세 유산취득 과세체계 도입을 위한 전문가 전담팀 (이하 "유산취득세 전문가 전담팀")」 첫 회의를 개최하였다. 2023.2.24. 4차 회의까지 진행되었다.

2장 보험금

사망 보험금은 모두 상속재산인가요?

["어머니의 사망으로 생명보험금 2억원을 받았습니다. 총 불입보험료는 2천만원이며, 이 금액은 모두 어머니가 납부하셨습니다. 아버지와 저희 형제가 상속받을 때 보험금도 상속세 내야 하나요?"]

사례에서 피상속인의 사망으로 받는 보험금은 상속재산에 해당한다. 따라서 사례의 2억원 전부 상속재산에 포함된다. 피상속인의 사망으로 인하여 받는 생명보험 또는 손해보험의 보험금은 지급받은 보험금 중에서 불입된 보험료 중 피상속인이 부담한 보험료 상당액을 상속재산으로 보는 보험금이다. 즉 피상속인이 실질적으로 납부한 비율만큼 상속재산이 된다.

상기 사례에서 만약 상속인인 아버지가 보험 계약을 하고, 납입보험료 2천만원 전부를 납부하였다면, 이는 상속재산에 해당하지 않는다. 결국 피상속인(사례 : 어머니)이 실질적으로 보험료를 납부하였다면, 상속인이 보험수익자로서 보험금을 수령하면서 보험회사로부터 경제적 이익을 무상이전 받는 결과가 되므로 실질과세원칙상 해당 보험금을 상속재산으로 간주한다.

☑ 상속재산으로 보는 이유

'보험금', '신탁재산', '퇴직금'을 간주상속재산으로 보는 이유는 본래의 상속재산은 아니지만, 상속·유증 등으로 취득하는 것과 동일한 경제적 이익이 발생하기 때문에 과세형평을 위하여 상속재산에 포함되는 것이다.

☑ 간주상속재산

상속 또는 유증이나 사인증여를 원인으로 취득하는 본래적 의미의 상속재산은 아니라고 하더라도 이와 동일한 경제적 이익이 발생하는 경우에는 실질과세원칙에 따라 상속재산으로 보며 보험금, 신탁재산, 피상속인에게 지급될 퇴직금 등 중 피상속인의 사망에 따라 지급되는 금액은 상속재산으로 본다. ☞ 집행기준 8-0-1

보험금 수령과 상속세 CASE

오해

아버지가 생명보험을 가입하면서 그 보험금 수령인을 자녀로 두는 경우가 많이 있는데, 이때 보험계약자를 본인으로 하면 상속세가 과세되지만, 보험계약자를 소득이 있는 자녀로 둔 경우에는 상속세가 과세되지 않음

구 분	보험계약자	보험금 수령인	과세 여부
CASE1	아버지	자녀	상속세 O
CASE2	자녀	자녀	상속세 ×

- 보험료 납부자 ≠ 보험금 수령인

 ➡ 상속세 O

- 보험료 납부자 = 보험금 수령인

 ➡ 상속세 X

보험계약자를 자녀로 하여도 **아버지가 실제로 보험료를 납부하였을 때**에는 아버지의 사망으로 인하여 받는 보험금은 **상속재산에 포함된다.** 만약, 자녀가 아버지 사망 시 납부할 상속세를 미리 준비하기 위하여 아버지 사망 시 보험금을 받을 수 있는 보험에 가입하고, 보험료를 직접 납부하였을 경우 지급받는 보험금은 상속재산에 포함되지 않는다. 일부 이를 이용하여 실제로는 아버지가 보험료를 납부하면서, **자녀가 보험료를 납부한 것처럼 위장하는 방식**으로 상속세를 줄일 수 있다고 홍보하고 있는데 **이는 절세가 아닌 명백한 탈세이다.** 상속세 조사 등을 통해 의도적인 탈세가 밝혀진다면 더 큰 부담이 될 수 있으니 유의하여야 한다.

※ 상속증여 세금상식, 국세청, 2023, P.15

☑ 간주상속 보험금의 범위

❶ 피상속인의 사망으로 인하여 받는 생명보험 또는 손해보험의 보험금이다.

❷ 보험계약자가 피상속인이어야 한다. 이 경우 피상속인이 보험계약자가 아니라도 실질적으로 보험료를 납부한 경우에는 피상속인을 보험계약자로 본다.

❸ 새마을금고가 취급하는 생명공제금, 손해공제금 또는 수협공제의 공제금도 상속재산으로 보는 보험금에 포함된다.

☞ 집행기준 8-4-1

Q 자녀가 대신 아버지 보험금을 납부한 후 아버지가 사망하였다면 수령 보험금은 상속재산에 해당할까요?

☑ 상속인 등이 보험료를 부담한 경우

피상속인(예 : 아버지)이 보험계약자 및 피보험자이고 상속인(예 : 자녀)이 보험수익자라 할지라도 실질적으로 상속인(예 : 자녀)이 보험료를 부담한 경우 당해 보험금은 상속재산으로 보지 아니한다.
☞ 집행기준 8-4-2

☑ 보험금 수령인이 상속인이 아닌 경우

피상속인(예 : 아버지)의 사망으로 인하여 지급받는 생명보험 또는 손해보험의 보험금으로서 보험계약의 수익자가 상속인(예 : 자녀)이 아닌 경우에는 상속인이 아닌 자(예 : 고모)가 유증 등을 받은 것으로 보아 상속재산에 포함된다. ☞ 집행기준 8-4-3

☑ 상속재산으로 보는 보험금의 계산

❶ 피상속인이 부담한 보험료는 보험증권에 기재된 보험료 금액에 의한다.

❷ 보험계약에 따라 피상속인이 지급받은 배당금 등으로 보험료에 충당되었을 경우에는 동 금액은 피상속인이 부담한 보험료에 포함된다. ☞ 집행기준 8-4-4

$$\text{상속재산으로 보는 보험금} = \text{보험금총액} \times \frac{\text{피상속인이 부담한 보험료 합계액}}{\text{피상속인이 사망 시까지 불입한 보험료 합계액}}$$

3장 • 신탁과 퇴직금

신탁재산은 상속재산에 포함되나요?

["아버지가 사시던 아파트가 재건축 중입니다. 아버지 돌아가시고 아파트 중 7천만원 건물만 아버지 명의로 소유권 등기가 되어 있고, 4억원 가량 대지권은 재건축조합 명의로 신탁 등기가 되어 있어요. 아파트 중 아버지 명의인 건물 7천만원만 상속재산인가요?"]

사례에서 피상속인의 아파트의 대지권은 신탁을 원인으로 재건축조합 명의로 등기가 되어 있으나, 상속개시일 현재 위 조합 명의로 신탁 등기된 아파트의 대지권 4억원은 상속재산에 해당한다. 따라서 피상속인 명의로 된 건물 7천만원과 함께 총 4억7천만원을 상속재산으로 포함하여야 한다.[3]

세법에서는 「신탁법」에 따른 신탁으로 한정하지 않고, '피상속인

---

[3] 재건축조합의 명의로 신탁 등기된 재산은 상속재산에 해당되어 아파트의 기준시가에 의해 상속세를 부과한다. (국심2005서2949, 2006.4.13.)

이 신탁한 재산은 상속재산으로 본다'고 규정한다. 「신탁법」에 따라 위탁자와 수탁자가 신탁계약을 체결하여, 위탁자의 재산을 수탁자 명의로 신탁이전하고, 수탁자로 하여금 지정된 수익자를 위하여 그 재산이나 이익을 관리 · 처분하도록 할 수 있다. 이 경우 수탁자는 그 재산에 대한 명목상 소유자일 뿐이므로, 신탁재산의 실질적 소유자는 위탁자이므로 피상속인이 신탁하는 재산이나 피상속인이 신탁이익을 받을 권리를 소유한 경우에는 그 재산은 상속재산에 해당한다. 즉, 피상속인이 신탁으로 인하여 타인으로부터 신탁의 이익을 받을 권리를 소유한 경우 상속재산에 포함한다.

주의할 점은 실체적인 증여계약 등 거래관계 없이 매매 등의 형식을 빌려 목적 재산의 명의만을 다른 사람의 명의로 이전하는 명의신탁도 상속재산에 포함된다는 것이다. 상속세 결정 과정에서 세무서에서 금융내역을 조사하여, 타인 명의로 부동산을 명의신탁하거나, 주식을 명의신탁하는 경우 실제 소유자는 피상속인일 때, 명의신탁재산도 실제 소유자인 피상속인의 상속재산에 포함한다.

☑ 신탁의 정의

신탁은 「신탁법」에 따라 위탁자와 수탁자와의 특별한 신임관계를 바탕으로 위탁자가 특정의 재산권을 수탁자에게 이전하거나 기타의 처분을 하고 수탁자로 하여금 수익자의 이익을 위하거나 특정의 목적을 위하여 그 재산권을 관리, 처분하게 하는 법률관계이다.

☞ 집행기준 9-0-1

☑ 상속재산으로 보는 신탁재산의 범위

❶ 피상속인이 신탁한 재산은 상속재산으로 본다. 다만, 신탁이익의 증여[4])에 따라 수익자의 증여재산가액으로 하는 해당 신탁의 이익을 받을 권리의 가액은 상속재산으로 보지 아니한다.

❷ 피상속인이 타인으로부터 신탁의 이익을 받을 권리를 소유하고 있는 경우에는 이익에 상당하는 가액은 상속재산에 포함한다.

❸ 피상속인이 신탁한 재산 중 타인이 신탁의 이익을 소유하고 있는 경우 그 이익에 상당하는 가액은 상속재산에 포함하지 아니한다.

❹ 수익자연속신탁의 수익자가 사망함으로써 타인이 새로 신탁의 수익권을 취득하는 경우 그 타인이 취득한 신탁의 이익을 받을 권리의 가액은 사망한 수익자의 상속재산에 포함한다.

☞ 집행기준 9-5-1

Q 남편이 받지 않은 퇴직금이 상속재산인가요?

["남편이 사망 1년 전 가족이 주주로 있는 법인의 대표이사직으로 근무했던 퇴직금을 포기했어요. 그 후 건강이 안 좋아져 사망했는데, 포기한 퇴직금도 상속재산인가요?"]

---

4) 상증법 제33조【신탁이익의 증여】
　① 신탁계약에 의하여 위탁자가 타인을 신탁의 이익의 전부 또는 일부를 받을 수익자로 지정한 경우로서 (…중략…) 해당 신탁의 이익을 받을 권리의 가액을 수익자의 증여재산가액으로 한다.

사례에서 피상속인이 사망하기 전 5년 이내에 퇴직금을 포기하였다면, 법인에게 증여한 재산으로 보아 피상속인의 상속세 과세가액에 가산된다. 해당 법인이 피상속인이 포기한 퇴직금을 채무면제이익으로 회계처리하였다면, 법인이 퇴직금의 면제로 얻은 이익은 피상속인이 '상속인이 아닌 자(= 법인)'에게 증여한 것으로 보게 된다. 나아가 피상속인은 사망 이전에 이미 퇴직금 수령을 포기하였는데, 이는 '사전증여'로서 피상속인이 사망 이전에 수령을 포기한 퇴직금을 상속세 과세가액에 포함하고, 이중과세방지를 위하여 포기한 퇴직금에 대한 증여세 산출세액 상당액을 공제한 후 상속세를 결정한다.

만약, 피상속인이 퇴직금을 포기하지 않은 상태로 사망한 경우 피상속인에게 지급될 퇴직금을 수령할 권리가 있는 상속인이 그 권리조차 포기하였다면, 상속인에게 해당 퇴직금에 대한 상속세가 과세되고, 다시 퇴직금을 받아 퇴직금 지급의무가 있는 법인에게 증여한 것이 된다.

다만, 모든 퇴직금이 상속재산에 포함되는 것은 아니다. 업무상 사망으로 인하여 「근로기준법」 등에 따라 지급되는 유족보상금 등은 상속재산으로 보지 않는다.

☑ 피상속인의 퇴직금을 상속인이 포기한 경우

피상속인에게 지급하기로 확정된 퇴직금을 상속인이 포기한 경우에는 상속인이 당해 퇴직금을 상속받아 퇴직금 지급의무자에게 증여한 것으로 본다. ☞ 집행기준 10-6-2

☑ 상속재산으로 보는 퇴직금 등

❶ 피상속인에게 지급될 퇴직금·퇴직수당·공로금·연금이 피상속인의 사망으로 인하여 지급되는 경우
❷ 퇴직급여지급규정 등에 의하여 지급받는 금품
❸ 피상속인의 지위·공로 등에 따라 지급되는 금품으로 피상속인이 근무하고 있는 사업과 유사한 사업에 있어 피상속인과 같은 지위에 있는 자가 받거나 받을 수 있다고 인정되는 금액

☞ 집행기준 10-0-1

☑ 상속재산으로 보지 않는 퇴직금

❶ 「국민연금법」에 따라 지급되는 유족연금 또는 사망으로 인하여 지급되는 반환일시금
❷ 「공무원연금법」, 「공무원재해보상법」 또는 「사립학교교직원연금법」에 따라 지급되는 퇴직유족 연금, 장해유족연금, 순직유족연금, 직무상유족연금, 위험직무순직유족연금, 퇴직유족연금 부가금, 퇴직유족연금일시금, 퇴직유족일시금, 순직유족보상금, 직무상유족보상금 또는 위험직무 순직 유족보상금
❸ 「군인연금법」 또는 「군인재해보상법」에 따라 지급되는 퇴역유족연금, 상이유족연금, 순직유족연금, 퇴역유족연금부가금, 퇴역유족연금일시금, 순직유족연금일시금, 퇴직유족일시금, 장애 보상금 또는 사망보상금
❹ 「산업재해보상보험법」에 따라 지급되는 유족보상연금·유족보상일시금·유족특별급여 또는 진폐 유족연금

❺ 근로자의 업무상 사망으로 인하여 「근로기준법」 등을 준용하여 사업자가 그 근로자의 유족에게 지급하는 유족보상금 또는 재해보상금과 그 밖에 이와 유사한 것

❻ 「별정우체국법」에 따라 지급되는 유족연금, 유족일시금

☞ 집행기준 10-0-2

4장 • 상속세의 비과세

상속재산 중 과세 안되는 사항이 우리집에도 해당될까요?

["저희 부부는 고등학생 아들이 갑작스러운 교통사고로 사망하여 상속재산 중 일부 현금으로 아들이 다녔던 공립 고등학교의 전체 재학생의 생활복을 구입하여 현물로 기증하였습니다. 상속재산 중 국가나 국·공립학교에 증여하는 것은 비과세에 해당하는 것인가요?"]

사례의 경우 안타깝게도 비과세 받지 못한다. 상속인이 상속재산을 상속세 신고기한 이내에 국·공립학교에 증여하는 경우에는 상속세를 부과하지 않는 비과세 항목에 해당한다. 하지만, 상속재산을 다른 재산으로 대체하여 증여하는 경우에는 비과세에 해당되지 않으므로 주의해야 한다. 사례의 경우와 같이 상속재산 중 일부인 현금을 기부하였다면, 비과세에 해당할 것이나, 현금 그 자체로 기부하는 것이 아닌 현물로 구입해서 기부하게 되면 상속재산을 다른 재산으로 대체하여 증여하는 것이므로 상속재산에서 공제되지 않는다.[5]

세법에서는 전사(戰死)나 이에 준하는 사망 또는 전쟁 등 공무의 수행 중 입은 부상 또는 질병으로 사망하는 경우 상속세를 전액 비과세한다. 또한 정책적 목적 등을 달성하기 위하여 요건을 갖춘 일부 재산에 대해서만 상속세 비과세에 해당한다.

따라서 열거된 제한적 항목에 대하여 비과세 되므로 해당 요건을 충족해야 한다. 상속인이 신고기한 내에 상속재산 중 일부를 국가 등에 증여한 재산은 비과세가 맞으나, 사례의 경우 현물로 구입하여 증여하였으므로 상속재산이 변형되었다면, 비과세를 적용받을 수 없다. 비과세 요건은 특별한 사정이 없는 한 법문대로 해석할 것이고 합리적 이유 없이 확장해석하거나 유추해석하는 것은 허용되지 않는다. 비과세 항목이 편법적으로 악용되는 것을 규제하고자 엄격히 판단해야 하기 때문이다.

집행기준 12-8-1
비과세되는 상속재산

① 피상속인이 국가·지방자치단체 또는 지방자치단체조합, 공공도서관·공공박물관 등에 유증·사인 증여한 재산
② 삭 제(2023.2.28.)
③ 제사를 주재하는 상속인을 기준으로 피상속인이 제사를 주재하고 있던 선조의 분묘에 속한 9,900㎡ 이내의 금양임야와 그 분묘에 속한 1,980㎡ 이내의 묘토인 농지로 그 합계액이 2억원 이내인 것
  ☞ 금양임야는 지목에 관계없이 피상속인의 선조의 분묘에 속하여 있는 임야이며 묘토인 농지는 피상속인이 제사를 주재하고 있던 선조의 분묘와 인접거리에 있는 것으로 상속개시일 현재 묘제용 재원으로 실제 사용하는 농지를 말한다.
④ 족보 및 제구로서 그 재산가액의 합계액이 1천만원 이내의 것

---

5) 상속인이 상속재산을 다른 재산으로 대체하여 국·공립학교에 증여하는 경우에는 비과세되는 상속재산에 해당하지 아니한다. (재산세과-315, 2011.7.4.)

⑤ 「정당법」에 따른 정당에 유증·사인증여를 한 재산
⑥ 「근로복지기본법」에 따른 사내근로복지기금, 우리사주조합, 공동근로복지기금 및 근로복지 진흥기금에 유증·사인증여한 재산
⑦ 사회통념상 인정되는 이재구호금품, 치료비, 불우한 자를 돕기 위하여 유증한 재산으로서 상속 개시 전에 피상속인이 증여하였거나 유증·사인증여에 의하여 지급하여야 할 것으로 확정된 것
⑧ 상속재산 중 상속인이 상속세신고기한 이내에 국가·지방자치단체 또는 지방자치단체조합, 공공 도서관·공공박물관에 증여한 재산

☑ 국가지정문화유산 등에 대한 상속세 비과세 삭제 이유[6]

상속세가 비과세되는 국가지정문화유산 등을 상속세 회피 수단으로 악용하는 경우를 방지하고, 문화유산의 유지·보존을 유도하기 위하여 앞으로는(2023.1.1. 이후) 국가지정문화유산 등에 대해서도 상속세를 부과하되, 상속인이 이를 유상으로 양도하기 전까지는 해당 상속세액의 징수를 유예한다.[7]

Q1 아버지가 돌아가시기 전 고향의 선산(금양임야)을 장남에게 증여한 경우 상속세 비과세될까요?

"아버지는 돌아가시기 전 고향의 선산(금양임야)을 장남에게 증여한 사실이 있습니다. 아버지는 장손으로서 제사를 주재하

---

[6] 2023.1.1. 전에 상속이 개시된 종전의 상증법 제12조【비과세되는 상속재산】제2호 국가지정문화유산 재산에 대한 상속세 비과세에 관하여 상증법 제12조 제2호의 개정규정에도 불구하고 종전의 규정에 따른다. [법 부칙(2022.12.31.) 제6조]
[7] 본 책의 P.407 집행기준 74-76-1 참조

> 여오셨고 아버지가 돌아가시면서 장남에게 증여한 선산이 상속세 과세가액에 포함되었습니다. 고향의 선산은 아버지가 제사를 주재하시던 선조의 묘가 있는 곳입니다. 상속세 과세가액에 합산한 증여재산가액도 상속세 비과세 받을 수 있나요?"

사례의 경우 안타깝게도 비과세 받지 못한다. 금양임야라 하더라도 상속개시 전에 증여받아 상속세 과세가액에 가산되는 경우는 비과세 대상이 아니다. 금양임야란 그 안에 분묘를 설치하고 벌목을 금지하고 나무를 기르는 임야를 의미한다. 선조의 분묘에 속한 9,900㎡(3,000평) 이내 금양임야와 그 분묘에 속한 1,980㎡(600평) 이내의 묘토인 농지의 합계액이 2억원 한도로 비과세한다.[8]

② 상속개시 후 금양임야와 묘토로 사용하기로 한 경우 비과세될까요?

분묘가 속한 금양임야 및 묘토인 농지에서 분묘는 피상속인이 제사를 주재하고 있던 선조의 것을 말하므로, 상속개시 후 금양임야와 묘토로 사용하기로 한 경우에는 비과세되지 않는다.

☞ 집행기준 12-8-2

---

[8] 납세의무 성립 당시 적용되는 상증령에서 증여받은 묘토에 대하여 증여세를 비과세한다거나 상속세를 비과세한다는 규정이 없으므로 묘토라 하더라도 피상속인이 사망하여 상속으로 취득한 경우에만 상속세가 비과세된다. (국심2004중2562, 2005.3.7.)

③ 공동으로 금양임야 등을 상속받은 경우 비과세되나요?

여러 명의 상속인이 공동으로 금양임야 등을 상속받은 경우에는 제사를 주재하는 상속인의 지분만 비과세하고, 그 이외의 상속인이 받은 금양임야 등의 지분가액은 상속세 재산가액에 산입한다.

☞ 집행기준 12-8-3

구분되는 점은 상속개시일 당시 비과세되는 금양임야의 요건을 갖추었다면, 상속개시일 이후 양도하거나 선조의 분묘를 이장하더라도 비과세에 해당한다는 점이다.

5장 • 사전증여재산

사망 전 증여받은 재산을 상속재산에 다시 가산하는 이유는 무엇인가요?

돌아가신 분(피상속인)의 사망일 기준으로 10년 이내에 상속인에게 증여한 재산을 상속재산에 합산한다. 상속인 외의 자의 경우 증여한 재산을 합산하는 기간이 5년이다. 사전 증여재산을 상속재산에 합산하는 이유는 사후에 과세하는 상속세와 생전에 과세하는 증여세의 과세 형평을 유지하기 위함이다. 즉, 2024년 기준 10~50% 세율인 누진세율 구조의 상속세 부담을 회피하려는 행위를 방지하기 위해 상속재산에 합하여 재계산하고, 이중과세를 조정하기 위하여 이미 납부한 증여세 상당액을 차감한다.

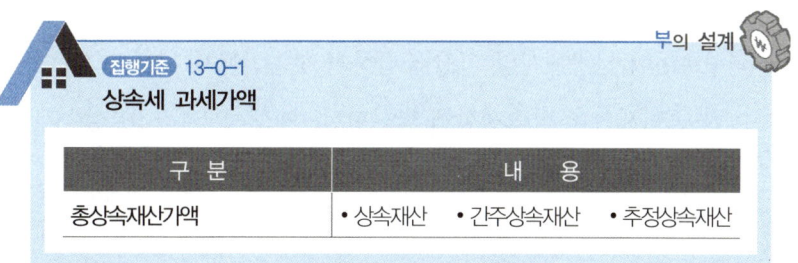

집행기준 13-0-1
상속세 과세가액

구 분	내 용
총상속재산가액	• 상속재산 • 간주상속재산 • 추정상속재산

구 분	내 용
－비과세 상속재산가액	• 전사자 등에 대한 비과세 • 금양임야 등 비과세재산
－과세가액 불산입액	• 공익법인 출연재산, 공익신탁재산 등
－공제금액	• 공과금, 장례비, 채무
＋합산대상 사전증여재산가액	• 사전증여재산 • 특례적용 증여재산(창업자금, 기업승계주식)
＝상속세 과세가액	

* 공과금, 장례비, 채무의 합계액이 상속재산가액을 초과하는 경우 그 초과액은 없는 것으로 본다.

> "할아버지가 7년 전 저에게 아파트를 증여해 주셨습니다. 그 후 제 아버지가 병으로 먼저 돌아가셨어요. 올해 할아버지가 돌아가실 때 제가 돌아가신 아버지 대신 할아버지 재산을 상속받았습니다. 7년 전 증여받은 아파트도 상속재산에 가산해야 하나요?"

사례의 경우 아버지가 먼저 사망하여 대습상속이 이루어진 경우로 상속인 여부는 피상속인의 상속개시 현재를(사례 : 사망일) 기준으로 판단한다. 따라서 사례자의 경우 7년 전 증여받은 아파트도 상속재산에 가산해야 한다.

피상속인이 사망개시일 이전 소급하여 상속인에게 10년 전에 이루어진 증여재산을 상속재산에 합산한다. 예로 2024.3.9. 상속개시일인 경우 소급하여 10년이 되는 날은 2014.3.9.부터 2024.3.9. 사망시간 전까지 증여된 재산을 말한다. 상속인이 아닌 자에게 증여한 재산은 5년 이내 증여받은 재산만 가산한다. 비거주자의 사망으로 인하여 상속이 개시되는 경우에는 국내에 있는 재산을 증여한 경우에만 가산한다.

상속세 과세가액 산정 시 사전증여재산을 가산하는 이유는 피상속인이 생전에 증여한 재산을 상속세 과세가액에 포함시켜, 피상속인의 상속재산을 미리 증여하여 상속세 부담을 회피하려는 행위를 방지하기 위함이다. 이 경우 이미 납부한 증여세 상당액에 대하여 상속세 산출세액에서 차감하여 이중과세를 조정하고 있으나 이미 과세된 증여세가 상속세로 또다시 과세된다는 쟁점이 지속적으로 제기되고 있다.

사전 증여 시기와 관계없이 상속재산에 가산하는 경우도 있는데 창업자금에 대한 증여세 과세특례(조특법 제30조의5)와 가업의 승계에 대한 증여세 과세특례(조특법 제30조의6)로 증여세 특례를 적용받는 경우이다.

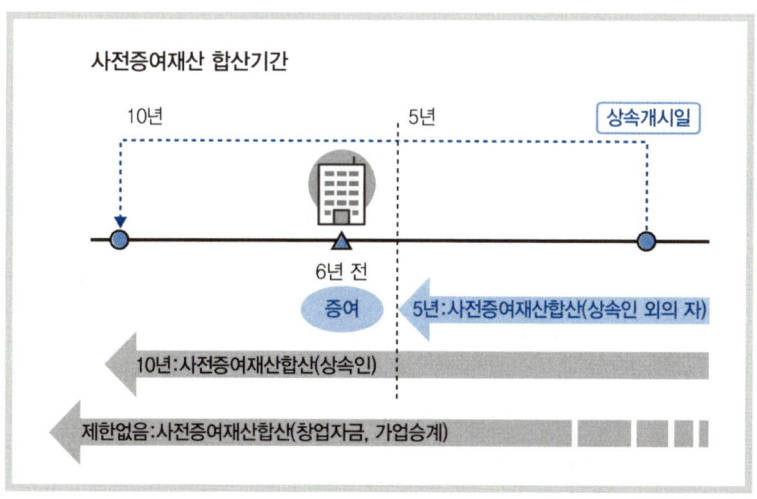

집행기준 13-0-2
사전증여재산가액

상속세 과세가액에 합산하는 사전증여재산가액은 피상속인이 상속개시일 전 상속인 또는 상속인 아닌 자에게 증여한 재산가액으로 다음과 같다.

피상속인	증여를 받은 자	사전증여재산 가액
거주자	상속인	상속개시일 전 10년 이내 증여한 국내·외 재산가액
	상속인 아닌 자	상속개시일 전 5년 이내 증여한 국내·외 재산가액
비거주자	상속인	상속개시일 전 10년 이내 증여한 국내소재 재산가액
	상속인 아닌 자	상속개시일 전 5년 이내 증여한 국내소재 재산가액

☑ 상속인과 상속인이 아닌 자의 구분

상속인의 범위는 「민법」 규정에 의한 선순위 상속인에 한정되므로 상속재산의 전부 또는 일부를 받은 자로서 선순위 상속인이 있는 경우 후순위 상속인은 상속인이 아닌 자에 해당된다.

☞ 집행기준 13-0-3

① 상속에 합산하지 않는 사전증여도 있다고 하는데 어떤 경우인가요?

☑ 상속세 과세가액에 합산하지 않는 경우

상속세과세가액에 가산하지 않는 증여재산가액은 '비과세 증여재산', '과세가액불산입액', '합산배제증여재산'이 있다.

[비과세 증여재산]이란 전쟁 또는 공무의 수행 중 사망하거나 그로 인한 질병으로 사망하여 상속이 개시되는 경우 상속세를 부과하지 않는 재산이다. 또한, 국가·지방자치단체 등에 피상속인이 유증, 사인증여한 재산, 「민법」상 제사를 주재하는 2억원 이하의 금양임야 및 농지, 1천만원 이하의 족보와 제구 등 비과세 요건을 갖춘 증여재산이다.

[과세가액불산입]이란 공익법인에 출연하는 재산 또는 공익신탁에 출연하는 재산, 장애인이 증여받은 재산은 과세가액에 산입되지 아니하며 해당 증여재산도 상속재산에 합산하지 않는다.

[합산배제증여재산]이란 상증법에서 증여세 과세대상을 열거한 ❶'재산취득 후 해당 재산의 가치 증가', ❷'전환사채 등의 주식전환이익, 양도이익', ❸'주식의 상장 등의 이익에 따른 증여', ❹'합병에 대한 상장 등 이익의 증여', ❺'재산취득 후 재산가치 증가에 따른 이익의 증여', ❻'재산 취득자금 등의 증여추정', ❼'명의신탁재산의 증여의제', ❽'특수관계법인과의 거래를 통한 이익의 증여의제', ❾'특수관계법인으로부터 제공받은 사업기회로 발생한 이익의 증여의제'가 있다. 이는 경제적 이익이 무상으로 증가된 것이다. 그러나 직접적으로 증여자 또는 그 원천을 확정하기 어려운 점이 있으므로 증여재산이 상속재산에 합산되는 대상에서 제외된다.

「조세특례제한법」에 따른 '영농자녀가 증여받은 농지 등'과 「금융실명거래 및 비밀 보장에 관한 법률」 부칙에 따라 조세특례가 적용되는 특정 채권, 즉 비실명 특정채권은 상속세 과세가액에 합산하지 않는 증여재산에 해당한다. ☞ 집행기준 13-0-4

집행기준 13-0-4
상속세 과세가액에 합산하지 않는 증여재산

구 분	재산종류	관련규정
증여세 비과세재산	• 비과세되는 증여재산	상증법 제46조
과세가액에 불산입되는 재산	• 공익법인 등에 출연한 재산	상증법 제48조 ①
	• 공익신탁한 재산	상증법 제52조
	• 장애인이 증여받은 재산	상증법 제52조의2 ①
합산배제 증여재산	• 재산취득후 해당 재산의 가치 증가	상증법 제31조 ① 제3호
	• 전환사채 등의 주식전환이익, 양도이익	상증법 제40조 ① 제2호·제3호
	• 주식의 상장 등의 이익에 따른 증여	상증법 제41조의3
	• 합병에 대한 상장 등 이익의 증여	상증법 제41조의5
	• 재산취득후 재산가치 증가에 따른 이익의 증여	상증법 제42조의3
	• 재산 취득자금 등의 증여 추정	상증법 제45조
	• 명의신탁재산의 증여 의제	상증법 제45조의2
	• 특수관계법인과의 거래를 통한 이익의 증여의제	상증법 제45조의3
	• 특수관계법인으로부터 제공받은 사업기회로 발생한 이익의 증여의제	상증법 제45조의4
조특법상 특례	• 영농자녀가 증여받은 농지 등	조특법 제71조 ⑤
비실명 특정채권	• 금융실명법 부칙에 따라 조세특례가 적용되는 특정 채권	「금융실명거래 및 비밀보장에 관한 법률」 제3조 및 부칙 제9조

② 법인에 증여하더라도 상속재산에 합산해야 하나요?

> "2023년 7월 할아버지가 돌아가시기 3년 전 주주로 있던 법인에 토지를 증여하셨는데, 상속인이 아닌 법인에 증여하더라도 상속재산에 합산해야 하나요?"

사례에서 피상속인이 영리법인에게 증여한 경우 영리법인은 증여세를 내지 않지만 자산수증이익에 대한 법인세를 납부한다. 영리법인은 상속인은 아니지만 상속인 외의 자에 해당하므로 사망일 이전 5년 이내 증여한 재산은 상속재산에 합산하고, 증여세 산출세액 상당액을 상속세 산출세액에서 공제한다.

영리법인에 증여 후 5년 이내에 할아버지가 작고하여 상속이 개시되는 경우, 상속인이 상속세를 신고할 때 할아버지가 영리법인에 증여한 재산을 상속재산에 합산 신고 시, 상속세 산출세액에서 공제되는 기납부 증여세액 계산은 영리법인이 증여받을 때 계산되는 증여세 산출세액으로 한다. 2020년에 10억원을 영리법인이 증여받으면 2억4천만원(1억원 × 10% + 4억원 × 20% + 5억원 × 30%)이 공제되는 증여세 산출세액이다.[9]

---

[9] 상속개시일 전 5년 이내에 피상속인이 상속인이 아닌 영리법인에 증여한 재산을 상속재산에 가산한 경우 증여 당시의 그 증여재산에 대한 증여세 산출세액 상당액을 상속세 산출세액에서 공제하는 것이다. (상속증여세과-544, 2013.9.3.)

☑ 사전증여재산가액을 상속세 과세가액에 합산하는 경우

❶ 상속개시 전 10년 이내에 상속인이 피상속인으로부터 재산을 증여받고, 상속개시 후「민법」상 상속포기를 하는 경우에도 당해 증여받은 재산을 상속세 과세가액에 합산한다.

❷ 피상속인이 상속개시 전 5년 이내에 영리법인에게 증여한 재산가액 및 이익은 상속인 외의 자에게 증여한 재산가액으로 상속재산에 포함된다. 동 재산가액 및 이익에 대한 상증법에 따른 증여세 산출세액 상당액은 상속세 산출세액에서 공제한다.

❸ 증여세 과세특례가 적용된 창업자금과 가업승계한 주식의 가액은 증여받은 날부터 상속개시일까지의 기간이 상속개시일로부터 10년 이내인지 여부와 관계없이 상속세 과세가액에 합산한다.

☞ 집행기준 13-0-5

③ 증여 후 다시 반환받은 주식은 상속재산에 합산되나요?

"아버지가 6년 전 어머니한테 증여한 주식을 증여세 신고 후 반환받으셨고 그 후 아버지가 돌아가셨어요. 어머니는 아버지가 증여한 주식에 대한 증여세를 납부하였으며, 아버지 상속재산에 어머니한테서 반환받은 주식이 포함되어 있어요. 상속인에게 상속개시일 전 10년 이내에 증여한 재산은 상속재산에 가산된다고 하던데, 아버지가 다시 돌려받은 주식도 합산되는 증여재산에 포함되나요?"

사례에서 아버지가 다시 돌려받은 주식은 사전재산에 합산하지 않는다. 이미 상속재산에 포함되어 있기 때문이다. 피상속인이 상속인에게 증여한 재산을 증여세 신고기한 3개월 경과 후 반환받아 당초 증여에 대한 증여세가 부과된 경우, 반환받은 재산이 상속재산에 포함되어 상속세가 과세되는 때에는 이전에 증여한 재산은 상속재산에 합산되는 증여재산에 해당하지 않는다.

☑ 사전증여재산가액을 상속세 과세가액에 합산하지 않는 경우

❶ 상속개시일 이전에 수증자(상속인 또는 상속인 아닌 자)가 피상속인으로부터 재산을 증여받고 피상속인의 사망(상속개시일) 전에 사망한 경우에는 상속인 등에 해당하지 않으므로 피상속인의 상속세 과세가액에 사전증여재산가액을 합산하지 않는다.

❷ 피상속인이 상속인에게 증여한 재산을 증여세 신고기한을 경과해 반환받고 사망하여 증여세가 부과된 경우로서, 반환받은 재산이 상속재산에 포함되어 상속세가 과세되는 때에는 사전증여 재산에 해당하지 않는다.

☞ 집행기준 13-0-6

④ 10억원에 증여받은 토지가 어머니 돌아가실 때 30억원이 되면 상속세 다시 내야 하나요?

["6년 전 어머니로부터 증여받은 토지가 10억원이었으나 어머니 돌아가실 때 30억원이 되었습니다. 상속인이 10년 이전에 증여받은 재산을 다시 상속세 과세할 때 합산해야 한다고 하던데, 30억원으로 합산되어 상속세를 내야 하나요? 이미 납부한 증여세는 다시 환급되나요?"]

사례에서 상속재산가액에 합산하는 토지재산가액은 상속개시일 30억원이 아닌 증여 당시 시가인 10억원으로 상속재산에 가산된다. 또한 상속세 과세가액에 합산하는 토지에 대하여 증여세를 무신고하였다면, 증여세를 과세하며 가산세가 부과된다.

☑ 상속세 과세가액에 합산하는 증여재산 과세방법

상속세 과세가액에 합산하는 증여재산에 대하여 증여세가 부과되지 아니한 경우에는 해당 증여재산에 대하여 증여세를 먼저 과세하고 그 증여재산가액을 상속세 과세가액에 합산하여 상속세를 부과하며 증여세 상당액을 기납부세액으로 공제한다. ☞ 집행기준 13-0-8

만약, 증여 당시 토지에 은행 대출이 3억원이 있는 상태에서 증여를 받았다면, 상속재산가액에 합산할 때에는 증여 시 토지가액 10억원에서 수증자가 인수한 채무 3억원을 차감한 증여세 과세가액 7억원이 합산된다.

☑ 사전증여재산가액의 평가방법

❶ 상속재산가액에 합산하는 사전증여 재산가액은 상속개시일이 아닌 증여일 현재의 시가에 따라 평가하며 시가가 불분명한 경우에는 보충적 평가방법에 따라 평가한 가액에 따른다.

❷ 상속개시일 전에 부담부증여한 재산을 상속재산가액에 합산하는 경우 증여재산가액에서 수증자가 인수한 채무를 차감한 증여세 과세가액을 합산한다. ☞ 집행기준 13-0-7

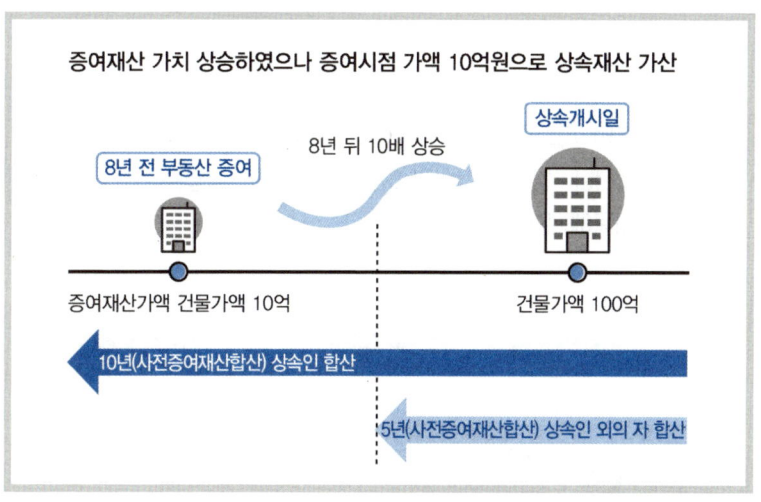

6장 공과금과 채무, 장례비용

아버지 사망일 이전 상조회사에 불입한 불입금은 장례비용에 포함되나요?

["2017년 7월 아버지가 사망하여 장례비로 다음과 같이 지출하였습니다. 아버지 사망일 이전 상조회사에 불입한 불입금은 장례비용에 포함되나요?"]

지출 항목	금 액
사망일 이전 상조회사 불입금 (관, 수의, 입관용품, 운구차량 등)	400만원
장례식대, 묘지비, 기타 장례비용	600만원

 사례에서 사망일 이전에 상조회사에 불입된 불입금액으로 피상속인의 사망일부터 장례일까지 장례에 직접 소요된 경우에는 장례비용에 포함된다. 그 불입금액이 상조회사와의 계약관계, 중도해지 여부, 실제 장례에 제공된 물품·서비스 내역 등을 확인하여 장례에 직접 소요된 것이어야 한다.

> "어머니의 장례비용으로 2천만원이 들었습니다. 장례비용은 전부 상속세 신고 때 공제되나요?"

상속재산가액에서 장례비용을 차감해 주지만, 전액 받을 수 있는 것은 아니고, 최대 1천5백만원까지만 공제된다. 이중 장례에 직접 소요되는 장례비용은 장례식장마다 차이가 있으며, 장례비가 5백만원 미만인 경우 5백만원을 공제하며, 5백만원 초과 시 실제 장례비용으로 영수증 및 거래명세서, 신용카드 결제금액 등 증빙자료가 있는 금액은 1천만원까지 장례비용으로 공제된다. 따라서 현금으로 결제하고 현금영수증을 받지 않거나, 현금으로 사용한 금액은 5백만원 초과하면 공제받을 수 없다.

☑ 장례비용의 범위

장례비용의 범위는 사망일부터 장례일까지 소요된 금액이며, 시신의 발굴 및 안치에 직접 소요되는 비용과 묘지구입비, 공원묘지 사용료, 비석, 상석 등 봉안시설 또는 자연장지 사용금액은 관련 비용 증빙자료가 있으면 5백만원까지 추가로 공제된다.

☞ 집행기준 14-9-3

피상속인의 장례일(3일장)로부터 7일이 경과한 후 49제 사찰시주금으로 지급한 금액은 장례일까지 직접 소요된 금액으로 볼 수 없어 공제 대상 장례비용에 해당하지 않는다.[10] 공과금, 장례비용,

---

[10] 49제 사찰시주금 5,000,000원은 장례일이 지난 후 지급되었으므로 장례에 직접 소요된 비용에 해당하지 않는다. (감심2003-0025, 2003.3.25.)

채무의 합계액이 상속재산가액을 초과하는 경우 초과액은 환급되지 않는다. 즉 초과금액은 없는 것으로 보게 된다.

집행기준 14-9-3
장례비용 공제금액

상속재산가액에서 공제하는 장례비 = ① + ②
① 피상속인의 사망일부터 장례일까지 장례에 직접 소요된 금액(봉안시설 또는 자연장지 사용금액 제외)
 • 장례비가 5백만원 미만 시 : 5백만원을 공제
 • 장례비가 5백만원 초과 시 : Min(장례비용 증빙액, 1천만원)
② 봉안시설 · 자연장지 사용금액
 • Min(봉안시설 · 자연장지 비용 증빙액, 5백만원)

① 상속세과세가액 계산 시 차감항목은 어떤 것이 있을까요?

> "아버지가 생전 사업하던 사업장에 대한 소득세 조사를 아버지 사망 후에 받게 될 수 있나요?"

상담뿐만 아니라 국세청에서 근무하면서 상속세 조사 시 상속인들이 가장 걱정하던 사항 중 하나이다. 세무서나 지방국세청에서 피상속인의 상속세 조사 시 금융거래내역을 은행에 조회한 바 생전 신고되지 않은 누락된 소득 50억원이 확인되었다. 이때 탈루 사항이 확인되었으므로 제척기간이 만료되지 않은 5년간의 소득 50억원에 대한 소득세 30억원이 추가 과세된다. 상속개시일까지의 피상속인의 모든 재산에 대한 권리와 의무를 상속인이 포괄 승계하므로, 30억원 소득세를 추가 납부해야 한다. 추가 과세된 소득세 30억원 은 상속세 신고 시 상속재산가액에서 공과금 등 항목으로 공제한다.

☑ 상속재산가액에서 차감되는 공과금의 범위

상속개시일 현재 피상속인이 납부할 의무가 있는 것으로서 상속 인에게 승계된 다음의 것은 상속재산가액에서 차감된다.

❶ 국세, 관세, 임시수입부가세, 지방세
❷ 공공요금
❸ 공과금 :「국세징수법」의 체납처분의 예에 따라 징수할 수 있는 조세 및 공공요금 이외의 것
❹ 피상속인이 당초 조세를 감면받거나 비과세 받은 후 감면 또는 비과세 요건을 충족하지 못해 조세가 경정·결정된 경우에 당해 경정·결정된 조세
❺ 피상속인이 사망한 후에 피상속인이 대표이사로 재직하던 법인의 소득금액이 조사·결정됨에 따라 피상속인에게 상여로 처분된 소득에 대한 종합소득세·지방소득세 등

하지만, 주의할 점은 ❻ 상속개시일 이후 상속인의 귀책사유로 납부 또는 납부할 가산세, 가산금, 과태료 등은 상속재산에서 차감되는 공과금 등의 종류에 포함되지 않는다는 점이다.

☞ 집행기준 14-9-1

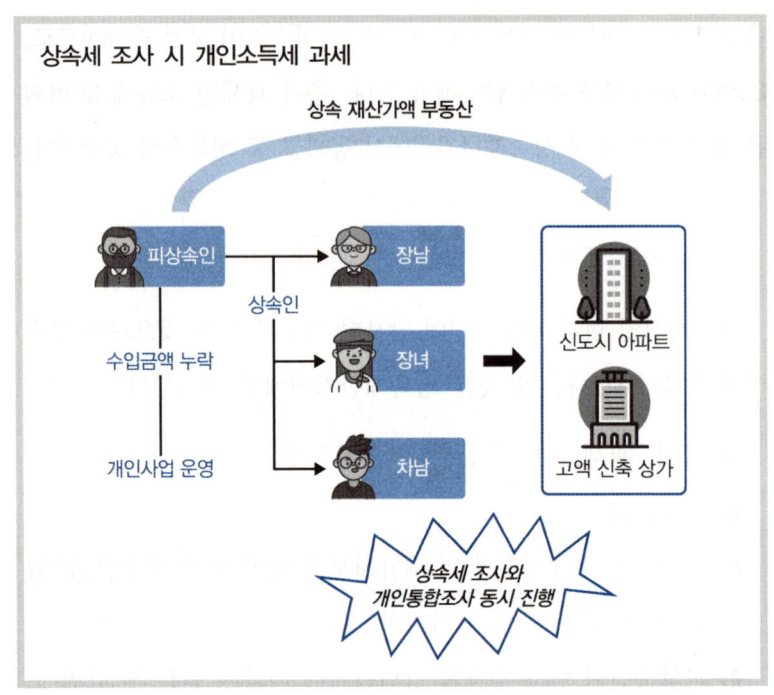

② 자녀가 대신 내준 아버지 실버타운 보증금도 상속세 내야 하나요?

"아버지 아흔이 넘으셨고 거동이 불편하셔서 실버타운에 거주하세요. 실버타운 임차보증금은 3억원이고, 장남인 제가 2억원 차남이 1억원 부담했습니다. 보증금 3억원은 아버지 돌아가시면 두 형제가 각자 부담한 금액만큼 돌려받기로 하고, 공증도 받았습니다. 아버지 실버타운 보증금은 상속재산에서 공제될까요?"

사례에서 상속개시일 현재 부친의 실버타운 임차보증금 3억원은 아버지 이름으로 임차계약서를 작성하였으므로 상속개시일 현재 피상속인에게 귀속되는 채권에 해당한다. 그러나 이를 다시 장남에게 2억원, 차남에게 1억원 변제의무가 있는 것이 공증과 금융이체 내용으로 증빙되어 채무로 인정되므로, 상속재산의 가액에서 개인채무로 차감된다.

부모와 자녀 간의 금전소비대차거래는 증여가 아닌 차입금으로 인정받기 쉽지 않다. 국세청에서는 증여세 조사 시 차용증이 있더라도 증여세 회피를 위해 외관상 차입의 형태만 갖춘 경우에는 차입금으로 인정하지 않는다. 금전 차입을 인정하더라도, 차용증을 작성한 채무를 국세청에서는 전산망에 입력하여 관리한다. 이후 이자지급 및 원금상환 여부를 확인하여 차용증 내용과 달리 약정된 이자를 지급하지 않거나, 만기에 원금을 상환하지 않는다면 당초부터 차입금이 아니었던 것으로 보아 증여세가 과세될 수 있다.[11]

---

11) 상속세및증여세 사무처리규정 제54조 【부채의 사후관리】
　① 지방국세청장 또는 세무서장은 다음 각 호의 어느 하나에 해당하는 경우 해당 납세자의 채무정보를 NTIS(엔티스)에 입력하여야 한다.
　　1. 상속세 및 증여세의 결정 등에서 인정된 채무
　　2. 자금출처조사 과정에서 재산취득자금으로 인정된 채무
　　3. 재산 취득에 사용된 채무 내역서로 제출된 채무
　　4. 기타 유사한 사유로 사후관리가 필요한 채무

③ 사망 전에 증여하기로 약속한 증여채무는 상속재산에서 차감될까요?

"돌아가신 아버지는 큰아버지와 두 분 사이에 2014. 7. 18. 작성된 증여증서를 근거로 하여 큰아버지는 아버지 소유의 상가 부동산을 증여를 원인으로 한 소유권이전등기절차를 이행하라는 소송을 했습니다. 아버지는 큰아버지에게 증여증서를 작성하여 준 적도 없고, 증여증서에 날인된 인감도장도 큰아버지가 아버지의 인감도장을 절취하여 증여증서를 작성하여 날인하였음을 주장하였으나, 아버지는 패소하여 부동산을 큰아버지 명의로 소유권이전등기를 하도록 판결받았습니다.

그 후 안타깝게도 아버지는 대법원 소송진행 중인 2020. 5. 30. 사망하였으며, 상가 부동산에 대하여 아버지의 사망일까지 아버지가 부동산 임대업을 영위하였고, 아버지의 사망일 이후부터 대법원 판결일까지 상속인인 제가 부동산 임대업을 영위하였습니다. 증여증서를 유효한 것으로 인정한 대법원 판결에 따라 아버지의 사망(상속개시일) 이후 상속인들이 부동산의 소유권이전등기를 큰아버지(수증자, 상속인이 아닌 자)에게 이전하는 경우 상가 부동산은 '피상속인이 상속인이 아닌 자에게 상속개시일 전 5년 전에 진 증여채무'에 해당하여 상속재산가액에서 차감할 수 있나요?"

사례에서 큰아버지에게 소유권이전등기 대상이 되는 부동산은 증여채무에 해당하여 상속재산의 가액에서 차감할 수 있다. 상속재산에서 공제되는 채무 범위에는 사망으로 인하여 상속이 개시되는 경우 증여채무에 대해서 '상속개시일 전 10년 이내에 피상속인이 상속인에게 진 증여채무'와 '상속개시일 전 5년 이내에 피상속인이

상속인이 아닌 자에게 진 증여채무'는 동 채무에서 제외하도록 하고 있다. 이를 반대해석하면, '상속개시일 전 10년 이내에 피상속인이 상속인에게 진 증여채무'와 '상속개시일 전 10년 이내에 피상속인이 상속인이 아닌 자에게 진 증여채무'는 채무에서 제외되지 않으므로 법문에 따라 상속개시일 현재 피상속인이나 상속재산에 관련된 채무에 해당하여 상속재산의 가액에서 차감할 수 있는 것이다.[12]

④ 상속세를 줄여주는 채무의 요건은 무엇인가요?

☑ 상속재산가액에서 차감하는 채무

상속재산가액에서 차감하는 채무는 명칭여하에 불구하고 상속개시 당시 확정된 피상속인의 채무로서 공과금을 제외하고 상속인이 실제로 부담하는 사실이 입증되는 모든 부채이다.

증여채무는 증여자가 증여계약에 의하여 약정한 재산권을 수증자에게 이전할 채무부담을 말한다. 상속개시일 전 10년 이내에 피상속인이 상속인에게 진 증여채무와 상속개시일 전 5년 이내에 상속인 외의 자에게 진 증여채무는 제외한다. ☞ 집행기준 14-9-4

주의할 점은 피상속인이 상속인에게 상속개시일 전 10년, 상속인 아닌 자에게 5년 전에 진 증여채무로서 상속인이 실제로 부담한 사실이 확인되는 경우 이 증여채무는 상속재산가액에서 차감된다는 점이다. ☞ 집행기준 14-9-9

---

12) 사전-2020-법령해석재산-0693, 2020.11.16.

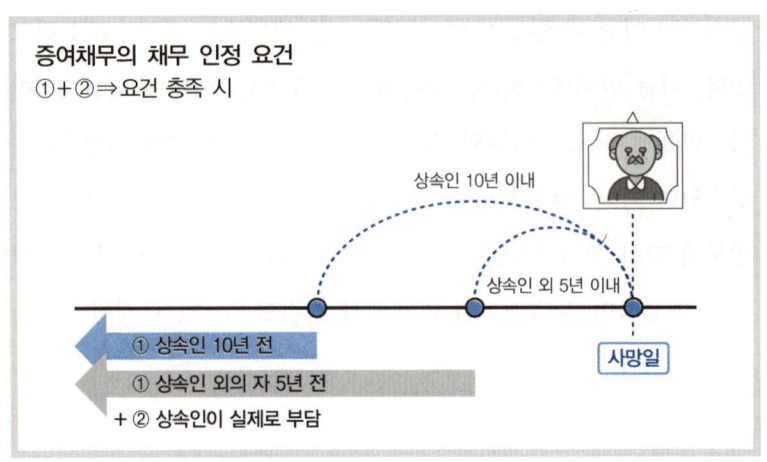

☑ 채무의 입증방법

다수의 판례에서도 ❶ 제3자 간에 주고받는 통상적인 차용증과 같은 형식과 내용을 갖추어야 하고, ❷ 실제로 자녀가 차용증 내용대로 이자를 지급하여야 증여가 아닌 차입으로 보고 있다. 채무의 입증방법에는 금융거래증빙, 채무부담계약서, 채권자확인서, 담보설정 및 이자지급관련서류 등이 있다. ☞ 집행기준 14-10-1

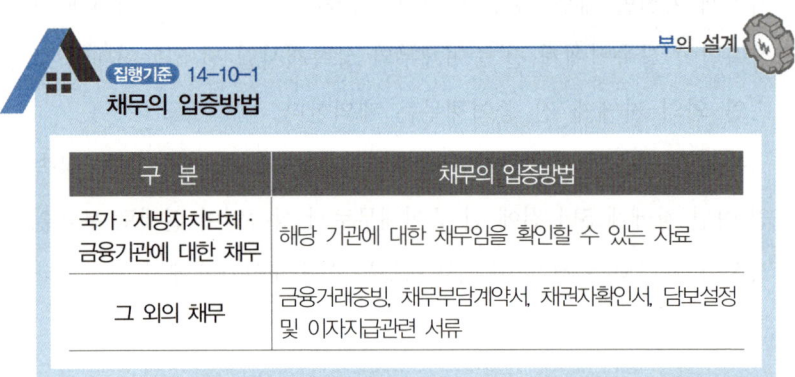

☑ 소비대차로서 채무로 인정되는 경우

❶ 소비대차는 당사자 일방이 금전 기타 대체물의 소유권을 이전하고 상대방에게 그와 같은 종류, 품질 및 수량으로 반환할 것을 약정함으로써 효력이 생기며 금전소비대차 등이 있다.

❷ 소비대차에 따른 채무는 원금과 상속개시일 현재 미지급이자를 포함하여 채무로서 상속재산 가액에서 차감된다.

하지만 법인의 대표로 「법인세법」에 따른 부당행위계산 부인으로 인정이자 과세대상은 채무에 포함되지 않으므로 주의한다.

☞ 집행기준 14-9-5

☑ 보증채무로서 채무로 인정되는 경우

피상속인이 부담하고 있는 보증채무 중 주채무자가 변제불능의 상태로서 상속인이 주채무자에게 구상권을 행사할 수 없다고 인정되는 부분에 상당하는 금액은 상속재산가액에서 차감된다.

☞ 집행기준 14-9-6

☑ 연대채무로서 채무로 인정되는 경우

피상속인이 연대채무자인 경우 상속재산가액에서 차감할 채무액은 원칙적으로 피상속인의 부담분에 상당하는 금액에 한하여 차감되나, 피상속인 외 연대채무자가 변제불능의 상태가 되어 피상속인이 변제불능자의 부담분까지 부담하게 된 경우로서 당해 부담분에 대하여 상속인이 구상권 행사에 의해 변제받을 수 없다고 인정되는 경우에는 채무로서 상속재산가액에서 차감할 수 있다.
☞ 집행기준 14-9-7

☑ 임대보증금으로서 채무로 인정되는 경우

사실상 임대차계약이 체결된 건물에 있어서 토지와 건물의 소유자가 다른 경우에는 실지 임대차계약 내용에 따라 임대보증금의 귀속을 판정하며, 건물소유자만이 임대차계약을 체결한 경우 당해 임대 보증금은 건물소유자에게 귀속되는 것으로 한다.
☞ 집행기준 14-9-8

☑ 사용인의 퇴직금 상당액으로서 채무로 인정되는 경우

피상속인이 사업과 관련하여 고용한 직원에 대한 퇴직금상당액을 지급하여야 할 의무가 있다면,「근로자퇴직급여보장법」제8조 '퇴직금제도의 설정 등'에 따라 사용자는 계속근로기간 1년에 대하여 30일분 이상의 평균임금을 퇴직금으로 퇴직 근로자에게 지급할 수 있는 제도를 설정하여 지급하여야 할 금액이 채무로 인정된다.
☞ 집행기준 14-9-10

☑ 공동사업장의 채무

피상속인이 공동사업자인 경우 공동사업장의 장부에 의해 확인된 채무는 출자지분 비율에 따라 안분 계산하여 상속재산가액에서 차감된다. ☞ 집행기준 14-10-11

⑤ 해외에 이민 간 아버지가 사망한 경우 장례비가 공제되지 않는다고요?

✓ 피상속인이 비거주자인 경우 공과금 및 채무

해외 이민 간 아버지가 질병으로 국내 병원에서 치료를 받던 중 사망하여 비거주자의 상속이 발생하는 경우가 있다. 비거주자의 사망으로 인하여 상속이 개시되는 경우 채무 등 차감되는 대상이 거주자의 경우와는 차이가 있다. ❶ 국내 상속재산에 관한 공과금, ❷ 국내 상속재산에 설정된 전세권, 임차권, 저당권채무 등은 상속재산가액에서 차감된다. ❸ 피상속인의 사망 당시 국내 사업장이 있는 경우 그 사업장에 비치·기장한 장부에 의하여 확인되는 사업상의 공과금 및 채무 역시도 상속재산가액에서 차감된다.

☞ 집행기준 14-10-2

그러나 유의할 사항은 거주자와 달리 장례비용 및 봉안시설 이용금액은 차감되지 않는다.

7장 • 추정상속재산

아버지가 생전에 빌린 돈에 상속세가 나오는 경우가 있다고요?

["아버지가 돌아가시기 1년 전 은행에서 10억원을 대출받아 6억원은 아버지의 사업자금에 사용되었고, 4억원은 사용처를 알 수 없었습니다. 세무서에서는 대출받았다고 상속세를 내라고 하는데 이유는 무엇인가요?"]

사례에서 피상속인(아버지)이 은행에서 대출받은 10억원 중 사용처를 알 수 없는 4억원 중 전부를 상속재산에 가산하는 것은 아니고, 2억원[(10억원 - 6억원) - Min(10억원 × 20%, 2억원)]을 가산한다. 피상속인이 10억원을 사망 1년 이내 대출받아서 오히려 상속재산에 채무가 늘었는데 이 중 2억원에 대한 세금을 내라는 것이 이해하기 어려울 것이다. 이를 세법에서는 "추정상속재산"이라고 한다.[13]

추정상속재산을 과세하는 이유는 사망 전 재산을 처분하거나, 대출을 받아서 현금으로 보유하면 과세당국에서 포착하기 어렵다.

---

13) 상증법 제15조 【상속개시일 전 처분재산 등의 상속 추정 등】

즉, 현금의 형태로 전환 후 상속세 부담을 회피하는 변칙적인 상속행위를 방지하기 위하여 「민법」상 상속재산은 아니지만 세법에서는 이중 일부 금액을 상속재산에 가산하도록 한다. 예금 등을 인출하는 경우, 또는 부동산 등을 처분하는 것뿐만 아니라 은행 등에서 대출을 받아서 빌린 돈의 사용처를 알 수 없는 경우에도 해당한다. 이는 기존 상속재산을 포착이 어려운 '현금'으로 바꿔서 상속인들에게 세금 없이 상속재산이 이전될 수 있기 때문이다.

☑ 상속개시 전 1(2)년 내 추정상속재산

피상속인이 상속개시일 이전 재산을 처분하거나 대출이 늘어난 경우로서 일정금액 이상이 되면 상속재산에 포함된다. ❶ 재산처분액 또는 채무부담액이 상속개시일 전 1년 이내 2억원 이상인 경우 상속재산으로 추정하여 상속세 과세가액에 산입한다. 또한 상속개시일 전 1년에 2억원 미만이더라도, ❷ 상속개시일 전 2년의 기간을 다시 확인해서 5억원 이상인 경우 상속재산으로 추정하여 상속세 과세가액에 산입한다. ☞ 집행기준 15-0-1

즉, 사용처 소명을 상속인이 그 사용처를 입증하여야 하며, 입증하지 못한 금액이 일정기준에 해당하면, 미입증금액을 기준으로 계산한 일정금액을 상속인이 현금으로 상속받은 것으로 추정하는 것이다.

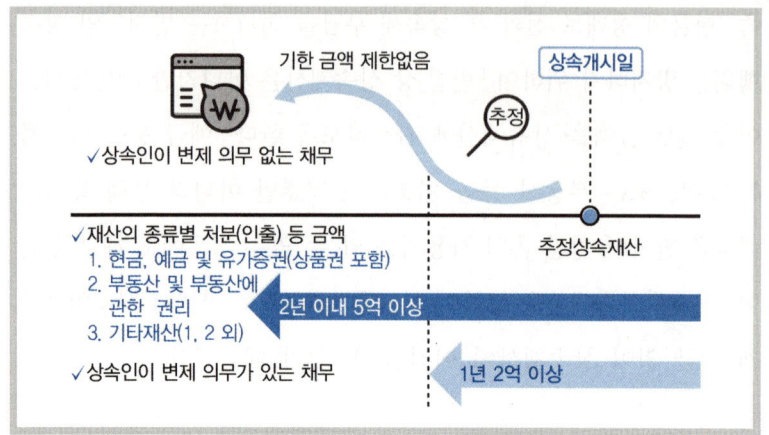

☑ 처분재산 추정상속재산가액 계산방법

금액의 기준은 재산의 종류별로 판단하는데, 처분 재산을 3개의 종류로 각각 계산해야 한다. ❶ 현금·예금 및 유가증권(상품권 포함) ❷ 부동산 및 부동산에 관한 권리 ❸ 그 외의 기타 재산이다.

❶+❷+❸의 합계액이 2억5천만원에 해당하더라도, 각 재산 종류별로 2억원에 미달한다면, 사용처 규명 대상은 아니다. 그러나 ❶이 2억5천만원이고, ❷, ❸이 각 0원이라면, ❶은 사용처 소명 대상에 해당한다. 2년의 기간 계산은 2024.10.7. 사망하였다면, 2023.10.7.부터 2024.10.7. 사망 시간 전까지 기간이 2년 이내에 해당한다.

재산의 종류별로 피상속인이 처분한 재산가액은 실제 수입한 금액으로 하며, 실제 수입한 금액이 확인되지 않으면 당해 재산의 처분 당시 시가로 하되, 시가가 불분명한 경우 상증법상 보충적 평가액으로 계산한다. ☞ 집행기준 15-11-1

Q 아버지가 생전에 처분하신 부동산 대금의 사용처를 몰라서 상속세를 내는 경우가 있다고요?

> "아버지가 사망하시기 1년 전에 10억원 부동산 양도 계약을 체결하고 잔금을 받기 전에 돌아가셨어요. 이미 수령한 8억원은 예금으로 남아 있지 않고 사용처도 알 수 없습니다. 상속인이 알 수 없는 8억원에 대해서도 상속세가 나온다고요?"

사례의 경우는 안타깝게 10억원의 부동산 처분대금 중 아버지가 수령한 8억원이 예금으로 남아 있지 않아 상속인 수중에 해당 재산이 없음에도, 상속재산으로 세금을 내야 하는 지경이 되었다. 상속인 중 누군가 현금으로 가져가지 않았다면, 아버지의 재산을 가져갈 만한 또 다른 수증자가 있었을 터이나 이를 상속인조차도 알 수 없었다.

☑ 통장 인출금액의 추정상속재산가액의 계산방법

피상속인의 전체 금융기관의 통장이나 증권계좌(위탁자계좌) 등을 국세청에서 조회하고 상속개시일 전 1년 또는 2년 이내 '실제 인출된 금액'을 계산한다. ☞ 집행기준 15-11-2

집행기준 15-11-2
통장 인출금액의 추정상속재산가액 계산방법

① 피상속인의 전체 금융기관의 통장 또는 위탁자계좌(예 : 증권계좌) 등 전체 계좌를 기준으로 상속개시일 전 1년 또는 2년 이내 인출금액에서 이 기간 동안 당해 계좌로 재예입된 금전 등을 차감하여 계산한다.

| 실제 인출한 금전 등의 가액 | = | 상속개시일 전 1년 또는 2년 이내에 인출한 금전 등의 합계 | − | 당해 기간 중 예입된 금전 등의 합계 | + | 예입된 금전 등이 당해 통장에서 인출한 금전이 아닌 것 |

② 피상속인의 예금 인출액 등이 타인명의의 예금으로 예입된 경우 타인명의 예금이 실제로 피상속인의 차명계좌로 상속재산가액에 포함된 경우에는 피상속인의 예금계좌의 인출한 금액에서 예입된 금액을 차감하고, 타인명의 예금이 증여된 것으로 확인된 경우에는 사전증여재산으로 상속세 과세가액에 산입한다.

피상속인이 상속개시일 전 1년 이내에 부담한 채무가 2억원 이상인지 혹은 2년 이내에 5억원 이상인지 여부는 채무 건별이 아니라 부담한 '채무액 합계액'을 기준으로 한다. ☞ **집행기준** 15-11-3

이 경우 미지급금이나 미지급 리스료 등은 포함하지 않는다.

☑ 용도가 객관적으로 명백하지 않은 경우

❶ 피상속인이 지출한 거래 상대방이 거래 증빙의 불비 등으로 확인되지 않는 경우 용도가 객관적으로 사용되었다고 볼 수 없다. 또한 ❷ 거래 상대방이 금전 등의 수수 사실을 부인하거나, 거래 상대방의 재산 상태 등으로 보아 금전 등의 수수 사실이 인정되지 않는 경우에도 용도불분명으로 구별된다.

또한 자녀나 형제자매에게 지출할 만한 구체적인 사유와 증빙이 없어서 ❸ 거래 상대방이 피상속인과 특수관계인에 있는 자로서 사회통념상 지출사실이 인정되지 않는 경우이다.

❹ 피상속인이 재산을 처분하거나, 채무를 부담하고 받은 금전 등으로 취득한 다른 재산이 확인되지 않는 경우이다. 또한, ❺ 피상속인의 연령·직업·경력·소득 및 재산 상태로 보아 지출 사실이 인정되지 않는 경우 사용 금액이 명백하다 볼 수 없다.

☞ 집행기준 15-11-4

가장 상속인들이 오해하는 부분이 일정 금액을 현금으로 상속받았다고 신고하면, 추정상속재산에서 벗어날 수 있지 않냐고 묻는 경우이다. 현금을 상속받았다고 상속세 신고한 사실만으로 재산처분대금의 용도가 객관적으로 명백하지 않다는 점이다.

유사한 사례로, 예금 및 인출금 등을 타인에게 송금했다는 사실만을 증빙자료로 갖고 오는 상속인도 많다. 타인에게 왜 송금했는지 그 사유가 명백하지 않다면, 이 또한 인출금의 사용처가 객관적으로 명백한 것으로 입증되지 않으니 추정상속재산 과세를 피할 수 없게 된다. ☞ 집행기준 15-11-5

☑ 추정상속재산가액의 계산 및 상속추정배제 기준

추정상속재산의 계산방식은 용도불분명한 금액 전부를 과세하는 것은 아니다. 상속인이 돌아가신 피상속인의 모든 경제적 거래를 알 수는 없는 점을 반영하여 처분재산금액 등의 금액의 20%는 소명하지 못하더라도 과세하지 않는다. 다만, 그 한도가 2억원까지이다. 즉, 상속개시 전 처분재산에 대한 사용처 소명대상 여부는 80% 이상 소명해야 하며, 재산종류별, 또는 채무별로 각각 판단한다는 것이다. ☞ 집행기준 15-11-6

상속개시일 전 피상속인 부담채무의 경우 ❶ 상속인이 변제할 의무가 있는 채무와 ❷ 상속인이 변제할 의무가 없는 채무로 구분해야 한다.

상속인이 변제할 의무가 있는 채무로서 채무를 합친 금액이 상속개시일 전 1년 이내에 2억원 이상인 경우와 상속개시일 전 2년 이내에 5억원인 경우에 사용처 소명대상이 된다.

그러나 국가, 지방자치단체 또는 금융기관이 아닌 자에게 부담하는 채무로서 채무부담계약서, 채권자확인서, 담보설정 및 이자지급에 관한 증빙 등에 따라 상속인이 변제할 의무가 없다고 추정되는 경우 기한과 금액에 관계없이 추정상속재산으로 전액 가산한다.

간혹 피상속인의 계좌별로 2억원까지 출금해도 괜찮다고 오해하는 상속인들이 있는데 예금계좌가 복수일 때에는 이를 통산하여 계산하므로 전체 금융기관 자료를 모두 확인해야 한다. 용도 불분명 추정상속재산을 상속인이 현금으로 상속받은 것으로 보고 과세하는 것이므로 수유자는 납세의무에서 제외된다는 점도 참고할 사항이다.

집행기준 15-11-6
추정상속재산가액의 계산 및 상속추정배제 기준

구 분	재산처분액·채무부담액
추정상속 재산가액	용도불분명한 금액 − Min(①처분재산가액·인출금액·채무부담액 × 20%, ②2억원)
상속추정의 배제	용도불분명한 금액 < Min(①처분재산가액·인출금액·채무부담액 × 20%, ②2억원)

구 분		입증하여야 할 금액(요건)	추정상속재산금액
상속개시일 전 1(2)년 이내 2(5)억원 이상	1. 재산별	사용처 불분명 ≥ (재산종류별 20%, 2억원)	사용처불분명 − Min(재산종류별 20%, 2억원)
상속개시일 전 1(2)년 이내 2(5)억원 이상	2. 채무		
3. 상속인이 변제할 의무가 없는 채무(국가, 지방자치단체, 금융기관 외)		채무부담계약서, 채권자확인서, 담보설정 및 이자 지급 등 상속인이 부담하지 않는 채무	채무액 전액

8장 • 배우자상속공제와 인적공제

상속재산이 10억원까지 공제된다고 하던데, 10억원 집 한 채 상속받은 경우에도 상속세가 나온 이유는 무엇인가요?

["아버지가 돌아가시면서 1주택을 상속받았습니다. 10억원까지는 상속세가 없는 것이 맞나요?"]

사례에서 10억원의 주택을 상속받은 경우 집집마다 상속세가 나올 수도 있고, 상속세가 없을 수도 있다. 즉 가족 구성원인 상속인에 따라 달라진다. 예를 들어 배우자와 자녀가 모두 있는 경우 최소 10억원이 공제된다. 이 때문에 많은 사람들이 10억원 이하의 재산을 상속받으면 상속세가 나오지 않는다고 알고 있다. 그러나 배우자만 있거나 자녀만 있는 경우 공제금액이 적어지므로 같은 10억원 상당의 주택을 상속받더라도 상속세가 나올 수 있다.

상속인 구성원에 따른 상속공제의 차이[14]		
배우자와 자녀가 있을 때	배우자만 있을 때	자녀만 있을 때
공제금액 10억원~35억원	공제금액 7억원~32억원	공제금액 5억원
기본 공제액 5억원 배우자 공제액 5억원~30억원	기본 공제액 2억원 배우자 공제액 5억원~30억원	기본 공제액 5억원

- 상속공제(인적공제)
  상속인의 구성에 따른 인적공제 최소금액
- 배우자공제

원 칙	최 대	최 소
실제로 받은 상속재산(단, 법정 지분 이내)	30억원	5억원

※ 상속증여 세금상식, 국세청, 2023, P.4

☑ 배우자의 범위

피상속인이 거주자로서 상속개시일 현재 배우자가 있는 경우에는 배우자상속공제가 적용된다. 배우자 상속공제 적용 시 '배우자'란 「민법」상 혼인으로 인정되는 혼인관계에 따른 배우자를 말한다. 즉, 「가족관계등록법」에 따라 혼인신고한 경우를 말하며, 사실혼 관계 배우자는 상속공제의 대상이 아니다. ☞ 집행기준 19-17-3

피상속인의 배우자가 「가사소송법」 제50조 '조정전치주의'에 따라 가정법원에 소를 제기하거나 심판을 청구하려는 사람은 먼저

---

14) 2024년 현재 상속공제로 계산하였으며, 2025.1.1.부터 상속개시되는 분부터 자녀 공제 금액이 개정 예정이므로 개정내용에 따라 달라진다.

조정을 신청하여 이혼조정을 신청하면 상속개시일 현재 조정이 성립된 경우에는 호적정리 여부에도 불구하고 배우자공제가 적용되지 않는다는 것도 유의할 점이다.

① 어머니가 상속받는 것이 좋을까요, 자녀가 상속받는 것이 좋을까요?

아버지가 연로하여 돌아가신 경우 나이 드신 어머니에게 재산을 상속하면 얼마 후 또 상속을 해야 하므로 어머니에게는 재산을 상속하지 않고 자녀들에게만 상속하는 경우가 있다. 그러나 배우자에게 일정부분 재산을 상속하면 상속을 전혀 하지 않는 경우보다 상속세를 절세할 수 있다.

예를 들어 아버지의 상속재산이 35억원이고 상속인으로 배우자와 자녀 2명이 있을 때 먼저 어머니에게는 재산을 한 푼도 상속하지 않는다고 하면, 35억원에서 상속세 과세표준이 25억원[35억원 – 10억원(일괄공제 5억원 + 배우자공제 5억원)]이 되어, 이에 대한 상속세는 8억4천만원이 나온다. 배우자에게 법정상속지분[15]대로 상속을 하는 경우 상속세 과세표준은 15억원[35억원 – 20억원(일괄공제 5억원, 배우자공제 15억원)]이 되며, 이에 대한 상속세는 4억4천만원이 된다. 따라서 4억원이나 상속세가 절감된다.

---

[15] 법정상속지분은 모친이 3/7, 자녀가 각각 2/7씩이므로 모친이 15억원, 자녀가 각각 10억원씩 상속받게 된다.

☑ 배우자상속공제 계산

배우자상속공제 금액은 최소 5억원에서 최대 30억원이다. 배우자 존재만으로 최소 5억원의 배우자 상속공제를 받을 수 있으며, 이는 배우자가 상속 포기 등으로 상속을 받지 않더라도 5억원을 공제하기 때문이다. 이유는 배우자가 실제 상속받은 금액이 없거나, 실제 상속받은 금액이 5억원 미만인 경우에도 배우자 상속공제는 상속세 신고여부와 관계없이 5억원을 공제한다. 하지만 전체 [공제적용의 한도]가 적용되므로 전체 상속공제금액 범위 안에서 공제 가능한지 주의해야 한다.

배우자상속공제 금액은 [배우자가 실제 상속받은 금액]과 [배우자 상속공제한도액]을 비교하여 적은 금액으로 한다. 이 금액은 최대 30억원을 한도로 하므로 배우자공제는 30억원을 넘을 수 없다.

☞ 집행기준 19-17-1~2, 19-0-1

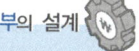

 집행기준 19-0-1
배우자 상속공제

① 거주자의 사망으로 배우자가 상속받는 경우 다음의 금액을 상속세 과세가액에서 공제한다.

구 분	분할기한 내에 배우자 상속재산을 분할한 경우	무신고, 미분할
배우자 상속 공제액	• 5억원에 미달 시 5억원을 공제 • 배우자가 실제 상속받은 금액 • 한도 : Min ┌ ① (상속재산가액 × 법정지분율) − 배우자 사전증여재산의 증여세 과세표준 └ ② 30억원	5억원

② 2010.1.1. 이후 상속개시분부터는 배우자 상속재산 분할기한까지 상속재산을 분할한 사실이 확인되는 경우 배우자가 실제 상속받은 금액을 공제할 수 있다.

집행기준 19-17-1
배우자가 실제 상속받은 금액

배우자가 상속받은 상속재산가액(사전증여재산가액 및 추정상속재산가액 제외)
 - 배우자가 승계하기로 한 공과금 및 채무액
 - 배우자 상속재산 중 비과세 재산가액
 - 배우자 상속재산 중 과세가액불산입액

배우자가 실제 상속받은 금액

 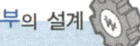

집행기준 19-17-2
배우자 상속공제액 계산 시 상속재산가액

상속재산가액	유의사항
총상속재산가액	상속·유증·사인 증여한 재산, 간주상속재산, 추정상속 재산
+상속개시 전 10년 이내에 상속인에게 증여한 재산가액	상속개시 전 5년 이내 상속인이 아닌 자에게 증여한 재산가액은 합산 제외
-상속인이 아닌 자가 유증·사인증여 받은 재산가액	상속인에게 유증·사인증여한 재산은 차감하지 않는다.
-비과세되는 상속재산가액	비과세 상속재산
-공과금·채무액	장례비는 차감하지 않음
-과세가액 불산입액	공익법인등에 출연한 재산 및 공익신탁재산
=상속재산의 가액	배우자 법정상속분 계산 시 적용

② 아버지와 어머니가 교통사고로 동시에 돌아가셨을 때 상속세 계산 차이가 있나요?

"아버지와 어머니가 교통사고로 동시에 돌아가셨습니다. 아버지 상속세 계산할 때, 배우자상속공제 받을 수 있을까요?"

☑ 부부가 동시에 사망한 경우 배우자상속공제

사례는 안타깝게도 배우자상속공제는 부모 모두 적용이 어렵다. 아버지와 어머니가 불의의 사고로 동시에 사망하였을 경우 상속세는 아버지와 어머니 각각 개별로 계산한다. 이 경우 어느 한쪽도 배우자공제를 적용하지 않는다. ☞ 집행기준 19-17-6

☑ 부부가 같은 날에 시차를 두고 사망한 경우 배우자상속공제

아버지와 어머니가 같은 날 돌아가시더라도 시차를 두고 사망한 경우 상속세 과세는 부와 모의 재산을 각각 개별로 계산하여 과세한다. 이 경우에는 아버지가 먼저 돌아가셨다면, 먼저 사망한 아버지의 상속세 계산 시 배우자상속공제를 적용한다. 나중에 사망한 어머니의 상속세 신고 시 먼저 사망한 아버지의 상속재산 중 어머니 법정지분을 합산하고 배우자상속공제는 배제한다. 어머니 상속세 신고 시에는 아버지 상속세 신고 시 어머니의 법정 상속지분에 해당하는 상속재산을 합산하였으므로, 단기재상속재산 세액공제를 적용한다. ☞ 집행기준 19-17-6

단기재상속세액공제는 1년 100%에서 매년 10%씩 차감하여 10년차에는 10% 공제를 적용한다.

③ 배우자상속공제 적용이 취소되고 세금 고지가 나왔는데, 왜 그런가요?

"아버지가 돌아가시면서 100억원 건물에 30억원 배우자상속공제를 적용하여 상속세 신고를 했는데, '협의분할등기'가 아닌 '단순상속등기'되었다는 이유로 배우자상속공제 적용이 취소되고 세금 고지가 나왔어요. 왜 그런가요?"

사례에서 상속인들이 당초 상속세 신고 시 상속재산협의분할서를 제출하지 않았고, 세무서에서는 부동산을 '협의분할로 인한 상속등기'가 아닌 '단순상속등기'되었다는 이유로 상속인들 간에 상속재산협의분할이 없었던 것으로 보아 배우자상속공제 적용을 배제하여 상속세를 과세하였다.

배우자상속공제가 요건은 '상속재산을 분할(등기를 요하는 경우 분할등기까지 경료)하여 배우자상속재산분할기한까지 배우자의 상속재산을 신고한 경우'에 한하여 적용되는 것이다.

즉, 배우자상속공제의 요건으로 3가지가 모두 충족되어야 한다. ❶ 배우자상속재산분할기한까지 상속재산분할협의, ❷ 등기가 필요한 상속재산인 경우 상속재산분할협의에 따른 등기, ❸ 상속재산의 분할사실을 납세지 관할세무서장에게 신고하는 것을 요건으로 한다.

☑ 상속재산 분할협의에 따른 등기

「민법」제1006조 '공동상속과 재산의 공유'에 의하면, 상속인이 수인인 때에는 상속재산은 그 공유에 속한다. 「민법」제265조 단서에 의하면, 공유물의 보존행위는 각자가 할 수 있다.[16] 상속인 중 1인이 상속인 전부를 위하여 상속을 증명하는 서면을 첨부하여 '상속'을 원인으로 한 등기를 신청할 수 있다. 이러한 경우 공동상속인 전원을 신청인으로 나머지 상속인들의 등기까지 법정상속분에 따라 신청하여야 하며, 일부 상속인의 상속지분에 대한 상속등기를 할 수는 없다. 따라서 '상속'을 원인으로 한 등기가 마쳐졌다고 하여, 공동상속인들 사이에 그 등기 내용대로의 상속재산분할협의가 이루어졌다고 인정할 수는 없다. 즉, 상속을 증명하는 서면에 추가하여 **[상속재산의 분할을 증명하는 서면]**까지 첨부하여 등기를 신청하는 경우에는 '협의분할에 의한 상속'을 원인으로 한 등기가 마쳐진다.

'상속'을 원인으로 한 등기와 '협의분할에 의한 상속'을 원인으로 한 등기의 차이 등을 모두 종합하여 보면, '상속'을 원인으로 한 등기를 하였다는 이유만으로 상증법에서 규정하는 상속재산분할협의를 하고 그에 따른 등기를 하였다고 인정할 수는 없는 것이다.[17]

---

16) 「민법」제265조 【공유물의 관리, 보존】
   공유물의 관리에 관한 사항은 공유자의 지분의 과반수로써 결정한다. 그러나 보존행위는 각자가 할 수 있다.
17) 다만, 2020년 기획재정부 해석에서는 배우자상속공제 적용 시, '등기원인'이 '협의분할에 의한 상속'으로 한정되는 것이 아니라고 하였으므로, 상속인들이 상속재산 분할을 협의하고 그 내용에 따라 상속재산분할 협의서를 작성하여 이루어진 등기에 해당하여, 실제 배우자가 상속받은 것인지 여부가 주요한 요건이 된다. (기획재정부 재산세제과-764, 2020.9.3.)

이는 상속인들이 법정상속분에 따른 배우자상속공제를 받아 상속세를 납부한 후에 배우자인 부 또는 모가 자녀에게 상속재산을 분할함으로써 배우자상속공제를 받은 부분에 대하여 조세회피가 일어나는 것을 방지하기 위함이다. 즉, '협의분할에 의한 상속'에 따라 등기하여 [**배우자가 실제 상속받은 재산**]에 대하여 배우자상속공제를 적용한다.

최근까지도 국세청에서는 정기적으로 배우자상속공제에 대한 요건을 충족하였는지 점검하고 있다. 이에 배우자가 '실제' 상속받은 재산임을 확인하기 위한 것으로, 부동산 등기에 대한 사유도 지속적으로 검증하고 있다.

☑ 배우자상속재산 분할기한

배우자상속공제를 적용받기 위한 배우자상속재산 분할기한은 상속세 신고기한의 다음날부터 9개월이며, 사망개시일이 속하는 달의 말일부터 6개월까지 상속세 신고기한이므로 해당 9개월의 기간을 가산하면 15개월(1년 3개월)에 해당한다. 등기·등록·명의개서 등을 요하는 재산의 경우에는 이날까지 배우자 명의로 반드시 등기 등을 해야 배우자가 실제로 상속받은 재산을 상속공제 받을 수 있다.[18] ☞ 집행기준 19-17-4

---

[18] 상속재산분할협의는 상속이 개시되어 공동상속인 사이에 잠정적 공유가 된 상속재산에 대하여 그 전부 또는 일부를 각 상속인의 단독소유로 하거나 새로운 공유관계로 이행시킴으로써 상속재산의 귀속을 확정시키는 것이므로 '상속'을 원인으로 한 단순상속등기가 마쳐졌다고 하여 공동상속인들 사이에 상속재산분할협의를 하고 그에 따른 등기를 하였다고 보기 어렵다. (조심2020인2501, 2020.11.11., 같은 뜻)(조심2022인0088, 2022.7.12.)

☑ 배우자상속재산 분할기한 연장

　배우자상속재산분할기한까지 부득이한 사유로 배우자의 상속재산을 분할할 수 없는 경우에는 부득이한 사유를 입증할 수 있는 서류를 첨부하여 「배우자상속재산미분할신고서」를 배우자상속재산 분할기한까지 납세지 관할세무서장에게 신고하여야 한다. 이 경우 배우자상속재산분할기한의 다음날부터 6개월이 되는 날(배우자상속재산분할기한의 다음날부터 6개월을 경과하여 과세표준과 세액의 결정이 있는 경우에는 그 결정일)까지 상속재산을 분할하여 신고하는 경우에는 배우자상속재산분할기한 이내에 분할한 것으로 본다. ☞ 집행기준 19-17-5

　부득이한 사유란 ❶ 상속인 등이 상속재산에 대하여 상속회복청구의 소를 제기하거나 상속재산 분할의 심판을 청구한 경우 또는 ❷ 상속인이 확정되지 아니하는 부득이한 사유 등으로 배우자상속분을 분할하지 못하는 사실을 관할세무서장이 인정하는 경우 두 가지 중 하나이다. 따라서 소(訴)의 제기나 심판청구로 인한 경우에는 소송 또는 심판 청구가 종료된 날의 다음날부터 6개월이 되는 날까지 상속재산을 분할하여 신고하는 경우에는 배우자상속재산분할기한 이내에 분할한 것으로 본다.

집행기준 19-17-5
배우자 상속재산 분할기한 연장

(사망일)	(6개월)	(1년 3개월)	(1년 9개월)	상속세 결정일
상속 개시일	상속세 과세표준 분할기한	(원칙) 배우자상속재산 분할기한	(부득이한 경우) 배우자상속재산 분할연장기한	(최장) 배우자상속재산 분할연장기한

*부득이한 경우
 ① 상속인 등이 상속재산에 대하여 상속회복청구의 소를 제기하거나 상속재산 분할의 심판을 청구한 경우
 ② 상속인이 확정되지 아니하는 부득이한 사유 등으로 배우자상속분을 분할하지 못하는 사실을 관할세무서장이 인정하는 경우

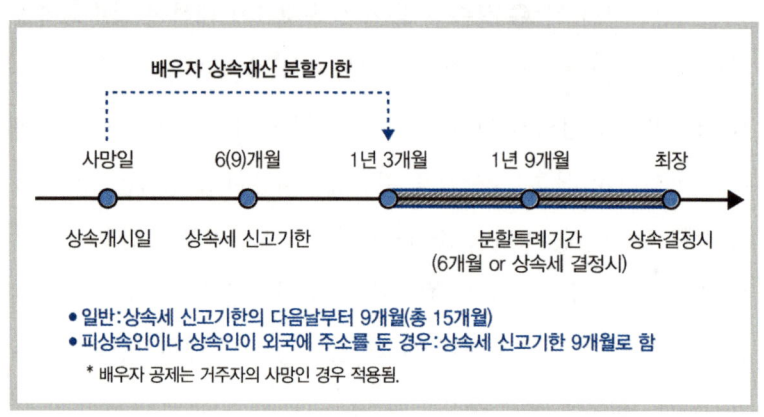

- 일반 : 상속세 신고기한의 다음날부터 9개월(총 15개월)
- 피상속인이나 상속인이 외국에 주소를 둔 경우 : 상속세 신고기한 9개월로 함
  * 배우자 공제는 거주자의 사망인 경우 적용됨.

■ 상속세 및 증여세법 시행규칙 [별지 제3호서식] <개정 2016.3.21.>

배우자 상속재산 미분할 신고서

1. 피상속인 및 신고인(상속인) 인적사항

피상속인	성명		주민등록번호	
신 고 인 (상속인)	성명		주민등록번호	
	주소			
	전화번호			

2. 상속재산

재산종류	소재지	수량(면적)	평가액

3. 상속재산 미분할 사유

(상속회복청구의 소 [ ], 상속재산 분할 심판 [ ], 상속인이 확정되지 아니한 경우 [ ])

「상속세 및 증여세법」 제19조제3항 및 같은 법 시행령 제17조제3항에 따라 상속재산을 분할할 수 없는 사유를 위와 같이 신고합니다.

년   월   일

신고인   (서명 또는 인)

세 무 서 장 귀하

신고인 제출서류	1. 상속회복청구의 소에 관한 서류 1부 2. 상속재산 분할 심판 청구에 관한 서류 1부 3. 상속인이 확정되지 아니한 사유를 입증할 수 있는 서류 1부	수수료 없음

작성방법

※ 이 서식은 「상속세 및 증여세법」 제19조제3항에 따라 작성합니다.
1. "2.상속재산"에는 배우자 상속재산분할기한까지 분할하지 못한 배우자의 상속재산을 적습니다.
   이 때 평가액은 「상속세 및 증여세법」 제4장에 따라 평가한 금액을 적습니다.
2. "3. 상속재산 미분할 사유"에는 해당되는 사유(상속회복청구의소, 상속재산 분할 심판, 상속인이 확정되지 아니한 경우)에 √표를 하고 세부내용을 적습니다.

210mm×297mm[백상지 80g/㎡(재활용품)]

④ 뱃속의 태아도 인적공제를 받을 수 있나요?

"병으로 사망한 아들의 며느리가 임신 중이었어요. 아들이 사망 후 2개월 뒤에 손자가 태어났어요. 아기도 상속인에 해당되어 상속세 납부의무가 있는데, 아기는 자녀공제와 미성년자공제를 받을 수 없다고 하는데 맞는 건가요?"

사례에서 태아는 상속인의 지위에 있으며, 자녀공제 및 미성년자공제 적용이 가능하다.[19) 과거에는 태아는 상속개시일 자연인에 해당하지 않으므로 상속공제 중 자녀공제 및 미성년자공제는 받을 수 없었으나 세법의 개정으로 2023.1.1. 상속이 개시되는 분부터 자녀공제와 미성년자공제가 가능하도록 명확히 하였다.

⑤ 상속인 중 미성년자와 장애인이 있는 경우 추가로 받을 수 있는 공제가 있나요?

거주자의 사망으로 상속이 개시되는 경우 상속인 및 동거가족의 생계를 위하여 상속인의 인적상황과 상속재산의 물적상황을 고려하여 세법에서는 다양한 상속공제를 두고 있다.

피상속인이 상속개시일 현재 사실상 부양하는 동거가족 중 직계

---

19) 2023년 세법 개정으로 태아도 자녀공제와 미성년자공제가 가능하게 되었다. 2년마다 집행기준이 발행하는 것을 감안하면, 2022년 발행한 집행기준(20-18-2)에는 2023년 세법 개정사항이 반영되지 않았으나 2024년 집행기준 발행 시에 개정안이 반영될 예정이다.

존비속(배우자의 직계존비속 포함) 및 형제자매에 대하여 '그 밖의 인적공제' 항목으로 공제된다.

'그 밖의 인적공제'는 배우자공제와 장애인공제가 중복되고, 자녀공제는 미성년자공제와 중복 가능하다. 장애인공제와 다른 인적공제는 모두 중복되지만, 2024년 현재 자녀공제와 연로자공제는 1인당 5천만원이 공제되며, 중복공제가 불가하다. ☞  20-18-8

 20-18-8
인적공제 중복공제 여부

인적공제	배우자	자녀	미성년자	연로자	장애인
배우자					○
자녀			○	선택	○
미성년자		○			○
연로자		선택			○
장애인	○	○	○	○	

☑ 상속세 인적공제

상속세 과세가액에서 공제되는 상속공제 금액은 '공제 적용의 한도' 범위 안에서만 인정된다.[20] 다만, 거주자는 상속 인적공제 등 적용되지만, 비거주자인 피상속인은 기초공제 2억원 외의 다른 상속공제는 적용받을 수 없다.

인적공제로는 기초공제 2억원과 그 밖의 인적공제가 있다. 그 밖의 인적공제로는 자녀공제, 미성년자공제, 연로자공제, 장애인

---
20) 상증법 제24조【공제 적용의 한도】

공제가 있다. 2024년 현재 자녀공제는 1인당 5천만원, 미성년자는 1인당 1천만원에 19세까지 잔여연수를 적용한다.

연로자공제는 상속인 및 동거가족 중 65세 이상자에게 1인당 5천만원을 공제한다. 장애인은 배우자를 포함한 상속인 및 동거가족 중 장애인 1인당 1천만원에 기대여명 연수를 적용한다. 기대여명은 「통계법」 제18조에 따라 통계청장이 승인하여 고시하는 통계표에 따른 성별, 연령별 기대여명의 연수를 말하며, 1년 미만의 기간은 1년으로 한다.[21]

집행기준 20-18-5
미성년자공제 적용방법

① 미성년자공제의 연수계산 시 1년 미만의 단수가 있는 경우에는 1년으로 한다.
② 미성년자는 상속개시일 현재 만 19세에 달하지 아니한 자를 말한다.

집행기준 20-0-1
기타 인적공제

거주자의 사망으로 상속이 개시되는 경우 상속인 및 동거가족에 대하여 다음의 금액을 상속세 과세 가액에서 공제한다.

21) 「통계법」 제18조 【통계작성의 승인】
① 통계작성기관의 장은 새로운 통계를 작성하고자 하는 경우에는 그 명칭, 종류, 목적, 조사대상, 조사방법, 통계표 서식, 조사사항의 성별구분 등 대통령령으로 정하는 사항에 관하여 미리 통계청장의 승인을 받아야 한다. 승인을 받은 사항을 변경하거나 승인을 받은 통계의 작성을 중지하고자 하는 경우에도 또한 같다. (2016.1.27. 개정)
(… 중략 …)
④ 통계청장은 제1항에 따른 승인을 한 때에는 이를 고시하여야 한다. 이 경우 승인을 한 통계의 명칭, 통계작성기관의 명칭 등 고시에 포함되어야 할 사항은 대통령령으로 정한다. (2017.8.9. 개정)

구 분	공제요건	공제액
자녀공제	피상속인의 자녀	1인당 5,000만원[22]
미성년자 공제	배우자를 제외한 상속인 및 동거가족 중 미성년자	1인당 1,000만원 × (19세에 달하기까지 연수)
연로자 공제	배우자를 제외한 상속인 및 동거가족 중 65세 이상인 자	1인당 5,000만원
장애인 공제	배우자를 포함한 상속인 및 동거가족 중 장애인	1인당 1,000만원 × (기대 여명의 연수)

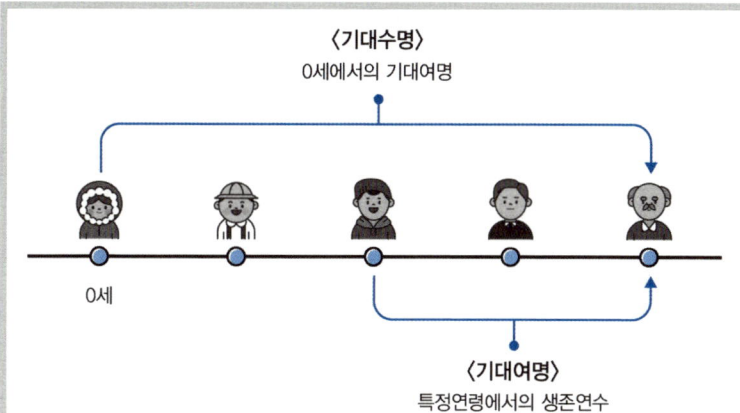

통계표명 : 성별 기대수명과 건강수명

(단위 : 년)

		2020년	2021년	2022년
기대수명	전체	83.5	83.6	82.7
	남자	80.5	80.6	79.9
	여자	86.5	86.6	85.6
건강수명[1]		66.3	–	65.8

출처 : 통계청, 「생명표」

주석 : 1) 유병 기간을 제외한 기대수명임. 2012년 최초 작성되었으며, 사회조사 작성주기에 맞추어 2년마다 작성중임.

---

22) 2024년 귀속 공제금액이므로 2025.1.1. 이후 상속 분부터 개정사항을 확인한다.

그 밖의 인적공제 대상인 상속인이 상속의 포기 등으로 상속을 받지 아니하는 경우에도 공제를 적용한다. ☞ 집행기준 20-18-6

공제 대상인 동거가족은 상속개시일 현재 피상속인 사실상 부양하고 있는 직계존비속 및 형제자매를 말한다. 이는 배우자의 직계존속을 포함한다. ☞ 집행기준 20-18-1

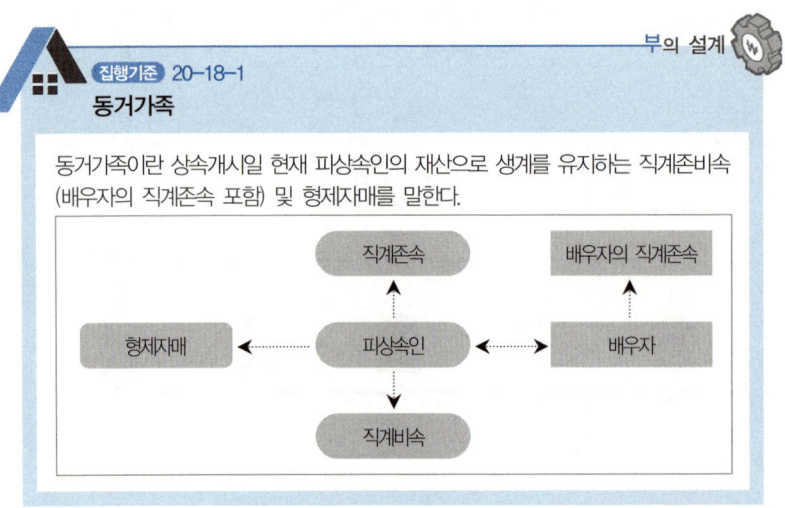

동거가족의 경우 상속개시일 현재 피상속인이 사실상 부양하고 있을 것을 요한다. 그러나 상속인의 경우에는 상속개시일 현재 피상속인이 사실상 부양하지 않았다는 이유로 상속공제의 적용을 배제하지 않는다.

☑ 손자의 인적공제 여부

손자가 피상속인의 재산으로 생계를 유지하는 경우에는 인적공제 대상이나, 그의 부모가 부양 능력이 있는 경우 인적공제를 받을 수 없다. ☞ 집행기준 20-18-3

☑ 대습상속인의 인적공제 여부

상속인이 될 자가 상속개시 전 사망 또는 결격 등의 사유로 대습상속 되는 경우 피상속인이 대습상속인인 손자를 사실상 부양하고 있다면, 그 손자는 미성년자공제는 받을 수 있으나 자녀공제는 받을 수 없다. ☞ 집행기준 20-18-7

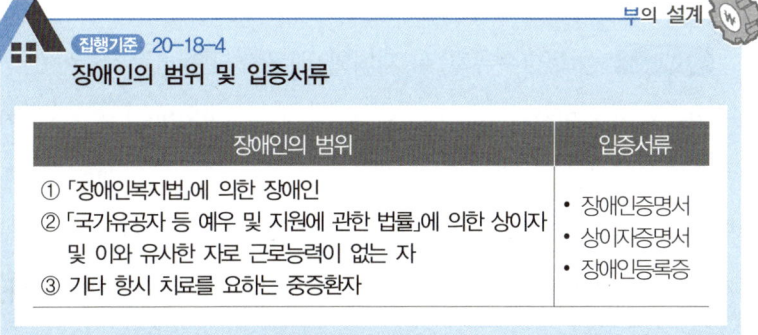

❓6 배우자만 존재하는 경우와 배우자가 단독 상속받는 경우의 상속공제는 어떻게 다른가요?

상속인 구성원에 따른 상속공제의 차이[23]

상속인(수유자) 구분	기초공제 2억원	인적공제 개별적용	일괄공제 5억원	배우자공제 5억원~	상속인적공제	종합한도
사례1) 자녀와 배우자 존재	가능	가능	5억원	5억원~	10억원~	상속공제 종합한도 적용
사례2) 자녀와 배우자 존재 (상속세 무신고)	불가능	불가능	5억원	5억원~	10억원~	
사례3) 배우자만 존재	2억원	가능	불가능	5억원~	7억원~	
사례4) 공동상속인(포기)로 배우자만 상속	가능	가능	5억원	5억원~	10억원~	
사례5) 자녀만 존재	가능	가능	5억원	불가능	5억원~	

사례 ① 상속인(수유자) ⇒ 자녀와 배우자 존재하는 경우

거주자의 사망으로 상속이 개시된 경우 상속인이나 수유자는 '기초공제 2억원과 그 밖의 인적공제(자녀, 미성년자, 연로자, 장애인 공제)의 합계액'과 일괄공제 5억원 중 큰 금액으로 공제할 수 있다. 따라서 자녀와 배우자가 있는 경우 인적 공제액은 최소 10억원이 된다.

[상속인적공제 최소 10억원 = Max(2억원 + 인적공제, 5억원) + 배우자공제 5억원]

사례 ② 상속인(수유자) ⇒ 자녀와 배우자 존재(상속세 무신고)

거주자의 사망으로 상속이 개시되고, 상속세 무신고자의 경우 5

---

[23] 2024년 귀속 현행 상속공제금액에 따른 계산이므로 2025.1.1. 이후 상속 분부터 개정된 상속공제금액을 적용한다.

억원 일괄공제만 적용되고, 기초공제와 그 밖의 인적공제는 적용하지 않는다. 따라서 무신고 하는 경우에도 자녀와 배우자가 있는 경우 인적공제액은 최소 10억원이 된다. 다만, 2020.1.1. 기한 후 신고하는 분부터 기한 후 신고 시에도 동일하게 상속공제 적용 시 기초공제와 그 밖의 인적공제의 합계 금액과 일괄공제 5억원 중 큰 금액을 선택할 수 있다. 따라서 사례의 무신고자의 경우는 당초 신고뿐만 아니라 기한후 신고를 하지 않은 경우를 말한다.

[상속인적공제 최소 10억원 = 일괄공제 5억원 + 배우자공제 5억원]

사례 ③ 상속인(수유자) ⇒ 배우자만 존재

자녀 또는 직계존속 등의 공동상속인이 부존하여 배우자가 단독으로 상속받는 경우에는 기초공제 2억원과 그 밖의 인적공제의 합계액으로만 공제한다. 따라서 배우자 단독 상속의 경우 인적공제액은 최소 7억원이 된다.

[상속인적공제 최소 7억원 = 2억원 + 인적공제 + 배우자공제 5억원]

즉, 신고여부와 관계없이 일괄공제 5억원은 적용하지 않는다.

사례 ④ 상속인(수유자) ⇒ 공동상속인(포기)로 배우자만 상속

사례③과 구분하여 공동상속인이 존재는 하지만, 상속포기 또는 협의분할에 따라 배우자 혼자 상속받은 경우 일괄공제 5억원을 적용할 수 있다. 따라서 자녀와 배우자가 있는 경우와 동일하게 배우자 단독 상속을 받는 경우에도 상속인적공제액은 최소 10억원이 된다.

[상속인적공제 최소 10억원 = Max(2억원 + 인적공제, 5억원) + 배우자공제 5억원]

이는 공동상속인이 존재하는 것은 동일하나 상속포기 여부에 따라 일괄공제를 적용 배제하여 불리하게 적용할 이유가 없기 때문이다. ☞ 집행기준 21-0-1

사례 ⑤ 상속인(수유자) ⇒ 자녀만 존재

거주자의 사망으로 상속이 개시된 경우 상속인이나 수유자는 '기초공제 2억원과 그 밖의 인적공제(자녀, 미성년자, 연로자, 장애인 공제)의 합계액'과 일괄공제 5억원 중 큰 금액으로 공제할 수 있다. 사례 ①과 차이점은 자녀만 있고 배우자는 부존하는 경우 상속인적공제액은 최소 5억원이 된다.

[상속인적공제 최소 5억원 = Max(2억원 + 인적공제, 5억원)]

주의할 점은 피상속인의 배우자 및 자녀가 상속 포기 등으로 상속을 받지 아니한 경우에도 배우자 및 그 밖의 인적공제를 받을 수 있으나 그럼에도 '공제적용 종합한도'(상증법 제24조) 규정은 적용된다.

집행기준 21-0-1
일괄공제

거주자의 사망으로 상속이 개시되고 상속세를 무신고하거나 기초공제액과 기타인적공제액이 5억원에 미달한 경우 기초공제액과 기타인적공제액을 일괄하여 5억원을 공제할 수 있다.

구 분		일괄공제액
• 상속세 신고기한 내 신고 또는 기한 후 신고가 없는 경우		5억원
• 배우자만 상속재산을 받은 경우	단독상속	일괄공제 불가
	공동상속인의 상속포기 또는 협의분할에 따라 배우자 혼자 상속 받은 경우	5억원

금융재산과 부동산 어느 것으로 상속하는 게 좋을까요?

☑ 금융재산 상속공제

재산평가 측면에서 볼 때는 금융재산보다 부동산으로 상속하는 것이 일면 더 유리하다. 금융재산은 시가 100% 그대로 과세대상이 되지만 부동산은 실제 시가가 없다면 보충적 평가방법에 따라 기준시가로 평가하므로 실제가치보다 적어지는 효과가 있다. 따라서 예금으로 상속받는 경우 다른 재산에 비하여 투명한 평가가액과 과세포착률을 양성화하기 위하여 최대 2억원을 상속재산에서 공제한다.

[
"아버지가 돌아가시면서 집안 금고에 수표 2억원을 상속하셨습니다. 수표로 보관하신 것도 금융재산으로 공제받을 수 있나요?"
]

아쉽게도 사례에서 집안에 있는 수표와 현금은 금융재산 상속공제에 해당하지 않는다. 금융재산 상속공제 제도를 도입한 취지가 금융저축을 장려하고 은닉하기 쉬운 현금 등을 양성화하여 과세 포착률을 높이기 위한 것인 점을 고려할 때, 직접 보유한 현금 및 수표를 금융재산 상속공제 대상으로 보는 경우 금융재산 상속공제 제도를 도입한 취지에 맞지 않기 때문이다.

☑ 자기앞수표의 금융재산 포함 여부

상증법에서 금융재산 상속공제의 대상을 '금융회사 등이 취급하는' 예금 등의 금전 및 유가증권으로 정하고 있다. 사례에서 은행에서 인출하여 보관하고 있던 금전 및 수표는 '금융회사 등이 취급하는' 예금 등의 금전 및 유가증권에 해당하지 않는다.

☞ 집행기준 22-19-3

☑ 금융재산 상속공제 금액

상속세 신고 시 고액의 금융재산 소유자에게 과도한 혜택이 주어지지 않도록 공제한도를 설정하였다. 금융재산 상속공제 대상은 금융재산가액에서 금융채무를 제외한 순금융재산가액이다. 순금융재산가액이 10억원을 초과하는 경우 최대 한도액은 2억원이다. 다만, 순금융재산가액이 2천만원 이하의 경우 전액이 상속공제액이다. 순금융재산가액이 2천만원 초과부터 1억원 이하는 2천만원까지, 10억원 이하는 20% 공제한다. 그럼에도 불구하고 현금과 수표는 상속인들이 별도 보관이 용이하고, 의도적으로 적게 신고할 수 있는 유인이 있으므로 금융기관을 통하지 않고 개별 신고하는 것을 권장하지 아니하기 때문에 금융재산상속공제 대상이 아니다.

☞ 집행기준 22-19-1

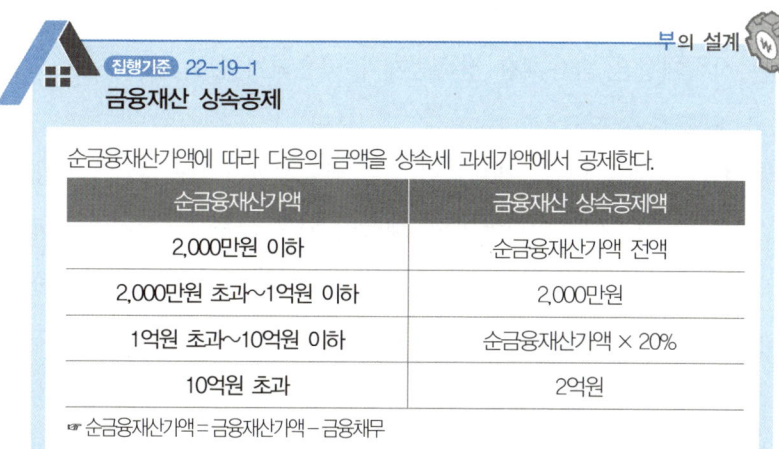

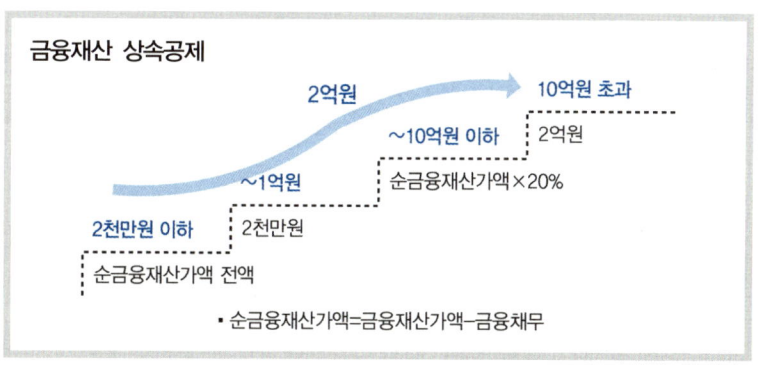

❓ 현금은 왜 금융재산 상속공제를 받을 수 없나요?

☑ 공제대상 금융재산의 범위

앞의 사례와 같이 상속개시 당시 현금 또는 수표로 보유하고 있는 상속재산은 금융재산 상속공제가 적용되지 않는다.
☞ 집행기준 22-19-3

이유는, 세법에서 공제대상이 되는 금융재산은 일반적인 금융재산이 아니라 '공제' 취지에 따라 대상이 되는 금융재산을 열거하고 있기 때문이다. ❶ 금융회사 등이 취급하는 예금·적금·부금·출자금·금전신탁재산·보험금·공제금·주식·채권·수익증권·출자지분·어음 등의 금전 및 유가증권 ❷ 비상장주식 또는 출자지분으로 금융회사 등이 취급하지 아니하는 것 ❸ 발행회사가 금융회사 등을 통하지 않고 직접 모집하거나, 매출하는 방법으로 발행한 회사채이다. ☞ 집행기준 22-19-2

❹ 금융재산에는 최대주주 또는 최대출자자가 보유하고 있는 주식 또는 출자지분은 포함되지 않는다. ☞ 집행기준 22-19-6

최대주주 등의 주식 등은 세금 포착이 용이하여 금융재산 상속공제 대상으로 하지 않아도 재산이 누락될 염려가 없기 때문이다.

상속세 신고 누락한 금융재산이 상속세 조사 등으로 상속재산가액에 포함된 경우에도 금융재산상속공제가 가능하다.
☞ 집행기준 22-19-8

하지만, 상속세 신고기한까지 신고하지 아니한 타인명의 금융재산은 공제 대상이 아니다. ☞ 집행기준 22-19-6

집행기준 22-19-7
최대주주 또는 최대출자자 판정

① 피상속인과 특수관계자의 보유주식 또는 출자지분을 합하여 최대주주 또는 최대출자자에 해당하는 경우에는 피상속인 및 그와 특수관계에 있는 자 모두를 최대주주 또는 최대출자자로 본다.
② 위 ①에 따른 보유주식 등의 합계가 동일한 최대주주 등이 2 이상인 경우에는 모두를 최대주주 등으로 본다.

② 은행대출이 있으면 금융재산 상속공제가 줄어든다고요?

☑ 금융재산의 평가

현재 상속재산가액 중 금융재산(예 : 1억원)의 가액에서 금융채무(예 : 8천만원)를 뺀 가액에 따른 금액(예 : 2천만원)을 공제대상금액으로 한다. 따라서 은행대출 등 금융채무가 있으면 금융재산 상속공제 대상금액이 줄어든다. 금융재산의 평가방법은 상속개시일 현재 시가로 평가한다. 시가가 불분명한 경우에는 보충적 평가방법에 따른 평가액으로 한다. ☞ **집행기준 22-19-4**

금융재산 상속공제 대상은 금융재산에서 금융채무(예 : 은행대출금 등)를 공제한 '순금융재산'이다. 금융채무는 「금융실명거래 및 비밀보장에 관한 법률」에 따른 금융회사등[24]에 대한 채무를 말한다.

---

24) 「금융실명거래 및 비밀보장에 관한 법률」 제2조 【정의】
이 법에서 사용하는 용어의 뜻은 다음과 같다.
1. "금융회사등"이란 다음 각 목의 것을 말한다.

☞ **집행기준** 22-19-5

　금융재산은 상속개시일 금융회사등이 취급하는 예금 · 적금 · 보험금 · 주식 등의 금전 및 유가증권으로 상속개시일 현재 조사 확인된 예금 상당액을 기준으로 적용한다. 예금 상당액이란 상속개시일 현재 예금잔액에서 미수이자 상당액을 가산하고 원천징수 상당액을 차감한 금액이다.

③ 부동산 양도 후 양도대금을 은행에 넣어야 하는 이유가 있나요?

　부동산 양도 후 양도대금의 사용처를 알 수 없는 경우, 2년 이내 추정상속재산 과세 대상이 될 수 있고, 현금으로 금고에 보관하는 경우 금융재산 상속공제도 받을 수 없다. 따라서 은행등 금융기관

가. 「은행법」에 따른 은행
나. 「중소기업은행법」에 따른 중소기업은행
다. 「한국산업은행법」에 따른 한국산업은행
라. 「한국수출입은행법」에 따른 한국수출입은행
마. 「한국은행법」에 따른 한국은행
바. 「자본시장과 금융투자업에 관한 법률」에 따른 투자매매업자 · 투자중개업자 · 집합투자업자 · 신탁업자 · 증권금융회사 · 종합금융회사 및 명의개서대행회사
사. 「상호저축은행법」에 따른 상호저축은행 및 상호저축은행중앙회
아. 「농업협동조합법」에 따른 조합과 그 중앙회 및 수협은행
자. 「수산업협동조합법」에 따른 조합 및 중앙회
차. 「신용협동조합법」에 따른 신용협동조합 및 신용협동조합중앙회
카. 「새마을금고법」에 따른 금고 및 중앙회
타. 「보험업법」에 따른 보험회사
파. 「우체국예금 · 보험에 관한 법률」에 따른 체신관서
하. 그 밖에 대통령령으로 정하는 기관

이 취급하는 예금 등의 금전 및 유가증권 등으로 상속되면, 2천만원 이하인 경우에는 그 가액, 2천만원 초과금액은 최대 2억원까지, 20% 공제를 받게 된다.

☑ 금융재산상속공제가 적용되는 경우

  피상속인이 부동산 양도계약 체결 후 잔금 수령 전에 사망한 경우 양도대금에서 이미 수령한 계약금, 중도금을 예금 등 금융재산에 예입한 경우 금융재산 상속공제가 적용된다. ☞ 집행기준 22-19-8

④ 미리 증여한 금융재산도 공제될까요?

☑ 금융재산상속공제가 적용되지 않는 경우

  ❶ 상속개시일 전 10년 이내에 피상속인이 상속인에게 증여하거나 5년 이내에 상속인 이외의 자에게 증여한 금융재산이 상속재산에 합산되는 경우 금융재산상속공제를 적용하지 않는다. ❷ 예금 인출액 중 사용처가 불분명하여 상속세 과세가액에 산입되는 추정상속재산의 경우 금융재산상속공제를 적용하지 않는다. ❸ 상속세 비과세 또는 과세가액 불산입되는 금융재산은 금융재산 상속공제가 적용되지 않는다. ☞ 집행기준 22-19-9

❓⑤ 상속받은 집에 화재가 났는데 상속세 내야 하나요?

상속개시 후 집에 화재가 나서 재산가치를 손해 본 경우, 신고기한 이내라면 재산손실액을 집값에서 차감해준다. 다만, 신고기한 이내이면서, 화재보험 등으로 손실보상을 받는 부분은 제외된다. 재해손실공제를 받고자 할 경우 '재해손실공제신고서(상증규칙 별지 제6호 서식)'에 해당 재난 사실을 입증하는 서류를 첨부하여 상속세 신고 시 제출하여야 한다.

☑ 재해손실공제

상속개시일부터 상속세 과세표준 신고기한 내에 화재·붕괴·폭발·환경오염사고 및 자연재해 등으로 인한 재난으로 인하여 상속재산이 멸실되거나 훼손된 경우에는 상속세 과세가액에서 다음의 금액을 공제한다. ☞ 집행기준 23-20-1

> **재해손실공제금액** = 재해손실재산가액 − 그 손실가액에 대한 보험금 등의 수령 또는 구상권 등의 행사에 의하여 보전 가능한 금액

10장 동거주택 상속공제

분양권이 있는 경우에도 저와 아버지가 함께 살던 주택에 대하여 상속공제 받을 수 있나요?

["저와 아버지가 함께 한집에 살았습니다. 2022. 7. 30. 아버지가 돌아가셨습니다. 저에게는 2021. 12. 15. 당첨된 분양권이 1개 있습니다. 저에게 분양권이 있는 경우에도 저와 아버지가 함께 살던 주택에 대하여 상속공제 받을 수 있나요?"]

사례에서 피상속인과 상속인이 상속개시일부터 소급하여 10년 이상 계속하여 동거한 경우 1세대 1주택에 해당한다면 동거한 주택가액에서 담보된 채무를 제외하고 6억원 한도로 상속공제 된다. 이 경우 2021년 이후 당첨된 상속인의 분양권이 주택 수에 포함되는지 여부가 쟁점이 될 수 있으나, 동거주택의 1세대 1주택 판정 시 분양권은 포함되지 않는다.

Q1 알아두면 돈이 되는 동거주택 상속공제는 무엇인가요?

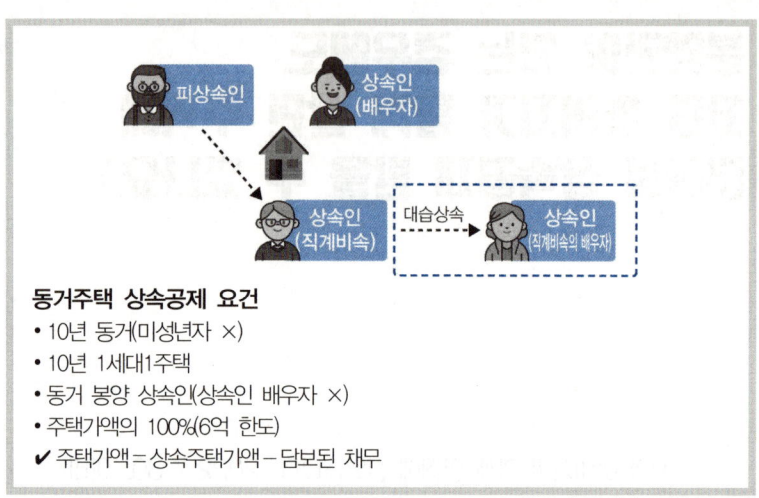

동거주택 상속공제 요건
- 10년 동거(미성년자 ×)
- 10년 1세대1주택
- 동거 봉양 상속인(상속인 배우자 ×)
- 주택가액의 100%(6억 한도)
- ✔ 주택가액 = 상속주택가액 – 담보된 채무

☑ 동거주택 상속공제 대상

　동거주택 상속공제의 취지는 1세대 1주택 실수요자의 상속세부담이 증가되는 것을 완화하기 위하여 도입되었다. 피상속인과 하나의 세대를 구성하여 장기간 동거봉양한 무주택 상속인이 해당 주택을 상속받아야 동거주택 상속공제가 가능하다. 따라서 동거주택 상속공제의 대상은 직계비속인 상속인과 대습상속 받은 직계비속의 배우자(예: 며느리, 사위)가 동거봉양한 경우로 한정한다. 당초 직계비속인 상속인만 가능하였으나, 2022.1.1. 이후에는 대습상속에 해당하는 경우 상속인이 된 직계비속의 배우자도 포함하도록 하였다.[25]

---

[25] 「민법」 제1003조【배우자의 상속순위】 제2항 따라 상속인이 된 그 직계비속의 배우자
　② 제1001조의 경우에 상속개시 전에 사망 또는 결격된 자의 배우자는 동조의 규정에 의한 상속인과 동순위로 공동상속인이 되고 그 상속인이 없는 때에는 단독상속인이 된다.

1) 10년 이상 동거 요건

피상속인과 상속인이 상속개시일부터 소급하여 10년 이상 계속하여 하나의 주택에 동거하여야 한다. 10년 이상 판단 시 미성년자인 기간은 제외한다. 동거 기간이 10년을 의미하므로 피상속인이 주택을 보유한 기간이 10년이어야 하는 것은 아니다. (피상속인의 보유기간은 관련없다)

2) 10년 이상 1세대 1주택 요건(또는 무주택)

상속개시일 현재 1세대 1주택에 해당하는 것을 말하며, 상속인이 무주택자이거나 피상속인과 공동으로 1세대 1주택을 보유한 자로서 피상속인과 동거한 상속인이 상속받은 주택이어야 한다. (고가주택, 일시적 2주택도 포함한다)

1세대인 피상속인의 이사에 따라 일시적 2주택 등에 해당하는 경우에도 해당된다. 따라서 피상속인이 다른 주택을 취득하여 일시적 2주택을 소유한 경우에도 다른 주택을 취득한 날부터 3년 이내에 종전의 주택을 양도하고 이사하는 경우에는 1세대 1주택을 소유한 것으로 본다. 상속개시일 현재 일시적으로 2주택인 경우 동거주택 상속공제는 상속개시일 현재 피상속인과 직계비속인 상속인이 동거하는 주택에 대해 적용하는 것이다.

3) 상속개시일 동거봉양 상속인

상속개시일 현재 무주택자이거나 피상속인과 공동으로 1세대 1주택을 보유한 자로서 피상속인과 동거한 상속인이 상속받은 주택이어야 한다. ☞ 집행기준 23의2-0-1

4) 동거주택 상속공제금액

상속주택가액(주택부수토지의 가액을 포함)에서 상속개시일 현재 해당 주택 및 주택부수토지에 담보된 피상속인의 채무액을 뺀 가액의 100%에 상당하는 금액을 상속세 과세가액에서 공제한다. 다만, 그 공제할 금액은 6억원을 한도로 한다. 따라서 피상속인과 동거하던 주택의 가격에서 최대 6억원까지 공제받을 수 있다. 예를 들어 동거하던 주택의 가격이 5억원이라면 5억원 전액이 공제되고, 10억원이라면 6억원만 공제된다. 이때 동거한 자녀가 주택의 일부를 상속받더라도 그 지분에 해당하는 금액만큼 공제가 된다. 예를 들어 동거한 자녀가 10억원의 주택 중 50%만 상속받을 경우 5억원을 공제받을 수 있다.

주의할 점은 상속인인 배우자는 피상속인과 동거하였더라도 동거주택 상속공제가 적용되지 않는다는 점이다.

② 아버지와 함께 거주한 지 10년이 되었는데도 동거주택 상속공제 못받은 이유는 무엇인가요?

> "제가 3년간 군복무를 했습니다. 아버지와 함께 거주한 지 10년이 되었는데, 군복무 기간은 동거 기간에 포함되나요?"

사례에서 군복무 기간은 부득이한 사유에 해당하여 동거하지 못한 경우에도 계속하여 동거한 것으로 본다. 주의할 점은 계속하여 동거한 것으로, 시기적으로는 연속성이 유지되지만 '10년의 동거

기간을 계산할 때는 기간에 포함되지 않는다'는 점이다.

예를 들어 2020.4.25. 상속개시일로 가정해보자. 상속개시일부터 소급하여 10년 이상 동거기간을 계산할 경우 ❷ 2010.4.25.부터 동거를 시작하였다면, '상속인의 징집 기간 3년'은 시기적으로 연속한 것으로 보되, 동거 기간에는 산입하지 않으므로 실제 거주한 7년만 동거 기간이 된다. 이에 동거주택 상속공제는 적용되지 않는다. 결국 ❶ 2007.4.25. 이전부터 동거를 시작한 경우에만 동거주택 상속공제를 받을 수 있다. ☞ 집행기준 23의2-20의2-1

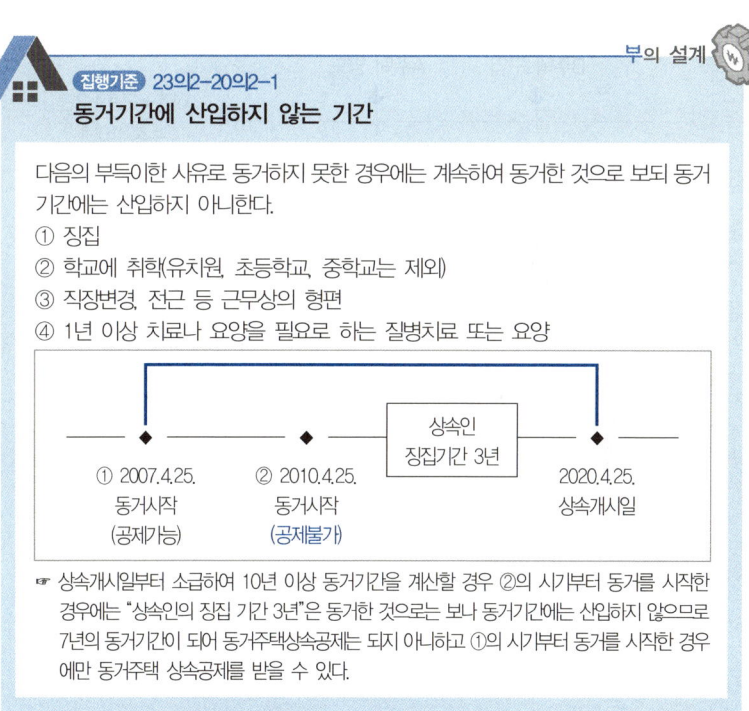

- 군복무 등으로 불가피하게 연속하여 거주하지 못한 경우에도 기간을 통합산하여 10년 이상 동거하였다면 공제한다(다만, 자녀가 미성년자였던 기간은 제외).

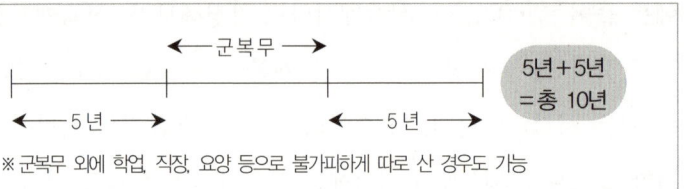

※ 군복무 외에 학업, 직장, 요양 등으로 불가피하게 따로 산 경우도 가능

- 1세대 1주택을 판단할 때에는 무주택자였던 기간도 포함되며, 일시적으로 2주택을 보유한 경우 일시적 2주택 기간도 포함된다.

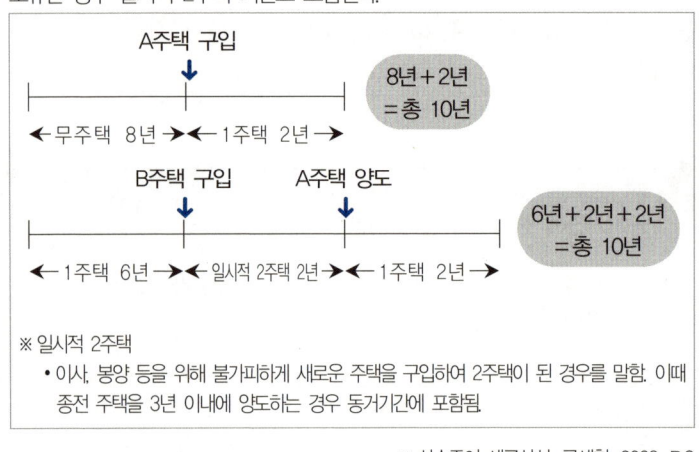

※ 일시적 2주택
  • 이사, 봉양 등을 위해 불가피하게 새로운 주택을 구입하여 2주택이 된 경우를 말함. 이때 종전 주택을 3년 이내에 양도하는 경우 동거기간에 포함됨

※ 상속증여 세금상식, 국세청, 2023, P.8

11장 • 상속공제 한도액

저에게 형의 재산이 상속되었으나 상속공제를 받을 수 없다는데 어떤 사유인가요?

["51세 형이 급성 백혈병 발병 후 1달 만에 사망하였습니다. 결혼하지 않은 형의 재산은 부모님이 상속받아야 하지만 부모님은 상속을 포기하시고 저에게 형의 재산이 상속되었습니다. 그러나 제가 상속받게 되니 상속공제를 받을 수 없다는데 어떤 사유인가요?"]

사례의 경우처럼 상속공제 한도를 고려하지 못하고 상속재산을 분할하여 낭패를 보는 사례를 심심치 않게 접하게 된다. 모르면 손해 보고 알아두면 세금을 절약할 수 있는 사연이다. 즉, 선순위 상속인(사례 : 부모님)이 상속을 포기하게 되어 상속공제금액이 "0원"이 되어버린 것이다.

상속공제는 상속세 과세가액에서 공제하는 기초공제와 그 밖의 인적공제와 일괄공제, 가업상속공제·영농상속공제, 배우자상속공제, 금융재산상속공제, 재해손실공제, 동거주택상속공제가 있는데 상기 상속공제는 선순위 상속인이 상속을 포기하면 상속공제를 받을 수 없다.

상속공제의 취지는 피상속인이 부양해야 할 가족에게 상속된 재산은 피상속인의 사망으로 상속인들의 생계를 보장하기 위하여 공제하는 취지이기 때문이다. 따라서 생계의 영향을 받는 선순위 상속인이 상속포기하여 상속된 재산은 상속공제의 목적에 부합되지 않기 때문에 상속공제 한도금액에서 제외된다.

사례에서 선순위 상속인인 부모님이 상속포기하여 그 다음 순위의 형제자매에 해당하는 사례자(후순위상속인)가 상속받는 경우 상속공제를 계산하면, 총 상속공제금액 중 후순위 상속인이 상속받은 재산가액을 제외하고 상속공제가 가능한데, 전액을 사례자(후순위상속인)가 상속받았기 때문에 '상속공제 한도' 금액이 0원이 되어 상속공제금액이 없게 된다.

☑ 상속공제 한도

상속공제 한도는 상속세 과세가액에서 ❶ 선순위 상속인이 아닌 자에게 유증 또는 사인증여한 재산가액, ❷ 선순위 상속인의 상속포기로 그 다음 순위의 상속인이 상속받은 재산가액, ❸ 사전 증여 재산가액(증여재산공제 및 재해손실공제액을 차감한 금액)을 제외한 금액이 '상속공제 한도'이다.

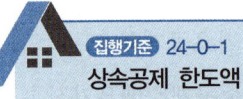

집행기준 24-0-1
상속공제 한도액

상속세 과세가액에서 공제하는 기초공제, 가업·영농상속공제, 배우자상속공제, 기타 인적공제, 일괄 공제, 금융재산상속공제, 재해손실공제, 동거주택상속공제 등의 합계액은 다음의 금액을 한도로 공제 한다. (단, ❸은 상속세 과세가액이 5억원을 초과하는 경우만 적용)

> **상속세 과세가액**
> - ① 선순위인 상속인 아닌 자에게 유증 또는 사인증여한 재산가액
> - ② 선순위인 상속인의 상속포기로 그 다음 순위의 상속인이 상속받은 재산가액
> - ③ 사전 증여재산가액(증여재산공제 및 재해손실공제액 차감한 금액)
> = 상속공제액의 한도액

공제가능한 상속공제액 계산

구 분	상속공제		
1. 기초공제	기초공제 : 2억원(기업상속공제액 한도 600억원, 영농상속공제액 한도 30억원)	=1~7 합계	VS 비교

2. 배우자공제	Max[Min(①, ②), 5억원]
	 ① 배우자가 실제 상속받은 재산
	 ② 공제한도액 : Min(ⓐ, ⓑ)
	   ⓐ (상속재산가액 × 배우자 법정상속분) - (합산대상 증여재산 중 배우자 증여받은 재산 과세표준)
	   ⓑ 30억원		

3. 그 밖의 인적공제[26] • 자녀공제 • 미성년자공제 • 연로자공제 • 장애인공제	• 자녀수 × 1인당 5천만원 • 미성년자수 × 1천만원 × 19세까지 잔여연수 • 65세 이상 연로자수 × 1인당 5천만원 • 장애인수 × 1인당 1천만원 × 기대여명 연수		
4. 일괄공제	Max[(기초공제 2억원+그 밖의 인적공제), 5억원]		

5. 금융재산 상속공제	• 순금융재산가액이 2천만원 이하 : 전액
	 • 순금융재산이 2천만원 초과 : Min[Max(①, ②), 2억원]
	  ① 2천만원
	  ② 순금융재산가액 × 20%		

			8. 상속공제 한도액 = 상속세 과세가액 - [① 상속인이 아닌 자에게 유증·사인증여한 재산+ ② 상속인의 상속포기로 후순위 상속인이 받은 상속재산+ ③ 상속재산에 가산된 증여재산가액(과세가액 5억원 초과 시 적용, 증여재산공제·재해손실공제 차감)]

26) 2024년 귀속 공제금액이므로 2025.1.1. 이후 상속 분부터 개정사항을 확인한다.

구 분	상속공제	
6. 재해손실 공제	신고기한 이내에 재난으로 멸실·훼손된 경우 손실가액	= 1~7 합계
7. 동거주택 상속공제	주택가액의 100%(6억원 한도)	

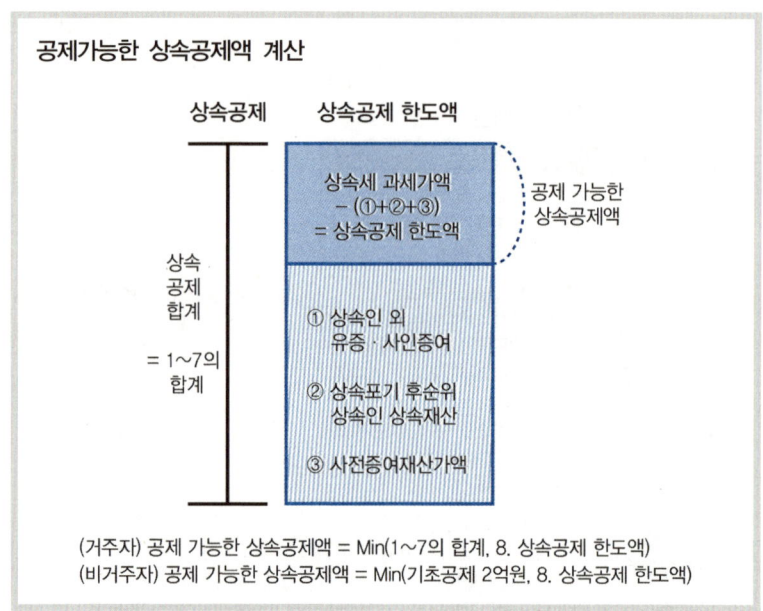

☑ 상속세 과세최저한

소액일 경우 상속세를 부과하지 않는다. 그 금액의 기준은 상속세 과세표준이 50만원 미만이면 상속세를 부과하지 않는다.

☞ 집행기준 24-0-1, 25-0-1

12장 감정평가수수료 공제

상속세 신고하려고 받은 감정평가수수료는 상속공제 될까요?

　상속세를 신고·납부하기 위하여 상속재산을 평가하는 데 소요되는 감정평가법인의 수수료 등은 상속세 과세가액에서 공제된다. 상속세 납부 목적으로 감정평가를 실시하고 당해 감정평가액으로 상속세를 신고·납부한 경우 감정평가법인 등의 평가수수료 500만원 한도로 공제한다. 평가심의위원회가 의뢰한 신용평가전문기관의 평가수수료는 평가대상법인 수 및 신용평가전문 기관별 각각 1,000만원 한도로 공제한다. 판매용이 아닌 서화·골동품 등 예술적 가치가 있는 유형자산 평가에 대한 수수료는 500만원 한도로 공제된다. ☞ 집행기준 25-20의3-1

집행기준 25-20의3-1
감정평가수수료 공제

상속세를 신고·납부하기 위하여 상속재산을 평가하는데 소요되는 감정평가법인의 수수료 등은 상속세 과세가액에서 공제된다.

구 분	공제액	한도액	공제요건
감정평가법인등의 평가수수료	당해 수수료	500만원	상속세 납부목적으로 감정을 실시하고 당해 평가가액으로 상속세를 신고·납부한 경우
평가심의위원회가 의뢰한 신용평가전문기관의 평가수수료	당해 수수료	평가대상법인수 및 신용평가전문기관별 각각 1,000만원	
판매용이 아닌 서화·골동품 등 예술적 가치가 있는 유형자산 평가에 대한 감정수수료	당해 수수료	500만원	

13장 상속세율과 세액공제

손자에게 상속하는 경우 더 불리할까요?

["할아버지가 돌아가시기 전 유언으로 손자인 저에게 5억원 아파트를 상속하고 싶다고 하셨어요. 할아버지가 아버지 대신 저에게 상속하게 되면, 상속세가 더 많이 나올 수 있나요?"]

위 사례의 경우 홀로 계신 할아버지 5억원의 집 한 채를 손자에게 유언으로 남기고 싶다고 하셨다. 다른 가족은 없고, 아버지가 유일한 상속인이므로 아버지가 상속포기를 하고 아버지 몫을 손자에게 바로 상속하고 싶다고 하셨다. 그러나 이 경우 알지 못하면 안 낼 수 있었던 세금을 내야 될 수도 있다. 아버지가 상속받으면 일괄공제 5억원을 받아서 상속세(집 5억원 − 일괄공제 5억원 = 상속과세가액 0원)가 없지만 선순위 상속인(사례 : 아버지)이 아닌 자(사례 : 손자)가 유증으로 받은 경우 상속공제를 받을 수 없어 안 낼 수 있었던 상속세(집 5억원 − 상속공제 0원 = 상속과세가액 5억원)를 납부하게 된다. 또한 세대를 건너뛴 상속에 해당되어 오히려 할증과세까지 적용된다. 상속세는 2024년 기준 10%에서 50%까지 누진세율이지만, 세대를 건너뛰어 손자에게 상속할 경우 상속세율의 30%에 상당하는 금액을 가산한다. 피상속인의 자녀를 제외한 직계비속이면서 미성년자에 해당하는 상속인 또는 수유자가 받았거나 받을 상속재산이 20억원을 초과하는 경우 40%로 할증과세 된다. 따라서 사례자의 경우 할아버지께서 유언으로 아파트를 손자인 사례자에게 상속하면 30% 할증세율을 부담한다.

☑ 상속세 세율

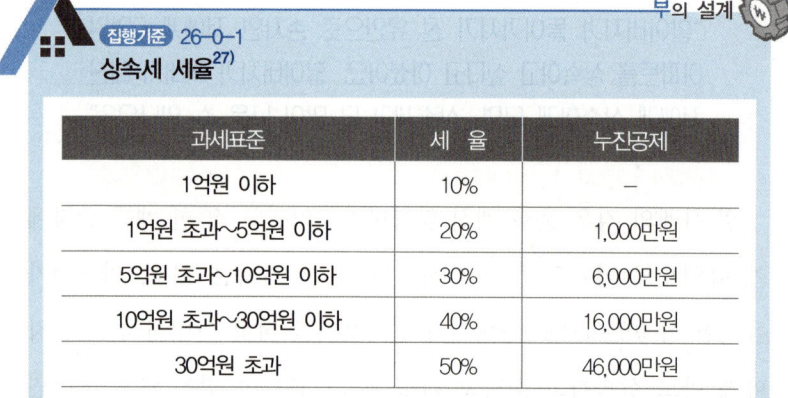

집행기준 26-0-1
상속세 세율[27]

과세표준	세율	누진공제
1억원 이하	10%	–
1억원 초과~5억원 이하	20%	1,000만원
5억원 초과~10억원 이하	30%	6,000만원
10억원 초과~30억원 이하	40%	16,000만원
30억원 초과	50%	46,000만원

☑ 세대를 건너뛴 상속세에 대한 할증과세(세대생략할증세액)

상속인이나 수유자가 피상속인의 자녀를 제외한 직계비속인 경우에는 산출세액에 상속재산 중 그 상속인(또는 수유자)이 받았거나

---

[27] 2024년 귀속 현행 세율이므로 2025.1.1. 이후 상속 분부터 개정세율을 적용한다.

받을 재산이 차지하는 비율을 곱하여 계산한 금액에 30%에 상당하는 금액을 가산한다. 피상속인의 자녀를 제외한 직계비속인 미성년자로서 받을 상속재산가액이 20억원을 초과하는 경우에는 40%에 상당하는 금액을 가산한다. ☞ 집행기준 27-0-1

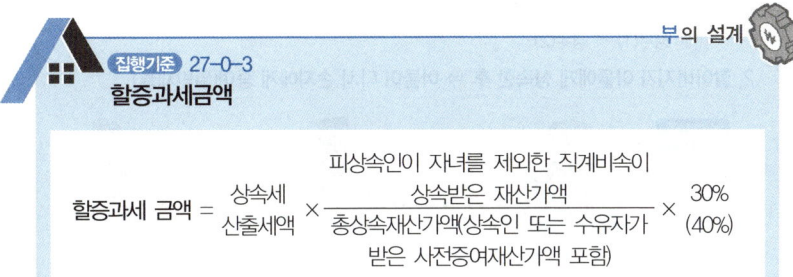

Q1 세대생략 할증과세로 손자에게 상속하는 것이 항상 불리할까요?

아래 사례의 경우 피상속인인 할아버지A 재산이 60억원이 있고, 그의 아들인 아버지B도 이미 자산이 많이 있다. 따라서 B의 상속몫을 그의 아들C인 피상속인의 손자에게 주고 싶어한다. 세대를 건너뛴 상속에 대한 할증과세의 취지 또한 피상속인의 자녀인 B가 생존해 있음에도 손자·손녀 C 등에게 재산을 이전하여 세대간 부의 이전에 대한 세부담 공평을 기하기 위함이다.

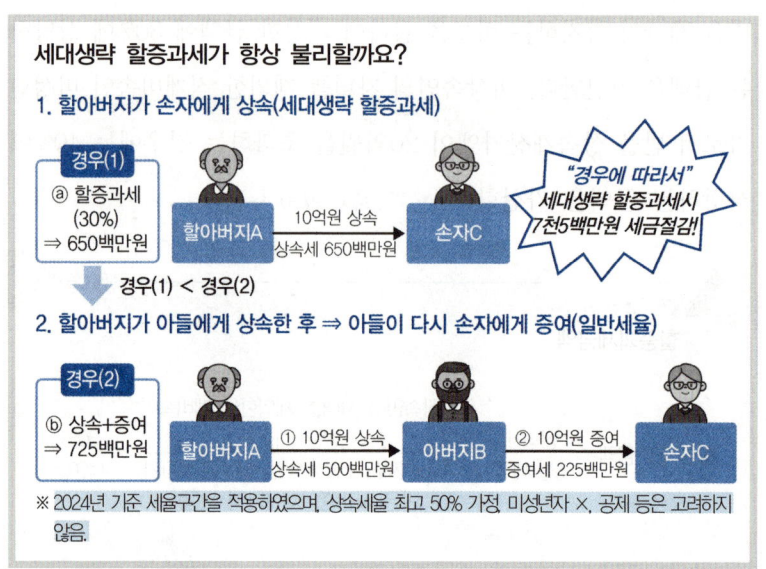

할아버지로부터 손자에게 상속하여 할증과세 되어도(ⓐ 상속세 650백만원), 할아버지의 아들인 아버지 B가 상속받고 그 후에 손자 C가 다시 아버지 B로부터 증여받아 증여세를 납부하는 것(ⓑ 상속+증여세 725백만원)보다 세금 절세 효과가 있을 수 있다(ⓐ 650백만원 < ⓑ 725백만원). 주의할 점은 선순위인 상속인이 아닌 자에게 유증 등을 한 재산은 상속공제 한도를 줄이게 되므로 상속공제 한도를 검토해야 한다. 또한, 피상속인이 사망 전에 유언 등의 「민법」상 요식성[28]을 갖추어 상속되어야 한다는 점이다. 「민법」을 갖추지 않은 후 피상속인이 사망 후에 상속인 간에 협의과정에서 상속인 이외의 자가 상속받을 수 없기 때문이다.

---

28) • 「민법」 제1060조【유언의 요식성】
　　유언은 본법의 정한 방식에 의하지 아니하면 효력이 생하지 아니한다.
　• 「민법」 제1065조【유언의 보통방식】
　　유언의 방식은 자필증서, 녹음, 공정증서, 비밀증서와 구수증서의 5종으로 한다.

☑ 대습상속 시 할증과세 여부

❶ 「민법」에 따른 대습상속의 경우에는 자의적으로 세대를 건너 뛴 것이 아니므로 할증과세 하지 않는다.

❷ 상속포기에 따라 후순위 상속인이 받게 되는 경우에는 대습상속이 아니므로 상속인이 피상속인의 자녀가 아닌 경우 할증과세 대상이다. ☞ 집행기준 27-0-2

세대를 건너뛴 상속에 대한 할증과세는 피상속인의 자녀를 제외한 직계비속의 경우에 적용되므로 피상속인의 직계비속이 아닌 친정조카의 아들에게 유증하거나, 전처의 자녀나 손자는 해당되지 않는다.[29]

② 상속세 신고만 해도 세액을 줄일 수 있나요?

상속세 납세자금 대책을 마련해 놓지 않으면 상속재산을 처분하거나 공매를 당하는 상황에 놓일 수 있다. 그러므로 상속세 납부계획은 10년 이상의 장기간에 걸쳐 준비해야 한다. 비록 납부하지 못하더라도 상속개시일(사망일)이 속하는 달의 말일부터 6개월 신고기한 내에 상속세 신고서를 제출하면 세금의 3% 공제를 받을 수 있다. 또한 상속세 신고를 하지 않으면 내야 할 세금의 20%(또는 40%)의 무신고 가산세를 내야 한다. 따라서 세금 신고만 하더라도

---

[29] 세대를 건너뛴 상속에 대한 할증과세는 상속인 또는 수유자가 피상속인의 자녀를 제외한 직계비속인 경우에 적용된다. (재삼46014-1119, 1999.6.10.)

무신고 가산세도 부담을 줄일 수 있다.

☑ 상속세 세액공제

상속세 세액계산은 상속세 산출세액(세대생략 할증세액 포함)에서 세액공제를 차감한다. 상속세 세액공제는 ❶ 증여세액공제, ❷ 외국납부세액공제, ❸ 단기재상속에 대한 세액공제, ❹ 신고세액공제, ❺ 징수유예세액공제가 있다.

☑ 신고세액공제

신고세액공제는 상속세 과세표준 신고기한 내에 상속세 신고서를 제출한 경우에 적용한다. 신고기한 내에 상속세 신고서를 제출한 때에는 비록 상속세를 신고기한 내 세액을 납부하지 않은 경우에도 신고세액공제를 할 수 있다(상증통칙 69-1…1). 상속세 과세표준을 신고기한까지 신고한 경우에는 적법하게 신고된 산출세액(세대생략 할증세액 포함)에서 공제세액 등을 차감한 금액에 신고세액공제율 3%를 곱하여 계산한 금액을 공제한다. ☞ 집행기준 28-0-1

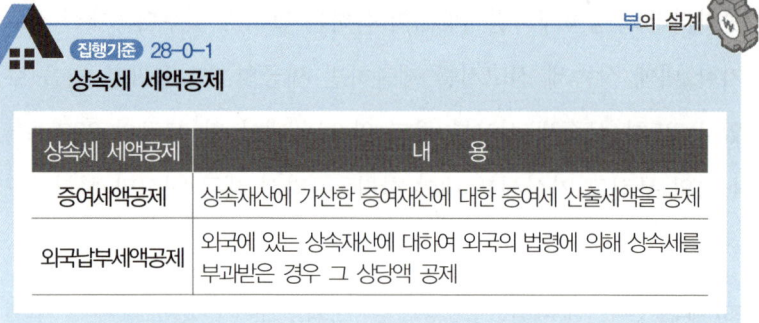

상속세 세액공제	내 용
증여세액공제	상속재산에 가산한 증여재산에 대한 증여세 산출세액을 공제
외국납부세액공제	외국에 있는 상속재산에 대하여 외국의 법령에 의해 상속세를 부과받은 경우 그 상당액 공제

집행기준 28-0-1
상속세 세액공제

상속세 세액공제	내 용
단기재상속에 대한 세액공제	상속이 개시된 후 10년 이내에 다시 개시된 경우 그 재상속이 개시되는 기간에 따라 일정액 공제
신고세액공제	상속세 과세표준 신고기한 이내에 신고한 경우 3% 공제

③ 상속세 신고 시 미리 납부한 증여세는 돌려주나요?

10년(상속인 외의 자 5년) 이내 상속세 신고 시 이전에 증여한 증여재산을 합산한다. 이때 미리 납부한 증여세를 상속세 신고 시 돌려주는 것은 아니고 사전증여재산에 대한 증여세액은 납부할 상속세 산출세액에서 공제된다.

☑ 증여세액공제

증여세액공제는 상속세 과세가액을 계산할 때 상속개시일 전 10년 또는 5년 이내에 상속인 또는 상속인 외의 자에게 증여한 재산의 가액을 가산한다. 이 경우 상속세 과세가액에 가산한 증여재산은 당초 증여 시 이미 증여세를 부과했기 때문에 상속세 과세가액에 다시 합산하는 경우 동일한 재산에 대해 상속세와 증여세를 이중으로 과세하는 문제를 방지하기 위하여 증여세액 공제를 하는 것이다.

❶ 상속재산에 가산한 사전증여재산에 대한 증여세액은 상속세 산출세액에서 다음의 금액을 공제한다.

> Min[①, ②] ① 상속세 과세가액에 가산한 증여재산에 대한 증여당시 증여세 산출세액
> ② 공제 한도액

❷ 사전증여재산에 대하여 「국세기본법」에 따른 국세부과 제척기간 만료로 인하여 증여세가 부과되지 아니하는 경우에는 증여세액 공제가 되지 않는다. 또한 상속세 과세가액이 5억원 이하인 경우에도 상속세가 부과되지 않았으므로 이중과세 문제가 없기 때문에 증여세액공제되지 않는다.

☞ 집행기준 28-0-2

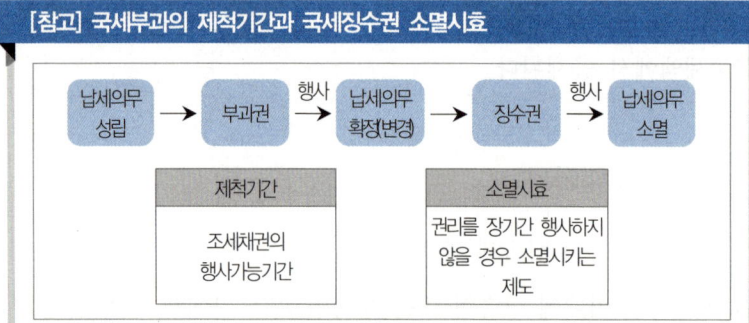

[참고] 국세부과의 제척기간과 국세징수권 소멸시효

국세부과 제척기간이란 국가가 국세를 부과할 수 있는 일정한 법정기간을 말하며 부과 제척기간이 만료되면 국가의 부과권이 소멸되어 납세의무도 소멸된다.
「국세기본법」 제26조의 2【국세의 부과제척기간】에 따라 일반적으로 상속 및 증여세 부과제척기간은 10년이며, 무신고·부정행위로 포탈·거짓신고 등 15년이다. 부담부증여에 따라 증여세와 함께 양도소득세가 과세되는 경우 양도소득세의 부과제척기간도 동일하다. 다만, 국외재산, 명의신탁 등 특례 제척기간에 해당하는 경우 상속증여가 있음을 안 날로부터 1년이다.

※ 국세기본법 집행기준 P.30

증여세액공제 한도액

① 수증자가 상속인 또는 수유자가 아닐 경우

$$\text{상속세 산출세액} \times \frac{\text{사전증여재산에 대한 증여세 과세표준}}{\text{상속세 과세표준}}$$

② 수증자가 상속인 또는 수유자인 경우

$$\begin{pmatrix}\text{상속인 등 각자가} \\ \text{납부할 상속세} \\ \text{산출세액}\end{pmatrix} \times \frac{\text{상속인 등 각자의 증여재산에 대한 증여세 과세표준}}{\text{상속인 등 각자가 받았거나 받을 상속재산(증여재산 포함)에 대한 상속세 과세표준 상당액}}$$

가. 상속인 등 각자가 받았거나 받을 상속재산에 대한 상속세 과세표준 상당액

$$\begin{pmatrix}\text{상속재산에} \\ \text{가산한} \\ \text{상속인·} \\ \text{수유자별} \\ \text{사전증여재산} \\ \text{과세표준}\end{pmatrix} + \left[\begin{pmatrix}\text{상속세} \\ \text{과세} \\ \text{표준}\end{pmatrix} - \begin{pmatrix}\text{사전} \\ \text{증여재산} \\ \text{과세표준}\end{pmatrix}\right] \times \frac{\begin{pmatrix}\text{상속인·} \\ \text{수유자별} \\ \text{과세가액} \\ \text{상당액}\end{pmatrix} - \begin{pmatrix}\text{가산한} \\ \text{상속인·} \\ \text{수유자별} \\ \text{증여재산가액}\end{pmatrix}}{\begin{pmatrix}\text{상속세} \\ \text{과세가액}\end{pmatrix} - \begin{pmatrix}\text{사전증여} \\ \text{재산가액}\end{pmatrix}}$$

나. 상속인 등이 각자가 납부할 상속세 산출세액

$$\text{상속세 산출세액} \times \text{상속인별 납부의무비율}$$

☞ 상속인별 납부의무비율은 집행기준 3의 2-3-1 참조

④ 외국에서 납부한 상속세도 공제받을 수 있을까요?

☑ 외국납부세액공제

외국납부세액공제는 피상속인이 거주자인 경우에는 국내뿐만 아니라 국외에 소재한 모든 상속재산에 대하여 상속세 부과대상이므로 외국에 상속재산이 소재하면 그 외국에서 상속세가 부과될 수 있어 이중과세를 방지하기 위하여 외국납부세액공제를 하고 있다.

☞ 집행기준 29-21-1

집행기준 29-21-1
외국납부세액공제

외국에 있는 상속재산에 대하여 외국의 법령에 따라 상속세를 부과받은 경우에는 다음의 금액을 상속세 산출세액에서 공제한다.

외국납부세액공제 = Min[①, ②]

① 상속세 산출세액 × (외국법령에 의해 상속세 부과된 재산에 대한 상속세 과세표준) / 상속세 과세표준

② 외국의 법령에 의하여 부과된 상속세액

⑤ 10년 안에 재상속이 되었다면 또 상속세 내야 하나요?

> "2019.6.1.에 아버지가 돌아가시면서 어머니가 아버지 건물 8억원을 상속받았습니다. 이후 어머니 생전에 부동산을 10억원에 양도하고 매각대금 중 남아있는 5억원이 2024.2.1.에 어머니가 돌아가시면서 재상속 되었습니다. 아버지 돌아가실 때 상속세 낸 것 중 얼마를 어머니 상속세에서 공제받을 수 있나요?"

사례에서 아버지 사망 후 10년 이내에 상속인(사례 : 어머니)의 사망으로 다시 상속이 개시되어 재상속되었다. 어머니 생전 부동산 매각대금 10억원 중 어머니의 상속재산으로 5억원(50%)만 남아있으므로, 전(前)의 상속재산가액 50%를 기준으로 산정된 '전의 상속세과세가액'의 공제율(10~100%)을 적용해서 공제세액을 계산한다. 예를 들어 위 사례에서 전의 상속세산출세액(아버지 상속세)이 4억원이라고 가정하고, 상속공제나 사전증여재산 및 다른 상속재산을 고려하지 않는다면, 전의 상속세산출세액 4억원의 50%인 2억원에서 공제율 60%(재상속기간 5년 이내)를 적용하여, 1억2천만원이 단기재상속공제금액이 된다. 공제되는 세액은 상속세 산출세액에서 증여세액 및 외국납부세액공제액을 차감한 금액을 한도로 한다.

☑ 단기재상속 공제액

❶ 단기재상속에 대한 세액공제는 상속개시 후 10년 이내에 상속인 등의 사망으로 다시 상속이 개시되는 경우에 해당한다. 이전에 상속세가 부과된 상속재산 중 '재상속분에 대한 전의 상속세 상당액'을 상속세 산출세액에서 공제한다.

❷ 단기재상속세액공제는 '전의 상속재산'이 재상속재산에 포함되어 있는 경우의 그 재산별로 각각 구분하여 계산한다.

❸ 공제대상이 되는 세액은 상속세 산출세액에서 증여세액공제 및 외국납부세액공제액을 차감한 금액을 한도로 한다.

☞ 집행기준 30-22-1

집행기준 30-22-2
단기재상속 공제액

단기재상속 공제액 = Min(① × ②, ③)

① 전의 상속세 산출세액 × $\dfrac{\text{재상속분의 재산가액} \times \dfrac{\text{전의 상속세 과세가액}}{\text{전의 상속재산가액}}}{\text{전의 상속세 과세가액}}$

② 공제율

재상속기간	공제율	재상속기간	공제율
1년 이내	100%	6년 이내	50%
2년 이내	90%	7년 이내	40%
3년 이내	80%	8년 이내	30%
4년 이내	70%	9년 이내	20%
5년 이내	60%	10년 이내	10%

③ 공제한도 = 산출세액 − 증여세액(상속재산에 가산한 증여재산) − 외국납부세액

알수록 돈이 되는
부의 설계

Part 4

알수록 돈이 되는
재산의 평가 핵심비법

알수록 돈이 되는
부의 설계

1장 • 재산의 시가

상속세 및 증여세 재산의 평가가 중요한 이유는 무엇인가요?

상속세 및 증여세 과세대상은 현금 이외에도 경제적 가치가 있는 재산 및 권리 등이 있다. 상증법에서 재산의 평가란 다양한 재산들의 경제적 가치를 객관적으로 평가하는 것으로, 재산의 평가가액에 따라 조세부담의 크기가 결정된다. 따라서 조세의 공평한 과세를 위하여 객관적이고 동일한 규정을 적용하여 재산을 평가해야 한다.

☑ 재산의 평가 방법

세법에서는 '상속세 또는 증여세가 부과되는 재산의 가액은 상속개시일 또는 증여일 현재의 시가에 따른다'라고 규정하고 있다. 상속이나 증여재산을 평가할 때는 시가로 하는 것이 원칙이지만 시가를 산정하기 어려운 경우가 있을 수 있다. 이와 같은 문제를 보완하기 위하여 평가해야 할 재산의 시가를 산정하기 어려운 경우에는 재산 종류별로 평가할 수 있는 방법을 규정하고 있다.

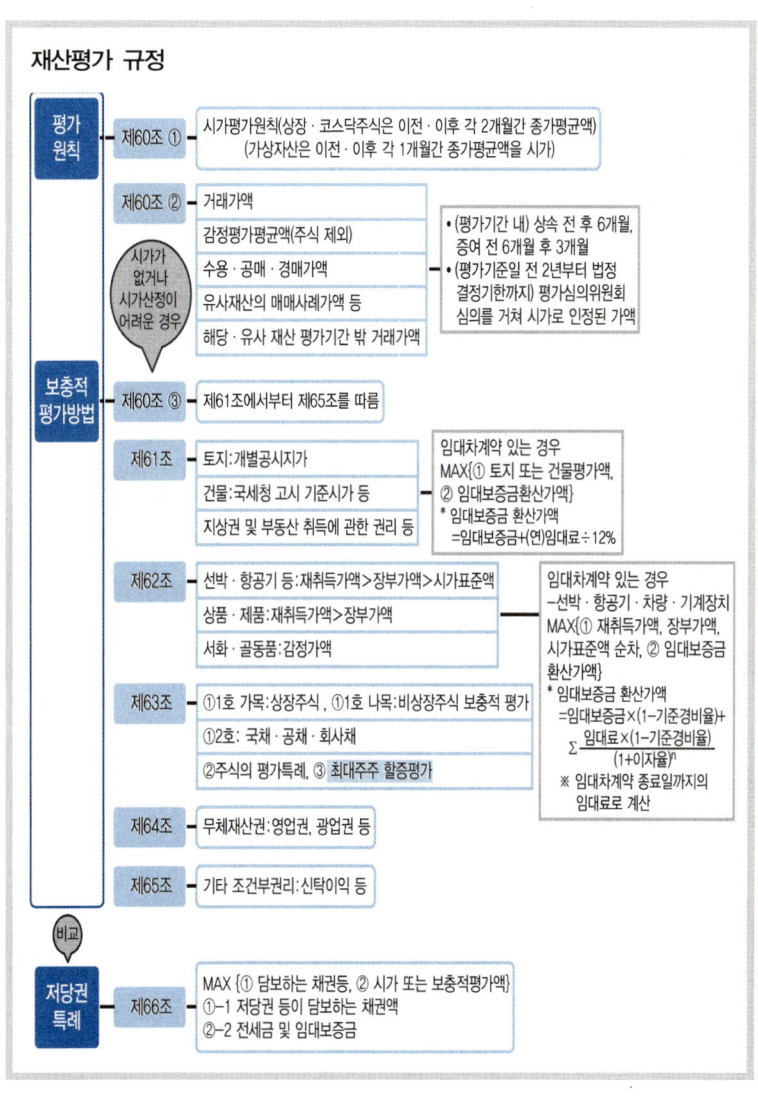

구 분	원 칙(시가)	예 외(보충적 평가방법)
상속증여 재산의 평가	1. 증여일·상속개시일의 시가평가 원칙 ✓ 불특정다수인 사이에 자유로이 거래가 이루어지는 경우 통상 인정되는 가액 ✓ 평가기준일 전·후 6개월(증여의 경우 전 6개월 후 3개월) 기간 중 매매·감정·수용·경매 또는 공매가 있는 경우	2. 시가산정이 어려운 경우 보충적 평가방법으로 평가
토지		✓ 개별공시지가
건물		✓ 국세청장 고시가격
주택		✓ 개별(공동)주택가격

부동산 가격 공시제도

구 분		공시 기관	사이트
토지(5월말)		• 표준지 공시지가 : 국토교통부장관 • 개별공시지가 : 지자체장	• 국토교통부 표준지 공시 알리미 https://www.realtyprice.kr • 일사편리 전국 개별공시지가 조회 https://kras.seoul.go.kr(예 : 서울)
주택	공동주택 (4월말)	• 공동주택가격(토지 포함) : 국토교통부장관	• 국토교통부 공동주택가격 공시 알리미 https://www.realtyprice.kr
	개별주택 (4월말)	• 표준주택가격(토지 포함) : 국토교통부장관 • 개별주택가격(토지 포함) : 지자체장	• 국토교통부 표준지주택가격 공시 알리미 https://www.realtyprice.kr • 위택스 전국 개별주택가격 조회 https://www.wetax.go.kr
비주거용 건물	상업용 건물 오피스텔 (12월말)	• 수도권, 광역시, 세종시 소재 오피스텔과 연면적 3,000㎡ 또는 100호 이상 상업용 건물 가격(토지 포함) : 국세청장	• 국세청 홈택스 (상담불복기타 > 기준시가조회) https://hometax.go.kr
	고시되지 않은 건물 (12월말)	• 건물 기준시가 계산방법 고시(토지는 개별공시지가 활용) : 국세청장	• 국세청 홈택스 (상담불복기타 > 기준시가조회) https://hometax.go.kr

주요 재산 종류별 평가방법

구 분	평가방법
토 지	개별공시지가 • 인터넷 www.realtyprice.kr > 개별공시지가
주 택	개별주택가격, 공동주택가격 • 인터넷 www.realtyprice.kr > 개별단독주택 공시가격, 공동주택 공시가격
오피스텔 및 상업용건물	상업용건물 / 오피스텔 기준시가 다만, 고시된 기준시가가 없을 경우 일반건물 평가방법으로 산정 • 국세청 홈택스(www.hometax.go.kr) > 상담·고충·제보·기타 > 기타 > 기준시가조회 > 오피스텔 및 상업용건물
일반건물	국세청장이 고시하는 건물 기준시가 산정방법에 따라 평가 • 국세청 홈택스(www.hometax.go.kr) > 상담·고충·제보·기타 > 기타 > 기준시가조회 > 건물기준시가(상속·증여)
임대차계약이 체결된 부동산 등	사실상 임대차 계약이 체결되거나 임차권이 등기된 부동산의 경우 토지의 개별공시지가 및 건물의 기준시가와 1년간 임대료를 환산율(12%)로 나눈 금액에 임대보증금을 합계한 금액을 토지와 건물별로 비교하여 큰 금액
코스피·코스닥 상장주식	평가기준일 이전·이후 각 2월간에 공표된 매일의 거래소 최종시세가액의 평균액
비상장주식	1주당 순손익가치와 순자산가치를 각각 3과 2의 비율로 가중평균한 가액
가상자산	평가기준일 전·이후 각 1개월 동안에 해당 가상자산사업자가 공시하는 일평균가액의 평균액 • 국세청 홈택스(www.hometax.go.kr) > 세금신고 > 신고도움자료 > 가상자산 일평균 가격조회
저당권 등이 설정된 재산	저당권, 담보권 등이 설정된 재산은 당해 재산이 담보하는 채권액을 시가 또는 보충적 평가가액과 비교하여 큰 금액

※ 세금절약 가이드 Ⅱ, 국세청, 2024, P.152

Q1 재산평가의 원칙은 무엇인가요?

상속세나 증여세가 부과되는 재산의 가액은 평가기준일 현재의 시가에 의하여 평가하고, 시가를 산정하기 어려운 경우에는 재산별로 보충적 평가방법에 의하여 평가한다. ☞ 집행기준 60-0-1

☑ 재산의 시가 평가

시가란 불특정 다수인 사이에 자유롭게 거래가 이루어지는 경우에 통상적으로 성립된다고 인정되는 가액을 말하는데, 시가에는 해당 재산의 실제 매매가액 이외에도 감정, 수용, 공매 또는 경매가액도 포함된다.

세법에서는 재산평가 시점을 상속개시일 또는 증여일로 정하고 있으며, 상속재산의 경우에는 상속개시일 전·후 6개월, 증여재산의 경우에는 증여일 전 6개월, 증여일 후 3개월 이내에 매매, 감정, 수용, 공매 또는 경매가 있는 경우 그 확인되는 가액을 시가로 인정한다.

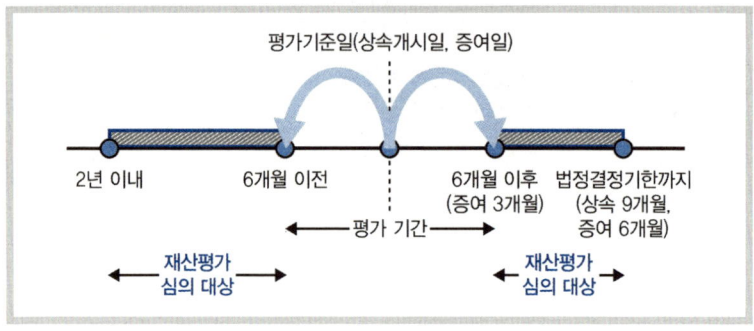

☑ 평가기간 외에도 시가로 인정하는 경우

❶ 평가기준일 전 2년 이내의 기간 중에 매매 · 감정 · 수용 · 경매 또는 공매가 있는 경우

❷ 평가기간 경과 후부터 법정결정기한까지의 기간 중에 매매 등이 있는 경우

위 ❶, ❷의 경우로서 납세자 또는 지방국세청장 · 세무서장이 신청하는 때에는 평가심의위원회의 심의를 거쳐 해당 매매 등의 가액을 시가로 인정할 수 있다.

② 시가를 알기 어려운 경우 어떻게 하나요?

재산의 평가의 원칙은 시가이다. 그러나 시가로 평가할 수 없는 경우 보충적 평가방법[1]으로 하며, 공시가격이 있는 토지는 개별공시지가, 주택은 개별주택가격 및 공동주택가격, 오피스텔 및 상업용 건물은 수도권, 광역시 및 세종시에 소재하는 오피스텔과 100호 또는 3,000㎡ 이상의 상업용 건물에 대한 기준시가를 적용한다.

공시가격이 없는 비주거용부동산은 토지 개별공시지가와 국세청 건물기준시가 계산방법 고시에 따라 계산한 가액으로 평가한다.

임대차계약이 체결된 부동산은 보충적 평가방법에 따른 가액과

---

1) 보충적 평가방법이란 상증법 제61조【부동산 등의 평가】부터 상증법 제66조【저당권 등이 설정된 재산 평가의 특례】를 말한다.

임대보증금 환산가액을 비교하여 큰 금액으로 평가한다. 임대보증금 환산가액은 임대보증금 + [1년간의 임대료 ÷ 기획재정부령으로 정하는 율(현재 12%)] 가산하여 계산한다. 이때 1년간의 임대료는 평가기준일이 속하는 월의 임대료×12개월이다.

특례규정에 따라 저당권 등이 설정된 재산의 평가 시 저당권 등이 설정된 재산은 담보채권액을 기준으로 평가한 가액과 시가 또는 보충적 평가방법에 의한 가액 중 큰 금액으로 평가한다.
Max[① 담보하는 채권액, ② 시가 또는 보충적 평가가액]

☑ 평가기준일

상속세나 증여세가 부과되는 재산의 가액을 결정하는 기준시점으로 상속재산은 상속개시일, 증여재산은 증여일을 평가기준일로 한다. 가산하는 증여재산은 각각의 증여일 현재 가액이 재산평가기준일이다. 또한, 상속재산의 경우 유형에 따라 상속개시일 전 처분재산은 재산 처분일, 사전증여재산은 각 증여일이 평가기준일이다. ☞ 집행기준 60-49-1

구 분	평가기준일
• 상속재산	상속개시일
• 상속개시일 전 처분재산	재산 처분일
• 사전증여재산	각 증여일

☑ 시가의 의의

상속세 또는 증여세가 부과되는 재산의 가액은 평가기준일이 되는 상속개시일 또는 증여일의 현재의 시가로 한다.

❶ 시가는 불특정 다수인 사이에 자유롭게 거래가 이루어지는 경우에 통상적으로 성립된다고 인정되는 가액이다. 평가기간 중 매매·감정·수용·경매·공매가액이 확인되는 경우 이를 시가로 본다.

❷ 평가기준일 전 2년 이내에 매매·감정·경매 등이 있는 경우 평가기준일과 매매계약일 등에 해당하는 날까지의 기간 중에 가격 변동의 특별한 사정이 없다고 보아 상속세 또는 증여세 납세자, 지방국세청장 또는 관할세무서장이 신청하는 때에는 평가심의위원회의 심의를 거쳐 시가에 포함시킬 수 있다.

❸ 시가로 보는 가액이 2 이상인 경우에는 평가기준일 전후하여 가장 가까운 날에 해당하는 가액에 의한다.

❹ 가장 가까운 날에 해당하는 가액이 둘 이상인 경우 그 평균액으로 한다. ☞ 집행기준 60-49-2

Q3 부동산 양도합의서와 매매계약서 중 어떤 것을 봐야 할까요?

"2020.12.18. 아버지가 사망하셨고, 아버지 소유의 재개발 구역의 부동산을 평가기간 6개월 이내인 2021.6.16.자로 부동산 등의 양도에 대한 합의서를 작성하였으나 평가기간을 경과하여 매매계약서를 작성한 경우 매매된 부동산과 관련하여, 평가기간 내 매매사례가액이 없는 것으로 보아야 할까요?"

사례에서 비록 매매계약서가 작성되지 않았으나, 양도합의서상 부동산의 거래당사자, 매매가액, 잔금시기가 모두 기재되어 있다면 그 매매조건 등에 비추어 사실상의 매매계약에 상당하는 것으로 볼 수 있다. 또한, 실제 동일한 가액의 매매계약서가 작성되어 실제 매매가 이루어지는 등 양도합의서상 매매가액은 매매사례가액에 해당한다. 해당 부동산 양도는 조합원지위양도에 관한 건으로 일괄매매가 원칙이므로 매도인 및 매수인은 매매 시 이를 거부할 수 없고 만일 이를 위반하고 상대방에게 손해를 입혔을 경우에는 민·형사상의 책임을 지기로 하는 등 사실상의 매매계약에 상당하는 것이 주요한 사항으로 확인된다. 따라서 평가기간 이내의 매매 등에 대하여 확인되는 가액을 시가로 인정하고 있으므로 이는 매매사례가액만 한정하는 것이 아닌 실제 매매가 이루어진 시가에 해당하는지 판단해야 한다.[2]

☑ 평가기간

❶ 평가기간은 상속재산의 경우 평가기준일 전후 6개월이며, 증여재산의 경우에는 평가기준일 전 6개월부터 평가기준일 후 3개월

---

[2] 양도합의서상 쟁점부동산의 거래당사자, 매매가액, 잔금시기가 모두 기재되어 있고 그 매매조건 등에 비추어 사실상의 매매계약에 상당하는 것으로 보이며, 실제 동일한 가액의 매매계약서가 작성되어 실제 매매가 이루어지는 등 양도합의서상 매매가액은 매매사례가액에 해당한다. (상증, 조심2023서7321, 2023.9.26.)

까지이다.

❷ 매매·감정 등의 가액이 평가기간 이내에 해당하는지 여부는 ⓐ 매매의 경우 매매계약일 기준으로 판단한다. ⓑ 감정평가의 경우 가격산정기준일과 감정가액평가서 작성일이 기준이 된다. ⓒ 경매·공매·수용의 경우 경매가액·공매가액·보상가액이 결정된 날이다. ☞ 집행기준 60-49-3

☑ **시가로 보는 매매가격 : 매매계약일**

재산에 대한 매매사례가 있는 경우로서 그 매매계약일이 평가기간 내에 있을 경우 그 거래가액은 시가로 인정된다. ☞ 집행기준 60-49-4

④ 감정평가 받아야 할까요?

> "저희 아버지 상속세 신고 시 상가건물(토지 포함)의 기준시가는 70억원입니다. 시장에 내놓으면 180억원에 매도 가능하다고 하는데, 감정평가를 받아야 할까요? 감정평가가액은 150억으로 예상되고요, 2개의 감정평가 법인의 수수료도 2천만원에 달하는 비용을 지불해야 합니다."

상담 시 흔히 듣는 사례이다. 일반적으로 상속·증여의 경우 매매 등의 거래가 없어 개별공시지가 또는 기준시가로 평가하는 경우가 다수 있다. 이 경우 감정평가를 하게 되면 실제 매매 가능한 시가에 근접하여 상속재산가액 또는 증여재산가액이 높아짐에 따라 상속세액 또는 증여세액이 높아지는 것은 자명하다. 사례자의 경우 당장 상속받는 건물을 매도할 계획도 없으므로 기준시가로 신고하는 것을 원했다. 그러나 2019년 2월부터 상증법에서는 과세관청(세무서 또는 관할지방국세청)이 상속세를 결정할 때 부동산에 대하여 감정평가를 받을 수 있게 되었다. 따라서 사례자의 경우 감정평가 받아 상속세를 신고하는 것이 법적 분쟁을 피할 수 있다.

☑ 시가로 보는 감정가격

❶ 감정평가서를 작성한 날이 평가기간 내에 속하는 경우로서 2 이상의 공신력 있는 감정기관이 평가한 감정가액이 있는 경우에는 그 감정가액의 평균액을 시가로 인정한다. 기준시가 10억원 이하의 부동산의 경우 하나의 감정기관이 평가하는 것이 가능하다. 단, 주식 및 출자지분의 감정평가액은 인정되지 않는다.

❷ 위 ❶의 감정가액이 보충적 평가방법으로 평가한 가액과 유사사례가액의 90% 가액 중 적은 금액에 미달하거나 평가심의위원회의 심의를 거쳐 감정가액이 부적정하다고 인정되는 경우에는 세무서장 등이 다른 감정기관에 의뢰하여 감정한 가액에 의하며, 그 가액이 납세자가 제시한 감정가액보다 낮은 경우 위 ❶의 감정가액으로 한다.

❸ 평가대상 재산이 공유물인 경우 이 재산의 타인지분에 감정가액이 있는 경우에는 이 감정가액을 공유물의 감정가액으로 볼 수 있다. 다만, 공유물이 현실적으로 각자가 별도로 관리·처분할 수 있고 이에 대한 계약 등에 의하여 그 사실이 확인되거나 상호 명의신탁재

산에 해당하여 사실상 이를 공유물로 볼 수 없는 경우에는 타인지분에 대한 감정가액을 평가대상 감정가액으로 보지 않는다.

❹ 납세자가 제시한 감정기관의 감정가액이 세무서장 등이 다른 감정기관에 의뢰하여 평가한 감정가액의 80%에 미달하는 경우 1년 범위 내 시가불인정 감정기관으로 지정할 수 있으며, 그 기간 동안 평가한 감정가액은 시가로 보지 않는다. 시가불인정 감정기관으로 통지를 받은 날부터 20일 이내에 의견을 제출하여야 하며, 정당한 사유없이 의견을 제출하지 아니한 경우에는 의견이 없는 것으로 본다.

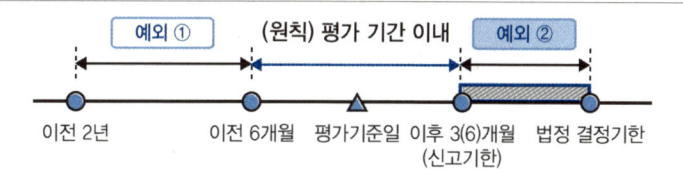

왜 상가 건물과 나대지의 경우 감정평가 해야 할까요?

* 1. 상속세 : 신고기한부터 9개월, 증여세 : 신고기한부터 6개월
* 2. 예외① : 재산평가 심의 대상, 평가기준일 전 2년 이내
* 3. 예외② : 재산평가 심의 대상, 평가기간이 경과한 후부터 법정결정기한까지

2019.2.12. 상증령 개정으로 납세자가 상속·증여세를 신고한 이후에도 법정결정기한(예외 ②)까지 발생한 매매·감정·수용가액 등에 대하여 평가심의위원회를 통해 시가로 인정받을 수 있도록 하였다.
따라서 국세청은 2019.2.12. 이후 상속 및 증여받은 부동산 중 법정결정기한 이내의 물건을 대상으로 상속·증여 부동산 중 「부동산 가격공시에 관한 법률」 제2조에 따른 비주거용 부동산과 지목의 종류가 대지 등으로 지상에 건축물이 없는 토지(나대지)를 대상으로 감정평가를 실시하였다.
고가의 비주거용 부동산 전체가 감정평가 대상이 되는 것은 아니다. 다만, 상속·증여된 비주거용 부동산으로서 시가와 신고가액의 차이가 큰 경우 등 과세형평성이 현저히 떨어지는 물건을 대상으로 감정평가를 진행한다.

※ 국세청 보도자료 P.3 2020.1.31.(자산과세국 상속증여세과)

☑ 법정결정기한까지 국세청에서 감정평가하는 경우 절차

국세청에서 감정평가하는 경우 납세자에게 안내문을 발송하고, 공신력 있는 둘 이상의 감정기관에 의뢰하여 실시한다. 감정평가가 완료된 이후에는 재산평가심의위원회에서 시가인정 여부를 심의하게 되며, 감정가액이 시가로 인정되면 감정가액으로 상속·증여 재산을 평가하게 된다. 이 경우 법정결정기한까지 감정가액평가서가 작성되어야 한다. 따라서 국세청에서 감정평가 안내문을 받고 국세청 외 납세자가 감정평가를 동시에 진행하는 경우에도 법정결정기한까지 감정가액평가서가 작성되어야 한다는 것에 유의해야 한다.

Q5. 국세청이 감정평가하는 대상이 별도로 있다고요?

☑ 국세청이 감정평가하는 대상

국세청 상속세및증여세 사무처리규정에서는 감정평가의 대상은 비주거용부동산등(부동산과다보유법인이 보유한 부동산 포함)으로 한다.[3] 따라서 세무서장 등은 아래의 ❶, ❷ 요건을 검토하여 비주거용부동산 감정평가 대상을 선정할 수 있으며, 이 경우 대상 선정을 위해 5개 이상의 감정평가법인에 의뢰하여 추정시가(최고값과 최소값을 제외한 가액의 평균값)를 산정할 수 있다.

---

3) 상속세및증여세 사무처리규정 제72조【감정평가 대상 및 절차】

❶ 추정시가와 '보충적 평가액'의 차이가 10억원 이상인 경우

❷ 추정시가와 보충적 평가액 차이의 비율이 10% 이상[(추정시가 - 보충적 평가액) / 추정시가]인 경우로 그 대상을 점점 확대하고 있다. 상증법 개정 시 2019년에는 공시지가와 감정가액이 30억원 이상 차이나는 대상만 감정평가를 진행했다면, 지금은 10억원 차이나는 경우까지 확대하였고, 공시지가와 감정가액의 차이비율이 30%에서 10%로 폭이 줄었다.

2021년부터는 부동산 과다보유법인이 소유한 주식을 상속 및 증여할 때에도 법인이 보유한 부동산을 감정평가 할 수 있도록 사무처리규정도 개정하였다.

주의할 점은 상속세및증여세 사무처리규정에서 주택을 감정평가 대상에 포함하지 않았다고 하여 반드시 대상에서 제외되는 것은 아니다.[4) 감정평가 적용대상 부동산에 대하여는 법에서 제한을 두고 있지 않으며, 국세청이 주택에 대하여 감정평가를 의뢰하여 과세한 처분에 대하여 조세불복에서 과세할 수 있다고 판단하였다. 이는 국세청 보도자료(2020.1.31.) 등에는 비주거용 부동산 및 지상에 건축물이 없는 토지를 감정평가의 대상으로 한다고 되었을 뿐이고, 그 이외의 부동산에 대하여는 감정평가의 대상에서 제외한다고 명시적인 규정이 없기 때문이며, 상속세및증여세 사무처리규정은 국세청 내부직원을 규율하는 규정이며, 이는 국세청의 공적인 의사표시는 아니기 때문이다.

---

4) 감정평가 적용대상 부동산에 대하여 제한을 두고 있지 아니하여 처분청이 쟁점주택에 대한 감정평가를 실시하였다고 하여 조세법률주의나 세무공무원의 재량의 한계를 넘었다고 보기 어렵다. (조심2022서799, 2023.2.21.)

6 감정가액으로 상속세 및 증여세 과세되면 재산세, 종합부동산세 및 양도소득세 산정에도 영향이 있나요?

국세청에서 결정기한 전에 감정평가의뢰한 감정가액은 상속세 및 증여세의 과세표준과 세액을 결정하는데 활용된다. 감정가액으로 평가된 상속·증여 부동산을 양도하는 경우, 양도차익 계산 시 그 감정가액을 취득가액으로 활용된다. 즉, 양도소득세 양도차익 계산 시 '양도 당시 실지거래가액 - 취득가액(감정가액)'이 된다. 다만, 재산세 및 종합부동산세는 행정안전부의 시가표준액(부동산공시가격)이 적용되므로 감정가액은 활용되지 않는다.[5]

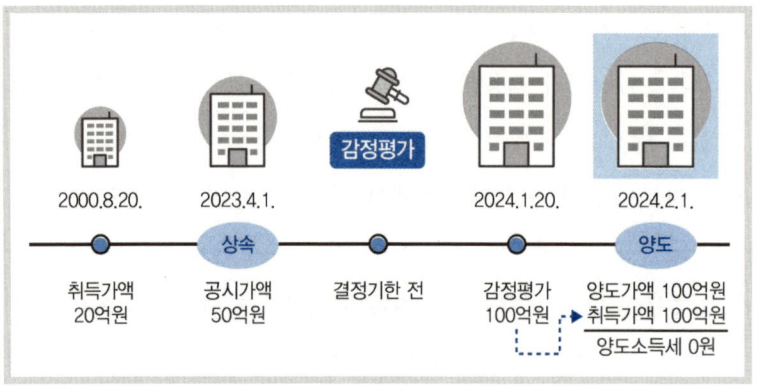

☑ 국세청 감정평가 시 가산세

납세자가 상속·증여재산에 대해 보충적 평가방법에 따라 신고하였으나, 과세관청이 재산평가심의위원회를 거쳐 감정가액을 시

---

5) 국세청 보도자료 P.9. 2020.1.31.(자산과세국 상속증여세과)

가로 평가함에 따라 추가 납부할 세액이 발생하는 경우 신고불성실 및 납부지연가산세가 면제된다. 다만, 2023.1.1. 이후 상속이 개시되거나 증여를 받는 경우에 상속재산 또는 증여재산의 평가방법 차이에 따른 경우로서 부정행위로 과소신고하는 경우에는 과소신고(또는 초과환급신고) 가산세를 적용한다.[6]

김△△이 2019.○.○○. 본인 소유 비거주용 부동산을 자(子)에게 증여하고 보충적 평가방법으로 신고납부한 경우
(단위 : 백만원)

구 분	보충적 평가방법 신고 시	감정평가 시	차 액
증여세과세가액	3,500	5,500	2,000
증여재산공제	50	50	–
감정평가수수료	0	0	–
과세표준	3,450	5,450	–
세 율[7]	50%	50%	–
산출세액	1,265	2,265	1,000
신고불성실가산세 납부지연가산세	–	0	0

※ 국세청 보도자료 P.11. 2020.1.31.(자산과세국 상속증여세과)

---

[6] • 「국세기본법」 제47조의3 제4항 제1호 다목
　④ 제1항 또는 제2항을 적용할 때 다음 각 호의 어느 하나에 해당하는 경우에는 이와 관련하여 과소신고하거나 초과신고한 부분에 대해서는 제1항 또는 제2항의 가산세를 적용하지 아니한다.
　　다. 「상속세 및 증여세법」 제60조 제2항·제3항 및 제66조에 따라 평가한 가액으로 과세표준을 결정한 경우(부정행위로 상속세 및 증여세의 과세표준을 과소신고한 경우는 제외한다) (2022.12.31. 개정)
• 「국세기본법」 제48조【가산세 감면 등】 (2010.1.1. 제목개정)
　① 정부는 이 법 또는 세법에 따라 가산세를 부과하는 경우 그 부과의 원인이 되는 사유가 다음 각 호의 어느 하나에 해당하는 경우에는 해당 가산세를 부과하지 아니한다. (2018.12.31. 개정)
　　2. 납세자가 의무를 이행하지 아니한 데에 정당한 사유가 있는 경우 (2018.12.31. 개정)
[7] 2024년 귀속 현행 상속 최고세율 50% 적용

☑ 시가로 보는 수용·공매·경매가격

당해 재산에 대하여 수용·경매 또는 공매사실이 있는 경우에는 평가기간 내에 가격결정이 된 보상가액·경매가액 또는 공매가액은 시가로 인정된다. ☞ 집행기준 60-49-6

☑ 시가로 보는 유사사례가격

당해 재산의 시가로 보는 매매·감정·수용·경매·공매가격이 없는 경우로서 당해 재산과 면적·위치·용도·종목 및 기준시가가 동일하거나 유사한 다른 재산에 대한 매매가액·2 이상 감정가액·수용가액·경매가액·공매가액이 있는 경우 이 가액을 시가로 본다. 이때 상속세 또는 증여세 과세표준을 평가기간 이내에 신고하는 경우 유사 사례가액은 평가기준일 전 6개월부터 평가기준일 후 6개월 이내의 신고일까지의 가액을 적용한다. 이 경우 증여의 경우는 평가기준일 전 6개월부터 평가기준일 후 3개월 이내의 신고일까지의 가액을 적용한다. ☞ 집행기준 60-49-7

☑ 자본적지출액

평가기준일 전 가액으로 평가기준일까지 자본적지출액이 확인되는 경우 그 자본적지출액을 매매·감정·수용·경매 또는 공매가액에 가산할 수 있다. ☞ 집행기준 60-49-8

⑦ 매매가액이 시가로 인정되지 않는 경우는 무엇인가요?

☑ 시가의 범위에서 제외되는 경우

1) 매매가액이 있으나 시가의 범위에 포함되지 않는 경우
❶ 특수관계에 있는 자와의 거래 등 그 가액이 객관적으로 부당하다고 인정되는 경우의 매매가액
❷ 실질거래가액과 관계없이 거래당사자 간에 정한 토지거래계약 신고금액
❸ 거래된 비상장주식의 액면가액 합계액이 3억원 미만이거나 발행주식총액의 1% 미만인 경우. 다만, 그 거래가액이 거래의 관행상 정당한 사유가 있다고 재산평가심의위원회가 인정한 경우에는 시가로 인정된다.

2) 감정가액이 있으나 시가로 인정되지 않는 사유
❶ 일정한 조건이 충족될 것을 전제로 당해 재산을 평가하는 등 상증법의 납부목적에 적합하지 아니한 경우
❷ 평가기준일 현재 당해 재산의 원형대로 감정하지 아니한 경우

3) 수용·공매·경매가액이 있으나 시가로 인정되지 않는 사유
❶ 물납한 재산을 상속인 또는 그와 특수관계에 있는 자가 경매 또는 공매로 취득한 경우

❷ 경매 또는 공매절차의 개시 후 법령에 정한 바에 따라 수의계약에 의하여 취득하는 경우

> ☞ 수의계약이 가능한 경우
> - 1회 공매 후 1년간에 5회 이상 공매하여도 매각되지 아니한 때
> - 부패·변질 또는 감량되기 쉬운 재산으로서 속히 매각하지 않으면 그 재산가액이 감손될 우려가 있는 때

❸ 계약 불이행 등으로 공매가 무효가 된 경우
❹ 경매 또는 공매로 취득한 비상장주식의 액면가액 합계액이 ⓐ 발행주식 액면총액의 100분의 1에 해당하는 금액 또는 ⓑ 3억원 중 적은 금액 미만인 경우
❺ 최대주주등의 상속인 또는 최대주주등의 특수관계인이 최대주주등이 보유하고 있던 비상장주식 등을 경매 또는 공매로 취득한 경우

☞ 집행기준 60-49-9

⑧ 토지와 건물의 시가 구분이 불분명한 경우 안분방법은 어떻게 되나요?

☑ 2 이상 재산가액의 구분이 불분명한 경우 안분 방법

매매·감정·수용·경매·공매가액에 2 이상의 재산이 포함됨으로써 각각의 재산가액이 구분이 안 되는 경우이다.

❶ 토지와 건물 기타 구축물이 구분되지 않을 경우

가. 기준시가가 있는 경우

  계약일 등 현재의 기준시가에 의하여 안분계산한다. 다만, 토지·건물 각각의 감정평가액이 있는 경우 감정평가액에 의하여 안분계산한다.

나. 기준시가가 없는 경우

  감정가액으로 안분 계산하되 감정가액이 없는 경우 장부가액, 취득가액 순으로 안분 계산한다.[8]

❷ 토지·건물 기타 구축물이 아닌 기타재산의 경우

각각의 재산의 감정가액이 있는 경우에는 감정가액으로 안분하고, 감정가액이 없는 경우에는 기준시가에 의하여 안분한다.

☞ 집행기준 60-49-10

---

[8] 「부가가치세법 시행령」 제64조 【토지와 건물 등을 함께 공급하는 경우 건물 등의 공급가액 계산】 제1항 제2호
2. 토지와 건물등 중 어느 하나 또는 모두의 기준시가가 없는 경우로서 감정평가액이 있는 경우 : 그 가액에 비례하여 안분 계산한 금액. 다만, 감정평가액이 없는 경우에는 장부가액(장부가액이 없는 경우에는 취득가액)에 비례하여 안분 계산한 후 기준시가가 있는 자산에 대해서는 그 합계액을 다시 기준시가에 의하여 안분 계산한 금액으로 한다.

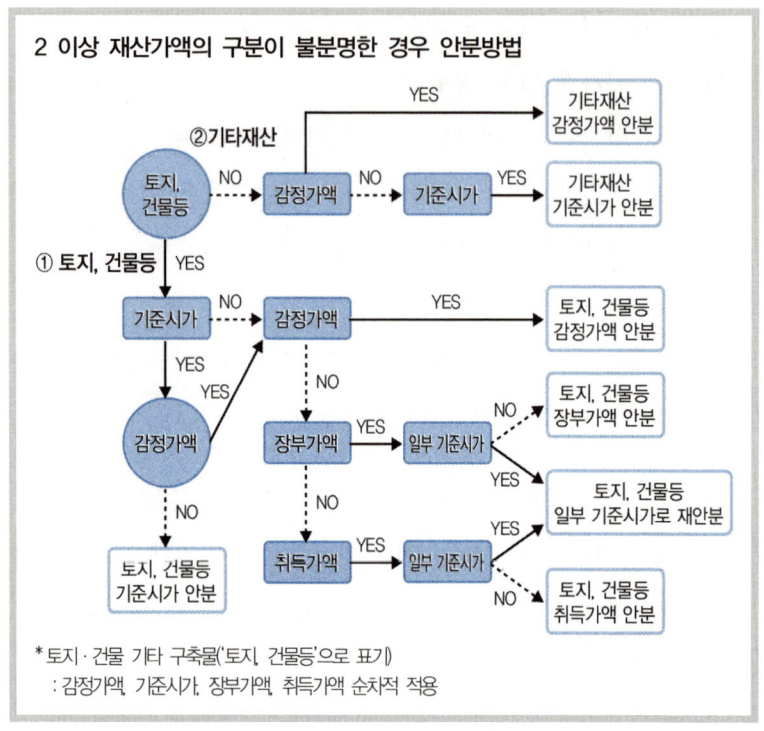

☑ 국세청 평가심의위원회[9] 구성 및 신청기한

❶ 국세청은 매매·비상장주식의 가액평가를 위하여 국세청과 지방국세청에 각각 평가심의위원회를 둔다.

❷ 납세자는 해당 상속세 과세표준 신고기한 만료 4개월 전까지 신청해야 하고, 신청을 받은 평가심의위원회는 해당 상속세 과세표준 신고기한 만료 1개월 전까지 그 결과를 납세자에게 서면으로 통지하여야 한다.

---

9) "국세청평가심의위원회"란 상증령 제49조의2【평가심의위원회의 구성 등】제1항에 따라 국세청에 설치된 평가심의위원회를 말한다.

❸ 평가심의위원회가 객관적인 심의를 위하여 신용평가전문기관에 평가를 의뢰하거나 관계인의 증언을 청취할 수 있으며, 이에 따른 평가수수료를 납세자에게 부담하여야 한다. ☞ 집행기준 60-49의2-1

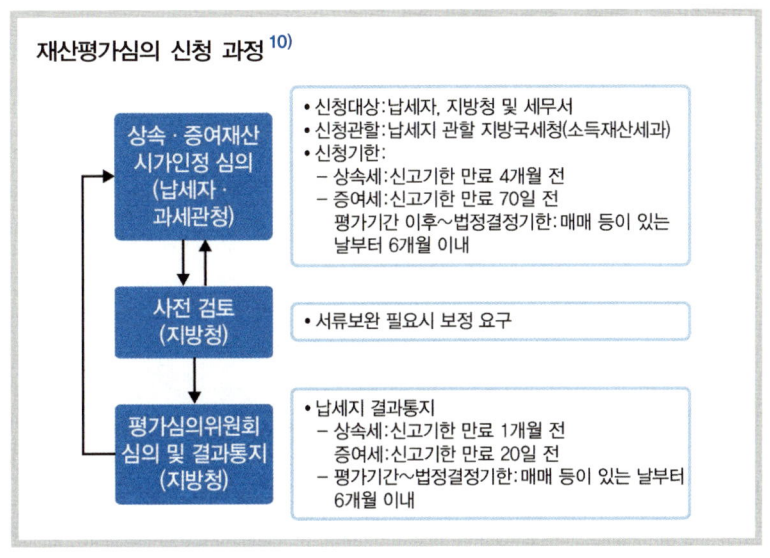

10) 평가심의위원회 운영 규정 제38조【지방청평가심의위원회의 시가인정 심의 및 결과통지】

2장 · 부동산의 평가

도로로 이용되는 토지 평가금액 0원이 될 수 있나요?

☑ 토지 평가방법의 특수한 사례

상속세 신고 시, 토지가 도로임을 입증하여 해당 토지의 면적에 대한 가액을 '0'원으로 신고한 사례가 있다.

❶ 토지의 평가 시 환지 및 택지개발 등에 의하여 토지의 형질이 변경된 경우로서 평가기준일 현재 고시되어 있는 개별공시지가를 적용하는 것이 불합리하다고 인정되는 경우에는 개별공시지가가 없는 토지의 평가방법을 준용하여 평가한다.

❷ 분할 또는 합병된 토지는 개별공시지가가 없는 경우의 토지의 평가방법을 준용하여 평가하되, 분할 또는 합병 전후 당해 토지의 지목변경 및 이용상태 등으로 보아 종전의 개별공시지가를 적용하는 것이 합리적이라고 인정되는 경우에는 다음의 방법에 의한다.

가. 분할된 토지 : 분할 전 토지에 대한 개별공시지가에 의한다.

나. 합병된 토지 : 합병 전 토지에 대한 각 개별공시지가의 합계액을 총면적으로 나눈 금액에 의한다.

❸ 환지예정지의 가액은 환지권리면적에 의하여 산정한 가액에 의한다.

❹ 불특정다수인이 공용하는 사실상 도로 및 하천·제방·구거 등은 상속재산 또는 증여재산에 포함되나 평가기준일 현재 도로 등 용도로 사용할 수 없는 경우로서 보상가격이 없는 등 재산적 가치가 없다고 인정되는 때에는 그 평가액을 영(0)으로 한다.

❺ 조성된 토지의 가액은 그 지목에 대한 개별공시지가로 평가한 가액에 그 조성과 관련된 비용을 가산한 가액에 의하여 평가한다. 이때 차입금에 대한 이자비용을 포함한다. ☞ 집행기준 61-50-2

☑ 시가가 없는 토지의 평가방법

시가가 없는 토지의 평가는 평가기준일 현재 고시되어 있는 「부동산 가격공시에 관한 법률」에 따른 개별공시지가에 따라 평가한다. ☞ 집행기준 61-0-1

☑ 개별공시지가가 없는 토지의 평가방법

개별공시지가가 없는 토지의 평가는 납세지 관할세무서장(납세지와 해당 토지 소재지가 다를 경우 토지 소재지 관할세무서장이 평가 가능)이 평가할 수 있으며, 납세지 관할세무서장은 「지방세법」 제4조 제1항 단서에 따라 국토교통부장관이 제공한 토지가격비준표를 사용하여 시장·군수가 산정한 가액 또는 2 이상의 감정기관에 의뢰하여 해

당 감정기관의 감정가액을 참작하여 평가할 수 있다.[11)]

☞ 집행기준 61-50-1

☑ 지정지역 토지의 평가방법

각종 개발사업 등으로 지가가 급등하거나 급등할 우려가 있어 국세청장이 지정한 지역의 토지 평가액은 평가일 현재의 개별공시지가에 국세청장이 고시한 배율을 곱하여 산정한다. 현재까지 국세청장이 지정지역으로 고시한 지역은 없다. ☞ 집행기준 61-50-3

> 지정지역 토지 평가액 = 개별공시지가 × 배율
> ※ 현재까지 국세청장이 지정지역으로 고시한 지역 없음.

Q1 철거대상 건물의 평가는 어떻게 하나요?

건물을 철거 후 토지만을 이전하는 조건의 매매계약을 체결하고 그 가액으로 당해 토지를 평가하는 경우로서 철거대상건물이 재산적가치가 없다고 인정되는 때에는 "0"으로 평가한다.[12)]

---

11) 「지방세법」 제4조【부동산 등의 시가표준액】
  ① 이 법에서 적용하는 토지 및 주택에 대한 시가표준액은 「부동산 가격공시에 관한 법률」에 따라 공시된 가액(價額)으로 한다. 다만, 개별공시지가 또는 개별주택가격이 공시되지 아니한 경우에는 특별자치시장·특별자치도지사·시장·군수 또는 구청장(자치구의 구청장을 말한다. 이하 같다)이 같은 법에 따라 국토교통부장관이 제공한 토지가격비준표 또는 주택가격비준표를 사용하여 산정한 가액으로 하고, 공동주택가격이 공시되지 아니한 경우에는 대통령령으로 정하는 기준에 따라 특별자치시장·특별자치도지사·시장·군수 또는 구청장이 산정한 가액으로 한다. (2016.12.27. 단서개정)
12) 서면인터넷방문상담4팀-2190, 2005.11.15.

☑ 철거대상건물의 평가

평가기준일 현재 다른 법령에 의하여 철거대상에 해당하는 건물의 평가액은 그 재산의 이용도, 철거의 시기 및 철거에 따른 보상의 유무 등 제반 상황을 감안하여 적정한 가액으로 평가한다.

☞ 집행기준 61-50-5

☑ 일반건물의 평가방법

오피스텔·상업용 건물·주택을 제외한 일반건물의 평가액은 건물의 신축가격, 구조, 용도, 위치, 신축 연도 등을 고려하여 매년 1회 이상 국세청장이 산정·고시하는 가액으로 한다.

☞ 집행기준 61-50-4

② 오피스텔 및 상업용 건물의 평가는 어떻게 하나요?

국세청장이 지정하는 오피스텔 및 상업용 건물과 부수토지에 대해서는 건물의 종류·규모·거래상황·위치 등을 참작하여 매년 1년 이상 국세청장이 토지와 건물에 대하여 일괄하여 산정·고시한 ㎡당 가액을 평가한다. 즉 오피스텔과 상업용 건물의 평가방법은 지정지역 내이면 국세청 일괄 고시가액이다. 고시대상은 수도권인 서울, 경기, 인천과 5대 광역시인 대전, 광주, 대구, 부산, 울산 및 세종시에 소재하는 구분 소유된 오피스텔과 판매 및 영업시설

등의 면적이 3,000㎡ 또는 100호 이상인 상업용 건물이다. 지정지역 외인 경우 토지는 개별공시지가로 평가하고, 건물은 일반건물 평가액으로 한다. ☞ 집행기준 61-50-6

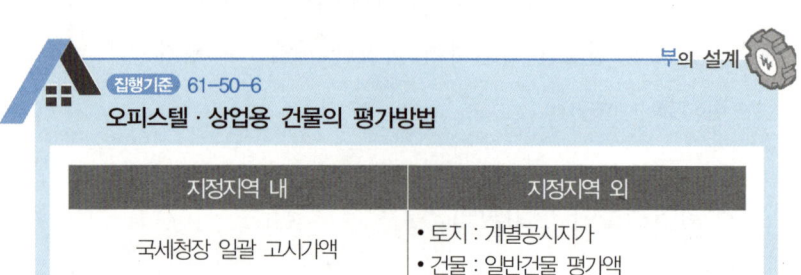

③ 신축 중에 사망한 경우 신축 주택의 평가는 어떻게 하나요?

"아버지가 당초 주택과 그 부수토지를 2020. 11. 15. 취득 후 당초 주택을 멸실하고 다세대주택을 신축하던 중 당초 주택과 그 부수토지를 취득한 날부터 6개월 이내에 2021. 4. 26.에 사망하였습니다. 신축 중인 주택과 그 부수토지의 상속재산가액은 어떻게 평가하나요?"

사례에서 신축 중인 주택과 그 부수토지의 상속재산가액은 당초 주택과 그 부수토지의 취득가액에 상속개시일까지 발생한 공사비를 가산한 금액으로 평가한다. 사례자는 상속개시일 현재까지 상기 건물에 소요된 공사비는 예상 총 공사비 중 일부인 약 40%만 소요되었으며, 사례자는 상기 신축분양사업을 계속 진행하기로 하였다. 신축건물은 2021.7.25. 사용승인 되었으며 2021.9.20. 신축 다세대주택 11채 중 7채가 분양되었고, 분양가는 주택별로 상이하다. 따라서 사례에서 다세대주택을 신축하던 중 당초 주택과 그 부수토지를 취득한 날부터 6월 이내에 사망한 경우 신축 중인 주택과 그 부수토지의 상속재산가액은 당초 주택과 그 부수토지의 취득가액에 상속개시일까지 발생한 공사비를 가산한 금액으로 평가하는 것이다.[13]

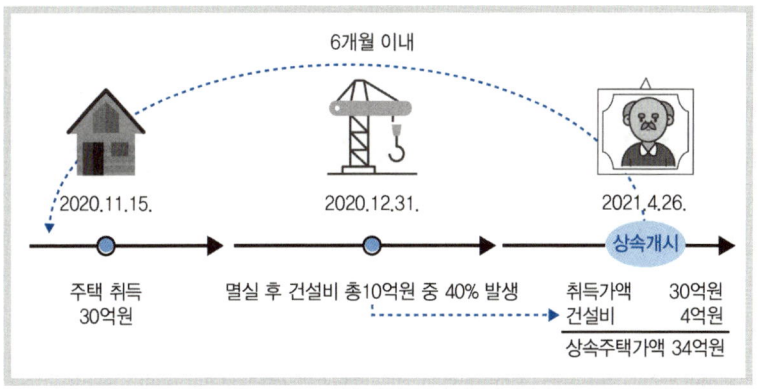

☑ 주택의 평가방법

주택의 평가방법은 「부동산 가격공시에 관한 법률」에 따른 개별주택가격 및 공동주택가격으로 평가한다. 아파트 또는 연립주택의 공동주택은 국토교통부장관이 고시한 공동주택가격으로 한다. 단

---

13) 다세대주택을 신축하던 중 당초 주택과 그 부수토지를 취득한 날부터 6월 이내에 사망한 경우 신축 중인 주택과 그 부수토지의 상속재산가액은 당초 주택과 그 부수토지의 취득가액에 상속개시일까지 발생한 공사비를 가산한 금액으로 평가하는 것이다. (재산세과-501, 2011.10.21.)

독주택이나 다가구주택인 경우 개별주택으로 국토교통부장관의 표준주택가격으로 하고, 해당 주택과 구조·용도·이용 상황 등 이용가치가 유사한 인근주택을 표준주택으로 보고 납세지 관할세무서장이 평가하거나,「지방세법」에 따라 시장·군수가 산정한 가액으로 한다. 또는 둘 이상의 감정평가기관에 해당 주택에 대한 감정을 의뢰하여 산정한 감정가액을 고려하여 납세지 관할세무서장이 평가한 가액으로 한다. ☞ 집행기준 61-50-7

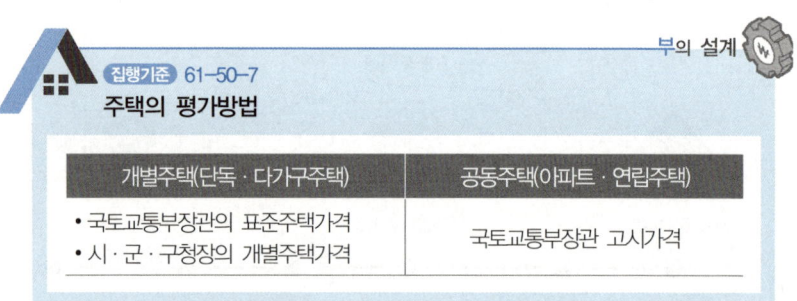

☑ 부수토지의 개별공시지가가 더 큰 경우

주택의 고시가격보다 부수토지의 개별공시지가가 더 큰 경우에도 주택은 고시가격으로 평가한다. ☞ 집행기준 61-50-8

☑ 주택의 고시가격이 없는 경우

주택의 고시가격이 없거나 주택가격 고시 후 해당 주택을 대수선 또는 리모델링을 하여 고시주택가격으로 평가하는 것이 적절하지 않은 경우 아래의 가액 중 어느 하나에 해당하는 가액으로 한다.

❶ 단독주택의 경우에는 해당 주택과 구조·용도·이용 상황 등 이용가치가 유사한 인근주택을 표준주택으로 보고「부동산 가격공시에 관한 법률」에 따른 주택가격 비준표에 따라 납세지 관할세무서장이 평가한 가액으로 한다.
❷ 공동주택가격이 없는 공동주택의 경우 인근 유사 공동주택의 거래가격·임대료 및 해당 공동주택과 유사한 이용가치를 지닌다고 인정되는 공동주택의 건설에 필요한 비용추정액 등을 종합적으로 고려하여 납세지 관할세무서장이 평가한 가액으로 한다.
❸「지방세법」에 따라 시장·군수가 산정한 개별주택가격 또는 공동주택가격으로 한다. 또는 ❹ 둘 이상의 감정평가기관에 해당 주택에 대한 감정을 의뢰하여 산정된 감정가액을 고려하여 납세지 관할세무서장이 평가한 가액으로 한다.

☞ 집행기준 61-50-9

Q4 임대차 계약이 체결된 재산은 어떻게 평가하나요?

평가기준일 현재 상증법상 시가가 없는 경우로서, 사실상 임대차 계약이 체결되거나, 임차권이 등기된 부동산은 토지 또는 건물 평가액과 임대료 환산가액을 비교하여 큰 가액으로 평가한다. 이는 시가주의 관점에서 보았을 때, 임차권에 대한 평가액도 시가를 반영하는 하나의 지표가 되는 것이기 때문이다.

임대료는 부동산을 임대하는 조건으로 임차인으로부터 실제 수입되는 금액으로, 일정액으로 고정되어 있는 관리비 중 사실상 임차인이 부담할 실비가 아닌 관리비가 포함된다. 또한 건물 내 주차장으로서 임대인과 임차인의 계약에 따라 수입하는 주차료도 임대료에 포함된다.[14]

 집행기준 61-50-10
임대한 재산의 평가

임대차계약이 체결되어 있거나 임차권이 등기된 재산의 경우 다음의 평가방법에 따라 평가한다.

평가액 = Max[①, ②]
① 각 재산에 대한 보충적 평가방법에 따른 평가액
② 임대료 등의 환산가액 = 임대보증금 + (1년간 임대료 ÷ 12%)
　* 2009.4.22. 이전 상속·증여분은 18%

─ 사 례 ─

- 자료
  - 평가대상 물건 : 단독주택
  - 평가기준일 : 2009.4.25.
  - 개별주택가격 : 2008.4.30. : 300,000,000원　2007.4.30. : 350,000,000원
  - 평가대상물건의 임대차 현황 : 임대보증금 200,000,000원, 월세 3,000,000원
- 보충적 평가액 Max[①, ②] : 500,000,000원
  ① 개별주택가격 : 300,000,000원
  ② 임대료 등의 환산가액 : 200,000,000원 + (3,000,000 × 12) ÷ 12%
　　= 500,000,000원

---

14) 재산세과-204, 2012.5.24.

⑤ 임대건물의 토지·건물 평가액은 어떻게 구분하나요?

☑ 임대건물의 토지·건물의 평가액 구분방법

시가가 있다면 시가로 평가하고, 시가가 없는 경우로서 사실상 임대차계약이 체결되었거나, 임차권이 등기된 부동산은 보충적 평가액과 임대료 환산가액을 비교하는 것이다.

1) 임대건물의 토지와 건물의 소유자가 동일한 경우

임대건물의 토지와 건물의 소유자가 동일한 경우에는 토지 및 건물의 가액은 소유자가 임차인으로부터 받은 임대료 등의 환산가액을 토지·건물을 보충적 평가방법에 따라 평가한 가액인 기준시가로 나누어 계산한 금액을 각각 토지와 건물의 평가액으로 안분한다.

2) 토지와 건물의 소유자가 다른 경우

❶ 토지와 건물의 소유자가 다른 경우가 문제가 되는데 토지소유자와 건물소유자가 제3자와의 임대차계약 당사자로 임대료 등의 귀속이 구분되는 경우에는 토지소유자와 건물소유자에게 구분되어 귀속되는 임대료 등의 환산가액을 각각 토지와 건물의 평가액으로 한다.

❷ 토지와 건물의 소유자 중 어느 한 사람만이 제3자와의 임대차계약의 당사자인 경우에는 토지소유자와 건물소유자 사이의 임대차계약의 존재 여부에 상관없이 제3자가 지급하는 임대료와 임대보증금을 토지와 건물 전체에 대한 것으로 보아 제3자가 지급하는 임대료 등의 환산가액에 토지와 건물의 기준시가로 나누어 계산한 금액을 각각 토지와 건물의 평가액으로 한다. ☞ 집행기준 61-50-11

❻ 매매가액이 있는 임대차 계약이 체결된 재산의 평가액은 얼마인가요?

["저희 아버지 상가는 매매가액이 17억원이고, 평가기준일 현재 근저당이 설정된 금융채무가 2억원, 평가기준일 현재 임대보증금 13억원이고 월세는 3백만원입니다. 상가의 평가액은 얼마인가요?"]

사례에서 상가의 평가액은 시가인 17억원이다. 그러나 주의할 점은 매매가액인 시가만 고려해서는 안 된다는 점이다. ❶ 상가의 매매가액이 있는 경우 해당 시가가 평가기간 내에 있으면, 매매가액을 시가로 보아 상가의 시가는 17억원이다. 이미 시가가 있으므로 시가가 없을 경우 평가방법인 보충적 평가액을 고려할 필요가 없다. 다만, ❷ 저당권 등이 설정된 재산 특례 규정에 따라 시가와 담보된 채무액 중 큰 가액으로 평가한다. 즉, ❶ 토지 또는 건물의 평가액(시가) 17억원, ❷ 채무액 15억원(금융채무 2억원+임대보증금 13억원)을 비교해야 한다. 따라서 상가의 평가액은 시가와 채무액 중 큰 금액인 17억원이 되는 것이다.

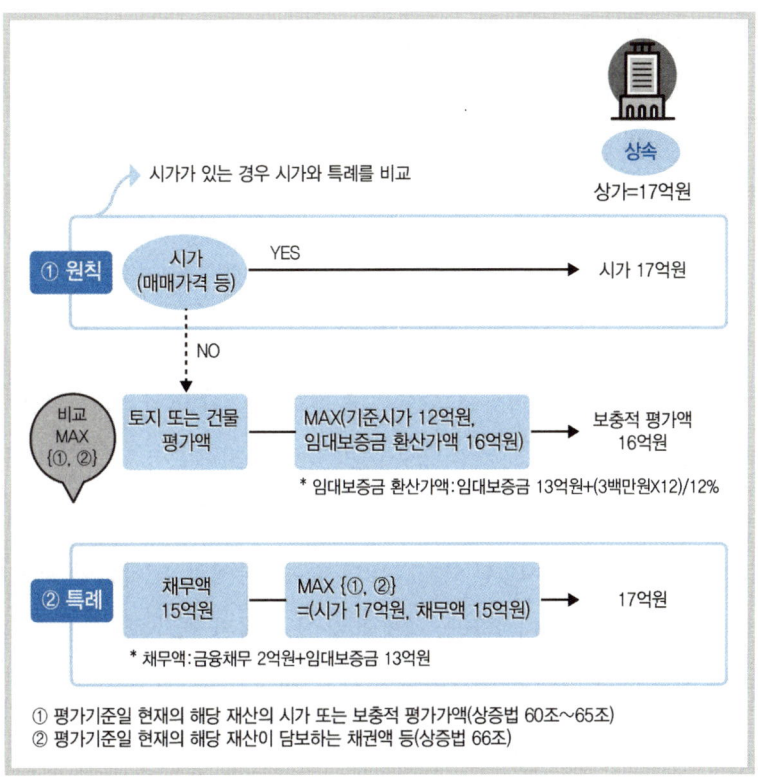

⑦ 매매가액이 없는 임대차 계약이 체결된 재산의 평가액은 얼마인가요?

"저희 아버지 상가는 매매가액이 없고 고시가액이 12억원입니다. 평가기준일 현재 근저당이 설정된 금융채무가 2억원, 평가기준일 현재 임대보증금 13억원이고 월세는 3백만원입니다. 상가의 평가액은 얼마인가요?"

사례에서 상가의 평가액은 보충적 평가액인 16억원이다. 우선, 상가의 매매가액 등 시가가 없으므로 보충적 평가방법으로 상가를 평가한다. 상가의 고시가액(기준시가 12억원)과 임대보증금 환산가액 [16억원 = 13억원 + (3백만원 × 12) / 12%] 중 큰 금액인 16억원이 보충적 평가액에 해당한다. 다만, 저당권 등이 설정된 재산 특례 규정에 따라 보충적 평가액과 비교하여 담보된 채무액 중 큰 가액으로 평가한다. 최소한 채무금액 만큼은 평가되어야 한다는 의미이다. 따라서 ❶ 보충적 평가액 16억원[Max(기준시가 12억원, 임대보증금 환산가액 16억원)]과 ❷ 채무액 15억원(금융채무 2억원 + 임대보증금 13억원)을 비교하여, 보충적 평가액이 더 크므로 16억원이 상가의 평가액이 된다.

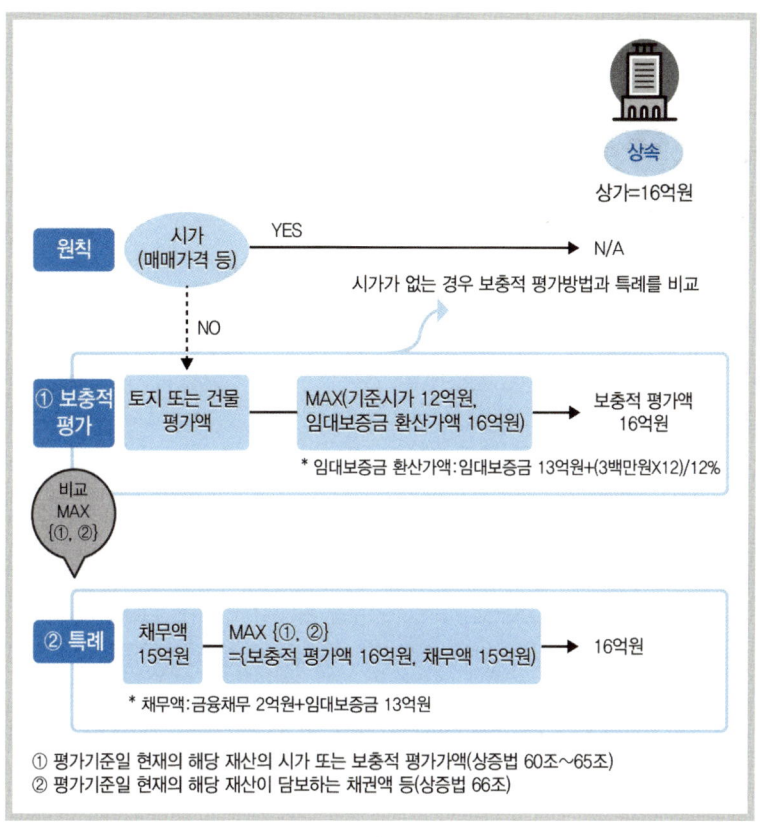

3장 권리의 평가

근저당권이 설정된 주택의 평가는 어떻게 되나요?

> "연립주택의 매매가액 등의 시가는 없으며, 2023. 4. 30. 주택공시가격은 3억원입니다. 주택의 임대차 현황은 임대보증금 2억원에 월세 3백만원입니다. 근저당에 설정된 금융채무 잔액은 3억2천만원입니다. 근저당 채권최고액은 4억5천만원입니다. 2024. 4. 25. 연립주택의 평가액은 얼마인가요?"

사례에서 주택의 평가액은 저당권 등이 설정된 재산의 특례에 따라 5억2천만원이다. 우선 임대차계약 체결 재산의 보충적 평가방법에 따른 평가액은 평가기준일 중 최근에 고시된 2023년 주택공시가격 3억원과 임대보증금 환산가액 5억원(2억원 + (3백만원 × 12) / 12%)을 비교하여 큰 금액인 ❶ 5억원으로 평가한다. 저당권이 설정되어 있으므로 저당권 특례에 따라 임대차계약 체결 시 재산 평가액인 ❶ 5억원(보충적 평가액)과 재산을 담보하는 채무액인 ❷ 5억2천만원(금융채무 3억2천만원 + 임대보증금 2억원)을 비교하여 큰 금액인 5억2천만원이 재산 평가금액이 된다. ☞ 집행기준 66-63-5

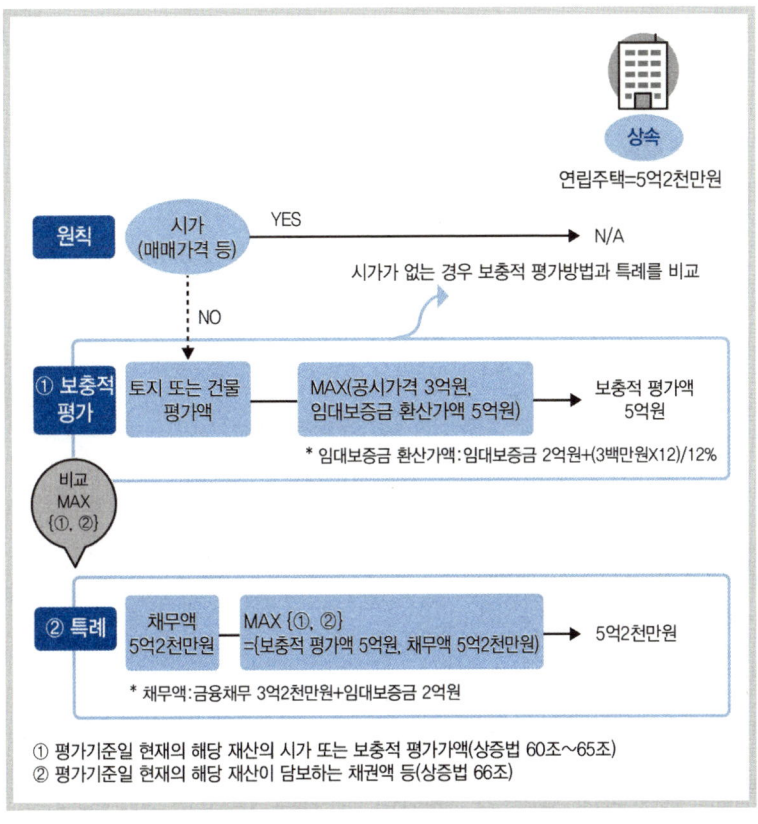

집행기준 66-63-5

저당권 등이 설정된 재산의 평가사례

(1) 평가기준일 : 2024.4.25.
(2) 재산현황
  ① 평가대상 물건 : 연립주택
  ② 공시가격 : 2023.4.30. 300,000,000원 2022.4.30. 350,000,000원
  ③ 평가대상물건의 임대차 현황 : 임대보증금 2억원, 월세 3,000,000원
  ④ 근저당이 설정된 금융채무잔액 : 320,000,000원
  ⑤ 근저당 채권최고액 : 450,000,000원

재산의 평가 : 5억2천만원
① 임대차계약 체결 재산 보충적 평가방법에 따른 평가액 : Max[가, 나] : 5억원
  가. 보충적 평가액 : 300,000,000원
  나. 임대보증금 등 환산가액 : 2억원+(3,000천원×12)/12%=500,000,000원
② 저당권 등 평가특례규정 적용 : Max[가, 나] : 520,000,000원
  가. 임대차계약 체결 재산 평가액 : 500,000,000원
  나. 재산이 담보하는 채권액 : 2억원(임대보증금)+3억2천만원(금융채무)
     =5억2천만원

Q1 저당권이 설정된 재산의 평가는 어떻게 하나요?

저당권·질권·전세권이 설정된 재산 그리고 양도담보된 자산의 시가, 시가가 불분명한 경우에는 보충적 평가방법에 따른 가액과 평가기준일 현재 당해 재산이 담보하는 채권액과 비교하여 큰 금액으로 평가한다. ☞ **집행기준 66-63-1**

저당권이 설정된 재산의 평가액 Max[①, ②]
① 시가 또는 보충적 평가방법에 의한 평가액
② 그 재산이 담보하는 채권액

② 재산이 담보하는 채권액의 평가는 어떻게 하나요?

❶ 재산이 담보하는 채권액은 평가기준일 현재 설정되어 있는 채권잔액으로 담보권 종류에 따라 다음과 같이 구분한다.
　ⓐ 저당권이 설정된 재산으로 공동저당권 및 근저당권이 제외된 재산은 해당재산이 담보하는 채권으로 평가한다.
　ⓑ 근저당이 설정된 재산은 평가기준일 현재 해당재산이 담보하는 채권액으로 평가한다. 다만, 근저당권의 채권최고액이 채권액보다 적은 경우에는 채권 최고액으로 한다.
　ⓒ 질권 및 양도담보된 재산은 해당 재산이 담보하는 채권액으로 평가한다.
　ⓓ 전세권이 등기된 재산은 등기된 전세권으로 평가한다. 임대보증금을 받고 임대한 경우에는 임대보증금을 말한다.
　ⓔ 「자동차저당법」 등에 의한 자동차 등 단기소모성 재산은 해당 재산이 담보하는 채권액으로 평가한다.
　ⓕ 담보신탁 계약이 설정된 재산은 신탁계약 또는 수익증권에 따른 우선수익자인 채권자의 수익한도 금액으로 평가한다.
❷ 외화 채권액의 경우 평가기준일 현재 기준환율 또는 재정환율에 의하여 환산한 가액으로 한다.
❸ 당해 채권액에 재산의 물적담보 외 신용보증기관 등의 보증이 있는 경우에는 담보채권액에서 보증액을 차감하여 평가한다.
❹ 동일한 재산이 다수의 채권을 담보하는 경우에는 담보하는 채권 합계액으로 평가한다. 전세금채권 및 임차보증금 채권을 포함한다. ☞ 집행기준 66-63-2

 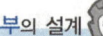

집행기준 66-63-2
재산이 담보하는 채권액

① 재산이 담보하는 채권액은 평가기준일 현재 설정되어 있는 채권잔액으로 담보권 종류에 따라 다음과 같이 구분된다.

구 분	재산이 담보하는 채권액
저당권(공동저당권 및 근저당권 제외)이 설정된 재산	해당 재산이 담보하는 채권액
근저당이 설정된 재산	평가기준일 현재 해당 재산이 담보하는 채권액 단, 근저당의 채권최고액이 채권액보다 적은 경우에는 채권 최고액으로 함
질권 및 양도담보 재산	해당 재산이 담보하는 채권액
전세권이 등기된 재산	등기된 전세금(임대보증금을 받고 임대한 경우 임대보증금)
「자동차저당법」 등에 의한 자동차 등 단기소모성 재산	해당 재산이 담보하는 채권액
담보신탁 계약이 설정된 재산	신탁계약 또는 수익증권에 따른 우선수익자인 채권자의 수익 한도금액

② 외화 채권액의 경우 평가기준일 현재 기준환율 또는 재정환율에 의하여 환산한 가액으로 한다.
③ 당해 채권액에 재산의 물적담보 외 신용보증기관 등의 보증이 있는 경우에는 담보 채권액에서 보증액을 차감하여 평가한다.
④ 동일한 재산이 다수의 채권(전세금채권 및 임차보증금 채권 포함)을 담보하는 경우에는 담보하는 채권 합계액으로 평가한다.

☑ 공동저당권이 설정된 경우 채권액

공동저당권이란 동일한 채권을 담보하기 위하여 여러 부동산에 설정된 저당권을 말한다. 이 경우 평가할 재산과 그 이외의 재산이 공동저당권이 설정되거나 양도 담보된 경우에는 평가할 재산이 담보하는 채권액은 전체 채권액을 평가할 재산가액과 그 외의 재산가액으로 안분하여 계산한다. ☞ **집행기준 66-63-3**

☑ 공유물을 담보로 제공하는 경우의 채권액

공유자와 공동으로 그 재산을 담보로 제공한 경우에는 해당 재산이 담보하는 채권액 중 각 공유자의 지분율에 상당하는 금액을 채권액으로 한다. ☞ 집행기준 66-63-4

③ 지상권은 무엇인가요?

☑ 지상권의 의의

지상권은 타인의 토지에 건물 기타 공작물이나 수목을 소유하기 위하여 그 토지를 사용하는 권리를 말하며, 전세권과 지역권은 토지를 이용한다는 점에서 지상권과 동일하나 타 물건의 소유를 목적으로 하지 않으므로 지상권과는 차이가 있다. ☞ 집행기준 61-51-1

☑ 지상권의 평가방법

지상권의 가액은 지상권이 설정되어 있는 토지의 가액에 2%를 곱하여 계산한 금액을 이자율 10%로 할인한 가액으로 평가한다. 이 경우 그 잔존연수에 관하여는 「민법」에 따른 지상권의 존속기간을 준용한다. ❶ 석조, 석회조, 연와조 또는 이와 유사한 견고한 건물, 수목의 소유 목적은 30년, ❷ 그 외 건물 소유 목적은 15년, ❸ 건물 외 공작물 소유 목적은 5년이다. ☞ 집행기준 61-51-2

$$\text{지상권 보충적 평가액} = \sum_{n=1}^{n} \frac{\text{각 연도의 수입금액}}{(1+10\%)^n}$$

n : 평가기준일로부터의 경과연수(잔존연수) 각 연도의 수입금액 = 토지가액 × 2%

☞ 지상권의 잔존연수

지상권의 종류	잔존연수
① 석조, 석회조, 연와조 또는 이와 유사한 견고한 물건 , 수목의 소유 목적	30년
② ① 이외의 건물 소유 목적	15년
③ 건물 이외의 공작물의 소유를 목적	5년

④ 아파트 당첨권과 조합원 입주권 가액은 어떻게 산정하나요?

☑ 부동산을 취득할 수 있는 권리(예 : 아파트당첨권)

취득시기가 도래하기 전에 해당 부동산을 취득할 수 있는 권리를 말하는 것으로 건물이 완성되는 때에 그 건물과 이에 딸린 토지를 취득할 수 있는 권리를 포함한다. 예를 들어 부동산 매매계약을 체결하는 자가 계약금만 지급한 상태에서 양도하는 경우, 아파트 당첨권 등이 이에 속한다. ☞ 집행기준 61-51-3

☑ 특정시설물을 이용할 수 있는 권리(예 : 골프회원권)

특정시설물이용권 · 회원권 기타 명칭여하를 불문하고 그 시설물을 배타적으로 이용하거나 일반이용자에 비하여 유리한 조건으로 이용할 수 있도록 약정한 단체의 일원이 된 자에게 부여되는 권리

를 말한다. ☞ 집행기준 61-51-4

☑ 부동산을 취득할 수 있는 권리 등의 평가방법

부동산을 취득할 수 있는 권리 및 특정시설물을 이용할 수 있는 권리의 가액은 평가기준일까지 불입한 금액과 평가기준일 현재의 프리미엄에 상당하는 금액을 합한 금액으로 한다. 다만, 「도시 및 주거환경정비법」상 재개발·재건축 사업에 따른 조합원 입주권의 경우 관리처분계획을 기준으로 산정한 조합원권리가액과 평가기준일까지 납입한 계약금, 중도금 등을 합한 금액과 평가기준일 현재의 프리미엄에 상당하는 금액을 합한 금액으로 한다.

☞ 집행기준 61-51-5

집행기준 61-51-5
부동산을 취득할 수 있는 권리 및
특정시설물을 이용할 수 있는 권리의 평가방법

부동산을 취득할 수 있는 권리 및 특정시설물을 이용할 수 있는 권리의 가액은 평가기준일까지 불입한 금액(도시정비법상 재개발·재건축사업에 따른 조합원입주권의 경우 관리처분계획을 기준으로 산정한 조합원권리가액과 평가기준일까지 납입한 계약금, 중도금 등을 합한 금액으로 함)과 평가 기준일 현재의 프리미엄에 상당하는 금액을 합한 금액으로 한다.

> 평가액 = 평가기준일까지 불입한 금액 + 평가기준일 현재의 프리미엄에 상당하는 금액
>
> ※「소득세법」에 따른 기준시가가 있는 경우에는 그 기준시가를 평가액으로 한다.

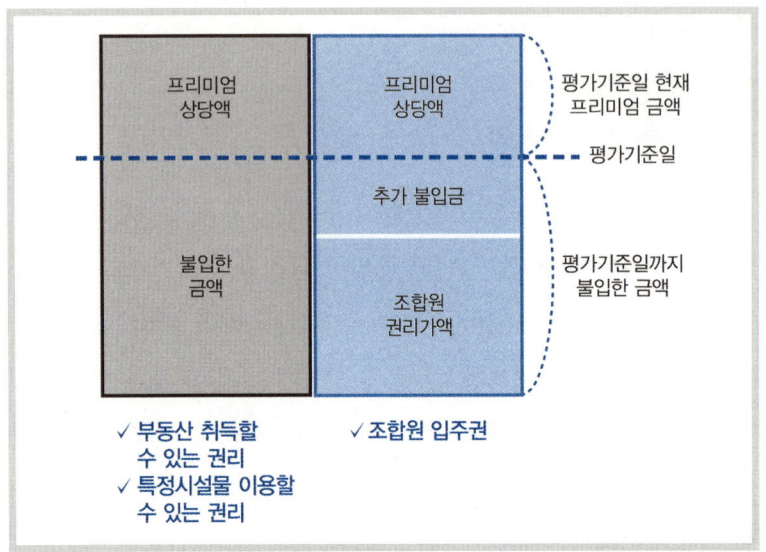

☑ 부동산을 취득할 수 있는 권리 등의 평가사례

❶ 부동산을 취득할 수 있는 권리 및 특정시설물 이용권 평가 시 평가기준일까지 불입액에 가산하는 평가기준일 현재의 프리미엄에 상당하는 금액은 그 당시 불특정다수인 간의 거래에 있어서 통상 지급되는 프리미엄을 말한다.

❷ 구주택을 현물출자하여 신주택을 신축하는 경우에 신축 중에 공동주택의 부수토지를 증여한 경우 이는 부동산을 취득할 수 있는 권리를 증여한 것으로 증여재산가액은 출자한 토지 및 건물의 평가금액과 증여일까지 불입한 부담금과 증여일 현재의 프리미엄에 상당하는 금액을 합한 금액이 된다.

❸ 재건축입주권을 증여한 경우 이는 부동산을 취득할 수 있는 권리를 증여한 것으로 평가기준일까지 불입한 금액은 재건축조합

이 산정한 조합원의 권리가액과 불입한 계약금, 중도금 등을 합한 금액이며, 동 금액에 프리미엄 상당액을 합하여 평가한다.

❹ 재개발조합원으로서 평가기준일 현재 상환하지 않은 시유지 불하금액 및 평가기준일까지 발생한 이자 중 미지급금을 합한 금액을 수증자가 인수하는 경우 당해 금액은 채무로서 공제된다.

☞ 집행기준 61-51-6

⑤ 기타 시설물 및 구축물의 평가방법은 무엇인가요?

평가기준일 당시 기타 시설물과 구축물의 재취득가액에서 설치일부터 평가기준일까지의 감가상각비 상당액을 차감하여 계산한 가액으로 한다. ☞ 집행기준 61-51-7

> 시설물 및 구축물의 평가가액 = 재취득가액 - 감가상각비 상당액

기타 시설물 및 구축물의 재취득가액은 구축물 등을 다시 건축하거나 취득할 경우에 소요되는 가액을 말한다. 재취득가액 등을 산정하기 어려운 경우에는 「지방세법 시행령」 제4조 제1항[15]에 따른

---

15) 「지방세법 시행령」 제4조 【건축물 등의 시가표준액 산정기준】
① 법 제4조 제2항에서 "대통령령으로 정하는 기준"이란 매년 1월 1일 현재를 기준으로 과세대상별 구체적 특성을 고려하여 다음 각 호의 방식에 따라 행정안전부장관이 정하는 기준을 말한다. (2021.12.31. 개정)
 1. 오피스텔 : 행정안전부장관이 고시하는 표준가격기준액에 다음 각 목의 사항을 적용한다.
  가. 오피스텔의 용도별·층별 지수

가액으로 시설물 및 구축물을 평가할 수 있다. ☞ 집행기준 61-51-8

　　나. 오피스텔의 규모·형태·특수한 부대설비 등의 유무 및 그 밖의 여건에 따른 가감산율(加減算率)
1의2. 제1호 외의 건축물 : 건설원가 등을 고려하여 행정안전부장관이 산정·고시하는 건물신축가격기준액에 다음 각 목의 사항을 적용한다.
　　가. 건물의 구조별·용도별·위치별 지수
　　나. 건물의 경과연수별 잔존가치율
　　다. 건물의 규모·형태·특수한 부대설비 등의 유무 및 그 밖의 여건에 따른 가감산율
2. 선박 : 선박의 종류·용도 및 건조가격을 고려하여 톤수 간에 차등을 둔 단계별 기준가격에 해당 톤수를 차례대로 적용하여 산출한 가액의 합계액에 다음 각 목의 사항을 적용한다.
　　가. 선박의 경과연수별 잔존가치율
　　나. 급랭시설 등의 유무에 따른 가감산율
3. 차량 : 차량의 종류별·승차정원별·최대적재량별·제조연도별 제조가격(수입하는 경우에는 수입가격을 말한다) 및 거래가격 등을 고려하여 정한 기준가격에 차량의 경과연수별 잔존가치율을 적용한다.
4. 기계장비 : 기계장비의 종류별·톤수별·형식별·제조연도별 제조가격(수입하는 경우에는 수입가격을 말한다) 및 거래가격 등을 고려하여 정한 기준가격에 기계장비의 경과연수별 잔존가치율을 적용한다.
5. 입목(立木) : 입목의 종류별·수령별 거래가격 등을 고려하여 정한 기준가격에 입목의 목재 부피, 그루 수 등을 적용한다.
6. 항공기 : 항공기의 종류별·형식별·제작회사별·정원별·최대이륙중량별·제조연도별 제조가격 및 거래가격(수입하는 경우에는 수입가격을 말한다)을 고려하여 정한 기준가격에 항공기의 경과연수별 잔존가치율을 적용한다.
7. 광업권 : 광구의 광물매장량, 광물의 톤당 순 수입가격, 광업권 설정비, 광산시설비 및 인근 광구의 거래가격 등을 고려하여 정한 기준가격에서 해당 광산의 기계 및 시설취득비, 기계설비이전비 등을 뺀다.
8. 어업권·양식업권 : 인근 같은 종류의 어장·양식장의 거래가격과 어구 설치비 등을 고려하여 정한 기준가격에 어업·양식업의 종류, 어장·양식장의 위치, 어구 또는 장치, 어업·양식업의 방법, 채취물 또는 양식물 및 면허의 유효기간 등을 고려한다.
9. 골프회원권, 승마회원권, 콘도미니엄 회원권, 종합체육시설 이용회원권 및 요트회원권 : 분양 및 거래가격을 고려하여 정한 기준가격에「소득세법」에 따른 기준시가 등을 고려한다.
10. 토지에 정착하거나 지하 또는 다른 구조물에 설치하는 시설 : 종류별 신축가격 등을 고려하여 정한 기준가격에 시설의 용도·구조 및 규모 등을 고려하여 가액을 산출한 후, 그 가액에 다시 시설의 경과연수별 잔존가치율을 적용한다.
11. 건축물에 딸린 시설물 : 종류별 제조가격(수입하는 경우에는 수입가격을 말한다), 거래가격 및 설치가격 등을 고려하여 정한 기준가격에 시설물의 용도·형태·성능 및 규모 등을 고려하여 가액을 산출한 후, 그 가액에 다시 시설물의 경과연수별 잔존가치율을 적용한다.

⑥ 공동주택에 부속된 구축물의 평가방법은 무엇인가요?

공동주택에 부속 또는 부착된 시설물 및 구축물은 공동주택과 일괄하여 평가한 것으로 본다. ☞ 집행기준 61-51-9

⑦ 선박 등 그 밖의 유형자산 평가방법은 무엇인가요?

☑ 그 밖의 유형자산 평가방법

선박, 항공기, 차량, 기계장비, 입목은
❶ 재취득가액
❷ 재취득가액이 확인되지 않은 경우 : 가.에서 나. 순서로 적용한다.
   가. 취득가액에서 감가상각비 누계액을 차감한 장부가액
   나. 「지방세법 시행령」의 시가표준액에 따른 가액으로 평가한다.

상품·제품·반제품·재공품·원재료등, 소유권의 대상이 되는 동산은 ❶ 재취득가액, ❷ 재취득가액이 확인되지 않을 경우 장부가액으로 평가한다. 사업용 재고자산인 경우 재취득가액에 부가가치세는 포함하지 않는다.

판매용이 아닌 서화·골동품은 ❶ 전문분야별로 2개 이상의 전문감정기관이 감정한 가액의 평균액과 ❷ 국세청이 위촉한 3인 이상의 전문가로 구성된 감정 평가심의회에서 감정한 가액 중 큰 금액으로 평가한다. 다만, 특수관계인 간에 양도·양수하는 경우로서 감정평가심의회에서 감정한 감정가액의 100분의 150을 초과하는 경우에는 감정평가심의회에서 감정한 감정가액으로 한다.[16]

소유권의 대상이 되는 동물, 따로 평가방법이 규정되지 않은 기타 유형자산은 상품 및 제품 등의 평가방법을 준용하여 평가한다.

☞ 집행기준 62-52-1

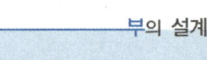

집행기준 62-52-1
선박 등 그 밖의 유형자산 평가

자산종류	평가금액
선박, 항공기, 차량, 기계장비, 입목(立木)	① 재취득가액 ② 재취득가액이 확인되지 않을 경우 : '가'와 '나'를 순차로 적용 　가. 장부가액(취득가액 - 감가상각비 누계액) 　나. 「지방세법 시행령」 제4조 제1항의 시가표준액에 따른 가액
상품 · 제품 · 반제품 · 재공품 · 원재료등, 소유권의 대상이 되는 동산	① 재취득가액 ② 재취득가액이 확인되지 않을 경우 : 장부가액 　☞ 사업용 재고자산인 경우 재취득가액에 부가가치세는 불포함
판매용이 아닌 서화 · 골동품	Max[가, 나] 가. 전문분야별로 2개 이상의 전문기관이 감정한 가액의 평균액 나. 국세청장이 위촉한 3인 이상의 전문가로 구성된 감정평가심의회에서 감정한 감정가액 * 다만, 감정가액이 감정평가심의회 감정가액의 150%를 초과하는 경우에는 감정평가심의회의 감정가액 (특수관계인 간에 양도 또는 양수하는 경우에 한해 적용)⇒2024.2.29. 이후 상속이 개시되거나 증여받는 분부터 적용

---

16) 2024.4.29. 상속개시되거나 증여받는 분부터 적용한다.

자산종류	평가금액	
판매용이 아닌 서화 · 골동품	• 전문분야별 구분 ㉠ 서화 · 전적 ㉢ 목공예 · 민속장신구 ㉤ 석공예	㉡ 도자기 · 토기 · 철물 ㉣ 선사유물 ㉥ 기타 골동품
소유권의 대상이 되는 동물, 따로 평가방법이 규정되지 않은 기타 유형자산	상품 · 제품 등의 평가방법 준용	

☑ 선박 · 기계장치 등 평가 시 장부가액

재취득가액을 확인할 수 없어 장부가액으로 평가할 경우 장부가액은 기업회계기준 등에 의해 작성된 대차대조표상 가액을 말하며, 취득가액에서 차감하는 감가상각비는 법인이 납세지 관할세무서장에게 신고한 상각방법에 의하여 기준내용연수를 적용하여 계산한 취득일부터 평가기준일까지의 감가상각비를 말한다.

☞ 집행기준 62-52-2

Part 5

알수록 돈이 되는
상속세와 증여세 신고납부

알수록 돈이 되는
부의 설계

1장 신고납부

상속세와 증여세 신고하면, 세무서에서 꼭 연락오나요?

간혹 상속세나 증여세 신고서를 세무서에 제출 후 세무서에서 아무런 연락을 받지 않았다는 고객이 종종 있다. 그러나 신고만으로는 세액이 확정된 것이 아니므로 정부가 세액을 결정해야 한다. 따라서 납세자는 세무서에 상속세 또는 증여세 신고하지 않거나 신고하더라도 신고 내용의 오류가 있어 과세할 사항이 있는 경우 신고에 대한 해명 안내문을 받게 된다.

상속세와 증여세는 납세자의 신고 이후에 정부가 세액을 확정하는 절차가 있어야 납세의무가 비로소 확정되는 세목이다. 이와 비교하여 소득세, 부가가치세 신고는 납세자가 신고함으로써 납세의무가 확정된다.

상속세 또는 증여세 신고 시 세액을 확정하기 위하여 정부가 신고내용을 검토하여 신고 내용의 오류가 있거나, 탈루 등 조사가 필요한 경우 납세자는 세무조사통지서를 받는 경우가 있다. 이는 납세자의 상속세와 증여세 신고행위는 정부에 보고하는 협력의무이므로 참고자료로 제공될 뿐이며, 정부가 세액을 결정하기 위하여 조사가 필요하다고 여겨지는 경우 납세자는 조사대상자로 선정되어 세무조사 서류가 통지된 것이다.[1]

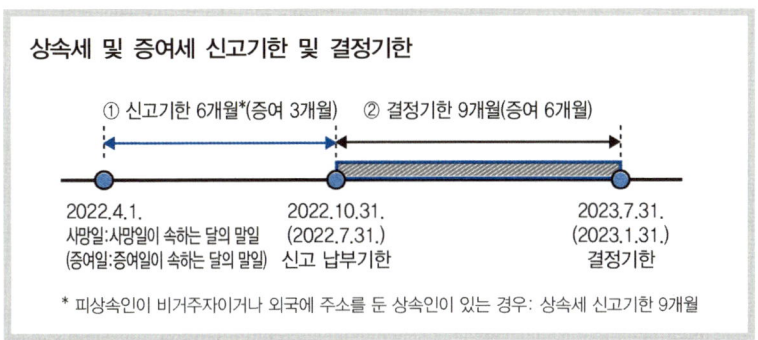

> "저는 부산에 살고 있고, 아버지 주소는 서울시 강남구 청담동이며, 아버지께서 돌아가신 날은 2022.3.2.인 경우 상속세는 어디에, 언제까지 신고해야 하나요?"

사례자는 상속인에 해당하고, 돌아가신 분(피상속인) 주소지 관할 세무서인 강남세무서에 신고한다. 상속세 신고서 제출 및 납부기한은 2022.9.30.이다. 사망일이 속한 3월 말일부터 6개월이 되는 날이 상속세 신고기한이 된다.

상속세 납세의무가 있는 상속인 또는 수유자는 상속세 신고기한 안에 납세지 관할세무서장에게 신고해야 한다. 상속인은 「민법」상 법정상속인 · 대습상속인 · 상속을 포기한 자 · 특별연고자 등을 말

---

1) 상속인이 하는 상속세 신고는 과세처분을 하기 위한 참고자료로 제공될 뿐 세액을 확정하거나 신고한 납세의무자를 기속하는 등의 효력이 발생하는 것이 아니다. (대법원 91다16952, 1991.9.10.)

하며, 수유자는 유증으로 재산을 취득한 자, 사인 증여로 재산을 취득한 자, 유언대용신탁 및 수익자연속신탁에 의하여 신탁의 수익권을 취득한 자를 말한다. 주의할 점은 상속을 포기하면 「민법」상으로는 상속포기자는 상속인의 범위에 포함되지 않으나, 상속포기자도 상속세 신고의무자에 포함될 수 있다는 점이다. 즉, 상속을 포기하여 사망개시일에 상속받은 재산은 없더라도, 사전증여받은 재산 등이 있는 것이 확인되면, 상증법상 상속세 신고납부의무자에 포함될 수 있다.

① 상속세 신고 · 납부기한은 어떻게 되나요?

피상속인이 거주자인 경우 상속개시일이 속하는 달의 말일부터 6개월 이내 신고 · 납부기한이다. 다만, 피상속인이 비거주자이거나 외국에 주소를 둔 상속인이 있는 경우[2] 9개월 이내에 신고하여야 한다. 이 경우 유언집행자 또는 상속재산관리인이 상속세 신고기한까지 지정 및 선임된 경우에는 지정 · 선임되는 날부터 6개월 이내 신고기한이 된다. ☞ 집행기준 67-64-1

---

[2] 2024.3.15. 이전에는 "상속인 전원이 외국에 주소를 둔 경우" 신고기한이 9개월이었으나 "상속인 중 일부가 외국에 주소를 둔 경우"에도 신고기한을 9개월이 되도록 2024년 기본통칙이 개정되었다.

- 기본통칙 67-0…1 【상속인이 외국에 주소를 둔 경우】
  상증법 제67조 제4항의 규정에서 "상속인이 외국에 주소를 둔 경우"란 외국에 주소를 둔 상속인이 있는 경우를 말한다. (2024.3.15. 개정)

상속세 과세표준 신고의무자 및 신고기한

신고의무자		신고기한
상속인 · 수유자	피상속인이 거주자인 경우	상속개시일이 속하는 달의 말일부터 6개월 이내
	피상속인이 비거주자이거나 외국에 주소를 둔 상속인이 있는 경우	상속개시일이 속하는 달의 말일부터 9개월 이내
유언집행자 · 상속재산관리인		유언집행자 등으로 상속개시일이 속하는 달의 말일부터 6개월 이내에 지정되거나 선임되는 경우에 한정하며, 그 지정되거나 선임되는 날부터 6개월 이내

② 상속인이 확정되지 않은 경우에 신고·납부기한은 어떻게 되나요?

상속세 과세표준 신고기한까지 상속인이 확정되지 않은 경우에도 상속개시일부터 6개월 이내에 상속세 과세표준 신고를 하는 것에는 차이가 없다. 다만, 상속인이 확정된 날부터 30일 이내에 확정된 상속인의 상속관계를 납세지 관할세무서장에게 제출하여야 한다. 이 경우에도 피상속인이 비거주자이거나 외국에 주소를 둔 상속인이 있는 경우에는 9개월 이내에 상속세 과세표준 신고를 하고, 상속인이 확정된 날부터 30일 이내에 확정된 상속인의 상속 관계를 납세지 관할세무서장에게 제출하여야 한다. ☞ 집행기준 67-64-2

③ 증여세 신고·납부기한은 어떻게 되나요?

증여세 납세의무가 있는 수증자는 증여받은 날이 속하는 달의 말일부터 3개월 이내에 증여세 신고하여야 한다. 납세지 관할세무서장에게 증여세 신고서 제출과 함께 납부하여야 한다.

상장 또는 법인의 합병 등에 따른 증여세 과세표준 정산으로 증여세 신고하는 경우 신고기한은 정산기준일이 속하는 달의 말일로부터 3개월이 되는 날이다.³⁾

특수관계법인 및 특정법인과의 거래를 통해 이익을 얻은 자는 수혜법인 또는 특정법인의 법인세 신고기한이 속하는 달의 말일부터 3개월 이내에 신고·납부해야 한다.⁴⁾ ☞ 집행기준 68-65-1

집행기준 68-65-1
증여세 과세표준 신고의무자 및 신고기한

신고의무자	신고기한
수증자	증여받은 날이 속하는 달의 말일부터 3개월 이내
주식 등의 상장에 따라 이익을 얻은 자	정산기준일이 속하는 달의 말일부터 3개월이 되는 날
특수관계법인·특정법인과의 거래를 통해 이익을 얻은 자	수혜법인 또는 특정법인의 법인세 신고기한이 속하는 달의 말일부터 3개월 이내

---

3) 주식 등의 상장 등에 따른 이익의 증여(상증법 제41조의3) 및 합병에 따른 상장 등 이익의 증여(상증법 제41조의5)
4) ① 특수관계법인과의 거래를 통한 이익의 증여의제(상증법 제45조의3)
② 특수관계법인으로부터 제공받은 사업기회로 발생한 이익의 증여의제(상증법 제45조의4)
③ 특정법인과의 거래를 통한 이익의 증여의제(상증법 제45조의5)

④ 상속세 및 증여세 신고세액공제는 무엇인가요?

상속세(또는 증여세) 과세표준 신고기한 내에 상속세(또는 증여세) 신고서를 제출한 경우에는 신고세액공제를 적용한다. 신고기한 내에 상속세(또는 증여세) 신고서를 제출한 때에는 비록 상속세(또는 증여세)를 신고기한 내 세액을 납부하지 아니하여도 신고세액공제를 할 수 있다.

☑ 상속세 및 증여세 신고세액공제계산

신고세액공제는 상속세 신고세액공제 대상액에 3%를 곱하여 산정한다. 상속세 신고세액공제 대상액은 상속세 산출세액에서 세대생략할증과세를 가산한다. 지정문화유산 등의 징수유예액, 증여세액공제, 외국납부세액, 단기재상속에 대한 상속공제를 차감하면, 상속세 신고세액공제 대상액이 계산된다.

증여세 신고세액공제는 증여세 신고세액공제 대상액에 3%를 곱하여 산정한다. 증여세 신고세액공제는 증여세 산출세액에 증여세 할증과세액을 가산한다. 여기에 박물관 자료에 대한 징수유예액, 외국납부세액공제, 기납부세액공제를 차감하여 증여세 신고세액공제 대상액을 계산한다.

주의할 점은 창업자금 및 가업승계 주식에 해당하는 재산을 증여받은 경우에는 신고세액공제를 적용하지 아니한다는 점이다.

☞ 집행기준 69-65의2-1

집행기준 69-65의2-1
신고세액공제

상속세 신고세액공제 = (A) × 3%(~2016년 10%, 2017년 7%, 2018년 5%)	증여세 신고세액공제 = (B) × 3%(상속세와 동일)
상속세 산출세액 + 세대생략 할증과세액 − 지정문화유산 등의 징수유예액 − 증여세액공제 − 외국납부세액공제 − 단기재상속에 대한 상속공제	증여세 산출세액 + 증여세 할증과세액 − 박물관 자료에 대한 징수유예액 − 외국납부세액공제 − 기납부세액공제
= (A) 상속세 신고세액공제 대상액	= (B) 증여세 신고세액공제 대상액

☑ 신고세액공제 적용 방법

❶ 상속세 또는 증여세 과세표준 신고기한 내 신고만 한 경우에도 신고세액공제를 적용한다. 비록 상속세를 신고기한 내 세액을 납부하지 아니하여도 신고세액공제를 할 수 있다.

❷ 상속 또는 증여재산의 평가가액의 차이 및 각종 공제액의 적용상 오류 등으로 과세표준을 과다 신고한 경우에는 과다금액을 신고한 과세표준에서 제외하여 산출세액을 기준으로 한다.

❸ 공동상속인이 상속재산 신고 시 각자의 지분별로 각각 신고한 경우에는 상속재산을 합산하여 상속세 신고세액공제를 적용한다.

❹ 상속세 신고 시 증여재산을 합산하여 신고하지 않은 경우 증여세 신고를 법정기한 내에 하였더라도 그 금액에 대하여 신고세액공제를 적용하지 아니한다.

❺ 신고기한 내 상속재산 일부를 신고 누락한 경우 신고세액공제는 결정산출세액 중 신고한 과세표준에 대한 산출세액을 기준으로 한다. 5) ☞ 집행기준 69-65의2-2

⑤ 납부할 현금이 부족할 경우 일시에 세금을 완납하지 않고, 나누어 낼 수 있나요?

☑ 분납

납부할 세금이 부족한 상속인과 수증자는 분할납부제도인 분납 신청을 할 수 있다. 분할납부제도란 신고기한 내에 일시에 세금을 현금 납부하여야 하는 납세자의 과중한 세부담을 다소라도 완화시키기 위한 제도이다. 상속세·증여세를 분할납부하고자 할 때에는 '상속세 과세표준 신고 및 자진납부계산서', '증여세 과세표준 신고 및 자진납부계산서'의 '분납'란에 기재하는 것으로 분할납부신청이 완료된다. 따라서 별도의 분납신청서를 제출하지 않는다.

상속세 및 증여세의 경우 납부세액이 1천만원을 초과하는 경우 2개월 이내에 분납할 수 있으나 연부연납을 신청하는 경우에는 분납할 수 없다. 또한 분납할 세액이 2천만원을 초과하는 경우에는 그 세액의 50% 이하의 금액을 분납한다. ☞ 집행기준 70-66-2

---

5) 기획재정부 재산세제과-118, 2014.2.12.

 **집행기준** 70-66-2
분납

상속세및증여세 신고납부세액이 1천만원을 초과하는 경우 2개월 이내에 분납할 수 있으나 연부 연납을 신청하는 경우에는 분납할 수 없다.

납부할 세액	분납세액
1천만원 초과 2천만원 이하	1천만원을 초과하는 금액
2천만원 초과	납부할 세액의 50% 이하 금액

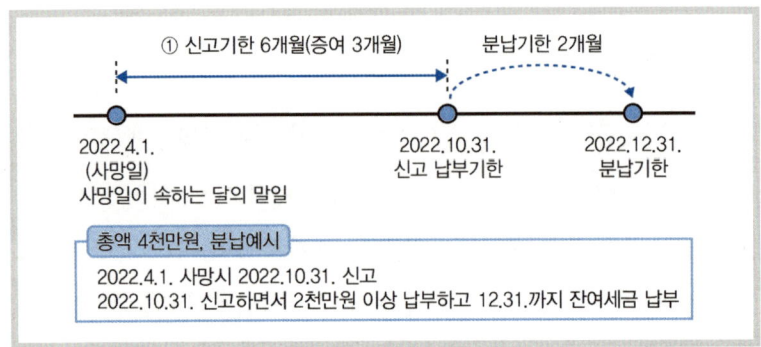

총액 4천만원, 분납예시
2022.4.1. 사망시 2022.10.31. 신고
2022.10.31. 신고하면서 2천만원 이상 납부하고 12.31.까지 잔여세금 납부

2장 · 연부연납

상속세 신고 후 당장 세금 낼 현금이 없어서 제 아내 소유의 건물로 분할납부를 위한 담보를 신청해도 되나요?

> "저희 아버지가 돌아가시고 상속세액이 20억원이 나왔습니다. 상속받은 건물을 팔아서 상속세를 납부해야 합니다. 당장 현금이 없어서 상속세 납부기한에 연부연납을 신청해서 나눠서 납부하다가, 건물이 팔리면 일시에 완납을 할 계획입니다. 이 경우 해당 건물에 연부연납 담보를 설정하면 매각이 어려우므로 제 아내 소유의 건물로 연부연납 담보를 신청해도 되나요?"

사례의 경우 상속인이 아닌 제3자인 배우자의 부동산을 담보로 제공이 가능하다. 즉, 특수관계인 소유 부동산을 무상으로 제공받아 납세담보로 제공하기로 하였다. 연부연납 시 특수관계인이 소유하는 재산을 납세담보로 제공하는 것은 증여세 과세대상에 해당하지 않는다.[6]

---

6) 서면–2016–법령해석재산–4248, 2018.3.7.

연부연납 신청 시 제3자 소유의 부동산으로 납세담보의 제공이 가능한 것이나, 공급된 담보가 부적합한 것으로 판단되는 경우 소관세무서장은 담보변경의 요구를 할 수 있고 이에 불응 시 연부연납을 불허할 수 있다.

☑ 연부연납제도

상속세 및 증여세의 경우 부동산 등 환가에 상당한 기간이 필요한 경우가 많다. 따라서 일시에 세금을 납부하는 것이 납세의무자에게 과중한 부담을 주게 된다. 이에 납세자의 과도한 재산처분을 유도하게 되어 재산 손실 및 생활의 어려움 또한 발생하게 될 우려가 있다. 따라서 연부연납제도는 국세의 징수를 해하지 않는 범위 내에서 납세의무자의 분할 납부 및 납부 기한유예의 이익을 제공하기 위한 제도이다.

연부연납 기간

세 목		연부연납 기간
상속세	가업상속재산	• 20년간 분할납부(10년 거치 가능) ※ 가업상속재산 비율 관계없이 적용 * 2023.1.1. 이후 상속·증여분부터 적용
	일반상속재산	• 10년간 분할납부(거치기간 없음) * 2022.1.1. 이후 상속분부터 적용
증여세	일반증여재산	• 5년간 분할납부(거치기간 없음)
	가업승계증여특례	• 가업승계 증여세 과세특례 연부연납 기간을 15년으로 확대 * 2024.1.1. 이후 증여세 과세표준 신고기한 내 신청하는 분부터 적용

① 연부연납을 받으려면 요건은 무엇인가요?

❶ 상속세 또는 증여세의 납부세액이 2천만원을 초과하는 경우 연부연납을 신청할 수 있다.

❷ 상속세 또는 증여세 과세표준신고기한(수정신고 및 기한후신고 포함)이나 결정통지에 의한 납부고지서상 납부기한까지 연부연납신청서를 제출한다. 증여세 연대납부의무자가 납부통지서를 받은 경우 납부통지서상의 납부기한까지 연부연납신청서를 제출하여야 한다.

상속세 및 증여세 신고는 하였으나 납부하지 않은 경우에도 무납부에 대한 납부고지서의 납부기한까지 연부연납 신청이 가능하다.

❸ 연부연납을 신청하기 위해서는 납부하여야 할 세액에 상당하는 납세담보를 제공하여야 한다. ☞ 집행기준 71-67-1

☑ 연부연납 신청자

연부연납의 신청은 상속인의 경우 상속인 전부가 신청하여야 한다. 다만, 유류분반환청구소송 등이 진행되어 다른 상속인들의 협의를 받아 신청하기 어려운 경우 등 부득이한 사유로 상속인 전부가 신청이 어려운 경우 일부 상속인이 자기분에 한하여 신청가능하다. ☞ 집행기준 71-67-1

☑ 연부연납은 신청기한

상속세·증여세 신고 시 납부할 세액의 연부연납 신청은 과세표준 신고기한까지 연부연납신청서를 납세지 관할세무서장에게 제출하여야 한다.

❶ 상속세 또는 증여세 신고 시 : 신고기한
❷ 수정 신고 및 기한 후 신고 시 제출가능
❸ 결정통지를 받은 경우 : 해당 납세고지서의 납부기한
❹ 증여세 연대납부의무자가 납부통지서를 받은 경우 : 납부통지서상의 납부기한

☑ 허가 및 통지

❶ 신청서를 받은 세무서장은 신고기한이 경과한 날부터 상속세는 9월, 증여세는 6월 이내에 신청인에게 그 허가여부를 서면으로 통지하게 된다.

❷ 상속세·증여세 수정 신고 또는 기한후 신고 시 납부해야 할 세액에 대하여 연부연납신청서를 신고서와 함께 제출하여야 한다. 이 경우에도 신청서를 받은 세무서장은 수정 신고일(또는 기한후신고)이 속하는 달의 말일부터 상속세는 9월, 증여세는 6월 이내에 신청인에게 그 허가 여부를 서면으로 통지한다.

❸ 납세고지서 및 납부통지서의 납부기한까지 연부연납을 신청한 경우 신청서를 받은 세무서장은 납부기한이 경과한 날부터 14일 이내에 신청인에게 그 허가 여부를 서면으로 결정하여 통지한다.

연부연납의 허가 여부를 서면으로 통지하여야 하는 ❶에서 ❸ 상기 기간까지 그 허가 여부를 서면으로 발송하지 않은 때에는 허가한 것으로 본다. ☞ 집행기준 71-67-1

연부연납 신청 및 허가의 통지기한

연부연납 신청대상 세액 구분	신청기한	허가통지 기한
• 과세표준 신고 시 납부할 세액	신고기한 이내	상속세 : 신고기한부터 9개월 증여세 : 신고기한부터 6개월
• 기한후(수정) 신고 시 납부할 세액	기한후(수정) 신고 시 (결정통지 전)	상속세 : 기한후 신고한 날이 속하는 달의 말일부터 9개월 증여세 : 기한후 신고한 날이 속하는 달의 말일부터 6개월
• 신고 후 무납부에 대한 고지 세액 • 무신고자나 미달신고자의 신고세액을 초과한 고지세액	납세고지서상 납부기한	납부기한 경과일부터 14일 이내
• 증여자 연대납세 의무에 의하여 납부하는 증여세	납부통지서상 납부기한	
• 연부연납 신청 시 특정 납세담보물을 함께 제공한 경우	연부연납 신청일에 허가된 것으로 간주	

※ 중소·중견기업 경영자를 위한 기업승계 지원제도 안내, 국세청, 2024, P.68

Q2 연부연납의 허가가 취소되는 경우도 있나요?

납세지 관할세무서장은 연부연납을 허가 후 다음 중 하나에 해당하게 된 경우에는 허가를 취소, 변경하고 연부연납에 관계되는 세액을 일시에 징수할 수 있다.

❶ 연부연납세액을 지정된 납부기한까지 납부하지 않은 경우
❷ 담보의 변경 등 필요한 관할세무서장의 명령에 따르지 않은 경우

❸ 납기전징수 사유에 해당되어 연부연납기한까지 연부연납에 관계되는 세액을 전액 징수할 수 없다고 인정되는 경우
❹ 가업상속재산의 경우 사업의 폐지(가업용 자산의 50% 이상 처분 포함), 상속인이 대표 이사 등으로 미종사하거나 1년 이상 휴업, 상속인이 최대주주에 해당하지 않는 경우
❺ 「유아교육법」에 따른 사립유치원에 직접 사용하는 재산을 해당 사업에 직접 사용하지 않거나 사립유치원을 폐쇄하는 경우

☞ 집행기준 71-67-1

☑ 연부연납 허가의 취소방법

일반적으로 연부연납 허가 후 연부연납 허가취소 또는 변경사유에 해당하면 허가를 취소하고 연부연납에 관계되는 세액을 일시에 징수한다.

❶ 가업상속공제에 따른 연부연납인 경우 연부연납 허가일부터 10년 이내에 가업상속공제금액 추징사유에 해당하면, 허가일부터 10년에 미달하는 잔여기간(10년을 초과하는 경우에는 10년으로 한다)에 한하여 연부연납을 변경하여 허가한다.

❷ 납세의무자가 공동으로 연부연납 허가를 받은 경우로서 체납 상속인의 체납세액은 제공된 담보로 일시에 우선 징수한다. 체납 상속인을 제외한 나머지 상속인에 대해서는 납세담보 제공을 조건으로 잔여기간에 한하여 연부연납 변경하여 허가한다. 연부연납의 허가를 취소한 경우 납세의무자에게 그 뜻을 통지한다.[7]

☞ 집행기준 71-67-1

③ 연부연납 시 자동으로 허가되는 납세담보는 어떤 것이 있나요?

❶ 연부연납의 신청 시 ⓐ 금전, ⓑ 국채·지방채증권, ⓒ 세무서장이 확실하다고 인정하는 유가증권, ⓓ 납세보증보험증권, ⓔ 납세보증서를 납세담보로 제공하고 연부연납허가를 신청하는 경우에는 그 신청일에 연부연납을 허가받은 것으로 본다. 따라서 이에 해당하는 경우에는 그 신청일이 허가일자가 되고, 별도로 연부연납 허가통지 절차는 불필요하다.[8]

❷ 연부연납의 신청 시 제공한 담보재산의 가액이 연부연납 신청세액에 미달하는 경우에는 그 담보로 제공한 재산의 가액에 상당하는 세액의 범위 내에서 연부연납을 허가할 수 있다.

❸ 연부연납허가를 받은 자가 연부연납세액의 각 회분을 납부한 경우에는 해당 금액에 상당하는 담보를 순차로 해제할 수 있다.

☞ 집행기준 71-67-2

---

[7] 2023.2.28. 이후 연부연납 허가를 취소·변경하는 경우부터 일부 상속인의 체납 시 연부연납 변경 허가 규정을 신설하였다.

[8] • (금전·유가증권) 공탁하고 그 공탁수령증을 제출, 다만 등록된 유가증권의 경우 담보제공의 뜻을 등록하고 그 등록확인증을 제출
 • (납세보증보험증권·납세보증서) 보험증권이나 납세보증서(인감증명서 등 첨부) 제출

④ 납세고지서상 납부기간 경과 후 연부연납 허가 통지된 경우 가산금 내야 하나요?

상속세 또는 증여세 과세표준과 세액의 결정통지를 받은 후 납세고지서 등에 의한 납부기한까지 연부연납신청서를 제출하고 세무서장이 납부기한을 경과하여 연부연납 허가 통지를 하는 경우에는 그 연부연납 허가여부 통지일 이전까지는 가산금 및 중가산금의 규정을 적용하지 않는다. ☞ 집행기준 71-67-3

⑤ 연부연납기간 중에 연부연납세액의 전부 또는 일부를 일시에 납부할 수 있는 건가요?

연부연납허가를 신청하여 허가통지를 받은 자가 연부연납기간 중에 연부연납세액의 전부 또는 일부를 일시에 납부하기 위하여 서면으로 신청하는 경우 관할세무서장은 연부연납세액의 전부 또는 일부를 일시에 납부하도록 허가할 수 있다. 이때에 연부연납가산금은 변경된 연부연납기간에 따라 계산하여 징수한다.

☞ 집행기준 71-67-4

⑥ 연부연납기간 중에 세액이 변경된 경우에는 어떻게 하나요?

　연부연납기간 중에 행정소송 등에 의하여 세액이 감액 결정된 때에는 최종 확정된 연부연납세액에서 납부기한이 경과한 각 회분의 분납세액을 차감한 잔액에 대하여 나머지 분납할 회수로 나눈 평균금액을 각 회분의 연납금액으로 한다. ☞ 집행기준 71-67-5

☑ 연부연납금액의 계산

❶ 연부연납하는 경우의 납부 금액은 매년 납부할 금액이 1천만원을 초과하도록 연부연납기간을 정하여야 한다. 일반 증여세의 경우 연부연납 대상금액을 6회로 나눈 값이 연부연납에 의한 분할납부세액이다. 6회로 나누는 이유는 증여세 일반 신고납부기한에 1회차를 납부하고 연부연납 허가받은 날부터 5년간 분할하여 납부하므로 총 6회가 된다. 일반 상속재산의 경우 허가받은 날부터 10년간 분할하여 납부하므로 상속세 일반 신고납부기한에 1회를 납부하고 연부연납 허가받은 날부터 10년간 분할하여 납부하므로 총 11회가 된다.

　일반 증여세의 경우 연부연납을 허가받은 날부터 5년 이내의 범위에서 납세의무자가 신청한 기간으로 한다. 상속세의 경우 일반 상속재산은 연부연납을 허가받은 날부터 10년 이내의 범위에서 납세의무자가 신청한 기간으로 한다.

❷ 상속재산 중 가업상속재산이 포함된 경우에는 특례가 적용된다. 가업상속재산의 비율에 관계없이 연부연납 허가일부터 20년 또는 연부연납 허가 후 10년이 되는 날부터 10년 이내의 범위(총 20년)에서 납세의무자가 신청한 기간으로 한다.

각 회분의 분할하여 납부할 세액이 1천만원을 초과하도록 연부연납기간을 정하여야 한다. ❸ 가업상속재산 비율은 상속재산에서 상속인이 아닌 자에게 유증한 재산은 제외하여 계산한다. ❹ 가업상속재산이 있는 경우 연부연납 대상이 되는 상속세액은 상속세납부세액 중 총상속재산에서 가업상속 재산가액이 차지하는 부분에 대하여 판단한다. 이때에는 가업상속공제액을 차감하여 계산한다.

☞ 집행기준 71-68-1

집행기준 71-68-1
연부연납금액의 계산

구 분		연부연납기간	매년 납부할 금액
증여세	일반재산	허가받은 날부터 5년 이내	연부연납대상금액 (연부연납기간+1)
	가업승계 증여특례	가업승계 증여세 과세특례 연부연납 기간을 15년으로 확대 *2024.1.1. 이후 증여세 과세표준 신고기한 내 신청하는 분부터 적용	
상속세	일반재산	허가받은 날부터 10년 이내	
	가업상속 재산	허가받은 날부터 20년 이내 (10년 거치 가능) ※ 가업상속재산 비율 관계없이 적용 *2023.1.1 이후 상속·증여분부터	

① 각 회분의 분할하여 납부할 세액이 1천만원을 초과하도록 연부연납기간을 정하여야 한다.
② 기업상속재산의 범위는 집행기준 18-15-11와 같다.
③ 기업상속재산 비율은 상속재산에서 상속인이 아닌 자에게 유증한 재산은 제외하여 계산한다.
④ 기업상속재산이 있는 경우 연부연납 대상이 되는 상속세액은 다음과 같다.

$$\text{연부연납대상 상속세 납부세액} = \text{상속세납부세액} \times \frac{\text{기업상속 재산가액} - \text{기업상속공제액}}{\text{총 상속재산 가액} - \text{기업상속공제액}}$$

가업상속재산 연부연납 계산

① 연부연납기간은 최장 20년이며 10년의 거치기간을 선택하여 적용할 수 있다.
② (거치기간 선택 시) 연부연납 신청 시에 납부하지 않고 거치기한 경과 후 납부한다.

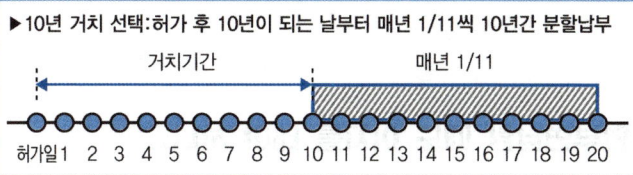

▶ 10년 거치 선택: 허가 후 10년이 되는 날부터 매년 1/11씩 10년간 분할납부

▶ 거치 미선택: 허가 후 매년 1/21씩 20년간 분할납부

• 연부연납기간 중 매년 납부할 세액의 계산

$$\left[\text{상속세 납부세액} \times \frac{\text{기업상속 재산가액} - \text{기업상속공제액}}{\text{총 상속재산 가액} - \text{기업상속공제액}} \right] \times \frac{1}{(\text{연부연납기간} + 1)}$$

※ 중소·중견기업 경영자를 위한 가업승계 지원제도 안내, 국세청, 2024, P.70

집행기준 18-15-11
가업상속재산의 범위

가업상속재산이란 다음의 상속재산에서 유류분상속재산을 제외한 상속재산을 말한다.

개인가업	상속재산 중 기업에 직접 사용되는 토지, 건축물, 기계장치 등 사업용 자산의 가액에서 해당 자산에 담보된 채무를 뺀 가액
법인가업	상속재산 중 기업에 해당하는 법인의 주식 등 × (1 − 기업에 직접 사용하지 않는 사업무관 자산* 비율)

* 사업무관자산(2012.2.2.~2024.12.31. 상속개시일 현재 기준)[9]
- 「법인세법」상 업무무관자산
- 비사업용 토지, 임대용부동산
- 대여금
- 과다보유현금(상속개시일 직전 5개 사업연도 말 평균 현금보유액의 150% 초과)
- 법인의 영업과 무관한 주식·채권 및 금융상품

⑦ 연부연납할 때도 이자를 내야 하나요?

☑ 연부연납가산금

연부연납의 허가를 받은 자는 각 회분의 분할납부세액에 분납일수와 연부연납 이자율로 현재(2024.3.22. 이후)는 3.5%의 이자율을 계산한 금액을 가산하여 납부한다.

연부연납의 허가를 받은 자는 각 회분의 분납세액에 납부일 현재의 연부연납가산율을 적용하여 계산한 금액을 합산하여 납부해야 한다. 만약 가산금 납부의 대상이 되는 기간 중에 가산율이 1회 이상 변경된 경우 그 변경 전의 기간에 대해서는 변경 전의 가산율

---

9) 2025.1.1. 이후 상속·증여 시 개정예정(본 책의 '2025년부터 달라지는 상증법 개정안' 참조)

을 적용하여 계산한 금액을 각 회분의 분할납부세액에 가산한다.

☞  72-69-1

 부의 설계

집행기준 72-69-1
연부연납가산금

연부연납의 허가를 받은 자는 각 회분의 분할납부세액에 분납일수와 연부연납 이자율로 다음과 같이 계산한 금액을 가산하여 납부하여야 하며, 연부연납 이자율은 개정 이후 최초로 연부연납을 신청하는 분부터 개정이자율을 적용한다.

[연부연납 가산금 이자율]

2020.3.13.~ 2021.3.15.	2021.3.16.~ 2023.3.19.	2023.3.20.~ 2024.3.20.	2024.3.22.~
연 1.8%	연 1.2%	연 2.9%	연 3.5%

① 처음 분납세액에 대한 가산금
  연부연납 총세액 × 분납일수 × 가산금 이자율
② 그 뒤 분납세액에 대한 가산금
  (연부연납 총세액 − 직전 회까지 납부한 분납세액의 합계) × 분납일수* × 가산금 이자율**

  * 분납일수 : 신고기한·납부기한·직전 분납기한의 다음날부터 당해 분납기한까지 일수
  ** 각 분할납부세액의 납부일 현재 국기령 제43조의3 ②에 따른 이자율

연부연납 가산금 계산 방법

① 첫 회분 납부할 가산금

  연부연납 총세액 × 납부기한(신고기한)의 다음날부터 첫 회 분납세액의 납부기한까지의 일수 × 납부일 현재 연부연납가산율

② 첫 회분 이후 납부할 가산금

  (연부연납 총세액 − 직전 회까지 납부한 분납세액의 합계액) (연부연납 잔여세액) × 직전 회의 분납세액 납부기한의 다음날부터 해당 분납기한까지의 일수 × 납부일 현재 연부연납 가산율

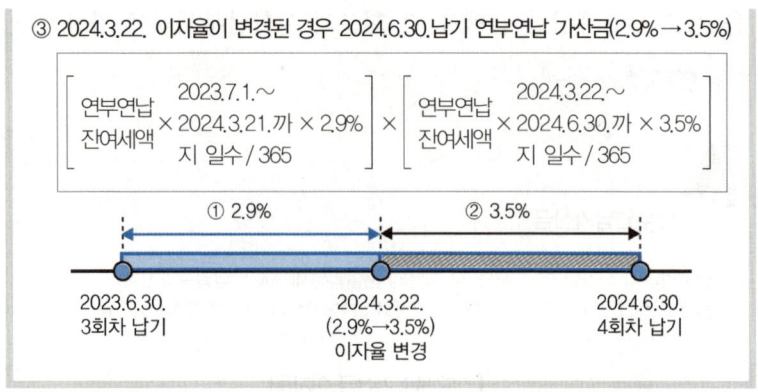

8 경정 시 연부연납가산금의 환급은 어떻게 되나요?

연부연납된 세액을 경정에 의하여 감액 결정하는 경우 당해 연부연납세액에 대한 연부연납가산금 계산 시 아래 중 하나를 기산일로 하여 국세환급금을 지급한다. ❶ 착오납부, 이중납부 또는 납부 후 그 납부의 기초가 된 신고 또는 부과를 경정하거나, 취소함에 따라 발생한 국세환급금은 그 국세 납부일을 기산일로 하여 국세환급금을 지급한다.

❷ 국세가 2회 이상 분할 납부된 것인 경우에는 그 마지막 납부일을 기산일로 하여 국세환급금을 기산한다. 또한 ❸ 국세환급금이 마지막에 납부된 금액을 초과하는 경우에는 그 금액이 될 때까지의 납부일의 순서로 소급하여 계산한 국세의 각 납부일을 기산일로 하여 국세환급금을 지급한다. ☞ 집행기준 72-69-2

3장 • 물납

상속세만 물납이 된다고 하는데, 물납은 어떻게 하나요?

> "어머니가 돌아가시면서 12억원의 건물과 65억원의 비상장주식을 남기셨습니다. 상속세액은 20억원 정도 예상되므로 연부연납을 신청하려고 합니다. 납세담보로 12억원의 부동산을 제공하고 부족한 금액은 다른 상속재산인 비상장주식으로 물납을 신청하고 싶습니다. 이처럼 부동산은 연부연납 시 납세담보로 제공하고, 비상장주식을 물납할 수 있나요?"

사례의 경우 비상장주식을 먼저 물납할 수 없다. 물납의 순서에 따라 부동산을 먼저 제공하고, 그 후 비상장주식을 물납해야 하기 때문이다. "부동산은 이미 납세담보로 제공되었습니다. 그래도 비상장주식보다 먼저 물납 제공을 해야 할까요?" 묻는 경우가 있다. 해당 부동산이 연부연납에 대한 납세담보로 제공된 사실만으로는 물납신청에 있어 관리·처분상 부적당하다고 인정되는 경우에 해당되지 않는다. 또한 국내에 소재하는 부동산(상속개시일 현재 상속인이 거주하는 주택 및 그 부수토지는 제외)을 먼저 물납에 충당하고, 그 후에 비상장주식의 순서로 물납에 충당해야 한다.

① 물납의 요건은 무엇인가요?

세금을 금전이 아닌 부동산 등 물건으로 대신 납부하는 것을 물납이라고 한다. 국세의 납부는 원칙적으로 금전으로 납부하여야 하지만, 상속재산의 대부분이 부동산, 유가증권 등 현금화가 당장 용이하지 못한 측면이 있다. 따라서 일정한 법정 요건을 갖춘 경우에는 현금 대신 상속받은 부동산 등으로 세액을 납부하는 것을 허용한다.

☑ 물납의 요건

❶ 물납의 신청 요건은 상속재산 중 부동산과 유가증권 가액이 당해 상속재산의 50%를 초과하는 경우이다. 이 경우 사전증여재산을 포함하고, 상속인·수유자 외의 자에게 증여한 부분은 포함하지 않는다. 상속받은 재산 중 부동산과 유가증권 가액이 상속재산의 50%를 초과하는지 여부를 판단할 때 상속재산은 사전증여재산을 포함하지만, 상속개시 전 처분재산 등의 증여추정으로 상속재산에 가산한 금액은 포함하지 않는다.

❷ 상속세 납부세액이 2천만원을 초과하여야 한다. 또한 ❸ 상속세 납부세액이 상속재산가액 중 금융재산의 가액을 초과하여야 한다. 여기서 금융재산이란 금전과 금융회사 등이 취급하는 예금·적금·부금·계금·출자금·특정금전신탁·보험금·공제금 및 어음의 가액, 즉 당장 현금성 자산으로 납부가능한 재산을 말한다. 이 역시 상속재산에 가산하는 증여재산은 제외한다. ❹ 납세의무자가

물납허가를 신청기한 내에 신청해야 한다. ❺ 물납에 충당하는 재산은 관리·처분이 부적당한 재산이 아닌 재산이어야 한다.[10]

☞ 집행기준 73-70-1

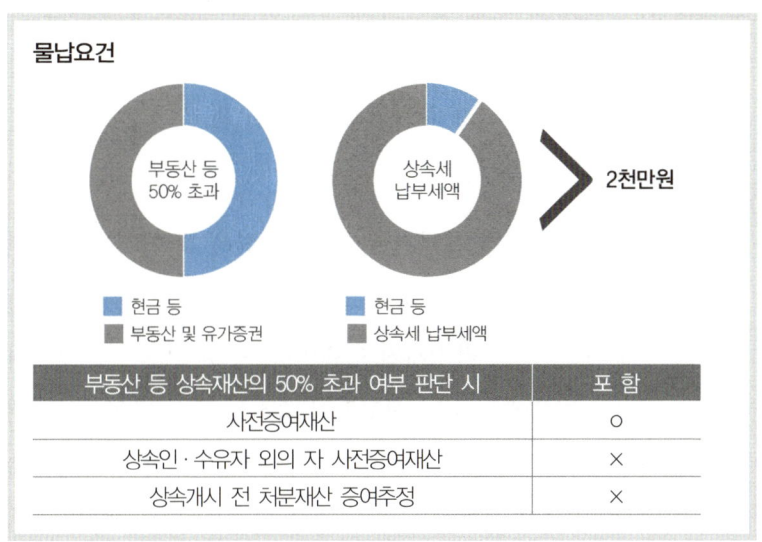

☑ 물납의 신청기한

물납을 하기 위해서는 납세의무자는 물납허가를 신청기한 이내에 신청해야 한다. 신고기한 내 신고하는 세액의 물납신청은 신고서와 함께 납세지 관할세무서장에게 물납허가신청서를 제출하여야 한다. 수정 신고 시 납부할 세액을 물납할 경우에는 그 수정 신고와 함께 물납허가신청서를 제출하여야 한다. 기한 후 신고 시 신고하는 세액의 물납을 신청하는 경우 그 신고서와 함께 물납허가신청서

---

10) 문화유산·미술품에 대한 물납 허용(제73조의2 신설) : 역사적·학술적·예술적 가치가 있는 문화유산·미술품에 대하여 물납을 허용한다(2023.1.1. 이후 상속이 개시되는 경우부터 적용).

를 제출하여야 한다. 납세고지세액을 물납 신청하는 경우 해당 납부고지서에 의한 납부기한까지 그 신청서를 제출하여야 한다. 상속세의 연부연납허가 후 분납세액을 물납하고자 하는 경우 각 회분의 분납세액 납부기한 30일 전까지 물납신청서를 제출하여야 한다.

☞ 집행기준 73-70-1

☑ 물납의 허가 통지

물납을 신청하게 되면 납세지 관할세무서장은 허가 여부를 서면으로 통지해 준다. 신고기한 내 신고하는 세액의 물납허가 통지기한은 상속세 신고기한부터 9개월 이내이다. 수정 신고하는 세액의 물납을 신청한 경우에는 수정 신고일이 속하는 달의 말일부터 9개월 이내이다. 기한 후 신고일이 속하는 달의 말일부터 상속세는 9개월 이내이다. 고지에 의한 납부의 경우 납세고지서에 의한 납부기한이 경과한 날부터 14일 이내에 신청인에게 그 허가 여부를 서면으로 통지한다. 연부연납 분납세액의 물납을 신청한 경우에도 신청을 받은 날부터 14일 이내 허가 여부를 서면으로 통지한다.

물납 신청한 재산의 평가 등에 소요되는 시일을 감안하여 물납허가 기간을 연장하여야 하는 경우에는 그 기간 연장에 관한 서면을 통지하고, 1회 30일의 범위 내에서 연장할 수 있다. 이 경우 서면 발송을 하지 않은 경우에는 허가한 것으로 본다.

재산을 분할하여 물납해야 하는 경우에는 물납신청재산의 가액이 분할 전보다 감소되지 않는 경우에만 물납이 허가된다.

☞ 집행기준 73-70-1

물납 신청 및 허가통지 기한

상속세 물납신청대상	신청기한	허가통지기한
과세표준 신고 시 납부할 세액	신고기한 이내	신고기한부터 9개월
기한 후 신고 시 납부할 세액	기한 후 신고 시 (결정통지 전)	기한 후 신고일이 속하는 달의 말일부터 9개월
신고 후 무납부에 대한 고지세액 무신고자나 미달신고자의 신고세액을 초과한 고지세액	고지서상 납부기한	납부기한 경과일부터 14일
연부연납 첫회분 분납세액	분납세액 납부기한 30일 전	신청일부터 14일

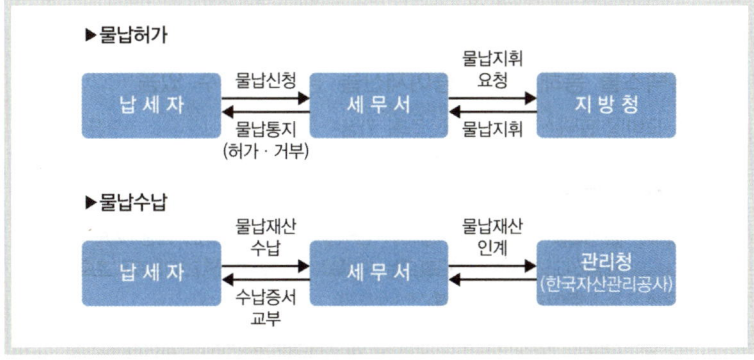

② 물납에 충당가능한 부동산과 유가증권은 무엇인가요?

부동산의 경우에는 국내에 소재하는 부동산에 한하여 물납 충당이 가능하다. 유가증권의 경우에는 국채·공채·주권 및 내국법인이 발행한 채권 또는 증권이 가능하다. 「자본시장과 금융투자업에 관한 법률」에 따른 신탁업자가 발행하는 수익증권, 집합투자증권, 종합금융회사가 발행하는 수익증권 또한 물납 충당이 가능하다. 다만 일반적으로 한국거래소에 상장된 유가증권과 비상장주식은 물납할 수 없다. 하지만 이 경우에도 최초로 한국거래소에서 상장되어 물납허가통지서 발송일 전일 현재 「자본시장과 금융투자업에 관한 법률」에 따라 처분이 제한된 경우에는 물납으로 충당 가능하다. 비상장주식의 경우에도 상속세로서 그 밖의 다른 상속재산이 없거나 선순위 상속재산으로 상속세 물납에 충당하더라도 부족하면 물납이 가능하다. 상속세 납부세액에서 상속세 과세가액을 차감한 금액을 한도로 물납이 가능하다. ☞ 집행기준 73-70-2

집행기준 73-70-2
물납에 충당가능한 부동산과 유가증권의 범위

구 분	물납에 충당 가능한 재산	물납충당 제외 재산
부동산	국내에 소재하는 부동산	• 한국거래소에 상장된 유가증권 다만, 최초로 거래소에 상장되어 물납허가통지서 발송일 전일 현재 「자본시장과 금융투자업에 관한 법률」에 따라 처분이 제한된 경우에는 제외하지 않음 • 비상장주식 다만, 비상장주식 외 상속재산으로 상속세 물납에 충당하더라도 부족하면 가능하나, 상속세 납부세액에서 상속세 과세가액을 차감한 금액을 한도로 가능함
유가증권	국채 · 공채 · 주권	
	내국법인이 발행한 채권 또는 증권	
	신탁업자가 발행하는 수익증권	
	집합투자증권	
	종합금융회사가 발행하는 수익증권	

③ 물납재산의 수납 어떻게 되나요?

❶ 납세지 관할세무서장은 물납허가를 한 날부터 30일 이내의 범위에서 물납재산의 수납일을 지정하여야 한다. 물납재산의 분할 등의 사유로 기간 내 수납이 어렵다고 인정되는 경우에는 1회에 한하여 20일 범위 내에서 재지정할 수 있다. ❷ 물납재산의 수납일까지 수납이 이루어지지 않은 경우 물납허가는 그 효력을 상실한다. ☞ 집행기준 73-70-3

④ 관리·처분이 부적당한 재산의 물납에는 무엇이 있나요?

납세지 관할세무서장은 물납 신청을 받은 재산이 관리·처분이 부적당하다고 인정되는 경우에는 그 재산에 대한 물납 허가를 하지 않을 수 있다. 또는 관리·처분이 가능한 다른 물납 대상 재산으로 변경을 명할 수 있다.

1) 국내에 소재하는 부동산의 경우
❶ 지상권·지역권·전세권·저당권 등 재산권이 설정된 경우
❷ 물납신청한 토지와 그 지상건물의 소유자가 다른 경우
❸ 토지의 일부에 묘지가 있는 경우
❹ 건축허가를 받지 아니하고 건축된 건축물 및 그 부수토지
❺ 소유권이 공유로 설정된 재산

❻ ❹ 및 ❺와 유사한 것으로서 국세청장이 인정하는 것은 관리처분이 부적당한 재산

2) 유가증권의 경우
❶ 유가증권을 발행한 회사가 폐업 등으로 사업자등록을 말소한 경우
❷ 유가증권을 발행한 회사가 해산 사유가 발생하거나 회생절차 중에 있는 경우
❸ 유가증권을 발행한 회사의 물납신청일 전 2년 이내 또는 물납신청일 전 2년 이내 또는 물납신청 시부터 허가 시까지의 기간이 속하는 사업연도에 결손금이 발생한 경우
(다만, 납세지 관할세무서장 한국자산관리공사와 공동으로 물납 재산의 적정성을 조사하여 물납을 허용하는 경우는 관리·처분이 부적당한 재산에서 제외한다)
❹ 유가증권을 발행한 회사가 물납신청일 전 2년 이내 또는 물납신청일로부터 허가일까지의 기간이 속하는 사업연도에 회계감사 대상임에도 불구하고 감사인의 감사보고서가 작성되지 않은 경우
❺ 「자본시장과 금융투자업에 관한 법률」에 따라 상장폐지된 경우의 해당 주식
❻ ❺와 유사한 것으로서 국세청장이 인정하는 것은 그 재산에 대하여 물납 허가를 하지 않거나 다른 물납대상 재산으로 변경을 명할 수 있다.

☞ 집행기준 73-71-1

⑤ 물납재산을 변경하는 경우에는 어떻게 하나요?

❶ 관리·처분이 부적당하여 물납재산의 변경을 통보받은 경우 통보를 받은 날부터 20일 이내에 상속받은 재산 중 물납에 충당하고자 하는 다른 재산의 명세를 첨부하여 납세지 관할세무서장에게 신청하여야 한다. 납세의무자가 국외에 주소를 둔 때에는 통보를 받은 날부터 3개월 이내에 상속 재산 중 물납에 충당하고자 하는 다른 재산의 명세서를 첨부하여 납세지 관할세무서장에게 신청하여야 한다.

❷ 이 경우 변경신청 기간 내에 신청이 없는 경우에는 당해 물납의 신청은 그 효력을 상실한다. 또한 ❸ 물납허가기간 내 물납 허가 후 물납재산의 수납일까지의 기간 중 관리·처분이 부적당하다고 인정되는 사유가 발견되는 때에는 다른 재산으로의 변경을 명할 수 있다.

☞ 집행기준 73-72-1

☑ 물납을 청구할 수 있는 세액의 한도

물납을 청구할 수 있는 세액은 한도가 적용된다. ❶ 상속세 납부세액 중 현금화가 용이한 금융재산과 상장유가증권가액을 초과하는 금액을 한도로 물납신청이 가능하다. 금융재산은 금융채무를 차감한 순금융금액을 말한다. 물납제도의 목적이 현금화가 어려운 상속재산으로 상속세 납부하는 것이 용이하지 않은 경우를 지원하기 위한 취지이기 때문이다.

상속재산가액은 상속재산에 가산하는 증여재산 중 상속인 및 수유자가 받은 증여재산을 포함하여 상속재산가액을 정한다.

❷ 상속재산 중 부동산 및 유가증권의 가액에 대한 상속세 납부세액을 물납을 청구할 수 있는 세액의 한도로 한다. 이때 유가증권은 상장주식과 비상장주식을 제외하되 상장주식의 경우 최초로 거래소에 상장되어 물납허가통지서 발송일 현재 「자본시장과 금융투자업에 관한 법률」에 따라 처분이 제한된 경우는 포함하고 비상장주식 외 상속재산이 없거나 다른 상속재산으로 상속세 물납에 충당하더라도 부족한 경우에는 비상장 주식을 포함한다.

☞ 집행기준 73-73-1

물납한도 = Min[①, ②]

① 상속세 납부세액 × $\dfrac{\text{부동산} + \text{유가증권의 가액}}{\text{상속재산가액}^*}$

* 상증법 제13조에 따라 상속재산에 가산하는 증여재산 중 상속인 및 수유자가 받은 증여재산을 포함

② 상속세 납부세액 - 순금융재산가액 - 상장유가증권가액(처분제한주식은 제외)

☑ 물납에 충당하는 재산의 순서

물납에 충당하는 재산은 일반적으로 ❶ 국채 및 공채, ❷ 물납충당이 가능한 한국거래소에 상장된 유가증권, ❸ 상속인이 거주하는 주택 및 그 부수토지를 제외한 국내 소재 부동산, ❹ '❶, ❷, ❺'를 제외한 유가증권, ❺ 물납충당이 가능한 비상장주식 등, ❻ 상속개시일 현재 상속인이 거주하는 주택 및 부수토지 순서에 따라 신청 및 허가된다. ☞ 집행기준 73-74-71

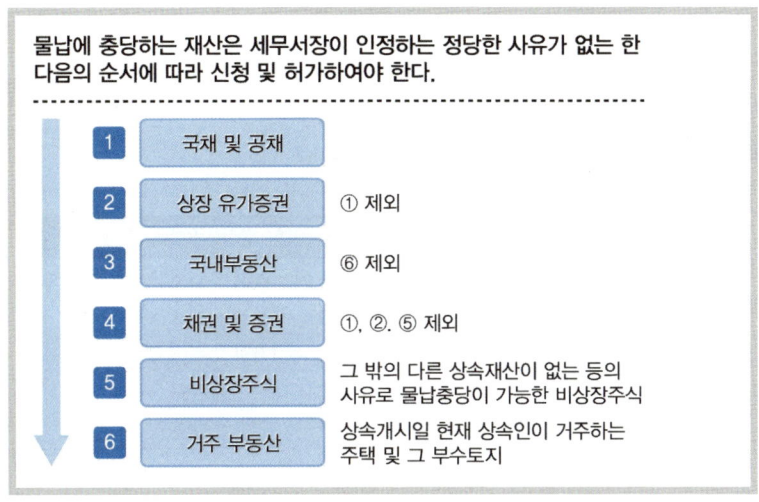

Q6 물납에 충당할 재산의 수납가액은 어떻게 결정되나요?

물납에 충당할 부동산 및 유가증권의 수납가액은 원칙적으로 상속재산의 평가가액으로 한다. 또한, 물납에 충당할 주식의 수납가액은 원칙적으로 상속재산 평가가액으로 한다. 다만, 상속개시일부터 수납일까지의 기간 중에 증자 또는 감자가 있는 경우에는 주식 수의 변동에 따라 1주당 가치가 변동하기 때문에 수납가액을 조정하여 조정 후의 1주당 가액을 기준으로 수납하여야 한다. 이 경우에도 「자본시장과 금융투자업에 관한 법률」에 따라 공모 증자하는 경우이거나, 특별법에 따라 증자하는 경우의 신주발행 시에는 재계산하지 않고 과세표준 결정 당시의 상속재산가액 평가액으로

수납한다. ☞ 집행기준 73-75-1

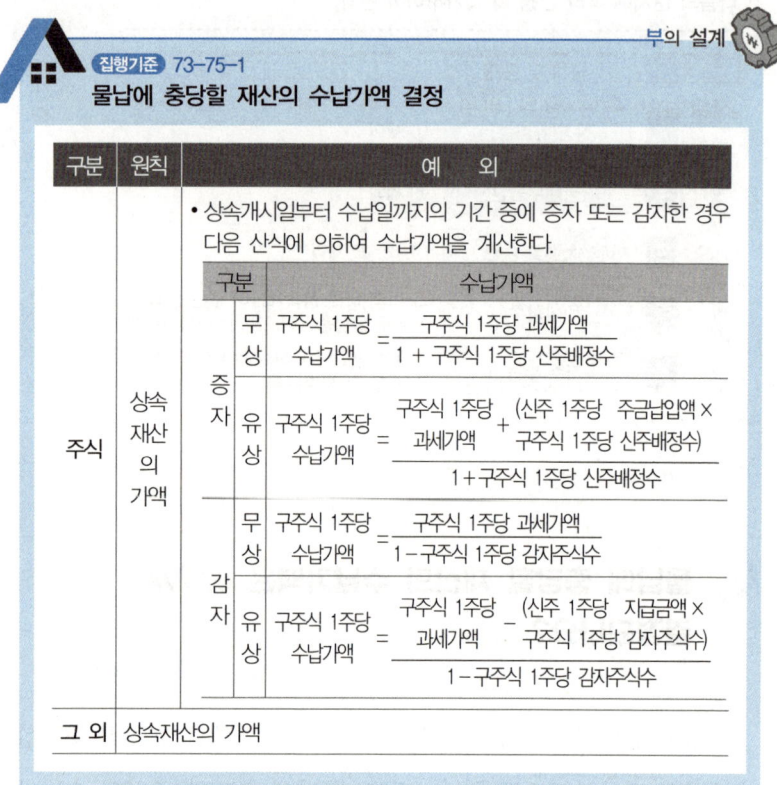

집행기준 73-75-1
물납에 충당할 재산의 수납가액 결정

구분	원칙	예외
주식	상속재산의 가액	• 상속개시일부터 수납일까지의 기간 중에 증자 또는 감자한 경우 다음 산식에 의하여 수납가액을 계산한다. 증자 무상: 구주식 1주당 수납가액 = 구주식 1주당 과세가액 / (1 + 구주식 1주당 신주배정수) 증자 유상: 구주식 1주당 수납가액 = (구주식 1주당 과세가액 + (신주 1주당 주금납입액 × 구주식 1주당 신주배정수)) / (1 + 구주식 1주당 신주배정수) 감자 무상: 구주식 1주당 수납가액 = 구주식 1주당 과세가액 / (1 - 구주식 1주당 감자주식수) 감자 유상: 구주식 1주당 수납가액 = (구주식 1주당 과세가액 - (신주 1주당 지급금액 × 구주식 1주당 감자주식수)) / (1 - 구주식 1주당 감자주식수)
그 외	상속재산의 가액	

⑦ 특수한 경우의 물납에 충당하는 수납가액은 어떻게 되나요?

["상속세의 연부연납기간 중 분납세액에 대하여 물납에 충당하는 주식가액이 하락한 경우 수납가액은 어떻게 결정될까요?"]

☑ 유가증권 가액이 30% 이상 하락한 경우 수납가액의 결정

연부연납세액을 물납하거나 물납재산인 유가증권의 가액이 현저히 하락한 경우에는 시가 또는 보충적 평가방법에 따라 허가통지서 발송일 전일 가격으로 수납가액을 결정한다. 이는 물납재산인 유가증권의 가액이 30% 이상 현저히 하락한 경우에는 물납 당시 평가가액으로 수납하여 물납재산의 가격 하락에 따른 국고손실을 줄이기 위함이다.

☑ 기타 물납에 충당하는 수납가액의 결정 요건

❶ 연부연납기간 중 각 회분의 분납세액에 대하여 물납하는 경우
❷ 평가기준일부터 물납허가통지서 발송일 전일까지의 기간 중 정당한 사유 없이 다음 어느 하나에 해당하는 사유로 유가증권의 가액이 평가기준일 현재의 상속재산의 가액에 비해 30% 이상 하락한 경우

유가증권의 가액이 30% 이상 현저히 하락한 경우란
가. 물납기간 중 유가증권을 발행한 회사가 합병 또는 분할하는 경우
나. 물납기간 중 유가증권을 발행한 회사가 주요 재산을 처분하는 경우
다. 물납기간 중 유가증권을 발행한 회사의 배당금이 물납을 신청하기 직전 사업연도의 배당금에 비하여 증가한 경우

☑ 수납가액

❶ 시가에 따라 상속세 과세가액을 산정한 경우에는 물납허가통지서 발송일 전일 시가로 평가한 가액으로 한다.

❷ 보충적 평가방법에 따라 상속세 과세가액을 산정하는 경우에는 물납허가통지서 발송일 전일 보충적 평가방법과 동일한 방법으로 평가한 가액으로 한다. ☞ 집행기준 73-75-2

⑧ 국가등록문화유산을 보유한 법인의 비상장주식을 상속받은 경우 문화유산자료는 징수유예 될까요?

["아버지는 비상장법인인 A법인 주식을 보유하고 있으며, A법인은 국가등록문화유산에 해당하는 자산을 보유하고 있습니다. 국가등록문화유산을 보유한 비상장법인 주식을 상속받은 경우 상속세 징수유예 가능할까요?"]

사례에서 국가등록문화유산 보유법인 주식을 상속하는 경우에도 문화유산가액 상당의 주식평가액에 대하여 상속세 징수유예가 가능하다. 상속세가 징수유예 되는 국가등록문화유산을 보유하고 있는 비상장법인의 주식을 상속받은 경우에는 문화유산자료 등에 대한 상속세의 징수유예가 가능하다는 국세청 해석이 있다.[11]

---

11) 상증, 서면-2022-법규재산-1453 [법규과-2132], 2022.7.18.
    다음 산식에 의해 계산한 가액을 같은 규정에 따른 징수유예 대상 상속재산 가액으로 보아 상증령 제76조 제1항을 적용한다.

✅ 문화유산자료 등 징수유예 요건

상속 또는 증여재산에 문화유산자료나 박물관자료가 포함되어 있는 경우 납세지 관할세무서장은 그 재산가액에 상당하는 세액의 징수를 유예한다.

✅ 상속세의 경우 요건

❶ 문화유산자료 또는 등록문화유산과 해당 문화유산 또는 문화유산자료가 속하여 있는 보호구역 안의 토지
❷ 박물관자료, 미술관자료, 박물관 또는 미술관에 전시 또는 보관 중인 재산
❸ 박물관 또는 미술관자료를 상속세 과세표준 신고기한 이내에 박물관 또는 미술관에 전시하거나 보존하는 경우
❹ 상속세 과세표준 신고기한까지 박물관을 설립하여 박물관자료를 전시·보존하는 경우 법령상 또는 행정상 이유로 지연 시 사유 종료일로부터 6개월 이내 해당하면 징수를 유예한다.

✅ 증여재산의 경우 요건

증여재산 중 박물관자료, 미술관자료, 박물관 또는 미술관에 전시 중이거나 보존 중인 재산이 포함되어 있는 경우 그 재산가액에 상당하는 세액의 징수를 유예한다.

- 다 음 -
비상장법인의 1주당 평가액 × (국가등록문화재가액 ÷ 비상장법인의 순자산가액) × 상속인이 상속받은 주식 수

☑ 징수유예액 계산방식

징수유예세액은 상속세 또는 증여세 산출세액에서 상속 또는 증여세 가액 중 문화유산자료 등 박물관자료의 합계액에 상당하는 가액이다.

$$징수유예액 = 상속세 \ 또는 \ 증여세 \ 산출세액 \times \frac{(문화유산자료 \ 등 + 박물관자료)가액}{상속 \ 또는 \ 증여재산 \ 가액}$$

☑ 징수유예 추징 사유

❶ 문화유산자료나 박물관자료를 상속 또는 증여받은 자가 유상 양도하는 경우
❷ 박물관 또는 미술관의 등록취소, 폐관, 박물관 또는 미술관자료에서 제외되는 사유로 인하여 박물관자료를 인출하는 경우에는 징수유예가 취소되고 세액이 추징된다.

☑ 징수유예 담보 제공

문화유산자료 등에 대한 징수유예를 하기 위하여 징수유예할 상속세 또는 증여세에 상당하는 담보를 제공하여야 한다.
☞ 집행기준 74-76-1

☑ 징수유예한 세액의 부과철회

징수유예 기간에 문화유산자료나 박물관자료를 소유하고 있는 자의 사망으로 상속이 개시되는 경우에는 그 징수유예한 상속세 또는 증여세의 부과결정을 부과철회하고 그 철회한 세액을 다시

부과하지 않는다. ☞ 집행기준 74-76-2

 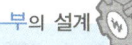

집행기준 74-76-1
문화유산자료 등에 대한 징수유예

상속 또는 증여재산에 문화유산자료나 박물관자료가 포함되어 있는 경우 납세지 관할 세무서장은 상속세 또는 증여세 중 그 재산가액에 상당하는 세액의 징수를 유예한다.

구 분	상속세	증여세
요건	상속재산 중 다음 어느 하나에 해당하는 재산이 포함되어 있는 경우 ① 문화유산자료 및 등록문화유산과 해당 문화유산 또는 문화유산자료가 속하여 있는 보호구역 안의 토지 ② 박물관자료, 미술관자료, 박물관 또는 미술관에 전시 또는 보존 중인 재산 ③ 박물관 또는 미술관자료를 상속세 과세표준 신고기한 이내에 박물관 또는 미술관에 전시하거나 보존하는 경우 ④ 상속세 과세표준 신고기한까지 박물관을 설립하여 박물관자료를 전시·보존하는 경우(법령상 또는 행정상 사유로 지연 시 사유종료일부터 6개월 이내)	증여재산 중 박물관자료, 미술관자료, 박물관 또는 미술관에 전시중이거나 보존 중인 재산이 포함되어 있는 경우
징수 유예액	상속세 또는 증여세 산출세액 × $\dfrac{(문화유산자료\ 등 + 박물관자료)가액}{상속\ 또는\ 증여재산\ 가액}$	
추징 사유	• 문화유산자료나 박물관자료를 상속 또는 증여받은 자가 유상으로 양도하는 경우 • 박물관 또는 미술관의 등록취소, 폐관, 박물관 또는 미술관자료에서 제외되는 사유로 인해 박물관자료를 인출하는 경우	
담보 제공	징수유예할 상속세 또는 증여세에 상당하는 담보 제공	

집행기준 74-76-2
징수유예한 세액의 부과철회

징수유예의 기간에 문화유산자료나 박물관자료를 소유하고 있는 자의 사망으로 상속이 개시되는 경우에는 그 징수유예한 상속세 또는 증여세의 부과결정을 철회하고 그 철회한 세액을 다시 부과하지 않는다.

4장 • 결정과 경정

상속세 또는 증여세의 세액은 신고하면 그대로 정해지나요?

["2022. 9. 7. 돌아가신 아버지의 상속세에 대하여 2023. 11. 1. 상속인인 어머니와 저에게 상속세 고지서가 왔습니다. 세무서에서 고지받은 후 법원에서 어머니께서 상속 포기한 사실이 판결되었는데 당초 세무서에서 어머니와 저에게로 고지된 사항이 어떻게 바뀌나요?"]

사례에서 이 경우 상속 포기한 어머니가 납부할 상속세는 취소하고 이를 상속지분에 따라 배분하여 고지한다. 따라서 법원의 판결에 의하여 상속인 중 1인이 상속을 포기한 사실이 확인되는 경우 당초 각 상속인에게 고지한 상속세 중 상속을 포기한 어머니가 납부하여야 할 상속세는 이를 취소하고, 취소한 상속세는 다른 상속인의 상속지분에 따라 배분하여 고지한다.

☑ 결정·경정

일반적으로 납세의무자가 신고한 세액은 과세관청에서 이를 검토하여 세법에 따라 적정하게 신고한 것으로 확인되면, 신고 내용에 따라 세액이 결정된다. '결정'이란 납세의무를 정부가 개별적으로 확정하는 것을 말한다. '경정'이란 당초 결정에 오류가 있어서 다시 고쳐 결정하는 처분을 말한다.

☑ 조사결정

신고하지 아니하거나 신고 내용에 탈루 또는 오류가 있어 조사한 내용과 다른 경우에는 조사된 내용으로 세액을 결정하고 추가 납부할 세액이 있으면 가산세를 가산하여 납세자에게 징수한다.

☑ 신고기한 전 결정사유

신고하기 전에 수시부과 사유에 해당하면 신고기한 전이라도 국세의 일실을 막기 위하여 수시로 상속세 또는 증여세를 과세관청에서 조기에 세액을 결정할 수 있다.

아래의 사유가 있을 때 신고기한 전 결정할 수 있다.
❶ 국세의 체납으로 체납처분을 받을 때
❷ 지방세 또는 공과금의 체납으로 체납처분을 받을 때
❸ 강제집행을 받을 때
❹ 「어음법」 및 「수표법」에 의한 어음교환소에서 거래정지처분을 받을 때

❺ 경매가 개시된 때

❻ 법인이 해산한 때

❼ 국세를 포탈하고자 하는 행위가 있다고 인정되는 때

❽ 납세관리인을 정하지 아니하고 국내에 주소 또는 거소를 두지 아니하게 된 때 ☞ 집행기준 76-0-1

Q1 신고 내용에 대해서는 정부가 얼마 만에 결정하나요?

☑ 신고 시 법정결정기한

세무서장 또는 지방국세청장은 법정신고기한 내 상속세 또는 증여세 신고를 받은 경우에는 그 신고를 받은 날부터 법정결정기한 이내에 과세표준과 세액을 결정하여야 한다.

❶ **상속** : 상속세 신고기한으로부터 9개월

❷ **증여** : 증여세 신고기한으로부터 6개월

조사 기간 등의 사유로 그 기간 이내에 결정할 수 없는 경우에는 그 사유를 상속인 또는 수유자에게 통지하여야 한다. 다만, 법정결정기한 내에 결정하지 않고 부득이한 사유로 통지하지 않더라도 법정결정기한의 종료일에 세액이 결정되는 것은 아니다. 결정기한은 납세자의 증여세 납부 의무 등을 조속히 확정하여야 한다는 취지의 훈시 규정으로 결정기간이 지나서 결정하더라도 가산세 적용을 제한하는 규정으로 해석할 수 없다.[12]

② 상속세 및 증여세를 신고하거나 고지받은 경우 경정 등의 청구 특례가 있나요?

☑ 일반적인 경정청구

상속세·증여세 과세표준을 신고한 자는 상속세·증여세 과세표준 및 세액의 결정 또는 경정을 청구할 수 있다. 이는 상속세·증여세 과세표준 및 세액을 결정·경정을 받은 자의 경우에도 동일하다.

일반적으로 과세표준 신고서를 법정신고기한 내에 제출한 자는 신고서에 기재된 세액이 세법에 따라 신고하여야 할 세액을 초과하는 때에는 최초신고 및 수정신고한 세액의 결정 또는 경정을 법정신고기한이 지난 후 5년 이내에 관할세무서장에게 청구할 수 있다.

이 경우 결정 또는 경정으로 인하여 증가된 세액에 대하여는 해당 처분이 있음을 안 날부터 90일 이내에 경정을 청구할 수 있다. 처분이 있음을 안 날이라 함은 처분의 통지를 받은 때에는 그 받은 날을 말한다. 이 경우에도 법정신고기한이 지난 후 5년의 기간을 초과하지 않아야 한다.

☑ 상속세 경정청구 특례

상속세의 경우 세액을 신고하거나 고지서를 받은 자로서 아래의 경정 등의 청구사유가 발생한 경우 그 청구 사유발생일로부터 6개

---

12) 세무서장등이 법정결정기한 내에 결정을 하지 않고 부득이한 사유를 통지하지 않았다 하여 법정결정기한의 종료일에 과세표준과 세액이 결정된 것으로 보는 것은 아니다. (재산세과 -527, 2010.7.19.)

월 이내에 경정청구서를 제출하여 경정청구할 수 있다.

❶ 상속재산에 대하여 상속인 또는 그 외의 제3자와의 분쟁으로 인한 상속회복청구소송 또는 유류분반환청구소송의 확정판결이 있어 상속개시일 현재 상속인 간 상속재산가액의 변동이 있는 경우
❷ 상속개시 후 1년이 되는 날까지 상속재산이 수용·경매·공매되어 그 가액이 상속세과세가액보다 하락한 경우
❸ 할증평가하였으나, 상속개시 후 1년 내 주식을 일괄매각함으로써 최대주주 등의 주식 등에 해당되지 아니한 경우

☑ 증여세 경정청구 특례

증여세의 경우 경정청구를 하는 기간이 그 사유 발생일부터 3개월 내 경정청구를 허용하여 납세자의 세부담을 조기에 완화하도록 하였다.

1) 부동산 무상사용에 따른 증여

5년의 부동산 무상사용기간 중 아래의 사유로 해당 부동산을 무상으로 사용하지 않게 된 경우이다. 부동산 무상사용이익에 대한 증여세는 부동산 무상사용 개시시점에서 5년간 임대료 상당액을 선(先) 과세하는 규정이다.

❶ 5년 기간 이내에 부동산 소유자로부터 당해 부동산을 상속 또는 증여받는 경우

❷ 부동산 소유자가 사망하거나 당해 토지를 양도한 경우
❸ 부동산 무상사용자가 당해 부동산을 무상으로 사용하지 아니하게 된 경우

2) 금전무상대출이익에 대한 증여

대부기간 중에 대부자(채권자)로부터 해당 금전을 상속 또는 증여받거나, 아래의 사유의 경우에는 그 사유발생일로부터 3개월 내 경정청구를 허용한다.

❶ 해당 금전에 대한 채권자의 지위가 이전된 경우
❷ 금전대출자가 사망한 경우 등 이와 유사한 경우
❸ 금전을 무상으로 또는 적정이자율보다 낮은 이자율로 대출받은 자가 해당 금전을 무상으로 또는 적정 이율보다 낮은 이자율로 대출받지 아니하게 된 경우

3) 타인의 재산을 무상으로 담보로 제공에 대한 증여

무상으로 담보를 제공받아 대부받은 후 담보제공자로부터 해당 담보재산을 상속·증여받거나 다음의 사유로 무상 또는 적정이자율보다 낮은 이자율로 차입하지 않게 된 경우 사유발생일로부터 3개월 이내 증여세 경정청구를 허용한다.

• 담보제공자가 사망한 경우 및 이와 유사한 경우로 해당 재산을 담보로 사용하지 않게 된 경우

☞ **집행기준** 79-81-1

③ 상속세 및 증여세 조사 시 금융재산 일괄조회란 무엇인가요?

☑ 금융재산 일괄조회

상속세와 증여세 신고 시 많은 납세자가 궁금해하는 부분이 금융재산 일괄조회이다. 세무서에서는 상속세 및 증여세를 결정할 때 피상속인의 금융자산을 조회하여 신고 누락 여부를 검증하고 있으므로 신고할 때 누락되면 안 내도 될 가산세(무신고·과소신고 가산세 10~40%, 납부지연가산세 1일 0.022%)를 부담하게 된다. 따라서 피상속인의 금융거래를 잘 확인하여 안 내도 될 세금을 내는 일이 없도록 주의해야 한다.

❶ 일반적으로 국세청 또는 지방국세청장은 상속세 또는 증여세를 결정하거나 경정하기 위하여 조사하는 경우 은행·보험 등 금융기관에 납세자에 관한 계좌내역 등 금융기록을 일괄하여 조회할 수 있다.
　가. 직업, 연령, 재산 상태, 소득신고 상황 등을 볼 때 상속세나 증여세 탈루의 혐의가 없다고 인정되는 자
　나. 상속인, 피상속인 또는 증여자 및 수증자

❷ 국세청장은 금융기관의 장에게 과세표준을 조회할 때에는 피상속인 등의 인적사항, 사용목적, 요구하는 자료 등의 내용을 적은 문서로 금융기관에 요구하여야 한다.

☞ 집행기준 83-0-1

금융기관은 관련 금융자료를 국세청에 회신한다. 과세관청은 해당 내용을 상세히 분석하여 납세자의 신고오류 또는 누락된 내용을 파악한다.

부록

❶ 상속세 및 증여세 신고도움 정보
❷ 상속세 및 증여세 일반서식
❸ 상증법상 특수관계인

알수록 돈이 되는
부의 설계

부록 １

상속세 및 증여세 신고도움 정보

Ⅰ. 상속신고 시 재산조회 통합처리 신청(안심상속) 이용 방법

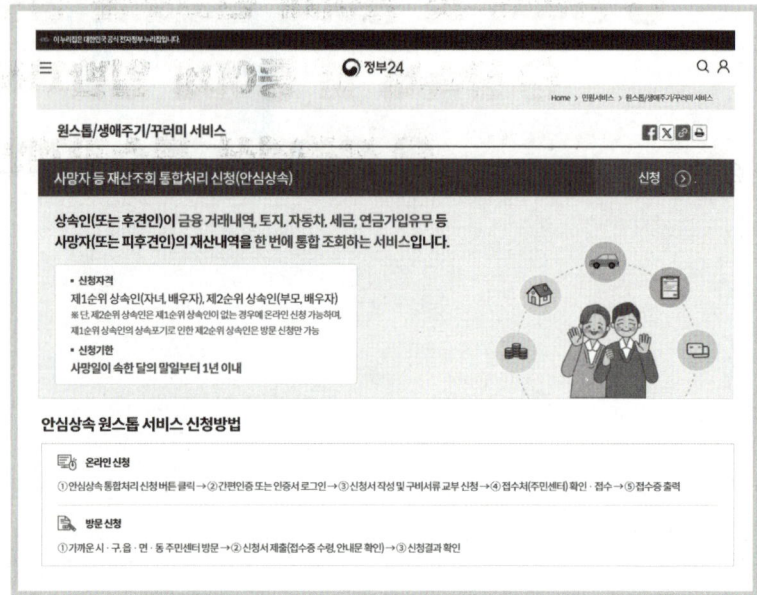

1. 안심상속 원스톱서비스란?

상속인 등이 피상속인(사망자, 피성년후견인, 실종자)의 금융재산 및 채무 등을 확인하려면 여러 금융회사를 일일이 방문하여야 하는데 이에 따른 시간적·경제적 어려움을 덜어주기 위하여 금융감독원에서 조회 신청을 받아 각 금융회사에 대한 피상속인의 재산 조회를 시·구,

읍·면·동에서 한 번에 통합 신청하여 확인할 수 있는 서비스

2. 안심상속 원스톱서비스 신청기한

사망일이 속한 달의 말일부터 1년 이내

3. 안심상속 원스톱서비스 신청절차

1) 온라인 신청 자격

: 제1순위 상속인(자녀, 배우자), 제2순위 상속인(부모, 배우자)만 가능

※ 단, 제2순위 상속인은 제1순위 상속인이 없는 경우에 온라인 신청 가능하며, 제1순위 상속인의 상속포기로 인한 제2순위 상속인은 시·구, 읍·면·동에서 방문 신청만 가능

2) 온라인 신청 방법

정부24 홈페이지에서 신청할 수 있음.

◆ 신청경로
정부24(https://www.gov.kr) 접속 > 간편인증 또는 인증서 로그인 > 민원서비스 > 원스톱 서비스 > 안심상속

① 안심상속 통합처리 신청 버튼 클릭 → ② 간편인증 또는 인증서 로그인 → ③ 신청서 작성 및 구비서류 교부 신청 → ④ 접수처(주민센터) 확인·접수 → ⑤ 접수증 출력

3) 방문 신청

① 가까운 시·구, 읍·면·동 주민센터 방문 → ② 신청서 제출(접수증 수령, 안내문 확인) → ③ 신청결과 확인

4. 안심상속 원스톱서비스 정보제공내용

- ☑ 금융내역(예금 · 보험 · 대출 · 증권 등)
- ☑ 토지 · 건축물 · 자동차(이륜차 · 건설기계 포함)
- ☑ 어선
- ☑ 세금(체납액 · 고지세액 · 환급액)
- ☑ 4대 사회보험료(건강보험 · 국민연금 · 고용보험 · 산재보험)
- ☑ 연금(국민 · 공무원 · 사학 · 군인 · 근로복지공단 퇴직연금)
- ☑ 공제회(건설근로자 · 군인 · 과학기술인 · 한국교직원 · 대한지방행정공제회) 가입유무
- ☑ 소상공인정책자금 대출여부

5. 안심상속 원스톱서비스 신청서 제출 시 준비서류
   (사망자 재산조회 신청 시)

- ☑ 상속인의 실명확인증표(주민등록증, 여권 등)
- ☑ 사망자의 사망사실(사망일자 포함)이 기재된 기본증명서 또는 사망진단서(사체검안서)
- ☑ 가족관계증명서(사망자 기준으로 신청일 현재 3개월 이내 발급분)

* 실종선고, 성년후견 · 한정후견 선고, 상속재산관리인선임에 의한 신청 시 필요한 서류 : 후견등기사항전부증명서 또는 성년(한정)후견개시심판문 및 확정증명원

6. 조회결과 확인방법

- 금융 : 문자메시지(SNS) 통보 또는 금융감독원 홈페이지(www.fss.or.kr) 확인
- 4대사회보험료 : 카카오 알림톡(문자) 통보 또는 국민건강보험공단 홈페이지(www.nhis.or.kr) 확인
- 국세 : 문자메시지(SNS) 통보 또는 국세청 홈택스 홈페이지(www.hometax.go.kr) 확인
- 토지·지방세 : 문자·우편·방문 중 선택(Fax통지 불가)
- 자동차·건축물·어선 : 접수처에서 즉시 확인(온라인 신청 시 우편·방문 중 선택)
- 국민연금 : 문자메시지(SNS) 통보 또는 국민연금공단 홈페이지(www.nps.go.kr) 확인
- 공무원연금 : 문자메시지(SNS) 통보
- 사학연금 : 문자메시지(SNS) 통보
- 군인연금 : 문자메시지(SNS) 통보
- 건설근로자퇴직공제금 : 문자메시지(SNS) 통보 또는 건설근로자공제회 홈페이지(www.cwma.or.kr) 확인
- 대한지방행정공제회 : 문자메시지(SNS) 통보
- 군인공제회 : 문자메시지(SMS) 통보
- 과학기술인공제회 : 문자메시지(SMS) 통보
- 한국교직원공제회 : 문자메시지(SMS) 통보
- 근로복지공단 : 문자메시지(SMS) 통보 또는 근로복지공단 퇴직연금 홈페이지(pension.kcomwel.or.kr) 확인
- 소상공인시장진흥공단 정책자금대출 내역 : 문자메시지(SMS) 통보 또는 소상공인 정책자금 홈페이지(ols.sbiz.or.kr) 확인 및 담당자 문의[1)]

---

1) 정부24 홈페이지(https://www.gov.kr) 사망자 및 피후견인 재산조회 통합처리 신청(안심상속) 참조

II. 국세청 홈택스에서 상속세 및 증여세 신고 도움자료 이용방법

1. 상속세 합산대상 사전증여재산 정보 조회방법

○ 상속세 과세표준 신고기한 만료 14일 전까지 신청한 대표상속인에게 홈택스를 통해 피상속인의 사전증여재산을 제공

　* 대표상속인 : 상속인 모두의 동의를 받아 상속세 합산대상 사전증여재산 확인 신청을 한 자

- **(신청경로)** 상속세 합산대상 사전증여재산 제공 이용 신청서를 서면 제출하거나 홈택스를 통해 신청

> ◆ 화면경로
> 　* 홈택스(www.hometax.go.kr) 접속 > 간편인증 또는 인증서 로그인 > 세금신고 > 상속세신고 > 신고도움자료조회 > 상속재산 및 사전증여재산 조회

- **(제공대상)** 대표 상속인
- **(이용권한)** 공인인증서로 로그인한 홈택스 가입 회원
　* 비회원도 공인인증서를 이용하여 본인 확인 후 서비스 이용 가능

○ 정보제공 범위
- **(일반 증여재산)** 상속개시일 전 10년(상속인 외 5년) 이내 증여재산
- **(창업 자금·가업승계주식)** 기간 제한 없이 과거 모든 증여재산

○ 확인사항
- **(상속인 여부)** 가족관계등록부 및 대법원에서 수집된 가족관계 자료 등을 활용하여 피상속인과의 관계 확인하여 상속인 여부
- **(개인정보 동의)** 개인정보 미동의 시 정보제공 불가

○ (주의사항) 증여세 결정이 이루어지지 않은 재산은 제공되지 않으므로 실제 신고 시 누락하지 않도록 주의

2. 국세청 홈택스에서 증여세 전자신고 방법

○ 증여세 전자신고는 홈택스(hometax.go.kr)에서 신고서 작성·전송
  - **(화면경로)** 홈택스 ▶ 세금신고 ▶ 증여세 신고
  - **(이용시간)** 법정신고기간 중 매일 06:00~24:00

신고유형	비 고
(기본세율) 일반증여신고	확정신고, 기한후 신고, 수정신고, 파일변환 신고
(특례세율) 창업자금/가업승계증여신고	확정신고, 기한후 신고, 수정신고

*(증빙서류 제출) 전자신고 후 계약서 등 신고 관련 증빙서류를 PDF 파일형태로 온라인 제출

3. 증여세 결정정보 조회 방법

○ 홈택스를 통해 증여재산가액을 실시간으로 간편하게 제공
  - **(화면경로)** 홈택스 ▶ 세금신고 ▶ 증여세 신고 ▶ 신고 도움자료 조회 ▶ 증여세 결정정보 조회
  - **(제공대상)** 납세자 본인 및 수임 세무대리인
  - **(이용권한)** 공인인증서로 로그인한 홈택스 가입 회원
    * 비회원도 공인인증서를 이용하여 본인 확인 후 서비스 이용 가능

○ 정보제공 범위
  - **(일반 증여재산)** 최근 10년 이내 증여재산 및 기납부세액
  - **(창업 자금·가업승계주식)** 기간 제한 없이 과거 모든 창업자금·가업승계주식 및 기납부세액

○ (주의사항) 증여세 결정이 이루어지지 않은 재산은 제공되지 않음으로 실제 신고 시 누락하지 않도록 주의

4. 국세청 홈택스 상속·증여재산 스스로 평가하기 이용방법

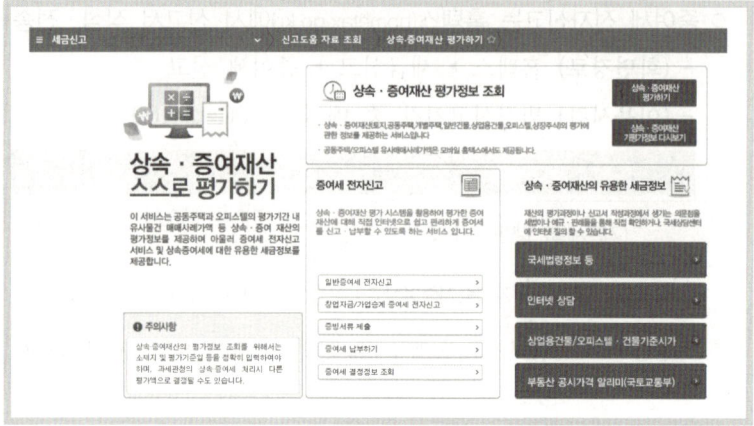

○ 홈택스를 통해 상속·증여재산을 평가해볼 수 있음

　＊ 모바일 홈택스를 통해서도 조회 가능

> ◆ 화면경로
> 　＊ 홈택스(www.hometax.go.kr) 접속 > 간편인증 또는 인증서 로그인 > 세금신고 > 상속세신고(또는 증여세신고) > 신고도움자료조회 > 상속·증여재산평가하기

- **(이용권한)** 공인인증서로 로그인한 홈택스 가입 회원

　＊ 비회원도 공인인증서를 이용하여 본인 확인 후 서비스 이용 가능

- **(재산평가정보조회)** 제공되는 재산평가정보 유형

　• 전국의 공동주택과 수도권(서울·경기·인천), 5대 지방광역시(부산·대구·광주·대전·울산) 및 세종특별자치시(2019년 고시부터) 소재 오피스텔의 유사재산 매매사례가액

　　＊ 매매계약일부터 D/B수록일까지 일정 시간이 소요됨에 따라 조회일 전 약 2개월 이내 유사재산 매매사례가액은 제공되지 않음

　• 토지·개별주택·일반건물의 기준시가 등 보충적 평가액

　• 상장주식의 평가기준일 이전·이후 2개월 종가평균액

- **(전자신고·납부 연계)** 상속·증여재산 스스로 평가하기에서 확인한 물건을 증여세 전자신고로 연계하여 신고·납부 가능

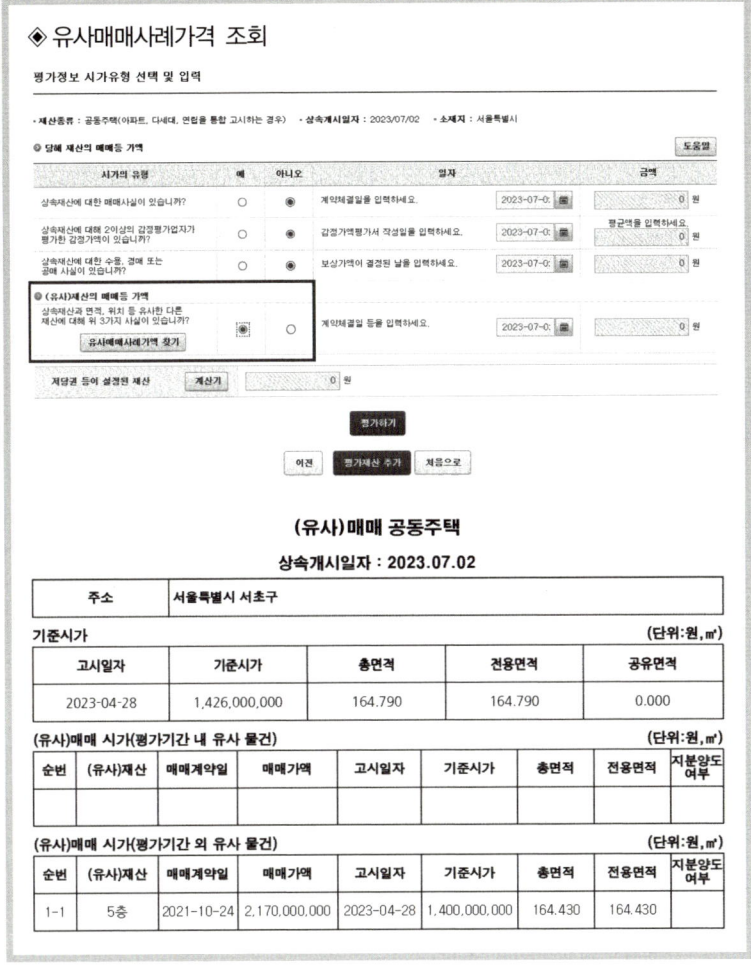

◆ 화면경로
  * 홈택스(www.hometax.go.kr) 접속 > 간편인증 또는 인증서 로그인 > 세금신고 > 상속세신고(또는 증여세신고) > 신고도움자료조회 > 상속·증여재산평가 하기 > 공동주택(또는 오피스텔)

◆ 유사매매사례가격 조회 시 주의점
- 유사매매사례는 동일 단지 내 전용면적과 기준시가 차이가 5% 이내
- 본 시스템은 매매로 거래된 공동주택과 수도권 및 지방 5대광역시 소재 오피스텔의 (유사)물건 매매사례에 대한 자료를 제공하고 있다. 지방소재(광역시 제외) 오피스텔은 일반건물 조회시스템을 이용
- 매매계약일이 증여등기접수일(상속개시일)과 가장 가까운 물건이 (유사)물건임. 다만, 2019.3.20. 이후 공동주택에 대한 상속·증여분부터는 평가대상주택과 공동주택가격 차이가 가장 작은 주택이 (유사)물건이니 유의
- (유사)재산이 공동소유인 경우, 등기부등본 등으로 매매가액을 반드시 확인

부록 ❷

상속세 및 증여세 일반서식[2]

상속세 신고 시 작성하여야 할 서류	◆ 필수 제출서류 1. 상속세과세표준신고 및 자진납부계산서 2. 상속세과세가액계산명세서(부표 1) 3. 상속인별 상속재산 및 평가명세서(부표 2) 4. 채무·공과금·장례비용 및 상속공제명세서(부표 3) 5. 배우자 상속공제 명세서(부표 3의 2) 6. 상속개시전 1(2)년 이내 처분재산·채무부담내역 및 사용처 소명명세서(부표 4)
증여세 신고 시 작성하여야 할 서류	◆ 기본세율 적용 증여재산 신고 1. 증여세과세표준신고 및 자진납부계산서(기본세율 적용 증여재산 신고용) 2. 증여재산 및 평가명세서(부표 1) 3. 채무사실 등 그 밖의 입증서류 ◆ 특례세율 적용 증여재산 신고 1. 증여세과세표준신고 및 자진납부계산서(창업자금 및 가업승계주식 등 특례세율 적용 증여재산 신고용) 2. 창업자금 증여재산평가 및 과세가액 계산명세서(부표 1) 또는 가업승계 주식 등 증여재산평가 및 과세가액 계산명세서(부표 2) 3. 창업자금 특례신청서 또는 주식 등 특례신청서 4. 채무사실 등 그 밖의 입증서류

---

2) 국세청 홈페이지(www.nts.go.kr) > 국세신고안내 > 개인신고안내 > 상속세(또는 증여세) > 「주요서식작성사례」를 인용하여 2024년 개정서식 반영하였으며, 2025.1.1. 이후 상속·증여 시 세율 등 개정 사항을 확인하기 바란다.

I. 상속세 과세표준 및 자진 납부계산서

■ 상속세 및 증여세법 시행규칙 [별지 제9호서식] 〈개정 2024. 3. 22.〉

관리번호 □-□

상속세과세표준신고 및 자진납부계산서

[ ]기한 내 신고, [ ]수정신고, [ ]기한 후 신고

※ 뒤쪽의 작성방법을 읽고 작성하시기 바랍니다.   (앞쪽)

신고인	① 성 명	나성실	② 주민등록번호	000000-0000000	③ 전자우편 주소	
	④ 주 소	서울 종로구 세종로 1, 세종아파트 101동 101호			⑤ 피상속인과의 관계	피상속인의 (배우자)
	⑥ 전화번호	(자 택) 02-0000-0000	(휴대전화) 010-0000-0000		⑤ 사후관리번호	N
피상속인	⑦ 성 명	김국세	⑧ 주민등록번호	000000-0000000	⑨ 거 주 구 분	[√] 거주자 [ ] 비거주자
	⑩ 주 소	서울 종로구 세종로 1, 세종아파트 101동 101호				
	⑪ 상속원인	[√] 사망 [ ] 실종 [ ] 인정사망 [ ] 기타			⑫ 상속개시일	2021.1.10.
세무대리인	⑬ 성 명	강세무	⑭ 사업자등록번호	000-00-0000	⑮ 관 리 번 호	0-00000
	⑯ 전화번호	(자 택) 02-0000-0000	(휴대전화) 010-0000-0000			

구 분	금 액	구 분		금 액
⑰ 상속세과세가액	1,880,000,000		유증 등 재산가액	-
⑱ 상속공제액	1,610,000,000	영리법인 면제	면제세액 (「상속세 및 증여세법」 제3조의2)	
⑲ 감정평가수수료	-		㉟ 면제분 납부세액(합계액)	
⑳ 과세표준 (⑰ - ⑱ - ⑲)	270,000,000	㊱ 공제·면제 후 납부할 세액 (⑳+㉕-㉖-㉗+㉛)		
		㊲ 가업상속 납부유예 세액		
㉑ 세율	20%	㊳ 신고불성실가산세		
		㊴ 납부지연가산세		
㉒ 산출세액	44,000,000	㊵ 납부할 세액(합계액) (㊱ - ㊲ + ㊳ + ㊴)		42,680,000
㉓ 세대생략가산액 (「상속세 및 증여세법」 제27조)	-	납부방법	납부·신청 일자	
㉔ 산출세액 (㉒ + ㉓)	44,000,000	㊶ 연부연납		
㉕ 이자상당액	-	㊷ 물납		
㉖ 문화재 등 징수유예세액		현금	㊸ 분납	
㉗ 계 (㉘ + ㉙ + ㉚ + ㉛ + ㉜)	1,320,000		㊹ 신고납부	42,680,000
세액공제	㉘ 증여세액공제	소계 (㉙ + ㉚)		「상속세 및 증여세법」 제67조 및 같은 법 시행령 제64조제1항에 따라 상속세의 과세가액 및 과세표준을 신고하며, 위 내용을 충분히 검토하였고 신고인이 알고 있는 사실 그대로 적었음을 확인합니다.

2021년 7월 31일

신 고 인   나 성 실 (서명 또는 인)

세무대리인은 조세전문자격자로서 위 신고서를 성실하고 공정하게 작성하였음을 확인합니다.

세무대리인   국세언니 (서명 또는 인)

세무서장 귀하 |
		㉙ 「상속세 및 증여세법」 제28조		
		㉚ 「조세특례제한법」 제30조의5 및 제30조의6		
	㉛ 외국납부세액공제 (「상속세 및 증여세법」 제29조)			
	㉜ 단기세액 공제 (「상속세 및 증여세법」 제30조)			
	㉝ 신고세액공제 (「상속세 및 증여세법」 제69조)		1,320,000	
	㉞ 그 밖의 공제			

신고인 제출서류	1. 상속세과세가액계산명세서(부표 1) 1부 2. 상속인별 상속재산 및 평가명세서(부표 2) 1부 3. 채무·공과금·장례비용 및 상속공제명세서(부표 3) 1부 4. 상속개시 전 1(2)년 이내 재산처분·채무부담 내역 및 사용처소명명세서(부표 4) 1부 5. 영리법인 상속세 면제 및 납부 명세서(부표 5) 1부	수수료 없음
담당공무원 확인사항	1. 주민등록표등본 2. 피상속인 및 상속인의 관계를 알 수 있는 가족관계등록부	

행정정보 공동이용 동의서

본인은 이 건 업무처리와 관련하여 담당 공무원이 「전자정부법」 제36조제1항에 따른 행정정보의 공동이용을 통하여 위의 담당 공무원 확인 사항을 확인하는 것에 동의합니다. * 동의하지 않는 경우에는 신고인이 직접 관련 서류를 제출해야 합니다.

신고인   (서명 또는 인)

210mm×297mm[백상지 80g/m²]

작성방법

1. "② 주민등록번호" 및 "⑧ 주민등록번호"란: 외국인은 외국인등록번호(외국인등록번호가 없는 경우 여권번호)를 적습니다.
2. "⑨ 거주구분"란: 거주자와 비거주자 중 ✔ 표시합니다.
   * "거주자" 및 "비거주자": 「상속세 및 증여세법」 제2조제8호의 구분에 따릅니다.
3. "⑤ 피상속인과의 관계"란: 상속인을 기준으로 적습니다. 예를 들면, 아버지가 사망하여 아들이 상속받는 경우에는 '자'로 적습니다.
4. "⑪ 상속원인"란: 사망, 실종, 인정사망, 기타 중 ✔ 표시합니다.
5. "⑫ 상속개시일"란: "⑪ 상속원인"이 실종인 경우에는 실종선고일, 그 외의 경우에는 사망일을 적습니다.
6. "⑬ 성명"부터 "⑯ 전화번호"란까지: 세무대리인이 기장한 경우 적습니다.
7. "⑰ 상속세과세가액"란: 상속세과세가액계산명세서(별지 제9호서식 부표 1)의 "㉙ 상속세과세가액"란의 금액을 옮겨 적습니다.
8. "⑱ 상속공제액"란: 채무ㆍ공과금ㆍ장례비용 및 상속공제명세서(별지 제9호서식 부표 3)의 "⑪ 상속공제금액합계"란의 금액을 옮겨 적습니다.
9. "㉑ 세율", "㉒ 산출세액"란: 상속세 세율표에 따라 세율을 적고 과세표준에 세율을 곱한 금액에서 누진공제액을 빼서 산출세액을 계산합니다.
   * 산출세액 = (과세표준 × 세율) − 누진공제액

〈상속세 세율표〉

과세표준	세율	누진공제액
1억원 이하	10%	0
1억원 초과 5억원 이하	20%	1,000만원
5억원 초과 10억원 이하	30%	6,000만원
10억원 초과 30억원 이하	40%	16,000만원
30억원 초과	50%	46,000만원

10. "㉓ 세대생략가산액"란: 「상속세 및 증여세법」 제27조에 따라 계산한 금액을 적습니다.
11. "㉕ 이자상당액"란: 「상속세 및 증여세법」 제18조의2제9항 및 제18조의3제7항에 따라 계산한 금액을 적습니다.
12. "㉖ 증여세액공제"란: 「상속세 및 증여세법」 제28조, 「조세특례제한법」 제30조의5 및 제30조의6에 따른 증여세액공제액을 구분하여 각각 적습니다.
13. "㉝ 면제분 납부세액"란: 상속세 납부의무를 면제받은 영리법인의 상속인 및 직계비속이 납부할 상속세액을 적습니다.
    ▶ "유증 등 재산가액"란: 영리법인이 유증받은 재산의 가액을 적습니다.
    ▶ "면제세액"란: 「상속세 및 증여세법」 제3조의2에 따라 그 영리법인이 유증받은 가액에 대하여 면제받은 상속세액을 적습니다.
14. "㉟ 가업상속 납부유예 세액"은 「상속세 및 증여세법」 제72조의2에 따라 "가업상속 납부유예 신청서 (별지 제12호의2서식)"를 제출한 경우 해당 금액을 적습니다.
15. "㊳ 신고불성실가산세" 및 "㊴ 납부지연가산세"란: 「국세기본법」 제47조, 제47조의2부터 제47조의5까지 및 제48조에 따라 부담할 가산세를 각각 적습니다.
16. "㊶ 연부연납"란: 「상속세 및 증여세법」 제71조에 따라 납부세액이 2천만원을 초과하는 경우에 한정하여 연부연납을 신청할 수 있으며 연부연납 신청세액과 신청일자를 적습니다. 이 경우 상속세(증여세) 연부연납 허가 신청서(별지 제11호서식)를 제출해야 합니다.
17. "㊷ 물납"란: 「상속세 및 증여세법」 제73조 및 제73조의2에 따라 물납을 신청하는 경우 물납 신청세액과 신청일자를 적습니다. 이 경우 상속세 물납(변경,철회)신청서(별지 제13호서식) 또는 문화재 물납(철회)신청서(별지 제14호의2서식)를 제출해야 합니다.
18. "㊸ 분납"란: 「상속세 및 증여세법」 제70조제2항에 따라 납부할 금액이 1천만원을 초과하는 경우 다음 구분에 따른 금액과 납부(예정)일자를 적습니다. 다만, 「상속세 및 증여세법」 제71조에 따라 연부연납을 허가받은 경우에는 분납을 신청할 수 없습니다.
    가. 납부할 세액이 2천만원 이하인 때: 1천만원을 초과하는 금액
    나. 납부할 세액이 2천만원을 초과하는 때: 그 세액의 100분의 50 이하의 금액
19. "㊹ 신고납부"란: 「상속세 및 증여세법」 제67조에 따라 상속세과세표준신고를 할 때 납부할 세액을 적습니다.

상속세과세가액계산명세서

(앞쪽)

관리번호	-	

■ 상속세 및 증여세법 시행규칙 [별지 제9호서식 부표 1] (개정 2024. 3. 22.)

※ 뒤쪽의 작성방법을 읽고 작성하시기 바랍니다.

가. 상속받은 총재산명세

① 재산구분 코 드	② 재산종류 코 드	③ 소재지	④ 사업자등록번호 (계좌번호, 지번)	⑤ 수 량 (면 적)	⑥ 단가	⑦ 평가가액	⑧ 평가기준 코드
A11	11	△△보험	XXX-XXXX-XXXX			100,000,000	06
A11	05	서울 중로 수송 행복아파트 1-101 외		대지: 25.5㎡ 2층: 87.3㎡		1,200,000,000	05
A11	11	○○은행	XXX-XXXX-XXXX			600,000,000	06
A13	06	상속개시 전 처분재산(■오피스텔)				200,000,000	01
A21	01	가산하는 증여재산가액(현금)				100,000,000	06
⑨ 계						2,200,000,000	

나. 상속세 과세가액 계산

총상속재산 가 액	⑩ 상 속 가 액		1,900,000,000
비과세 재산가액 (「상속세 및 증여세법」 제12조)	⑪ 상속개시 전 처분재산등 산입액(「상속세 및 증여세법」 제15조)		200,000,000
	⑫ 합 계		2,100,000,000
	⑬		0
과세가액 불산입액	⑭ 금양(禁養)임야등 가액 (「민법」 제1008조의3)		0
	⑮ 공 익 목 적 재 산 가 액		0
	⑯ 기 타		0
	⑰ 계		0
공제금액 (「상속세 및 증여세법」 제14조)	⑱ 공익법인 출연재산가액(「상속세 및 증여세법」 제16조)		0
	⑲ 공익신탁 재산가액(「상속세 및 증여세법」 제17조)		0
	⑳ 기 타		0
	㉑ 계		0
	㉒ 공 과 금		320,000,000
	㉓ 장 례 비		15,000,000
	㉔ 채 무		5,000,000
	㉕ 계 (㉒ + ㉓ + ㉔)		300,000,000
가산하는 증여재산가액	㉖ 「상 속 세 및 증 여 세 법」 제13조		100,000,000
	㉗ 「조 세 특 례 제 한 법」 제30조의5		0
	㉘ 「조 세 특 례 제 한 법」 제30조의6		0
상 속 세 과 세 가 액	㉙ (⑩ - ⑰ - ㉑ - ㉕ + ㉖)		1,880,000,000

210mm×297mm[백상지 80g/㎡]

(뒷쪽)

작성방법

1. ① 재산구분코드란: 아래의 재산구분에 해당하는 코드를 적습니다.

재산구분	상속재산 (상속인)	상속재산 (상속인 외) 사전증여	증여재산가산 (상속인) 사전재산	증여재산가산 (상속인 외)	증여재산가산 (상속인)	증여재산가산 (상속인 외)	증여재산기산 (증여증여)	비과세재산 (금양임야)	비과세재산 (공공단체 유증)	비과세재산 (기타)	과세가액불산입 (공익법인 출연재산)	과세가액불산입 (공익신탁재산)
코드	A11	A12	A13	A21	A22	A23	A24	B11	B12	B13	B21	B22

2. ② 재산종류코드란: 아래의 재산구분에 해당하는 코드를 적습니다.

재산구분	현금	토지 (순수토지)	토지 II [일반건물(07)의 부수토지]	개별주택 (부속토지 포함)	공동주택 (부속토지 포함)	오피스텔 · 상 업용건물 (부속토지 포함)	일반건물 (부속토지 제외)	부동산을 취득할 수 있는 권리	유가증권 (상장)	금융재산 (현금 · 유가증권 제외)	유가증권 (비상장)	기타재산*	가상자산	서화 · 골동품 등
코드	01	02	03	04	05	06	07	08	09	10	11	12	13	14

* 일반건물은 재산종류코드 04~06을 제외한 건물을 말합니다.
** 기타재산은 재산종류코드 01~11, 13 및 14를 제외한 재산을 말합니다.
*** 서화 · 골동품 등은 「상속세 및 증여세법 시행령」 제52조제2항제8호 가목에서 예술적 가치가 있는 유형재산을 말합니다.

3. ③ 소재지 · 법인명 등란: 재산의 소재지 또는 법인명을 적습니다. 국외재산의 경우 국외자산여부에 ✓ 표시하고 해당 국가명을 별도로 적으며, 소재지 · 법인명 등은 한글 또는 영문으로 적습니다. 부득이한 경우 해당 국가의 언어로 적습니다.
  가. 소재지 : 법인명 등란: 해당 물건의 소재지반(예: 세종특별자치시 국세청로 8-14)을 적고 주택(공동, 개별주택)의 경우 동, 호수를 같이 적습니다.
  나. 소재지를 적을 경우: 해당 물건의 소재지로 도로명주소 시행령」 제3조제2항제8호가목에서 예술적 가치가 있는 유형재산을 말합니다.

4. ④ 사업자등록번호(개채번호, 지분)란: ② 재산종류가 유가증권인 경우에는 해당 주식을 발행한 법인의 사업자등록번호를 적고, 금융재산인 경우에는 관련 계좌번호, 부동산인 경우에는 해당인의 지분(보유면적/총면적)을 적습니다.

5. ⑤ 평가기준코드란: 아래의 평가기준에 해당하는 코드를 적습니다.

평가기준	해당 재산의 매매가액 (「상속세 및 증여세법」 제63조)	해당 재산의 감정가액 (「상속세 및 증여세법」 제63조)	해당 재산의 수용보상가액 (「상속세 및 증여세법」 제63조)	해당 재산의 공매가액 (「상속세 및 증여세법」 제63조)	유사자산의 매매(감정)가액 (「상속세 및 증여세법」 제63조)	현금 기준 (「상속세 및 증여세법」 제63조)	자본시장법상평가액 (「상속세 및 증여세법」 제63조)	기준가 등 보충적평가액 (「상속세 및 증여세법」 제63조)
코드	01	02	03	04	05	06	07	08

6. ⑥ 상속재산가액란에는 본인의 상속재산분이 상속세 및 증여세 증여재산을 합산한 금액('상속세 및 증여세법」 제30조)까지의 상속개시일 현재의 금액)을 적습니다.

7. ⑦ 상속개시 전 처분재산 등 산입액란에는 상속개시 전 1/2이내 처분재산 · 채무부담액 및 사용처분명시원(「상속세 및 증여세법」 제15조)서 부표 3이 다. 추정상속재산기액 합계액만의 금액을 적습니다.

8. ⑧ 증과금란부터 ⑨ 채무란까지는 채무 · 공과금 · 장례비용 및 상속개시일세부(「상속세 및 증여세법」 제14조) 부표 3의 각 해당금액을 적습니다.

9. ⑨ 「조세특례제한법」 제30조의6란에는 증여 당시의 증여가액, 기업승계 주식의 증여재산 평가액을 적습니다.

210mm×297mm[백상지 80g/㎡]

(앞쪽)

상속인별 상속재산 및 평가명세서

■ 상속세 및 증여세법 시행규칙 [별지 제9호서식 부표 2] 〈개정 2024. 3. 22.〉

관리번호	-

※ 뒤쪽의 작성방법을 읽고 작성하시기 바랍니다.

가. 상속인별 상속현황

① 피상속인과의 관계	② 성	③ 주민등록번호	④ 주소	⑤ 법정상속지분	⑥ 법정상속가액	⑦ 실제상속지분율	⑧ 실제상속가액
배우자	나성실	000000-0000000	서울특별시 종로구 종로1길 1, 행복아파트 1동 101호	1.5/2.5	1,131,000,000	34.3%	720,000,000

나. 상속인별 상속재산명세

⑨ 재산구분	⑩ 재산종류	국외자산 국내재산 구분	⑪ 소재지·법명 등	⑫ 사업자등록번호 (계좌번호, 지분)	⑬ 수량 (면적)	⑭ 단가	⑮ 평가가액	⑯ 평가기준
A11	11	[✓]부	○○은행 ☆☆지점(계좌)	XXX-XXXX-XXXX			600,000,000	06
A13	06	[✓]부	상속개시 전 처분재산(■오피스텔)				120,000,000	01
A21	01	[✓]부	가산하는 증여재산가액(현금)				100,000,000	06
		[ ]여 [ ]부						
		[ ]여 [ ]부						
		[ ]여 [ ]부						
		[ ]여 [ ]부						
⑰ 상속재산가액							600,000,000	
⑱ 상속개시 전 처분재산 산입액							120,000,000	
비과세재산가액	⑲ 금양임야 등 가액							
	⑳ 공공단체 유증재산가액							
과세가액 불산입액	㉑ 공익법인 출연재산가액							
	㉒ 공익신탁재산가액							
	㉓ 기							
가산하는 증여재산가액	㉔ 상속세 및 증여세법, 제13조						100,000,000	
	㉕ 조세특례제한법, 제30조의5							
	㉖ 조세특례제한법, 제30조의6							
계	㉗ 합계						820,000,000	

210mm×297mm[백상지 80g/㎡]

■ 상속세 및 증여세 시행규칙 [별지 제9호서식 부표 2] <개정 2024. 3. 22.>

상속인별 상속재산 및 평가명세서

(앞쪽)

※ 뒤쪽의 작성방법을 읽고 작성하시기 바랍니다.

관리번호	-

가. 상속인별 상속현황

① 피상속인과의 관계	② 성 명	③ 주민등록번호	④ 주 소	⑤ 법정상속분	⑥ 법정상속가액	⑦ 실제상속분	⑧ 실제상속가액
계							1,380,000,000
자	김상속	000000-0000000	서울특별시 종로구 종로1길 1, 행복아파트 1동 101호	1.0/2.5	754,000,000	65.7%	1,380,000,000

나. 상속인별 상속재산명세

⑨ 재산구분코드	⑩ 재산종류코드	⑪ 소재지 · 법령 등	⑫ 사업자등록번호 (계좌번호·지분)	⑬ 수량 (면적)	⑭ 단가	⑮ 평가가액	⑯ 평가기준코드
A11	05	서울특별시 종로구 종로1길 1, 행복아파트 1동 101호 외		대지: 25.5㎡ 건물: 87.3㎡		1,200,000,000	05
A11	11	ㅁㅁ보험 △△지점(계좌: XX-XXXX-XX)	XXX-XXXX-XXXX			100,000,000	06
A13	06	상속개시 전 처분재산(■ 오피스텔)				80,000,000	01
⑰ 상 속 재 산 가 액						1,300,000,000	
⑱ 상속개시 전 처분재산 등 산입액						80,000,000	
⑲ 금양임야·공동단체 유증 재산가액						0	
⑳ 공익법인 출연재산가액						0	
㉑ 공익신탁 재산가액						0	
㉒ 과세가액 불산입액						0	
과세가액 불산입액	㉓「상속세 및 증여세법」제13조					0	
가산하는 증여재산가액	㉔「조세특례제한법」제30조의5					0	
	㉕「조세특례제한법」제30조의6					0	
㉖ 합계						1,380,000,000	

210mm×297mm[백상지 80g/㎡]

부 록 ❷ 상속세 및 증여세 일반서식   433

(뒤쪽)

작성방법

1. ⑪ 피상속인과의 관계란: 상속인을 기준으로 적습니다. (예시: 아버지가 사망하여 아들이 상속받는 경우 자로 표기합니다.)
2. ⑫ 법정상속지분율란: 해당 상속인의 지분율 중 상속인의 지분율로 나눈 비율(해당 상속인의 지분 ÷ 총상속지분)을 적습니다.
3. ⑬ 법정상속재산가액란: 상속세과세가액(상속재산가액+사전증여재산가액-부채 등)에 ⑫ 총상속재산가액 계산하여 합계액이 및 ⑫ 법정상속지분율을 곱하여 계산한 금액을 적습니다. 다만, ⑭ 실제상속재산가액이 아닌 수유자가 유증 등을 받은 재산가액은 서식의 ⑬ 비과세 재산가액 계, ⑭ 공과금 및 ⑮ 채무의 금액은 차감한 금액에 대해 적습니다.
4. ⑭ 실제상속지분율란: 해당 상속인의 협의분할에 의하여 취득한 재산가액의 ⑭ 실제상속재산가액으로 나눈 비율을 적습니다.
5. ⑮ 실제상속재산가액란: 상속인간의 협의분할에 의하여 해당 상속인이 실제 취득한 금액을 적고 협의분할한 서류를 첨부해야 합니다.
6. ⑯ 재산구분코드란: 아래의 재산구분에 해당하는 코드를 적습니다.

재산구분	상속재산 (상속인)	상속재산 (상속인 외)	상속개시전 처분재산	증여재산가산 (상속인)	증여재산가산 (상속인 외)	증여재산가산 (영리법인)	비과세재산가산 (가업승계)	비과세재산 (공익법인 외)	비과세세제 (공익단체 유증)	비과세세제 (기타)	금융재산 (예금·유가증권·채권)	유가증권 (비상장)	기타재산	과세가액불산입 (공익법인 출연재산)	과세가액불산입 (공익신탁재산)
코드	A11	A12	A13	A21	A22	A23	A24	B11	B12	B13	09	10	11	12	B21	B22

7. ⑰ 재산종류코드란: 아래의 재산구분에 해당하는 코드를 적습니다.

재산구분	현금	토지 I (순수토지)	토지 II (일반건물(07)의 부속토지)	개별주택	공동주택 (부속토지 포함)	오피스텔·상 업용건물 (부속토지 포함)	일반건물 (부속토지 제외)	부동산을 취득할 수 있는 권리	유가증권 (상장)	유가증권 (비상장)	금융자산 (예금·유가증권·채권)	기타재산	가상자산	서화·골동품 등
코드	01	02	03	04	05	06	07	08	09	10	11	12	13	14

* 일반건물 및 재산종류코드 04~06 유형을 재외한 건물을 말합니다.
** 기타재산은 재산종류코드 01~11, 13 및 14를 제외한 재산을 말합니다.
*** 서화·골동품 및 증여재산 시행령, 재도조례형태조를 및 거리조직형태조를 더욱이 예술적 가치가 있는 국외자산에부터의 √ 표시하고 해당 국가명을 별도로 적으며, 소재지, 법인명 등은 한글 또는 영문으로 적습니다.

8. ⑱ 소재지·법인명 등란: 재산의 소재지 또는 법인명 등을 적습니다. 국외자산의 경우 국외자산에부터의 √ 표시하고 해당 국가명을 별도로 적으며, 소재지, 법인명 등은 한글 또는 영문으로 적습니다.
   가. 소재지를 적을 경우: 해당 물건의 소재지번(예시: 세종특별자치시 국세청로 8-14)을 적습니다.
   나. 법인명 등을 적을 경우: 유가증권의 경우에는 해당 주식을 발행한 법인이 시외거래 활동에 보통주, 종속주 / 우선주) 관련 재판 경우 □△생명 △△명 / 우선주)의 경우 ㅁㅇ건설을 적습니다.

9. ⑲ 사전증여현황(가업변동, 지분)란: ⑭ 재산종류가 유가증권의 경우에는 해당 주식을 발행한 법인이 사회간접시설투자를 적고, 그 외의 경우에는 재산별(예시: 보통주인 경우 □△생명 △△명 / 우선주)의 경우 ㅁㅇ건설을 적습니다. 피상속인이 보유한 50% 지분을 상속한 5명이 각각 5분이씩 상속받은 경우 10%로 적음을 말합니다.

10. ⑳ 평가기준코드란: 아래의 평가기준에 해당하는 코드를 적습니다.

평가기준	해당 재산의 매매가액 (상속세 및 증여세법, 제60조)	해당 재산의 감정평가액 (상속세 및 증여세법, 제60조)	해당 재산의 수용보상가액 (상속세 및 증여세법, 제60조)	해당 재산의 경매공매가액 (상속세 및 증여세법, 제60조)	유사재산의 매매사례가액 (상속세 및 증여세법, 제60조)	해당 등 기타 (상속세 및 증여세법, 제60조)	저당권 등 평가특례가액 (상속세 및 증여세법, 제60조)	기준가 등 보충적 평가가액 (상속세 및 증여세법, 제60조)
코드	01	02	03	04	05	06	07	08

[별지 제9호서식 부표 3] <개정 2020. 3. 13.>

채무·공과금·장례비용 및 상속공제명세서

관리번호 □ - □

가. 채무

① 채무종류	② 차입기간		③ 성명 (상호)	④ 주민등록번호 (사업자등록번호)	⑤ 주소(소재지)	⑥ 금액
	발생 연월일	종료(예정) 연월일				
임대보증금	2020.1.1.	2021.12.31.	박전세	000000-0000000	서울특별시 종로구 종로1길 1, 행복아파트 1동 101호	300,000,000
						300,000,000

나. 공과금

⑧ 공과금종류코드	⑨ 연도별	⑩ 분기별	⑪ 금액
02	2020		15,000,000
⑫ 계			15,000,000

다. 장례비용

지급처		⑮ 지급내역	⑯ 금액
⑬ 주민등록번호 (사업자등록번호)	⑭ 성명(상호)		
000-00-00000	○○병원 장례식장	장례비용	5,000,000
⑰ 계			0

라. 상속공제

기초공제 및 그 밖의 인적공제	⑱ 기 초 공 제		200,000,000
	⑲ 자 녀 공 제		50,000,000
	⑳ 미 성 년 자 공 제		–
	㉑ 연 로 자 공 제		–
	㉒ 장 애 인 공 제		630,000,000
	㉓ 일 괄 공 제		0
추가상속공제	㉔ 가 업 상 속 공 제		0
	㉕ 영 농 상 속 공 제		0
㉖ 배 우 자 상 속 공 제			590,000,000
㉗ 금 융 재 산 상 속 공 제			140,000,000
㉘ 재 해 손 실 공 제			0
㉙ 동 거 주 택 상 속 공 제			0
㉚ 공 제 적 용 한 도 액			1,880,000,000
㉛ 상 속 공 제 금 액 합 계			1,610,000,000

신청(신고)인 제출서류	2. 채무부담 및 공과금·장례비·감정평가수수료 지급 입증서류

작성방법

1. 채무와 공과금은 상속개시 당시의 현황에 따라 적습니다.
2. "① 채무종류"란: 금융채무, 개인사채, 상가 임대보증금 등 채무의 종류를 적습니다.
3. "⑧ 공과금종류코드"란: 아래의 공과금종류구분에 해당하는 코드를 적습니다.

공과금종류	국세	지방세	공공요금	과태료/범칙금	회비	기타
코드	01	02	03	04	05	06

4. "㉖ 배우자상속공제"란: 배우자상속공제명세서(별지 제9호서식 부표 3의2)의 "⑮ 배우자 상속공제 금액"란의 금액을 옮겨 적습니다.

210mm×297mm[백상지 80g/㎡]

[별지 제9호서식 부표 3의2] 〈개정 2020. 3. 13.〉

| 관리번호 | - |

배우자 상속공제 명세서

가. 배우자가 실제 상속받은 금액

① 배우자가 상속받은 상속재산가액		600,000,000
② 배우자가 승계하기로 한 채무·공과금		10,000,000
③ 배우자가 상속받은 비과세 재산가액		-
④ 배우자가 실제 상속받은 금액(①-②-③)		590,000,000

나. 배우자 상속공제 한도액

상속 재산의 가액 (「상속세및증여세법 시행령」 제17조)	⑤ 총 상속재산가액	2,100,000,000
	⑥ 비과세되는 상속재산	-
	⑦ 공과금 및 채무	315,000,000
	⑧ 과세가액 불산입 재산	
	⑨ 상속재산의 가액(⑤-⑥-⑦-⑧)	1,785,000,000
⑩ 상속재산 중 상속인이 아닌 수유자가 유증 등을 받은 재산의 가액		-
⑪ 상속개시일 전 10년 이내에 피상속인이 상속인에게 증여한 재산가액		100,000,000
⑫ 배우자의 법정상속분		1.5/2.5
⑬ 상속 재산에 가산한 증여재산 중 배우자가 사전 증여받은 재산에 대한 과세표준(「상속세및증여세법」 제55조 제1항)		-
⑭ 배우자상속공제 한도액[((⑨-⑩+⑪)×⑫]-⑬] (다만, 30억원을 초과하는 경우는 30억원)		1,131,000,000

다. 배우자 상속공제 금액

⑮ 배우자 상속공제 금액(④와 ⑭ 중 적은금액) (다만, 배우자가 실제 상속받은 금액이 없거나 실제 상속받은 금액이 5억원 미만인 경우는 5억원)		590,000,000

| 신청(신고)인 제출서류 | 협의분할서, 기타 분할사실을 입증할 수 있는 서류 |

작성방법

1. "⑤ 총 상속재산가액"란은 상속세과세가액계산명세서(별지 제9호서식 부표 1)의 "⑫ 총상속재산가액 합계"란의 금액을 옮겨 적습니다.
2. "⑥ 비과세되는 상속재산"란은 상속세과세가액계산명세서(별지 제9호서식 부표 1)의 "⑬ 비과세재산가액 합계"란의 금액을 옮겨 적습니다.
3. "⑦ 공과금 및 채무"란은 상속세과세가액계산명세서(별지 제9호서식 부표 1)의 "⑪ 공제금액 합계"란의 금액을 옮겨 적습니다.
4. "⑧ 과세가액 불산입재산"란은 상속세과세가액계산명세서(별지 제9호서식 부표 1)의 "⑰ 과세가액 불산입액 합계"란의 금액을 옮겨 적습니다.
5. "⑫ 배우자의 법정상속분"란은 「민법」 제1009조에 따른 배우자의 법정상속분을 적습니다. (공동상속인 중 상속을 포기한 사람이 있는 경우에는 그 사람이 포기하지 아니한 경우의 배우자 법정상속분을 말함)

210mm×297mm[백상지 80g/㎡]

[별지 제8호서식 부표 4(갑)] (개정 2020. 3. 13.)

상속개시전 1(2)년 이내 처분재산·채무부담내역 및 사용처소명명세서 (갑)

가. 처분재산(인출금액) 명세

① 재산 구분	② 처분(인출) 금액 합계	③ ②금액 1년 이내 2억 이상 여부 (2년 이내 5억 이상)	④ 소명금액 합계	⑤ 미소명금액 합계	⑥ 차입기액 [(②)×20%, 2억원 중 작은 금액]	⑦ 상속추정부 (⑤ > ⑥)	⑧ 추정상속재산기액 (⑤ - ⑥)
01. 현금·예금 및 유가증권	500,000,000	[ ]여 [ ]부	200,000,000	300,000,000	100,000,000	[√]여 [ ]부	200,000,000
02. 부동산 및 부동산에 관한 권리		[ ]여 [ ]부				[ ]여 [ ]부	
03. 기타재산 (위 재산 제외)		[ ]여 [ ]부				[ ]여 [ ]부	
⑨ 계							200,000,000

나. 부담채무 명세

⑩ 재산 구분	⑪ 차입금액 합계	⑫ ⑪금액 1년 이내 2억 이상 여부 (2년 이내 5억 이상)	⑬ 소명금액 합계	⑭ 미소명금액 합계	⑮ 차입기액 [(⑪)×20%, 2억원 중 작은 금액]	⑯ 상속추정부 (⑭ > ⑮)	⑰ 추정상속재산기액 (⑭ - ⑮)
부담채무 Ⅰ (국가, 지자체, 금융기관으로부터 차입)		[ ]여 [ ]부				[ ]여 [ ]부	
부담채무 Ⅱ (국가, 지자체, 금융기관이 아닌 자로부터 차입)		[ ]여 [ ]부				[ ]여 [ ]부	
⑱ 계							

다. 추정상속재산기액 합계액(⑧ + ⑰) : 200,000,000 원

작성방법

1. "② 처분(인출) 금액 합계", "④ 소명금액 합계", "⑤ 미소명금액 합계" 란은 상속개시전 1(2)년 이내 처분재산·채무부담내역 및 사용처소명명세서(세부)[별지 제8호서식 부표 4(을)]의 "가. 처분재산 상세내역" 중 "처분(인출)금액", "소명금액", "미소명금액"을 재산별로 각각 옮겨 계산금액을 각각 옮겨 적습니다.
2. "⑪ 차입금액 합계", "⑬ 소명금액 합계", "⑭ 미소명금액 합계" 란은 상속개시전 1(2)년 이내 처분재산·채무부담내역 및 사용처소명명세서(세부)[별지 제8호서식 부표 4(을)]의 "나. 부담채무 상세내역" 중 "차입금액", "소명금액", "미소명금액"을 각각 옮겨 적습니다.

210mm×297mm[백상지 80g/㎡]

[별지 제9호서식 부표 4(을)] <개정 2020. 3. 13.>

상속개시전 1(2)년 이내 처분재산·채무부담내역 및 사용처소명명세서 (을)

(앞쪽)

가. 처분재산 및 인출내역 사용명세내역

①재산종류코드	②재산 소재지 (재산번호, 사업자번호 등)	③처분일 (인출일)	④처분금액 (인출금액)	⑤사용용도	⑥사용일자	⑦사용처 소명금액	사용처			관련계	⑩미소명금액 (④-⑦)
							⑧소명증빙	⑨거래상대방			
								성명(상호)	주민등록번호(사업자번호)		
06	서울 종로 종로 4가 1 ■오피스텔 101호	2020.5.25	500,000,000	금융채무 상환	2020.5.25.	200,000,000	금융증빙	㈜성실은행	111-81-1111	무관계	300,000,000

나. 부담채무 상세내역

⑪공동 채무 차입여부	⑫채권자		⑬차입일	⑭차입금액	⑮상환 (예정)일	⑯약정 이자율	⑰차입금액	사용처			관련계	㉒미소명금액 (⑭-⑲)
	성명(상호)	주민등록번호(사업자번호)						⑱사용일자	⑲사용처 소명금액	⑳소명증빙	㉑거래상대방 성명(상호)	주민등록번호(사업자번호)
[ ]여 [ ]부												
[ ]여 [ ]부												
[ ]여 [ ]부												
[ ]여 [ ]부												
[ ]여 [ ]부												
[ ]여 [ ]부												
[ ]여 [ ]부												
[ ]여 [ ]부												

신고인 제출서류: 사용처를 확인할 수 있는 증빙서류

210mm×297mm[백상지 80g/㎡]

(뒤쪽)

작성방법

1. ① 재산종류코드란 : 아래의 재산구분에 해당하는 코드를 적습니다.

재산구분	현금·예금 및 유가증권	부동산 및 부동산을 취득할 수 있는 권리	기타재산 (01, 02 제외)
코드	01	02	03

2. ② 소재지란은 처분재산(인출금액)이 부동산인 경우 해당 부동산 소재지, 금융재산인 경우에는 사업자번호를 각각 적고, 그 기타재산의 경우에는 처분재산의 상세내역을 적습니다.
3. ③ 소명증빙 또는 ④ 소명방법란은 사용처를 실제 입증할 수 있는 계약서, 확인서, 금융증빙 등을 적습니다.
4. ⑤ 거래상대방 또는 ⑥ 거래상대방란 중 "관계"는 피상속인과 거래상대방의 관계를 적습니다. (예시 : 형제자매, 특수관계법인, 무관계 등)
5. ⑩ 금융기관등 차입여부란은 피상속인이 국가, 지방자치단체, 금융기관으로부터 채무를 차입하였는지에 여부에 따라 ✓ 표시(단, "여"에 해당하는 경우 부담하는 채무 합계금액이 상속개시일 전 1년 이내에 2억원 이상/2년 이내 5억 이상에 해당할 때 사용처를 작성합니다. "부"에 해당하는 경우 채무금액에 관계없이 차입자 및 채무기간 및 채무금액에 관한 내용을 작성합니다.

210mm×297mm[백상지 80g/㎡]

[별지 제9호서식 부표 5] <개정 2020. 3. 13.>

영리법인 상속세 면제 및 납부 명세서

가. 상속세 면제대상 영리법인

① 법인명	② 사업자등록번호	③ 사업장 소재지

④ 영리법인이 받았거나 받을 상속 재산가액 (유증 등 재산가액)	⑤ 영리법인에게 면제된 상속세액 (면제세액)	⑥ (④ ×10%)

나. 상속세 납부 대상자

⑦ 구분	⑧ 성명	⑨ 주민등록번호	⑩ 지분율	⑪ 면제분 납부세액 [(⑤-⑥)×⑩]
계				

작성방법

1. 이 명세서는 상속세 면제대상 영리법인별로 작성합니다.
2. "④ 영리법인이 받았거나 받을 상속 재산가액"란은 특별연고자에 대한 분여 및 유증에 따라 영리법인이 취득한 재산의 가액을 적습니다.
3. "⑤ 영리법인에게 면제된 상속세액(면제세액)"란은 ④금액을 기준으로 「상속세 및 증여세법 시행령」 제3조 제1항에 따른 비율에 따라 계산된 세액을 적습니다.
4. "⑦ 구분"란은 상속인 또는 상속인의 직계비속으로 구분하여 적습니다.
5. "⑩ 지분율"란은 상속인 또는 그 직계비속이 보유하고 있는 해당 영리법인의 주식 또는 출자 비율을 적습니다.
6. "⑪ 면제분 납부세액"란은 아래 계산식에 따라 계산한 금액을 적습니다.
   [{영리법인에게 면제된 상속세액(⑤) - (영리법인이 유증 등 취득한 상속재산가액(④) × 10%)} × 상속인과 그 직계비속이 보유하고 있는 영리법인의 주식등의 비율(⑩)

210mm×297mm[백상지 80g/㎡]

II. 증여세 과세표준신고 및 자진납부계산서

■ 상속세 및 증여세법 시행규칙 [별지 제10호서식] 〈개정 2024. 3. 22.〉

| 관리번호 | - | | | | | | (앞쪽) |

증여세과세표준신고 및 자진납부계산서
(기본세율 적용 증여재산 신고용)

[ ]기한 내 신고 [ ]수정신고 [ ]기한 후 신고

※ 뒤쪽의 작성방법을 읽고 작성하시기 바랍니다.

수증자	① 성 명	한미모	② 주민등록번호	760105-2******	③ 거 주 구 분	[✓]거주자 [ ]비거주자	
	④ 주 소	제주특별자치도 서귀포시 서호중로 00(쌈)			⑤ 전자우편주소	jasan@○○○.com	
	⑥ 전화번호	(자 택) 064-731-****	(휴대전화)		⑦ 증여자와의 관계	증여자의 (배우자)	
증여자	⑧ 성 명	김증여	⑨ 주민등록번호	750511-1******	⑩ 증 여 일 자	2024.2.15.	
	⑪ 주 소	제주특별자치도 서귀포시 서호중로 00			⑫ 전화번호	(자 택) (휴대전화)	
세무대리인	⑬ 성 명		⑭ 사업자등록번호		⑮ 관리번호		
	⑯ 전화번호	(사무실)		(휴대전화)			

구 분	금 액	구 분	금 액
⑰ 증여재산가액	800,000,000	㉞ 박물관자료 등 징수유예세액	
⑱ 비과세재산가액		세액공제 ㊵ 세액공제 합계 (㊶ + ㊷ + ㊸ + ㊹)	900,000
과세가액 불산입	⑲ 공익법인 출연재산가액 (「상속세 및 증여세법」 제48조)		㊶ 기납부세액 (「상속세 및 증여세법」 제58조)	
	⑳ 공익신탁 재산가액 (「상속세 및 증여세법」 제52조)		㊷ 외국납부세액공제 (「상속세 및 증여세법」 제59조)	
	㉑ 장애인 신탁 재산가액 (「상속세 및 증여세법」 제52조의2)		㊸ 신고세액공제 (「상속세 및 증여세법」 제69조)	900,000
㉒ 채무액		㊹ 그 밖의 공제·감면세액	
㉓ 증여재산가산액 (「상속세 및 증여세법」 제47조제2항)		㊺ 가업승계 납부유예 세액 (「조세특례제한법」 제30조의7)	
㉔ 증여세과세가액 (⑰ - ⑱ - ⑲ - ⑳ - ㉑ + ㉓)	800,000,000	㊻ 신고불성실가산세	
증여재산공제	㉕ 배우자	600,000,000	㊼ 납부지연가산세	
	㉖ 직계존속		㊽ 공익법인 등 관련 가산세 (「상속세 및 증여세법」 제78조)	
	㉗ 직계비속		㊾ 자진납부할 세액(합계액) (㊴ + ㊻ - ㊺ + ㊻ + ㊼ + ㊽)	29,100,000
	㉘ 그 밖의 친족		납부방법	납부 및 신청일
	㉙ 혼인		㊿ 연부연납	
	㉚ 출산			
㉛ 재해손실공제 (「상속세 및 증여세법」 제54조)		현금	51 분납	
㉜ 감정평가수수료			52 신고납부	29,100,000
㉝ 과세표준 (㉔-㉕-㉖-㉗-㉘-㉙-㉚-㉛-㉜)	200,000,000	「상속세 및 증여세법」 제68조 및 같은 법 시행령 제65조제1항에 따라 증여세의 과세가액 및 과세표준을 신고하며, 위 내용을 충분히 검토하였고 신고인이 알고 있는 사실을 그대로 적었음을 확인합니다.	
㉞ 세율	20%		
㉟ 산출세액	30,000,000	2024년 5월 31일	
㊱ 세대생략가산액 (「상속세 및 증여세법」 제57조)		신고인 한미모 (서명 또는 인)	
㊲ 산출세액 계 (㉟ + ㊱)	30,000,000	세무대리인은 조세전문자격자로서 위 신고서를 성실하고 공정하게 작성하였음을 확인합니다.	
㊳ 이자상당액		세무대리인 국세언니 (서명 또는 인)	
		세무서장 귀하	

신고인 제출서류	1. 증여재산 및 평가명세서(부표 1) 1부 2. 채무사실 등 그 밖의 입증서류 1부	수수료 없음
담당공무원 확인사항	1. 주민등록표등본 2. 증여자 및 수증자의 관계를 알 수 있는 가족관계등록부	

행정정보 공동이용 동의서

본인은 이 건 업무처리와 관련하여 담당 공무원이 「전자정부법」 제36조제1항에 따른 행정정보의 공동이용을 통하여 위의 담당 공무원 확인사항을 확인하는 것에 동의합니다. * 동의하지 않는 경우에는 신고인이 직접 관련 서류를 제출해야 합니다.

신고인 (서명 또는 인)

210mm×297mm[백상지 80g/㎡]

(뒤쪽)

작성방법

※ 이 서식은 아래 증여세 세율표 다목의 세율이 적용되는 증여재산에 대하여 증여세 신고를 하는 경우에 사용하며, 증여일자별로 각각 신고서를 작성해야 합니다.

1. "② 주민등록번호" 및 "⑨ 주민등록번호"란: 외국인은 외국인등록번호(외국인등록번호가 없는 경우 여권번호)를 적습니다.
2. "③ 거주구분"란: 거주자와 비거주자 중 ✔ 표시합니다.
   * "거주자" 및 "비거주자"란: 「상속세 및 증여세법」 제2조제8호에 해당하는 자를 말합니다.
3. "⑦ 증여자와의 관계"란: 수증자를 기준으로 적습니다. [예시: 부모(증여자)가 자녀(수증자)에게 증여하는 경우: 자]
4. "⑬ 성명"부터 "⑯ 전화번호"란까지: 세무대리인이 기장한 경우 적습니다.
5. "⑰ 증여재산가액"란: 증여재산의 평가 및 평가명세서(「상속세 및 증여세법 시행규칙」 별지 제10호서식 부표 1)의 "⑨ 증여재산가액"과 다음 각 목의 구분의 가액을 합한 금액을 적습니다.
   가. 「조세특례제한법」 제30조의5에 따른 창업자금에 대한 증여세 과세가액[「창업자금 증여재산평가 및 과세가액 계산명세서」(「상속세 및 증여세법 시행규칙」 별지 제10호의2서식 부표 1)의 "⑰ 계"의 금액)이 50억원 또는 100억원을 초과하는 경우: 「상속세 및 증여세법 시행규칙」 별지 제10호의2서식 부표 1의 "⑰ 증여재산가액"
   나. 「조세특례제한법」 제30조의6에 따른 가업승계 주식 등에 대한 증여세과세가액[「가업증여 과세특례 증여재산평가 및 과세가액 계산명세서」(「상속세 및 증여세법 시행규칙」 별지 제10호의2서식 부표 2)의 "⑧ 합계액"]이 최대 600억원을 초과하는 경우: 별지 제10호의2서식 부표 2의 "⑬ 증여재산가액"
6. "② 채무액"란: 해당 증여재산에 담보된 채무액 중 수증자가 인수한 채무액과 「조세특례제한법」 제30조의5에 따른 창업자금에 대한 증여세 과세가액[창업자금 증여재산평가 및 과세가액 계산명세서(「상속세 및 증여세법 시행규칙」 별지 제10호의2서식 부표 1)의 "⑰ 계"의 금액]이 50억원 또는 100억원을 초과하는 경우: 창업자금 증여재산평가 및 과세가액 계산명세서(「상속세 및 증여세법 시행규칙」 별지 제10호의2서식 부표 1)의 "⑱ 채무액"을 합한 금액을 적습니다.
7. "㉕ 배우자"란부터 "㉘ 그 밖의 친족"란까지: 증여자와의 관계에 따라 다음 각 목의 구분에 따라 적습니다.

가.	배우자: 10년간 6억원	(2008.1.1. 이후 증여분부터)
나.	직계존속: 10년간 5천만원 / 직계비속이 미성년자인 경우 2천만원	(2014.1.1. 이후 증여분부터)
다.	직계비속: 10년간 5천만원	(2014.1.1. 이후 증여분부터)
라.	그 밖의 친족: 10년간 1천만원	(2016.1.1. 이후 증여분부터)

   * 배우자, 직계존속 및 직계비속을 제외한 6촌 이내의 혈족, 4촌 이내의 인척

8. "㉙ 혼인"란에는 혼인 및 출산 증여재산공제 명세서(「상속세 및 증여세법 시행규칙」 별지 제10호서식 부표 3)의 "⑯"란의 금액을 적고, "㉚ 출산"란에는 혼인 및 출산 증여재산공제 명세서(「상속세 및 증여세법 시행규칙」 별지 제10호서식 부표 3)의 "⑰"란의 금액을 적습니다.
9. "㉝ 세율", "㉞ 산출세액"란: 증여세 세율표에 따라 세율을 적고 과세표준에 세율을 곱한 금액에서 누진공제액을 빼서 산출세액을 계산합니다.
   * 산출세액 = (과세표준 × 세율) - 누진공제액

   〈증여세 세율표〉

증여재산 구분	과세표준	세율	누진공제액
가. 창업자금(「조세특례제한법」 제30조의5)	45억원 이하	10%	-
나. 가업승계 주식 등 (「조세특례제한법」 제30조의6)	120억원 이하	10%	-
	120억원 초과 290억원** 이하	20%	120,000만원
다. 가목 및 나목 외의 자산	1억원 이하	10%	-
	1억원 초과 5억원 이하	20%	1,000만원
	5억원 초과 10억원 이하	30%	6,000만원
	10억원 초과 30억원 이하	40%	16,000만원
	30억원 초과	50%	46,000만원

   * 창업을 통하여 10명 이상을 신규 고용한 경우: 95억원
   ** 부모의 가업 영위기간이 20년 이상 30년 미만인 경우: 390억원, 30년 이상인 경우: 590억원

10. "㊳ 이자상당액"란: 「조세특례제한법」 제30조의5제6항 및 같은 법 제30조의6제3항에 따라 계산한 금액을 적습니다.
11. "㊵ 가업승계 납부유예 세액"란: 「조세특례제한법」 제30조의7제1항에 따라 납부유예를 신청하는 경우 가업승계 증여세 납부유예신청서(「조세특례제한법 시행규칙」, 별지 제11호의11서식)의 '바. 가업승계 증여세 납부유예 신청 세액'의 금액을 적습니다.
12. "㊶ 신고불성실가산세"란부터 "㊸ 공익법인 등 관련 가산세"란까지: 「국세기본법」 제47조, 제47조의2부터 제47조의5까지 및 제48조에 따라 부담할 가산세와 「상속세 및 증여세법」 제78조에 따른 가산세를 각각 적습니다.
13. "㊹ 연부연납"란: 「상속세 및 증여세법」 제71조에 따라 납부세액이 2천만원을 초과하는 경우에 한정하여 연부연납을 신청할 수 있으며, 연부연납 세액과 신청일자를 적습니다. 이 경우 상속세(증여세) 연부연납 허가 신청서(별지 제11호서식)를 제출해야 합니다.
14. "㊺ 분납"란: 「상속세 및 증여세법」 제70조제2항에 따라 납부할 금액이 1천만원을 초과하는 경우 다음 각 목의 구분에 따른 금액과 납부(예정)일자를 적습니다. 다만, 「상속세 및 증여세법」 제71조에 따라 연부연납 허가받은 경우에는 분납을 신청할 수 없습니다.
    가. 납부할 세액이 2천만원 이하인 경우에는 1천만원을 초과하는 금액
    나. 납부할 세액이 2천만원을 초과하는 경우에는 그 세액의 100분의 50 이하의 금액
15. "㊻신고납부"란: 「상속세 및 증여세법」 제68조에 따라 증여세과세표준신고를 할 때 납부할 세액을 적습니다.

210mm × 297mm[백상지 80g/㎡]

■ 상속세 및 증여세법 시행규칙 [별지 제10호서식 부표 1] (개정 2024. 3. 22.)

증여재산 및 평가명세서

※ 뒤쪽의 작성방법을 읽고 작성하시기 바랍니다. (앞쪽)

관리번호	-

① 재산구분코드	② 재산종류	국외자산 국외재산 국가	③ 소 재 지 · 법인명 등	④ 사업자등록번호 (지분율)	⑤ 수 량 (면 적)	⑥ 단 가	⑦ 평 가 가 액	⑧ 평가기준코드
A11	05	[√]부	제주특별자치도 서귀포시 신서로 00 남해아파트 101-101		대지 25.5㎡ 건물 87.3㎡		800,000,000	01
		[ ]여 [ ]부						
		[ ]여 [ ]부						
		[ ]여 [ ]부						
		[ ]여 [ ]부						
		[ ]여 [ ]부						
⑨ 증여재산가액							800,000,000	
⑩ 비과세재산가액								
과세가액 불산입액	⑪ 공익법인 출연재산가액							
	⑫ 공익신탁 재산가액							
	⑬ 장애인 신탁재산가액							
⑭ 증여재산신고액								
⑮ 합계							800,000,000	

첨부서류	증여재산 증명서류 (예: 주주(출자관계)변동 및 잔고증명서, 예금통장 사본 등)	수수료 없음

210mm×297mm[백상지 80g/㎡]

부 록 ❷ 상속세 및 증여세 일반서식 443

(뒤쪽)

작성방법

1. ① 재산구분코드란: 아래의 재산구분에 해당하는 코드를 적습니다.

재산구분	증여재산	증여재산 (영농자녀)	증여재산가산 (거주자)	증여재산가산 (비거주자가 거주자 신분으로 받은 증여재산)	비과세재산	과세가액불산입 (공익법인 출연재산)	과세가액불산입 (공익신탁재산)	과세가액불산입 (장애인 신탁재산)
코드	A11	A14	A24	A25	B14	B21	B22	B23

2. ② 재산종류코드란: 아래의 재산구분에 해당하는 코드를 적습니다.

재산구분	현금	토지 [일반건물07 외 부수토지]	개별주택 (부수토지 포함)	공동주택 (부수토지 포함)	오피스텔·상업용건물 (부수토지 포함)	일반건물 (부수토지 포함)	부동산을 취득할 수 있는 권리	유가증권 (상장)	유가증권 (비상장)	금융자산 (현금, 유동성)	기타재산	가상자산	사항·골동품 등
코드	01	02	03	04	05	06	07	08	09	10	11	12	13	14

 * 일반건물은 재산종류코드 04~06 유형을 제외한 건물을 말합니다.
 ** 기타재산은 재산종류코드 01~11, 13 및 14를 제외한 재산을 말합니다.
 *** 사항·골동품 등은 「상속세 및 증여세법」 시행령, 재산조사제2항제2호 각 목에 예술적 가치가 있는 유형자산을 말합니다.

3. ③ 소재지, 법인명 등란: 재산의 소재지 또는 법인명 등을 적습니다. 국외자산의 경우 국외자산여부에 ✓ 표시하고 해당 국가명을 별도로 적으며, 부득이한 경우 해당 국가의 언어도 적습니다.

 가. 소재지를 적을 경우: 해당 물건의 소재지(예시: 세종특별자치시 국세청로 8-14)를 적습니다.
 나. 법인명 등을 적을 경우: 유가증권인 경우에는 해당 주식을 발행한 법인명을 적고, 그 외의 경우에는 재산별명을 적고, 부동산인 경우에는 해당 ㅁㅁ생명 △△보험 / 유가증권인 경우 부동산신탁(예시: 증여자가 보유한 50% 지분 중 2건의

4. ④ 사인자동변화(지도)코드란: ② 재산종류가 유가증권인 경우에는 「법인세법」 별표0의 사인자동변화번호를 적고, 주식이 아닌 경우에는 해당 수증자의 부동산고유번호를 적고, 부동산이 보유한 경우 한건 또는 2건으로 적습니다.
 1을 수증자에게 증여하는 경우 25%로 기재할 수 있습니다.

5. ⑤ 평가기준코드란: 아래의 평가기준에 해당하는 코드를 적습니다.

평가기준	해당 재산의 예산상자액 (상비세 및 증여세법, 제60조)	해당 재산의 감정평가액 (상비세 및 증여세법, 제60조)	해당 재산의 수용상자액 (상비세 및 증여세법, 제60조)	해당 재산의 공매·경매가액 (상비세 및 증여세법, 제60조)	유사재산의 매매사례가액 등 (상비세 및 증여세법, 제60조)	평담 등 기본 (상비세 및 증여세법, 제60조)	저당권 등 보장평가액 (상비세 및 증여세법, 제60조)	기준시가 보증평가액 (상비세 및 증여세법, 제61조, 제62조)
코드	01	02	03	04	05	06	07	08

210mm×297mm[백상지 80g/㎡]

■ 상속세 및 증여세법 시행규칙 [별지 제10호서식 부표 3] 〈개정 2024. 3. 22.〉

관리번호	-

혼인 및 출산 증여재산 공제 명세서

1. 혼인 증여재산

						④ 합 계
① 혼인신고(예정)일						
② 증 여 일 자						
③ 증 여 재 산 가 액						

2. 출산 증여재산

						⑧ 합 계
⑤ 출생일 또는 입양신고일						
⑥ 증 여 일 자						
⑦ 증 여 재 산 가 액						

3. 증여재산공제액 계산명세

구 분		혼 인	출 산
기존에 공제받은 금액	공제받은 때부터 10년 이내인 경우 그 금액	⑨	⑩
	공제받은 때부터 10년이 도과한 경우 그 금액	⑪	⑫
공제받을 수 있는 금액[1억원 - (⑨ + ⑩ + ⑪ + ⑫)]		⑬	
공제받을 금액		⑭	⑮
증여재산공제액(⑯ = ⑨ + ⑭, ⑰ = ⑩ + ⑮)		⑯	⑰

첨부서류	혼인관계증명서 또는 출생신고서

작성방법

1. "③ 증여재산가액"은 「상속세 및 증여세법」 제53조의2제1항에 따라 혼인일 전후 2년 이내 증여받은 증여재산가액을 적습니다.
2. "⑦ 증여재산가액"은 「상속세 및 증여세법」 제53조의2제2항에 따라 출생일 또는 입양일부터 2년 이내 증여받은 증여재산가액을 적습니다.
3. "공제받을 금액(⑭ 또는 ⑮)"은 "공제받을 수 있는 금액(⑬)"을 한도로 각각 구분하여 적습니다.

210mm×297mm[백상지 80g/㎡]

■ 상속세 및 증여세법 시행규칙 [별지 제10호서식 부표 4] 〈개정 2024. 3. 22.〉

혼인 증여재산 공제 추징사유 신고 및 자진납부 계산서

(앞쪽)

수증자	① 성 명		② 주민등록번호		③ 거 주 구 분	[ ]거주자 [ ]비거주자
	④ 주 소				⑤ 전자우편주소	
	⑥ 전 화 번 호	(자 택)		(휴대전화)	⑦ 증여자와의 관계	증여자의 ( )
증여자	⑧ 성 명		⑨ 주민등록번호		⑩ 증 여 일 자	
	⑪ 주 소				⑫ 전 화 번 호	(자 택) (휴대전화)

1. 증여재산

⑬ 재산 구분 코드	⑭ 재산 종류 코드		⑮ 소재지·법인명 등	⑯ 사업자등록번호 (지분율)	⑰ 수 량 (면적)	⑱ 단 가	⑲ 금 액
		국 내 여 부	국외재산 국 가 명				
		[ ]여 [ ]부					
		[ ]여 [ ]부					
		[ ]여 [ ]부					
계							

⑳ 수정신고 또는 기한 후 신고코드	

2. 수정신고 또는 기한 후 신고로 결정한 증여세액

㉑ 증여세액	

3. 이자상당액

㉒ 일수	
㉓ 이자율	
㉔ 이자상당액 (㉑ × ㉒ × ㉓)	

4. 납부할 세액

㉕ 납부할 세액(㉑ + ㉔)	

「상속세 및 증여세법」 제53조의2제6항 및 제7항에 따라 혼인 증여재산 공제 추징사유 신고 및 자진납부 계산서를 제출합니다.

년 월 일

신 고 인 (서명 또는 인)

세무대리인 (서명 또는 인)

(관리번호: ☎)

세무서장 귀하

(뒤쪽)

작성방법

1. "② 주민등록번호" 및 "③ 주민등록번호"란: 외국인은 외국인등록번호(외국인등록번호가 없는 경우 여권번호)를 적습니다.
2. "③ 거주구분"란: 거주자와 비거주자 중 ✔ 표시합니다.
    * "거주자" 및 "비거주자": 「상속세 및 증여세법」 제2조제8호에 해당하는 자를 말합니다.
3. "⑦ 증여자와의 관계"란: 수증자를 기준으로 적습니다. [예시: 부모(증여자)가 자녀(수증자)에게 증여하는 경우: 자]
4. "⑬ 재산구분코드"란: 아래의 재산구분에 해당하는 코드를 적습니다.

재산구분	증여재산	증여재산 (영농증여)	증여재산가산 (거주자)	증여재산가산 (비거주자가 거주자 신분으 로 받은 증여재산)	비과세재산	과세가액불산입 (공익법인 출연재산)	과세가액불산입 (공익신탁 재산)	과세가액불산입 (장애인 신탁재산)
코드	A11	A14	A24	A25	B14	B21	B22	B23

5. "⑭ 재산종류코드"란: 아래의 재산구분에 해당하는 코드를 적습니다.

재산 구분	현금	토지 (순수토지)	토지 [일반건물(07) 의 부수토지]	개별주택 (부수토지 포함)	공동주택 (부수토지 포함)	오피스텔· 상업용건물 (부수토지포 함)	일반건물 (부수토지 제외)	부동산을 취득할 수 있는 권리	유가증권 (상장)	유가증권 (비상장)	금융재산 (현금, 유가 증권 제외)	기타재산**	가상 자산	서화· 골동품 등
코드	01	02	03	04	05	06	07	08	09	10	11	12	13	14

  * 일반건물은 재산종류코드 04~06 유형을 제외한 건물을 말합니다.
  ** 기타재산은 재산종류코드 01~11, 13 및 14를 제외한 재산을 말합니다.
  *** 서화·골동품 등은 「상속세 및 증여세법 시행령」 제52조제2항제2호 각 목의 예술적 가치가 있는 유형재산을 말합니다.
6. "⑮ 소재지·법인명 등"란: 재산의 소재지 또는 법인명 등을 적습니다. 국외재산의 경우 국외재산여부에 ✔ 표시하고 해당 국가명을 별도로 적으며, 소재지·법인명 등은 한글 또는 영문으로 적습니다. 부득이한 경우 해당 국가의 언어로 적습니다.
    가. 소재지를 적을 경우: 해당 물건의 소재지번(예시: 세종특별자치시 국세청로 8-14)을 적습니다.
    나. 법인명 등을 적을 경우: 유가증권인 경우에는 해당 주식을 발행한 법인의 법인명을 적고, 그 외의 경우에는 재산명[예시: 보험금인 경우 ㅁㅁ생명 △△보험 / 유가증권인 경우 ㈜ㅇㅇ건설]을 적습니다.
7. "⑯ 사업자등록번호(지분율)"란: "⑭ 재산종류"가 유가증권인 경우에는 해당 주식을 발행한 법인의 사업자등록번호를 적고, 부동산인 경우에는 해당 수증자가 증여받은 부동산지분(예시: 증여자가 보유한 50% 지분 중 2분의 1을 수증자에게 증여하는 경우 25%로 기재)을 적습니다.
8. "⑳ 수정신고 또는 기한 후 신고코드"는 아래와 같습니다.

수정신고 또는 기한 후 신고 유형	관련 조문	코드
혼인 전 공제를 받았으나 증여일부터 2년 이내 혼인하지 않은 경우로서 증여일부터 2년이 되는 날이 속하는 달의 말일부터 3개월이 되는 날까지 수정신고 또는 기한 후 신고하는 경우	「상속세 및 증여세법」 제53조의2제6항	01
혼인 이후 공제를 받았으나 혼인이 무효가 된 경우로서 혼인무효의 소에 대한 판결이 확정된 날이 속하는 달의 말일부터 3개월이 되는 날까지 수정신고 또는 기한 후 신고하는 경우	「상속세 및 증여세법」 제53조의2제7항	02

9. "㉑ 증여세액"란: 「상속세 및 증여세법」제53조의2제6항 및 제7항에 따라 결정한 증여세액으로 이자상당액을 제외한 가액을 적습니다.
10. "㉒ 일수"란: 증여세 과세표준 신고기한의 다음 날부터 수정신고 또는 기한후 신고를 하고 납부한 날까지의 기간을 적습니다.
11. "㉓ 이자율"란: 1일 10만분의 22를 적습니다.

210mm×297mm[백상지 80g/㎡]

부 록 ❷ 상속세 및 증여세 일반서식

상증법상 특수관계인

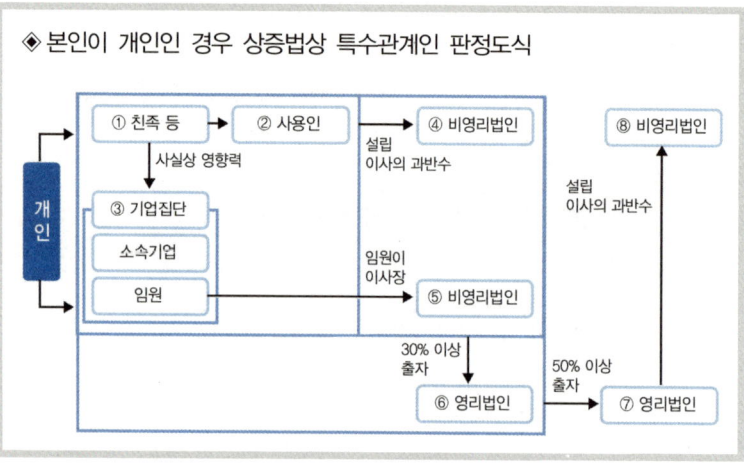

◆ 본인이 개인인 경우 상증법상 특수관계인 판정도식

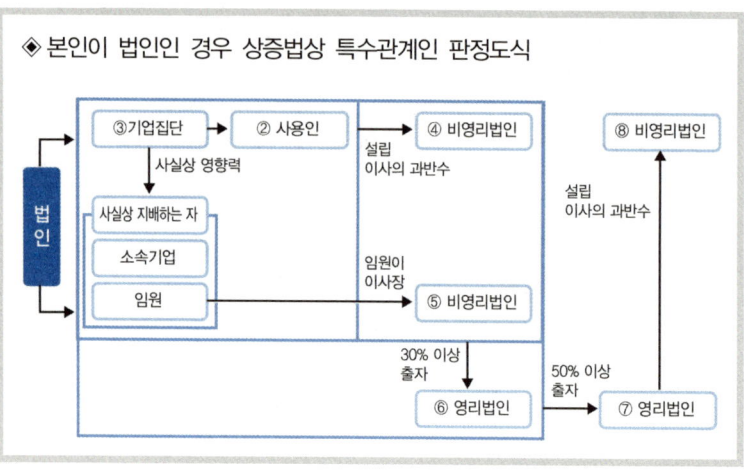

◆ 본인이 법인인 경우 상증법상 특수관계인 판정도식

◆ 상속세 및 증여세법 시행령 제2조의2 【특수관계인의 범위】

① 상증법 제2조 제10호에서 "본인과 친족관계, 경제적 연관관계 또는 경영지배관계 등 대통령령으로 정하는 관계에 있는 자"란 본인과 다음 각 호의 어느 하나에 해당하는 관계에 있는 자를 말한다. (2023.2.28. 개정)

1. 「국세기본법 시행령」 제1조의 2 제1항 제1호부터 제5호[3)]까지의 어느 하나에 해당하는 자(이하 "친족"이라 한다) 및 직계비속의 배우자의 2촌 이내의 혈족과 그 배우자
2. 사용인(출자에 의하여 지배하고 있는 법인의 사용인을 포함한다. 이하 같다)이나 사용인 외의 자로서 본인의 재산으로 생계를 유지하는 자
3. 다음 각 목의 어느 하나에 해당하는 자
   가. 본인이 개인인 경우 : 본인이 직접 또는 본인과 제1호에 해당하는 관계에 있는 자가 임원에 대한 임면권의 행사 및 사업방침의 결정 등을 통하여 그 경영에 관하여 사실상의 영향력을 행사하고 있는 기획재정부령으로 정하는 기업집단의 소속 기업[해당 기업의 임원(「법인세법 시행령」 제40조 제1항에 따른 임원을 말한다. 이하 같다)과 퇴직 후 3년(해당 기업이 「독점규제 및 공정거래에 관한 법률」 제31조에 따른 공시대상기업집단에 소속된 경우는 5년)이 지나지 않은 사람(이하 "퇴직임원"이라 한다)을 포함한다]
   나. 본인이 법인인 경우 : 본인이 속한 기획재정부령으로정하는 기업집단의 소속 기업(해당 기업의 임원과 퇴직임원을 포함한다)과 해당 기업의 임원에 대한 임면권의 행사 및 사업방침의 결정 등을 통하여 그 경영에 관하여 사실상의 영향력을 행사하고 있는 자 및 그와 제1호에 해당하는 관계에 있는 자

---

3) 「국세기본법 시행령」 제1조의2 【특수관계인의 범위】 제1항 제1호~제5호
  1. 4촌 이내의 혈족
  2. 3촌 이내의 인척
  3. 배우자(사실상의 혼인관계에 있는 자를 포함한다)
  4. 친생자로서 다른 사람에게 친양자 입양된 자 및 그 배우자·직계비속
  5. 본인이 「민법」에 따라 인지한 혼인 외 출생자의 생부나 생모(본인의 금전이나 그 밖의 재산으로 생계를 유지하는 사람 또는 생계를 함께하는 사람으로 한정한다)

4. 본인, 제1호부터 제3호까지의 자 또는 본인과 제1호부터 제3호까지의 자가 공동으로 재산을 출연하여 설립하거나 이사의 과반수를 차지하는 비영리법인
5. 제3호에 해당하는 기업의 임원 또는 퇴직임원이 이사장인 비영리법인
6. 본인, 제1호부터 제5호까지의 자 또는 본인과 제1호부터 제5호까지의 자가 공동으로 발행주식총수 또는 출자총액(이하 "발행주식총수 등"이라 한다)의 100분의 30 이상을 출자하고 있는 법인
7. 본인, 제1호부터 제6호까지의 자 또는 본인과 제1호부터 제6호까지의 자가 공동으로 발행주식총수등의 100분의 50 이상을 출자하고 있는 법인
8. 본인, 제1호부터 제7호까지의 자 또는 본인과 제1호부터 제7호까지의 자가 공동으로 재산을 출연하여 설립하거나 이사의 과반수를 차지하는 비영리법인

② 제1항 제2호에서 "사용인"이란 임원, 상업사용인, 그 밖에 고용계약관계에 있는 자를 말한다.

③ 제1항 제2호 및 제39조 제1항 제5호에서 "출자에 의하여 지배하고 있는 법인"이란 다음 각 호의 어느 하나에 해당하는 법인을 말한다.
1. 제1항 제6호에 해당하는 법인
2. 제1항 제7호에 해당하는 법인
3. 제1항 제1호부터 제7호까지에 해당하는 자가 발행주식총수등의 100분의 50 이상을 출자하고 있는 법인

저자 – '국세언니' **김혜리** 세무사

'국'세청 출신 '세'무사 '언니'로서 세무사 43기(2006년)이다. 24살에 국세청 강남세무서를 시작으로 국세청에서 16년 근무하였다. 고려대학교 법무대학원에서 조세법을 전공하여 법학석사를 취득하였다. 명실상부 조사국 출신으로 서울지방국세청 조사1국(법인조사), 조사3국(상속, 증여, 양도, 주식조사)에서 각각 5년을 근무하며, 2013년과 2010년에는 공로를 인정받아 서울지방국세청장 표창, 2022년 국세청장 표창을 수상하였다.

국세공무원 외부교수로 2022년부터 2024년까지 국세공무원을 대상으로 주식변동조사 강의를 하였다. 2022년 국세청 공무원을 퇴직한 후 신한투자증권㈜에서 VIP 고객을 상담했고 현재는 ㈜우리은행 자산관리컨설팅센터에서 VIP 고객 일대일 상담 및 세미나, 강연을 하고 있다.

더 많은 사람들에게 세금상식을 알리고자 다양한 경로로 활약 중이다. 언론매체로는 KBS '무엇이든 물어보세요', 매일경제 TV에 다수 출연하였으며, 서울경제, 헤럴드경제에서 납세자가 가장 궁금해하는 어려운 세금 이야기를 친근하고 쉽게 설명하고 있다. 또한 블로그 '국세언니와 함께하는 세상의 세금이야기' 및 유튜브 '국세언니'를 통해 소통하고 있다.

- 이메일 : theworldtax@naver.com
- 연구논문 : 조세범칙조사에서 특별사법경찰권 부여 방안에 관한 연구 (2014)
- 자격사항 : 세무사(2006년), 공인중개사(2008년), 행정사(2020년)
- 블로그 : https://blog.naver.com/theword-law(세상의 세금이야기) 네이버 검색창 "국세언니와 함께하는 세상의 세금이야기"
- 유튜브 : www.youtube.com/@tv_5719

알수록 돈이 되는 부의 설계

저　　　자	김혜리
발　행　인	서원진
책 임 편 집	이은희
책 임 교 정	김영림
편집·교정	류현수, 박가온, 김영림
편집디자인	이은희, 이미영, 황자애
발　행　처	㈜조세통람
펴 낸 날	2024년 8월 16일 초판 발행

지자와의
협의하에
인지생략

주　　　소	서울특별시 중구 동호로 14길 5-6(신당동)
등　　　록	1976. 11. 5. 제9-81호
대 표 전 화	02) 2231-7027
Ｆ　Ａ　Ｘ	02) 2234-1754
구 입 문 의	02) 2231-7027~9
Ｉ Ｓ Ｂ Ｎ	979-11-6064-318-3　13320
정　　　가	**25,000원**

㈜조세통람은 좋은 책을 만들기 위해 독자 여러분의 의견을 기다립니다.
• 독자 의견 및 도서 문의 메일 : josetop@inaus.co.kr

㈜조세통람 발행도서는 정확하고 권위 있는 해설 및 정보의 제공을 목적으로 하고 있습니다. 그러나 항상 그 완전성이 보장되는 것은 아니기 때문에 적용결과에 대하여 당사가 책임지지 아니합니다. 따라서 실제 적용할 경우에는 충분히 검토하시고 저자 또는 전문가와 상의하시기 바랍니다.